LIBROS I A III DEL DIGESTO DEL EMPERADOR JUSTINIANO

Texto latino-español
y ensayo introductorio a cargo de
Julio César Navarro Villegas

Amazon Mexico Services

Colección "Digesta Iustiniani Imperatoris" Vol. 1

A subsidiary of Amazon Mexico Services
ISBN-13: 978-1530584628 (versión impresa)
Printed in the United States of America

ÍNDICE

ENSAYO INTRODUCTORIO:
Justiniano: el hombre y el poder

De conceptione Digestorum
(de la concepción del Digesto)

De confirmatione Digestorum
(de la confirmación del Digesto)

El Digesto del emperador Justiniano

Libro I

Libro II

Libro III

JUSTINIANO: EL HOMBRE Y EL PODER

Entonces apareció el emperador Justiniano,
inspirado por Dios, con la decisión de cuidar
y transformar todo el imperio romano,
en la medida de lo posible.

-Procopio de Cesarea, *Los edificios* 2, 6, 6.

I. Introducción.

La era de Justiniano se considera una piedra angular de la historia, marcando la transición de la antigüedad al Medievo en el mundo mediterráneo[1]. El periodo duró aproximadamente un siglo, desde la época en que el joven Justiniano llegó a Constantinopla procedente de su villa en los Balcanes, alrededor del año 500, hasta el régimen de Focas

[1] Hay muchos y excelentes estudios sobre Justiniano y su época. Para una visión general académica, véase los capítulos relevantes en CAMERON, Averil *et al.* (eds.), *Cambridge Ancient History*, Cambridge University Press, Nueva York, 2000, vol. 14, Late antiquity: Empire & successors, AD 425-600; MOORHEAD, John, *Justinian*, Longman, Londres, 1994; y EVANS, J. A. S., *The age of Justinian: The circumstances of imperial power*, Routledge, Londres, 1996. Fuentes anteriores pero aún confiables son BROWNING, Robert, *Justinian & Theodora*, Gorgias Press, Londres, 1987, y BARKER, John W., *Justinian & the later roman empire*, University of Wisconsin Press, (Madison, Wis., 1966). Una síntesis maestra muy apegada a las fuentes antiguas sigue siendo BURY, John B., *History of the later roman empire from the death of Theodosius I to the death of Justinian*, Dover Publications, Nueva York, vol. 2, 1923. Una lectura esencial sobre el tema también sigue siéndolo STEIN, Ernst, *Histoire du Bas-Empire*, Desclée de Brouwer, París, 1949, vol. 2. Nunca decepciona GIBBON, Edward, *Historia de la decadencia y caída del imperio romano*, Turner, Barcelona, 2ª. Edición, 2006, caps. 40-44. Dos monografías recientes en alemán ofrecen un panorama detallado con valiosa bibliografía: MEIER, Mischa, *Das Andere Zeitalter Justinians*, Vandenhoeck & Ruprecht, Göttingen, 2003, enfatizando la respuesta a la crisis y el desastre, y MAZAL, Otto, *Justinian I und seine Zeit. Geschichte und Kultur des Byzantinischen Reiches im 6 Jahrhundert*, Böhlau, Viena, 2001, enfatiza el arte y la cultura.

que comenzó en el 602, cuando el imperio en el que Justiniano se había esforzado tanto por conformar, y que había sido mantenido con gran esfuerzo por sus sucesores, se derrumbó en un periodo de inestabilidad política. Durante la era de Justiniano, llamada "el último de los siglos romanos"[2], la monarquía iniciada con Augusto César medio milenio antes seguía siendo una preocupación vigente, aunque ahora era gobernada desde Constantinopla, la "Nueva Roma"; aunque la mayoría de sus habitantes hablaban griego en vez de latín; aunque los antiguos dioses que habían guiado el imperio a gobernar el mundo ahora eran desplazados por los adoradores de Cristo, y pese al incómodo hecho de que gran parte de su territorio en Europa occidental había sido perdido. No obstante todo ello, cuando la era de Justiniano culminó en la víspera de las conquistas islámicas, el imperio romano aún era el más fuerte, el mejor organizado, y la comunidad política más recuperada de Europa o el Cercano Oriente. Tenía una economía sonora, incluso próspera, y su posición en los negocios mundiales era relativamente sólida en todas las fronteras e imperante en algunas, a grado tal que la recuperación de territorios perdidos una vez más pareció una posibilidad genuina[3]. Pero de algún modo, durante el siglo dominado por Justiniano (fue gobernante único del 527 al 565, pero ya influyente desde el 518), el imperio romano cambió con sutileza al interior: una nueva entidad cultural que los historiadores modernos llaman Bizancio tomó forma[4]. El reino de Justiniano sentó las bases y, hasta cierto grado, el camino de

---

[2] WICKMAN, Chris, *Overview: production, distribution & demand*, en HODGES, Richard *et al.* (eds.), *The sixth century: production, distribution & demand*, Brill, Leiden, 1997, 279.

[3] Vid. PEREGRINE Horden, *Mediterranean plague in the age of Justinian*, en MAAS, Michael, *The Cambridge Companion to the age of Justinian*, Cambridge University Press, Nueva York, 2005, 134-160; véanse también las valiosas discusiones de WHITTOW, Mark, *The making of Byzantium, 600-1025*, University of California Press, Berkeley, 1996, 38-68; y WHITBY Michael, *The successors of Justinian*, en CAMERON, Averil, *op. cit.*, vol. 14, 86-111. Todos ellos desafían las anteriores interpretaciones de un imperio fatalmente debilitado por la plaga y en un estado de decadencia económica y social.

[4] Los habitantes del imperio romano de Oriente siguieron llamándose romanos (*rhomaioi*) durante otro milenio, hasta que Constantinopla cayó bajo los turcos en 1453. Sobre la periodización, *vid.* CAMERON, Averil, *The 'long' late antiquity*, en WISEMAN, T. P. (ed.), *Classics in progress: Essays on ancient Greece & Rome*, British Academy, Oxford, 2002, 165-191; CAMERON, Averil, *op. cit.*, vol. 14, Conclusion, 972-981. Sobre el siglo VII, *vid.* HALDON, John F., *Byzantium in the seventh century: The transformation of a culture*, Cambridge University Press, Cambridge, 1997; y CAMERON, Averil, *Byzantium & the past in the seventh century: the search for redefinition*, en FONTAINE, Jacques *et al.* (eds.), *The seventh century: change & continuity*, Warburg Institute, Londres, 1992, 250-276.

esta transformación. Fue el principal catalizador que forjó la aleación bizantina, un mundo en el que cristianos, romanos, griegos y los variados elementos locales se fusionaron para crear una nueva civilización medieval al interior de las fronteras imperiales. Al mismo tiempo, en las tierras que rodeaban al imperio desde la Galia hasta Arabia, otros reinos también tomaron formas medievales distintivas, influidos en parte por el imperio de Justiniano y las oleadas de cambio que ayudó a poner en movimiento.

Aunque la era de Justiniano invita a un enfoque de "antes y después", y aunque los académicos debaten legítimamente sobre si el periodo fue "un inicio o un final"[5], también requiere investigación como un periodo complejo por derecho propio. Ya iremos viendo las formas distintivas en que Justiniano respondió a los apremiantes problemas heredados por el trono, problemas enmarcados por las tradiciones romanas de gobierno mundial, teorías sobre la ley y el orden vigente, y la experiencia de gobernar. Las respuestas que dio a estos problemas romanos fueron generadas por su visión de una autocracia divinamente apoyada. Claro, el emperador no sospechaba que estaba inaugurando la Bizancio medieval. Sólo buscaba distinguir su reino revisando el sistema de gobierno de una Roma heredada[6]. Creía que Dios le había vuelto custodio de un imperio que era muy viejo pero estaba desordenado; ya al inicio de su reino los cortesanos postulaban que el imperio romano de Occidente había terminado en el 476, cuando Rómulo Augústulo, el último emperador de Italia, fue depuesto[7]. Aparentemente, Justiniano intentó restaurar la gloria venerable de Roma y darle también un lustre adicional, como un estado totalmente cristiano que refleja el esplendor de los cielos. Tales esfuerzos por crear un reino romano unificado por una sola fe cristiana bajo su autoridad tocó las vidas de millones de personas, abriendo el camino para políticas imperiales que mucho después de su muerte siguieron influyendo Europa y el Cercano Oriente.

La historia de Justiniano ha fascinado a historiadores desde su propia época, dando lugar a una riqueza de interpretaciones. De hecho,

---

5 ALLEN, Pauline *et al.* (eds.), *The sixth century: end or beginning?*, Australian Association for Byzantine Studes, Brisbane, 1996, 43.

6 MEIER, Mischa, *op. cit.*, juega en su título con el estudio de RUBIN, Berthold, *Das Zeitalter Justinians*, Walter De Gruyter, Berlín, 1960, vol. I; *vid.* HONORÉ, Tony, *Tribonian*, Gerald Duckworth & Co., Londres, 1998.

7 CROKE, Brian, *Count Marcellinus & his chronicle*, Oxford University Press, Nueva York, 2001, 195.

es difícil ser neutral hacia él. Como fuereño sin escrúpulos e ideólogo con visiones de dominación mundial, ha sido comparado con el corso Napoleón y el georgiano Stalin. Se dice que su propia madre aseveró que fue engendrado por un demonio[8]. Sin embargo, en la Iglesia Ortodoxa Griega, es un santo. Y su atractivo perdura: un saturnino Justiniano figura como uno de los protagonistas en las tiras cómicas del Príncipe Valiente del diario dominical.

Sin embargo, los contornos específicos de la era que lleva el nombre de Justiniano no son tan conocidos como el personaje mismo. Encerrado entre corchetes y ensombrecido por la caída del imperio romano de Occidente en el siglo V y el surgimiento del islam en el siglo VII, la era de Justiniano en el siglo VI sigue estando relativamente inexplorada por el público en general, aunque ha recibido mucha atención académica. Así pues, el objetivo de este ensayo implica, por un lado, describir y evaluar la era de Justiniano como una época de cambios de largo alcance y, por otro lado, resaltar la particularidad del periodo en sus propios términos.

II. Justiniano y su reino.

El mejor sitio para iniciar es con Justiniano mismo. El futuro emperador nació bajo el nombre de *Petrus Sabbatius* hacia el 483 d. C. de una familia de campesinos en la aldea latinoparlante balcana de *Tauresium* (Caričin Grad), en Tracia. No conocemos nada de su infancia, excepto que desde pequeña edad se benefició del éxito de su tío Justino, un soldado incondicional que había logrado comandar un regimiento de palacio. No teniendo hijos, Justino se trajo a *Petrus Sabbatius* a Constantinopla, probablemente durante la pubertad, y formalmente lo adoptó. El inteligente joven recibió una buena educación, mostrando una especial inclinación por la teología, pero evidentemente muy poco interés por los "clásicos" no cristianos del griego y del latín, que no resuenan en sus escritos posteriores. Aprendió la política de Constantinopla, recibiendo comisiones en las unidades de la guardia de élite de palacio que no requerían un enrolamiento militar. Tenía talento

---

[8] Sobre Napoleón, *vid.* BROWN, Peter, *The rise of western Christendom: triumph & diversity, AD 200-1000*, Wiley-Blackwell, Oxford, 2a edición, 2003, 122; sobre Stalin, *vid.* HONORÉ, Tony, *op. cit.*, 28-30; sobre el demonio, *vid.* Procopio, *Historia secreta*, 12, 18-19.

para la intriga: cuando el emperador Anastasio murió en el 518, Justiniano se movió tras bambalinas ayudando a su tío Justino para que fuera elegido como nuevo emperador. Aunque no conocemos las maquinaciones precisas que llevaron a Justino al trono, sus contemporáneos creían que Justiniano había tenido un papel determinante en ellas... y en la ejecución de varios rivales inmediatamente después. Para el año 519 detentaba el título de conde, seguido por el de Maestro de Caballería (*magister equitum*) e Infantería en la corte; su consulado llegó en el año 521, el cual inauguró especialmente con fastuosos festejos; obtuvo el status honorífico de patricio tras el 521, y de Nobilísimo poco antes del 527. En cierto punto antes del mes de abril de 527, Justiniano se casó con Teodora, antigua prostituta y escandalosa intérprete en el Hipódromo. Célebre por su piedad tras contraer nupcias, Teodora siguió siendo una consejera cercana a su esposo hasta que murió en el año 548.

El 1 de abril del 527, su tío lo volvió co-emperador, y cuando Justino murió cuatro meses después, *Flavius Petrus Sabbatius Iustinianus Augustus* asumió el trono. En el estilo de los concienzudos emperadores romanos anteriores a él, el paso inicial de Justiniano fue imponer el orden en un ámbito donde creía que faltaba unidad y dirección firme. Su herramienta sería el Derecho Romano legitimado por Dios. Sin embargo, primero debía ponerse orden en la ley. A iniciativa suya, una comisión de juristas produjo un código revisado de Derecho Romano en el año 529, el *Codex Iustinianus* (Código de Justiniano). Luego cribaron unas dos mil obras de antiguos juristas romanos para producir el *Digesta* (o Pandectas) en diciembre del 530. Al mismo tiempo produjeron un manual para estudiantes, llamado *Institutiones*, el cual también reformó los estudios legales por todo el imperio. Aunque estos proyectos fueron el producto de un milenio de Derecho Romano, en manos del Justiniano del siglo VI adquirieron el peso de una nueva autoridad. A lo largo de estas obras, cuya rápida redacción fue interpretado como un signo del favor divino, Justiniano insistió en que Dios le había confiado el gobierno del imperio exclusivamente a él y que sus leyes buscaban restaurar en la tierra el orden que Dios había establecido en el cielo[9]. En

[9] *Vid.* HUMFRESS, Caroline, *Law & legal practice in the age of Justinian*, en MAAS, Michael, *The Cambridge companion to the age of justinian*, *op. cit.*, 161-184, así como PAZDERNIK Charles, *Justinianic ideology & the power of the past*, en MAAS, Michael, *The Cambridge companion to the age of justinian*, *op. cit*, 185-214. Igualmente, puede consultarse

seguida de sus reformas legales y bajo la misma inspiración, Justiniano inauguró un programa de reformas provinciales[10].

En el corto plazo dichas actividades indicaban el tono del régimen de Justiniano: piadoso convencido, imperioso e inclinado al cambio. El significado a largo plazo de esta asociación íntima entre legislación imperial y validación divina no puede ser exagerado por el desarrollo de la autocracia bizantina y las posteriores ideas europeas sobre la realeza.

La necesidad de Justiniano de cumplir sus obligaciones con Dios estableciendo orden en el *corpus* del Derecho Romano, así como de establecer orden por todo su reino a través de la intervención del Derecho Romano, corre paralela precisamente a su enfoque sobre la diversidad religiosa. Desde el inicio de su reinado intentó eliminar la herejía y establecer una sola doctrina cristiana a lo largo de sus dominios, específicamente la formulación de creencias establecidas por el Concilio de Calcedonia en el 451 d. C., según él lo interpretaba. Inició prolongadas discusiones con anti-calcedonios, incluyendo debates públicos con ellos entre el 532 y el 533[11]. Por ahora baste decir que el interés del emperador por mantener el orden, una preocupación típica pero no exclusivamente romana, halló expresión en los esfuerzos por establecer la uniformidad de la doctrina, una solución característicamente bizantina que se volvería la nueva medida de la autoridad imperial y de la cohesión social de Justiniano. Dicha solución también exigió la supresión del politeísmo, considerado crimen público[12].

Sin embargo, no todo era ley, religión y reforma. Durante los primeros cinco años de su reinado, Justiniano se halló envuelto en una guerra con Persia, regida por la dinastía sasánida y el tradicional oponente

---

MAAS, Michael, *Roman history & Christian ideology in justinianic reform legislation*, en *Dumbarton Oaks Papers*, Harvard University Press, vol. 40, 1986, 17-31.

10 *Vid.* MAAS, Michael, *Roman History & Christian ideology…*, *op. cit.*, 17-18.

11 En este ensayo usaremos el término "anti-calcedonios" para referirnos a los cristianos que no aceptaron las decisiones del Concilio de Calcedonia, en lugar del término "monofisitas", un vocablo acuñado en el siglo VII que generalmente se usa en el mundo académico actual, a pesar de sus connotaciones negativas originales. *Vid.* VAN ROMPAY, Lucas, *Society & community in the Christian east*, en MAAS, Michael, *The Cambridge companion to the age of Justinian*, *op. cit.*, 239-266.

12 *Codex* 1, 12, 10. A partir de Justiniano, todos los paganos fueron condenados a muerte. Cfr. CHUVIN, Pierre, *A chronicle of the last pagans*, Harvard University Press, Cambridge, 1990, 134; WILDBERG, Christian, *Philosophy in the age of Justinian*, en MAAS, Michael, *The Cambridge companion to the age of justinian*, *op. cit.*, 316-342.

de Roma en Oriente. Ejerciendo una política militar de "compromiso pragmático"[13] (característica también de su enfoque hacia el derecho y la religión), Justiniano sacó sus ejércitos de la guerra con Persia hacia el 532. Sin embargo, el emperador tenía poco tiempo para disfrutar de la paz. A mediados de enero del 532 casi perdió el trono por una insurrección en Constantinopla, la revolución de Nika. Al grito de "nika", que en griego significa "victoria", alborotadores urbanos exigieron la renuncia de algunos altos funcionarios elegidos cuidadosamente por el emperador. Los opositores aristócratas, quienes tal vez instigaron los disturbios, intentaron dar un golpe de Estado. Tras una dolorosa deliberación, Justiniano decidió no huir[14]. Sus generales Belisario y Narses detuvieron la insurrección en seco matando a miles de alborotadores en el Hipódromo. Justiniano interpretó su salvación como signo de apoyo divino. La relación íntima que vio entre el cargo imperial y Dios se volvería un pilar en el que se apoyaría el Estado bizantino[15].

Alentado por un reforzado sentido del destino, Justiniano comenzó ambiciosos proyectos de restauración. Primero vino la construcción de la enorme catedral de *Hagia Sophia* (Divina Sabiduría) cerca del palacio de Constantinopla[16]. Reemplazando a una antigua iglesia destruida durante la revuelta de Nika, *Hagia Sophia* materializó el espíritu de renovación cristiana que Justiniano deseó como característico de su reino. El emperador también impulsó un amplio programa de construcciones a lo largo de su reino, haciendo a todos visibles su piedad e interés por sus súbditos.

Un segundo gran proyecto, la conquista del reino vándalo ubicado en Cartago, respondió a una pregunta insistente: como

---

13 *Vid.* GREATREX, Geoffrey, *Byzantium & the east in the sixth century*, en MAAS, Michael, *The Cambridge companion to the age of justinian*, *op. cit.*, 477-509.

14 *Vid.* BRUBAKER, Leslie, *The age of Justinian: gender & society*, en MAAS, Michael, *The Cambridge companion to the age of justinian*, *op. cit.*, 427-447, sobre el debate de la influencia de Teodora en dicha decisión; sobre la revuelta de Nika, *vid.* HALDON, John, *Economy & administration: how did the empire work?*, en HALDON, John, *The Palgrave atlas of byzantine history*, Palgrave Macmillan, Londres, 2010, 68-89; *vid.* CAMERON, Averil, Justin I & Justinian, en CAMERON, Averil *et al.* (eds), *Cambridge Ancient History*, *op. cit.*, vol. 14, 71-72.

15 *Vid.* DAGRON, Gilbert, *Emperor & priest: the imperial office in Byzantium*, Cambridge University Press, Nueva York, 2003, para una panorámica reciente de los periodos posteriores.

16 *Vid.* ALCHERMES, Joseph D., *Art & architecture in the age of Justinian*, en MAAS, Michael, *The Cambridge companion to the age of justinian*, *op. cit.*, 343-375.

emperador romano, ¿qué debería hacer con las provincias romanas de Occidente, perdidas durante un siglo ante gobernantes germanos herejes?[17] Motivado tanto por un deseo de eliminar la herejía como por recuperar territorios romanos, Justiniano lanzó un ataque contra los vándalos arios en el 533. Su general Belisario obtuvo una victoria inesperadamente rápida con sólo quince mil tropas. Jubiloso por este triunfo, interpretado como una nueva señal de aprobación divina, en el 535 Justiniano atacó a los arios ostrogodos que gobernaban Italia. Sicilia cayó fácilmente, pero pasaron casi veinte años de dura batalla antes de que sus ejércitos vencieran a los ostrogodos en el 554.

Si la década del 530 fue un periodo de éxito para Justiniano, la siguiente década sólo le trajo problemas. Las hostilidades con Persia se reanudaron, provocando una reubicación de tropas militares en la frontera oriental. Luego, en el 542, una terrible plaga golpeó al imperio, matando a millones (el propio Justiniano casi muere), disminuyéndole sustancialmente recursos económicos[18]. Al año siguiente, la llamada "controversia de los tres capítulos" estalló como resultado del intento de Justiniano por reconciliar a cristianos calcedonios y anti-calcedonios (monofisitas contra miafisitas) en sus provincias de Oriente al tiempo que mantenía el apoyo del clero oriental y el Papa[19]. Sus esfuerzos fueron en vano. No sólo no logró la unidad doctrinal de Oriente, sino que provocó el distanciamiento del clero de Occidente a través de sus esfuerzos por interpretar la doctrina, algo que el clero occidental consideraba una prerrogativa de los sacerdotes, no de los emperadores[20]. La insistencia de Justiniano por ser el intérprete legítimo de textos

---

[17] *Vid.* POHL, Walter, *Justinian & the barbarian kingdoms*, en MAAS, Michael, *The Cambridge companion to the age of justinian*, *op. cit.*, 448-476.

[18] Sobre la plaga, *vid.* HORDEN, Peregrine, *Mediterranean plague in the age of Justinian*, en MAAS, Michael, *The Cambridge companion to the age of justinian*, *op. cit.*, 134-160, y sobre los problemas económicos, *vid.* HALDON, John F., *Economy & administtration: how did the empire work?*, en MAAS, Michael, *The Cambridge companion to the age of justinian*, *op. cit.*, 28-59.

[19] "Los tres capítulos" se refieren a las obras de los teólogos del siglo V Teodoro de Mopsuestia, Teodoret de Cirro e Ibas de Edesa, los cuales Justiniano condenó por inconsistentes con el Concilio de Calcedonia, aunque el propio Concilio les había disculpado su creencia errónea. *Vid.* SOTINEL, Claire, *Emperors & popes in the sixth century: the western view*, en MAAS, Michael, *The Cambridge companion to the age of Justinian*, *op. cit.*, 267-290.

[20] *Vid.* MAAS, Michael, *Exegesis & empire in the early Mediterranean: Junillus Africanus & the Instituta Regularia Divinae Legis*, Mohr Siebeck, Tübingen, 2003, con una contribución de Edward G. Mathews Jr., 47-64.

sagrados en busca de la unidad doctrinal, una clara declaración de realeza bizantina, como podría imaginarse, terminó provocando una fisura entre la iglesia constantinopolitana y el papado que duró muchas generaciones[21].

Las últimas décadas del reinado de Justiniano siguieron siendo decepcionantes, conforme las esperanzas de los primeros años siguieron echándose a perder. La guerra en Italia duró eternamente. En el 548, Teodora, que había sido una astuta consejera y apoyo, especialmente en las negociaciones con los anti-calcedonios de Oriente, murió. El domo de *Hagia Sophia* se fisuró en el 557 y se derrumbó parcialmente el año siguiente. En el 559, bandidos eslavos acompañados de un ejército de hunos llegaron hasta los muros de Constantinopla, forzando a Justiniano a llamar a Belisario del retiro para organizar la defensa. Los terremotos golpearon al imperio, disturbios sociales estallaron en Constantinopla, y hombres ambiciosos conspiraron contra el senil emperador. Incluso el tratado de paz concluido con Persia en el 561-562 requirió fuertes pagos de oro por parte de los romanos.

Los incansables esfuerzos de Justiniano por la unidad religiosa trajeron frutos agridulces. Aunque los obispos del Quinto Concilio Ecuménico (segundo Concilio de Constantinopla) finalmente anatemizaron los Tres Capítulos en el 553, hicieron más profunda la grieta con el clero de Occidente. Su intento por alcanzar un entendimiento con los anti-calcedonios de Oriente también falló, conduciendo directamente al surgimiento de una jerarquía clerical anti-calcedonia independiente[22]. Sin embargo, la aceptación de los obispos de la afirmación de Justiniano de determinar la doctrina en el 533 fue una promulgación de su visión de las relaciones imperiales con la iglesia, una perspectiva bizantina puesta en acción[23]. Pero incluso este desarrollo fue puesto en peligro durante el último año de su vida, cuando sus obispos se negaron a aceptar el aftartodocetismo, una doctrina herética sobre la incorruptibiliad del cuerpo de Cristo, y que Justiniano había patrocinado,

[21] *Vid.* SOTINEL, Claire, *op. cit.*

[22] *Vid.* GRAY, Patrick T. R., *The legacy of Chalcedon: Christological problems & their significance*, en MAAS, Michael, *The Cambridge companion to the age of justinian*, *op. cit.*, 215-238; MAAS, Exegesis & empire, *op. cit.*, 42-71; y ALLEN, Pauline, *The definition & enforcement of orthodoxy*, en CAMERON, Averil *et al.* (eds), *Cambridge Ancient History*, *op. cit.*, vol. 14, 811-834.

[23] *Vid.* Maas, *Exegesis & empire*, *op. cit.*, 53.

al considerarla compatible con las enseñanzas calcedonias[24]. El asunto se extinguió con la muerte del emperador el 14 de noviembre del 565. Aunque exultante y optimista al inicio de su reino, el ambiente en Constantinopla había cambiado al final de la vida de Justiniano a uno de enojada frustración. El féretro de Justiniano se bordó con escenas de los triunfos militares de la década del 530, lo que debió haber parecido un desolado anacronismo para los dolientes que lo condujeron a descansar[25].

III. El mundo alrededor de Justiniano.

a) Aspectos geopolíticos.

Los aspectos geopolíticos en la época de Justiniano se vieron forjados por tres fuerzas. La más importante fue Persia, que se expandía por el Cercano Oriente y la región del Cáucaso a costa de Roma. Tan enorme y multiétnico imperio representó la mayor amenaza para los romanos durante la época de Justiniano, conforme la guerra se hizo más y más frecuente entre las grandes potencias[26]. Khusro I fue el adversario más grande de Justiniano. Sus constantes invasiones de territorio romano provocaron enormes daños a las ricas ciudades de la región. La pérdida de ingresos debido al perpetuo conflicto y a los ataques persas contra las propiedades romanas tuvo un efecto perjudicial en la economía romana, aunque no afectó la productividad. Sólo hasta el siglo VII d. C. cada parte pudo prever el completo derrocamiento de la otra, hazaña finalmente lograda por el emperador Heraclio (quien reinó del 610 al 641), cuando ya los ejércitos musulmanes avanzaban.

La segunda fuerza que forjó los aspectos geopolíticos de la época fue el colapso de la autoridad romana en Europa Occidental durante el siglo V d. C., acompañado por la entrada al imperio de diversos grupos de hombres armados y sus subordinados en busca de nuevas tierras

---

[24] *Vid.* CAWLE, John *et al.*, *Constantinople in the sixth century*, en GRILLMEIER, Alois *et al.*, *Christ in the Christian tradition*, vol. 2.2, Brill, Leiden, 1995, 467-47.

[25] Coripo, *In laudem Iustini* 1, 276-290 y 3, 1-27. *Vid.* CAMERON, Averil, *Justin I & Justinian*, *op. cit.*, n. 134.

[26] *Vid.* GREATREX, Geoffrey, *Byzantium & the east in the sixth century*, en Maas, Michael, *The Cambridge companion to the age of Justinian*, *op. cit.*, 477-509.

donde asentarse[27]. Estas "invasiones bárbaras" dieron como resultado la gradual pérdida de todas las posesiones romanas al oeste de los Balcanes. Durante varias generaciones, una serie de nuevos y agresivos reinos evolucionaron lentamente en el antiguo suelo romano organizado por diferentes grupos de colonos. Para el año 527, cuando Justiniano subió al trono, cuatro grandes reinos "sucesores" ejercían el poder sobre Europa occidental: los ostrogodos en Italia, los vándalos en África del Norte, los visigodos en España, y los francos, que gobernaban la Galia así como las tierras más allá del Río Rhin, que Roma nunca había controlado. Sus reinos mantenían una compleja interrelación con las mucho más numerosas poblaciones romanas a las que gobernaban con variados grados de cortesía, y con las élites romanas que colaboraban en los nuevos gobiernos. Los reyes también mantenían lazos con el emperador de Constantinopla, cuya soberanía reconocían de manera seniformal y poco precisa. Como los nuevos reyes y pueblos que dirigían eran cristianos arrianos, mientras que los habitantes de las provincias romanas a quienes gobernaban eran calcedonianos, convivían lado a lado dos cleros separados y dos comunidades de fe. En algunos casos, como en la África vándala, hubo una ocasional persecución de romanos calcedonianos. En la sociedad, la política y la religión, los nuevos reinos experimentaron una evolución interna compleja, evolución influida profundamente por Roma y eventualmente por Justiniano y sus políticas[28].

Justiniano estaba ansioso por reafirmar la autoridad romana sobre estos territorios perdidos y erradicar la creencia herética arriana que sostenían los nuevos reyes y sus seguidores. Muchos romanos descontentos que se sentían varados en estos nuevos reinos emigraron a Constantinopla y ejercieron una presión adicional para que Justiniano atacase[29]. Justiniano puso primero su vista en el reino vándalo con sede en Cartago. Belisario obtuvo una fácil victoria allí en el año 533, como se señaló en la primera parte de este ensayo. Luego vino la guerra contra la Italia ostrogoda, que comenzó en el 535 y duró veinte años debido a la fiera resistencia de los ostrogodos y a la indiferencia y, en ocasiones, la abierta resistencia de la población italiana hacia el ejército "liberador"

---

[27] *Vid.* POHL, Walter, *Justinian & the barbarian kingdoms*, en Maas, Michael, *The Cambridge companion to the age of Justinian, op. cit.*, 448-476.

[28] *Idem.*

[29] Sobre los emigrados a Constantinopla, *Vid.* CROKE, Brian, *Count Marcellinus & his Chronicle*, Oxford University Press, Nueva York, 2001, 78-101.

de Justiniano. Durante estas dos largas décadas, Justiniano también luchó con una sucesión de papas sobre temas doctrinales y el apoyo a sus políticas imperiales, sentando un patrón de relaciones entre Constantinopla y la iglesia de Occidente que duró décadas[30]. Conforme la guerra en Italia llegaba a su fin, las fuerzas de Justiniano intentaron capturar parte de la costa mediterránea de España de manos del rey visigodo en el 552[31].

A Justiniano no lo quedó más que coexistir con los francos, quienes establecieron un nuevo y formidable reino durante los siglos V y VI en la Galia y en los territorios del norte que nunca habían sido romanos. El reino franco, con sede en la región Loire-Rhin durante la dinastía merovingia, impuso su dominio desde el Atlántico hasta el Elba. El rey merovingio Clovis (quien gobernó del 481 al 511) había adoptado el catolicismo, y así, sus francos se fusionaron de buena gana con la población galo-romana, lo que le brindó mayor fuerza al reino. Aunque los francos tenían una historia de relaciones diplomáticas con Constantinopla, y aunque eran los enemigos tradicionales de los ostrogodos, durante la guerra de Justiniano en Italia fueron unos oportunistas, sacando ventaja del momento tanto de los godos como de los romanos. No habiendo sido nunca tan institucionalmente sofisticado como el imperio romano, el reino franco, sin embargo, surgió como la principal potencia en Europa occidental durante la época de Justiniano. La estabilidad, la organización cívica, y más aún, el catolicismo (calcedonianismo, más bien) de los francos obtuvieron grandes elogios entre algunos romanos de Constantinopla[32].

La muerte de Justiniano en el 565 d. C. le ahorró un abierto conflicto con los lombardos, cuya invasión de Italia a fines de la década del 560 fue una consecuencia directa de sus anteriores maquinaciones en Panonia. Establecieron un reino belicoso en Italia que duró hasta que Carlomagno los pulverizó en el 774. Además de su rivalidad con los

---

30 *Vid.* Sotinel, Claire, *Emperors & popes in the sixth century: the western view*, en Maas, Michael, *The Cambridge companion to the age of Justinian*, *op. cit.*, 267-290.

31 *Vid.* RIPOLL López, Gisela, *On the supposed frontier between the Regnum Visigothorum & Byzantine Hispania*, en POHL, Walter, *et al.* (eds.), *The transformation of frontiers from late antiquity to the carolingians*, Brill, Leiden, 2001, 95-115.

32 Agatías, *Historias* 1, 2, así como la discusión en POHL, Walter, *Justinian & the barbarian kingdoms*, *op. cit.*; MAAS, Michael, *'Delivered from their ancient customs': Christianity & the question of cultural change in early Byzantine ethnography*, en MILLS, Kenneth, *et al.* (eds.), *Conversion in late antiquity & the Middle Ages: Seeing & believing*, University of Rochester Press, Nueva York, 2003, 172-174.

francos, los lombardos combatieron perpetuamente con los exarcas romanos de Rávena por el control de Italia, y así siguieron enredados con Constantinopla durante los reinados de los sucesores de Justiniano.

La tercera fuerza que moldeó los aspectos geopolíticos fue la constante presión interna hacia el Mediterráneo de las diferentes confederaciones de pueblos. Al norte del Danubio se cernían los avaros, nómadas esteparios conducidos hacia el oeste desde el centro de Asia por los turcos, quienes crearon un vasto imperio de pueblos subordinados[33]. Los avaros aparecieron durante los últimos años del imperio de Justiniano e inmediatamente hicieron una alianza con el emperador, quien se alegró de tener otro peón en su frontera norte. Les pagó subsidios para permanecer en paz con Roma y para pelear contra otros enemigos de Roma al norte. Sin embargo, los avaros pronto se volvieron una terrible amenaza. Entre los pueblos bajo la hegemonía avara estaban grupos eslavos. Mezcla de muchas culturas y grupos étnicos, las comunidades eslavas se desarrollaron más allá de las fronteras romanas sin experiencia alguna de la sociedad y gobierno romanos. Bandas de eslavos, algunas veces en colaboración con los avaros, empezaron a cruzar los Balcanes en la última parte del siglo VI, expulsando a muchos romanos de sus hogares. Para el año 600, el emperador Mauricio había limpiado el territorio romano de la mayoría de ellos, pero tras su muerte, avaros y eslavos volvieron a controlar la mayoría de tierras desde Grecia hasta el Danubio, representando una constante amenaza para Constantinopla y el imperio.

En el norte de África, tribus conocidas colectivamente como bereberes ejercieron presión sobre el norte contra las tierras romanas de África[34]. Estos grupos tribales en su mayoría no hablaban latín ni griego, aunque algunos eran cristianos romanizados, y formaban enclaves de cultura romanizada que duraron hasta el periodo islámico[35]. La derrota del reino vándalo en el 533 sentó el conflicto entre las tropas romanas y las tribus bereberes que merodeaban libremente por todo el Mediterráneo. Los generales de Justiniano construyeron una cadena de fortalezas y obtuvieron algunas victorias importantes, pero los bereberes

---

33 En GREATREX, Geoffrey, *Byzantium & the east in the sixth century, op. cit.*, se discute sobre los lejanos horizontes del mundo de Justiniano.

34 El nombre "bereberes", surgido del latín *barbari* o "bárbaros", se aplicó en los primeros años de las conquistas musulmanas del siglo VII.

35 BOWERSOCK, Glen *et al.*, (eds.), *Late antiquity: A guide to the postclassical world*, Belknap Press, Massachussets, 2a. ed., 2000, *s. v.* "Berber".

siguieron siendo un problema hasta la conquista musulmana de África del Norte en el siglo VII.

Al sureste del imperio romano, en los límites al norte de Arabia, tanto romanos como persas interactuaban con federaciones de árabes, usándolos como títeres en sus continuos conflictos. Aunque no representaban una amenaza en el siglo VI, tras aceptar el islam, estos árabes, en conjunción con los ejércitos de la península arábiga, cambiaron totalmente los contornos geopolíticos del mundo Mediterráneo un siglo después de la muerte de Justiniano[36].

Esta rápida panorámica de los vecinos del imperio de Justiniano muestra a vastos territorios que desarrollaron nuevas estructuras de poder e identidad mientras se hallaban en pugna con los romanos. Las prioridades de Justiniano siempre habían estado en el frente persa, y para fines de la época de Justiniano había un foco inevitable en el Mediterráneo oriental. El surgimiento del islam acabó con la historia, y Bizancio se volvió una potencia regional.

b) **Aspectos económicos.**

¿Cuáles fueron las consecuencias de estos desarrollos geopolíticos en la economía de la época de Justiniano?[37] Las pruebas son desiguales y muy debatidas, pero de forma muy general, la Tesis de Pirenne parece sostenerse como verdadera. Esta teoría, desarrollada por el medievalista belga Henri Pirenne en los años posteriores a la Primera Guerra Mundial, descartaba el papel de los invasores germanos en la ruptura de la unidad económica del Mediterráneo y colocaba la carga, por el contrario, en las invasiones árabes del siglo VII[38]. Si a la ecuación agregamos Persia, la teoría de Pirenne cobra fuerza.

---

[36] *Vid.* DONNER, Fred M., *The background to islam*, en MAAS, Michael, *The Cambridge companion to the age of Justinian*, *op. cit.*, 510-534.

[37] Para una mayor discusión, *vid.* HALDON, John F., *Economy & administration: how did the empire work?*, y LEE, A. D., *The empire at war*, en MAAS, Michael, *The Cambridge companion to the age of Justinian*, *op. cit.*, 28-59 y 113-133, respectivamente.

[38] Pirenne comenzó a desarrollar su tesis en dos ensayos: *Mahomet et Charlomagne*, en la *Revue Belge de Philologie et d'Histoire*, vol. 1, fasc. 1, 1922, 77-86, y *Un contraste économique: Mérovingiens et Carolingiens*, en la *Revue Belge de Philologie et d'Histoire*, vol. 2, número 2, 1923, 223-235. Sus obras *Medieval cities: their origins & the revival of trade*, Princeton University Press, Nueva Jersey, 1925, y *Economic & social history of medieval Europe* (Nueva York, 1937, edición moderna de Routledge, Londres, 2006) ampliaron su investigación. *Mohammed & Charlomagne*, George Allen & Unwin Ltd., Londres, 1939, es la exposición

En el siglo V la pérdida de las provincias occidentales indudablemente lesionó la cohesividad económica del mundo mediterráneo. Sin embargo, esto no significó el bloqueo del comercio, o que las economías locales colapsasen en conjunto, sino que estaba gestándose en Occidente un lento descenso en la actividad económica[39]. Una razón de dicho descenso fue la ausencia de una administración romana que mantuviese unido el tejido del imperio que entrelazaba las economías locales y regionales. Este cambio redujo la escala de las ciudades[40]. Por ejemplo, el grano del norte de África ya no se importó a la ciudad de Roma tras establecerse el reino vándalo, lo que contribuyó a reducir la población de la ciudad. Bienes de bajo costo como la alfarería, así como objetos de lujo como el vino y los textiles, siguieron produciéndose de forma local y embarcándose a mercados distantes[41], pero los arqueólogos han señalado una disminución general en los intercambios de las zonas interiores del Mediterráneo occidental durante la época de Justiniano, debido, no a las invasiones bárbaras, sino a diversos factores locales. Como resultado, esto condujo a la posterior regionalización de la economía en las antiguas provincias occidentales[42]. Conforme las economías de los diferentes reinos sucesores se desarrollaban a su propio ritmo, lentamente fue forjándose el fundamento de la economía medieval en Europa occidental y el norte de África[43].

La situación económica difería en el oriente mediterráneo, donde el gobierno romano aún brindaba unidad fiscal. Una rigurosa política de

---

definitiva de sus ideas. Véanse los ensayos en HODGES, Richard *et al.* (eds.), *The sixth Century: Production, distribution & demand*, Brill, Leiden, 2003; MCCORMICK, Michael, *Origins of the European economy: communication & commerce, AD 300-900*, Cambridge University Press, Nueva York, 2002, 1-6; MOORHEAD, John, *The roman empire divided, 400-700*, Routledge, Londres, 2a. ed., 2012, 248-270; WARD-PERKINS, Bryan, *Specialized production & exchange*, en Cameron, Averil *et al.* (eds.), *Cambridge Ancient History*, Cambridge University Press, Nueva York, 2000, vol. 14, 346-391.

39 WICKMAN, Chris, *Overview: production, distribution & demand*, en HODGES, Richard *et al.*, *op cit.*, 289, resalta que las causas del descenso económico acumulativo durante el siglo VI fueron principalmente "endógenas, no exógenas".

40 *Vid.* HOLUM, Kenneth G., *The classical city in the sixth century: survival & transformation*, en MAAS, Michael, *The Cambridge companion to the age of Justinian*, *op. cit.*, 87-112.

41 WARD-PERKINS, Bryan, *op. cit.*, 346-391.

42 WICKMAN, Chris, *op. cit.*, 287.

43 *Ibíd.*, 288. Vid. HODGES, Richard, *Henri Pirenne & the question of demand in the sixth century*, así como DELOGU, Paolo, *Reading Pirenne again*, ambos en HODGES, Richard *et al.* (eds.), *The sixth century, op. cit.*, 3-14 y 15-40, respectivamente.

impuestos seguía explotando a los sistemas locales de producción. Sin embargo, la toma de la economía siria por parte de los persas durante el siglo de Justiniano constituyó una merma constante de recursos, aunque quizá no tan mala como se ha pensado[44]. La pérdida final de Siria y Egipto a manos de los árabes en las décadas del 630 y del 640 provocaron una crisis debilitante para el Estado bizantino, provocando una pérdida de ingresos estimada en un 75%[45]. Así, vemos que la unidad económica del Mediterráneo romano se disolvió de forma irregular: a fines del siglo VI, el vino de Gaza todavía era enviado a la Galia, pero a fines del siglo siguiente, Teodoro de Tarso, un clérigo sirio afincado en Bretaña, tenía que explicar a sus estudiantes qué era un melón[46].

c) **Aspectos religiosos.**

Hacia el siglo VI, las disputas doctrinales se habían vuelto un aspecto cotidiano en la vida del mundo cristiano, pues grandes comunidades se definían por su fe y adherencia a alguna posición cristológica surgida entre el Cercano Oriente y el Atlántico. Dichas comunidades, que no eran limítrofes con los reinos, se conformaron ampliamente como respuesta al Concilio de Calcedonia, el cual había intentado resolver en el año 451 el tema de la relación entre las naturalezas humana y divina de Cristo[47], tema que se fundaba, primero que todo, en la interpretación de la Biblia en diferentes lenguas, así como una gran variedad de otros textos escritos inspiradamente por clérigos y concejos eclesiales. Con frecuencia había violentos desacuerdos sobre la elección e interpretación de tales textos, así como el método apropiado para explicarlos. Estallaban argumentos sobre la influencia interpretativa de las diversas autoridades del pasado. ¿Cuál sería la relativa autoridad

---

[44] *Vid.* HORDEN, Peregrine, *Mediterranean plague in the age of Justinian*, en MAAS, Michael, *The Cambridge companion to the age of Justinian*, *op. cit.*, 134-160.

[45] *Vid.* HENDY, Michael, *Studies in the byzantine monetary economy, c. 400-1450*, Cambridge University Press, Nueva York, 1a. reimp., 2008, 620; WICKHAM, Chris, *op. cit.*, 291.

[46] Sobre Teodoro de Tarso, *vid.* LAPIDGE, Michael, *The career of archbishop Theodore*, en LAPIDGE, Michael, *Archbishop Theodore: commemorative studies on his life & influence*, Cambridge University Press, Nueva York, 1995, 70.

[47] GRAY, Patrick T. R., *The legacy of Chalcedon: christological problems & their significance*, en MAAS, Michael, *The Cambridge companion to the age of Justinian*, *op. cit.*, 215-238, explica los matices de las posturas calcedoniana y anti-calcedoniana.

del papa, los padres de la iglesia, los concilios eclesiales y el emperador en el nuevo orden mundial de Justiniano?[48]

El manejo del cristianismo había sido de interés imperial desde la conversión de Constantino a dicha fe en el año 312 por una razón muy romana: se entendía que el bienestar del imperio dependía de mantener la buena voluntad de la divinidad. Naturalmente, Justiniano saltó a la arena, e incluso antes de ser entronizado comenzó a negociar con el papa y otros teólogos y líderes religiosos sobre aspectos de doctrina y unidad. Ya como emperador intentó establecer una creencia uniforme a lo largo de su reino, y por ende crear un imperio unificado que agradase a Dios. Esto implicaba dominar las complejidades del argumento cristológico derivado de Calcedonia y luego intentar establecerse en la jerarquía de legítimos intérpretes de textos. Su incansable esfuerzo por resolver la desarmonía doctrinal fracasó espectacularmente, pero con importantes consecuencias. Como se señaló anteriormente, la postura autocrática de Justiniano envenenó la atmósfera en la relación con los calcedonianos del occidente mediterráneo[49].

Al intentar intervenir en el debate doctrinal y establecerse como intérprete legítimo de los textos sagrados, Justiniano sentó un precedente bizantino. Se remontó a siglos anteriores para así definir una elástica cultura religiosa bizantina fundada en una interpretación de Calcedonia, y basada en textos fundacionales griegos íntimamente ligados a la autoridad imperial. Sin embargo, hubo un inconveniente. Pese a sus mejores esfuerzos para preparar un acuerdo con los cristianos anti-calcedonianos orientales, una revoltosa jerarquía anti-calcedoniana se estableció rápidamente en tierras siroparlantes como una presencia religiosa independiente. Las comunidades anti-calcedonianas siguieron fragmentándose con los sucesores de Justiniano, imposibilitando a Constantinopla el alcanzar cualquier acuerdo satisfactorio con ellos[50]. El problema se hizo evidente con las conquistas islámicas del siglo VII, cuando estas comunidades anti-calcedonianas fueron sustraídas a la autoridad de Constantinopla.

La lealtad a la doctrina calcedoniana no se limitó a los romanos o a los habitantes de las tierras alguna vez controladas por Roma. Cuando Clovis, rey de los francos, se convirtió al catolicismo (calcedonianismo) hacia el 496, halló un modo para desafiar la autoridad de los enemigos

---

48 *Vid.* MAAS, *Exegesis & empire, op. cit.*, 42-64.

49 *Vid.* Sotinel, *Emperors & popes in the sixth century, op. cit.*

50 ALLEN, Pauline, *op. cit.*, 828-834.

visigodos, que profesaban el cristianismo arriano. Igualmente, en España, Reccared, el rey visigodo, se convirtió al catolicismo en el 587, dando un paso que ayudaría a crear una comunidad medieval más homogénea.

Justiniano también debió tratar a no cristianos: politeístas y judíos dentro del imperio y politeístas más allá de sus fronteras. Analicemos cada grupo por separado. La insistencia por unificar las creencias cristianas implicaba suprimir los residuos de adoración politeísta, recientemente descrita como limitada a "académicos obstinados y campesinos iletrados"[51]. Los primeros, a los que podríamos llamar "intelectuales paganos", no han dejado rastros de su culto. Sabemos de ellos sólo como resultado de las acusaciones del emperador contra ellos. Aunque sin duda algunos pueblos quizá hayan adorado a los antiguos dioses en secreto, es igualmente probable que su "paganismo" se base en la lealtad a las tradiciones intelectuales, especialmente la filosofía, que aún podía ser abrazada independientemente de la interpretación cristiana[52].

Grandes cantidades de campesinos que provenían de España y hasta de Siria seguían adorando a los antiguos dioses. Juan de Éfeso convirtió a miles al cristianismo en Asia Menor y Siria en la década del 540. La comprensión de las creencias cristianas no debió ser muy profunda ante tales conversiones masivas. Los clérigos debían amonestar repetidamente a sus rebaños para que abandonasen sus hábitos paganos. A fines del siglo VI el término "pagano" se había vuelto un insulto generalizado proferido por los obispos contra alguien.

Las penas eran rigurosas. Los cristianos que fuesen sorprendidos haciendo sacrificios a los antiguos dioses debían ser ejecutados. A los no cristianos se les prohibía detentar cualquier cargo público, enseñar o tener propiedades, pero se les concedía un periodo de gracia de tres meses para convertirse y así mantener sus tierras y trabajos[53].

La actividad misionera había sido esencial a la práctica cristiana desde los tiempos de Paulo, pero Justiniano fue el primer emperador en hacer de las misiones de conversión un asunto político: además de las

---

[51] MANGO, Cyril, *New religion, old culture*, en MANGO, Cyril (ed.), *The Oxford history of Byzantium*, Oxford University Press, Nueva York, 2002, 111.

[52] *Vid.* WILDBERG, Christian, *Philosophy in the age of Justinian*, en MAAS, Michael, *The Cambridge companion to the age of Justinian*, *op. cit.*, 316-340.

[53] Cfr. MAAS, Michael, *John Lydus & the roman past: antiquarianism & politics in the age of Justinian*, Routledge, Londres, 2013, 69-82.

actividades de Juan de Éfeso, el emperador convirtió pueblos del Cáucaso[54], y luego más allá de las fronteras imperiales con Etiopía[55], haciendo él y sus sucesores de la conversión un elemento para el reconocimiento diplomático de reyes extranjeros de las estepas del norte cuando fuera posible.

Para los judíos, una minoría en el imperio, la época de Justiniano marcó el inicio de una nueva fase en su historia[56]. Aunque Justiniano se involucró en dirigir la comunidad judía de su reino, motivando a los judíos de Constantinopla y quizá de todo el imperio a usar la *Septuaginta* griega, no los persiguió activamente. Sin embargo, durante el reinado de Heraclio las conversiones forzadas de judíos fueron una característica ocasional de la política imperial. Como consecuencia de la continua disminución de su status en el imperio y la expulsión forzada de la vida pública, las comunidades judías se refugiaron en ellas mismas, volviendo, por ejemplo, a usar el hebreo en la liturgia[57].

¿Cuáles fueron las consecuencias de las políticas religiosas de Justiniano? Produjeron una sociedad romano-cristiana más unificada, suficientemente elástica, según los acontecimientos de las décadas subsecuentes lo demostraron, para soportar los ataques de muchos frentes, y eventualmente la acometida del islam[58]. Al hacerlo, Justiniano definió al impero como una comunidad de fe ortodoxa y asumió el control de su destino religioso.

Las intervenciones de Justiniano en asuntos religiosos condujeron a una posterior polarización de Oriente y Occidente, surgiendo comunidades de fe separadas a lo largo del mundo romano, cada una fundada en su propia lengua, sus textos sagrados, su doctrina cristológica y sus jerarquías sacerdotales. Éstas fueron las semillas de emergentes identidades medievales: cristiandad latina en Europa occidental (donde el cristianismo calcedoniano es conocido como

---

54 *Vid.* MAAS, Michael, *'Delivered from their ancient customs'*, *op. cit.*, 160-169.

55 *Vid.* DONNER, Fred M., The background to islam, en MAAS, Michael, *The Cambridge companion to the age of Justinian*, *op. cit.*, 510-530.

56 *Vid.* DE LANGE, Nicholas, *Jews in the age of Justinian*, en MAAS, Michael, *The Cambridge companion to the age of Justinian*, *op. cit.*, 401-426.

57 EVANS, J. A. S., *The age of Justinian: the circumstances of imperial power*, Routledge, Londes, 2000, 240-247; DE LANGE, Nicholas, *Jews in the age of Justinian*, *op. cit.*

58 CAMERON, Averil, *Images of authority: elites & icons in late sixth-century Byzantium*, en MULLET, Margaret *et al.* (eds.), *Byzantium & the classical tradition: Symposium proceedings*, Centre for Byzantine Studies, Birmingham, 1981, 205-234.

catolicismo romano); la Bizancio griega ortodoxa, y los reinos sirio, armenio y copto[59].

Por último, a través de las políticas de conversión y actividad misionera, mezcladas con sus esfuerzos diplomáticos, vemos la primera articulación de una "Comunidad bizantina medieval", como la denominó Dimitri Obolensky, en la cual Constantinopla era el centro de una constelación de comunidades étnicas cristianas más allá de sus fronteras[60].

d) **Aspectos intelectuales.**

En términos de vida intelectual, la época de Justiniano fue una fase transicional entre el pasado clásico y el futuro bizantino conforme las tradiciones cristianas de enseñanza pasaban por una encendida revisión. Desde tal perspectiva, podemos apreciar varios desarrollos interrelacionados que definieron los aspectos intelectuales de la época.

Primero, la época de Justiniano presenció la intensificación del cristianismo en todos los aspectos de la vida intelectual, con frecuencia a través de la intervención imperial. Segundo, el sistema educativo que había sido característico del imperio romano durante siglos se quebró, una función de cambios generales en la vida de las ciudades y en la política imperial. Tercero, el periodo fue testigo de la reunión y codificación de todo tipo de conocimiento para propósitos utilitarios y de conservación. Del mismo modo que la determinación de los textos base fue fundamental para la exégesis religiosa, la recolección de textos fundacionales para la práctica legal, la gramática, la investigación filosófica o la historia de las instituciones gubernamentales destaca como una característica del periodo. Examinemos brevemente estos aspectos para evidenciar el giro bizantino que cada uno tomó.

Aumento de la influencia cristiana. Los estudiosos cristianos habían debatido durante mucho tiempo sobre la pregunta "¿Qué tiene que ver

59 De forma similar, el judaísmo pasó del griego al hebreo en temas de adoración y la autoridad de los rabinos creció, mientras que al final de este periodo la comunidad islámica creció, fundada en textos revelados en idioma árabe.

60 OBOLENSKY, Dimitri, *The Byzantine Commonwealth: eastern Europe, 500-1453*, St. Vladimir's Seminary Press, Nueva York, 1971; FOWDEN, Garth, *Empire to Commonwealth: consequences of monotheism in late antiquity*, Princeton University Press, Nueva Jersey, 1993.

Atenas con Jerusalén?", pero durante el siglo VI las tensiones entre los enfoques cristianos y las tradiciones de conocimiento no cristianas se volvieron particularmente agudas, especialmente vistas a través de la lente imperial. El esfuerzo de Justiniano por crear una sociedad romana con creencias uniformes exacerbaba el debate y servía para romper los lazos con el pasado. Al suprimir el politeísmo y apuntar a la *intelligentsia* urbana, ayudó a sellar el destino de la enseñanza secular autónoma. Impuso la categoría peyorativa de "pagano" a todo conocimiento y actividad que previamente había sido parte común de la atmósfera cultural del imperio. Visto en perspectiva amplia, al inicio de la época de Justiniano ciertas tradiciones de conocimiento, especialmente en filosofía, arte e historiografía, aún existían de forma independiente a una apropiación cristiana. A finales del siglo VI, estas esferas culturales autónomas habían desaparecido virtualmente, aunque no materialmente. A partir de este momento el conocimiento clásico, como el derecho, la filosofía o las ciencias, serían abordadas sólo desde una perspectiva cristiana. Dicho pluralismo intelectual, tal como lo habían logrado estas disciplinas no cristianas, jamás volvería a darse en otra generación. Pronto mucho de ello fue olvidado: para el siglo VIII, los libros eran una rareza y el arte clásico era visto con suspicacia y temor[61].

La historiografía brinda un buen ejemplo de cómo se manejaba la relación apropiada entre las tradiciones clásica y cristiana de pensamiento en la época de Justiniano. Los historiadores que eran cristianos continuaron escribiendo historia en griego según la tradición clásica hasta principios del siglo VII, imitando el estilo ático del historiador del siglo V a. C., Tucídides. Esta forma de escribir la historia floreció en Constantinopla, especialmente en manos de Procopio y sus continuadores[62]. Procopio, el más tucididiano, fingió ignorar las creencias e instituciones cristianas a pesar de ser cristiano[63], pero casi un siglo más tarde Teofilacto no sentía ya la necesidad de emplear tales artificios e incorporó libremente material y explicaciones cristianos en su

---

[61] *Vid.* CAMERON, Averil *et al.* (eds.), *Constantinople in the early eighth century: the parastaseis syntomoi chronikai*, Brill, Leiden, 1984, 1-53.

[62] *Vid.* WHITBY, Michael, *Greek historical writing after Procopius: variety & vitality*, en CAMERON, Averil *et al.* (eds.), *The Byzantine & early Islamic near East: I. Problems in the literary source material*, Darwin Press, Nueva Jersey, 1992, 25-80.

[63] CAMERON, Averil, *Procopius & the sixth century*, Routledge, Londres, 1996, así como WHITBY, Michael, *Greek historical writing after Procopius*, *op. cit.*, 25-80.

narrativa clasicizante[64]. Fue el último en intentar una historiografía tradicional y clasicizante en esta época.

Conforme los modelos clásicos de narración histórica eran abandonados, las crónicas del mundo cristiano llenaron el vacío. Interpretaban la historia dentro de un marco cristiano, comenzando con la creación, cubriendo sucesos bíblicos y la crucifixión de Cristo, para luego continuar hasta el presente[65]. Para el siglo VI, estas crónicas brindaban una explicación de la historia humana para todos los cristianos, rompiendo totalmente con el pasado grecorromano al tiempo que se conectaba con el pasado bíblico[66]. Las crónicas escritas por el jurista antioqueno Juan Malalas y por el conde Marcelino, un funcionario de la corte justinianea, son más representativas de las creencias ampliamente sostenidas en el siglo VI que la historia clacisizante de Procopio[67]. Los intereses manifestados en dichas crónicas reflejan los cambios contemporáneos en la piedad popular[68].

Recolección y codificación del conocimiento. Un creciente sentimiento de desconexión con el conocimiento de y sobre el pasado no cristiano hizo de la época de Justiniano un periodo de notable reorganización y codificación del conocimiento. Por ejemplo, Juan Lido (*Ioannes Laurentius Lydus*), un burócrata de la oficina del prefecto del pretorio que trabajó con Justiniano, se afligía enormemente al ver políticas imperiales que atacaban a hombres de enorme cultura, a las escuelas que los formaron y a los lazos con la herencia intelectual de la antigüedad que conformaron su comprensión del universo social. Compiló tres obras históricas para contrarrestar los estragos de su época. Dichos tratados, *De mensibus*, *De*

---

64 WHITBY, Michael, *Greek historical writing after Procopius*, *op. cit.*, 51-52.

65 Un ejemplo de dicha historiografía es WHITBY, Michael *et al.* (trads.), *Chronicon Pascale, 284-628 d. C.*, Liverpool University Press, Liverpool, 1990; sobre la tradición de la crónica, *vid.* CROKE, Brian *et al.*, *Byzantine chronicle writing*, en JEFFREYS, Elizabeth *et al.* (eds.), *Studies in John Malalas*, Australian Association for Byzantine studies, Sydney, 1990, 25-54, así como CROKE, Brian, *Count Marcellinus & his Chronicle*, *op. cit.*, 145-169 y 257-265.

66 En el siglo VII el islam también rompería con su pasado politeísta, estableciendo lazos con el pasado bíblico.

67 SCOTT, Roger, *Writing the reign of Justinian: Malalas versus Theophanes*, en ALLEN, Elizabeth *et al.*, *The sixth century: end or beginning?*, Australian Association for Byzantine studies, Sydney, 1996, 20-34.

68 *Vid.* KRUEGER, Derek, *Christian piety & practice in the sixth century*, en MAAS, Michael, *The Cambridge companion to the age of Justinian*, *op. cit.*, 291-315.

ostentis y *De magistratibus Reipublicae Romanae*, conservaron datos de varios autores antiguos aunque respondían a situaciones contemporáneas. El *De magistratibus*, aunque ofrecía datos históricos sobre la prefectura del pretorio, consideraba al emperador rehabilitador del pasado y al mismo tiempo destructor. Otros escritores también realizaron este tipo de colecciones: Exiquio realizó un diccionario biográfico de estudiosos paganos; Esteban compiló un enorme diccionario geográfico que al poco fue resumido y dedicado a Justiniano. Pedro el Patricio, distinguido estadista al servicio de Justiniano, escribió una historia sobre el cargo de Maestro de los Oficios[69]; Prisciano, profesor de gramática en Constantinopla, escribió numerosas obras, incluyendo dieciocho volúmenes de gramática latina que extrajo liberalmente de una amplia selección de textos clásicos latinos. Dedicada al cónsul Juliano, esta imponente obra fue el producto de una red de patronazgos en la capital imperial que relacionaba la literatura con la munificencia aristocrática[70]. La obra de Prisciano fue al poco tiempo condensada para crear un libro que fuera usado en las escuelas[71], como lo fueron otros tratados. Junilo, alto funcionario judicial que sirviera bajo Justiniano en la década del 540, compuso un *Tratado de principios básicos del Derecho Divino* que sirvió como introducción a los estudiantes de exégesis bíblica.

El énfasis en la codificación y condensación legal marcó la época. Los reyes germanos produjeron códigos legales, como lo hizo el monarca persa Khusro II Parviz (quien reinó del 591 al 628) en su *Libro de las mil decisiones*[72]. Los rabinos produjeron el Talmud babilónico casi al mismo tiempo[73]. Sin embargo, la más influyente de todas las compilaciones de datos antiguos fue el inmenso *Corpus Iuris Civilis* de Justiniano. Fue también la fuente de un manual para estudiantes, las *Institutiones*. Por indicación imperial, además, los juristas condensaron y tradujeron a fines de la década del 530 el material legal latino a lengua griega.

---

69 Sobre dichos autores, *vid.* MAAS, Michael, *John Lydus & the roman past, op. cit.*, 55.

70 *Vid.* RAPP, Claudia, *Literary culture under Justinian*, en MAAS, Michael, *The Cambridge companion to the age of Justinian, op. cit.*, 376-399.

71 Cfr. MARTINDALE, J. R., *The prosography of the later roman empire*, Cambridge University Press, Nueva York, 4a. ed., 2006, vol. 2, *s. v.* "Priscianus 2"; KAZHDAN, Alexander P., *The Oxford Dictionary of Byzantium*, Oxford University Press, 1991, vol. 3, *s. v.* "Priscian"; DIHLE, Albrecht, *Greek & latin literature of the roman empire from Augustus to Justinian*, Routledge, Londres, 1994, 443.

72 *Vid.* DONNER, Fred M., *The background to islam, op. cit.*

73 *Vid.* DE LANGE, Nicholas, *Jews in the age of Justinian, op. cit.*

Las colecciones sobre conocimiento con fines educativos no se limitaron a Constantinopla. Hallamos a personajes que acometen tales tareas enciclopédicas por toda la cuenca mediterránea, en todo lugar donde existían rastros de cultura romana. En Italia, bajo mandato ostrogodo, Severino Boecio (c. 480-524) comenzó un enorme proyecto dirigido a sistematizar todo el conocimiento[74]. Su contemporáneo, el aristócrata italiano Casiodoro (c. 490-c. 582), quien también sirvió al rey ostrogodo, se retiró a su monasterio a Vivarium, donde comenzó una recopilación y reproducción sistemática del conocimiento en un intento por preservar el conocimiento clásico y ejercitar a los escribas[75]. Sus *Institutiones* discutían sobre literatura sagrada y profana, además de ofrecer bibliografía apropiada. Quizá lo más significativo fue que en el monasterio sus monjes reunieron textos clásicos, enfatizando estudios prácticos como la agricultura, la medicina y la historia natural, en un intento por preservar este material para futuras generaciones[76]. Hacia el 529, Benedicto fundó el monasterio de Monte Cassino en Italia. Su *Regula* prescribía ciertas horas para que los monjes leyeran todos los días, y por ende dejaba la puerta abierta a la copia de libros para futuras generaciones. Más lejos todavía de Constantinopla, Isidoro de Sevilla en España (c.570-636) compuso muchas obras literarias, históricas y enciclopédicas. Sus *Etymologiarum sive originum libri XX* intenta preservar una gran cantidad de conocimiento sobre Derecho, medicina y lenguas, así como el *curriculum* estándar del conocimiento romano (el *trivium* y el *quadrivium*), que de otro modo se perdería[77]. Los monasterios, nuevos hogares del conocimiento y copiaje del conocimiento en Occidente, reemplazaron a los centros urbanos de educación y con ello alteraron los patrones de flujo del conocimiento en el mundo mediterráneo. Un giro interiorista hacia la vida monástica significaba que el conocimiento antiguo adquiría una existencia aparte de las reverberaciones políticas de las políticas de Justiniano.

Un nuevo tipo de libro cristiano se desarrolló en la época de Justiniano, la *catena*, que unía la necesidad eclesiástica de textos de

---

[74] *Vid.* CONTE, Gian Biagio, *Latin literature: a history*, Johns Hopkins University Press, Baltimore, 2a. ed., 1999, 715-716.

[75] *Vid.* MAAS, *Exegesis & empire, op. cit.*, 33.

[76] Para una panorámica, *vid.* REYNOLDS, Leighton D. *et al.*, *Scribes & scholars: a guide to the transmission of greek & latin literature*, Oxford University Press, Nueva York, 4a. ed., 2014, 71-72.

[77] CONTE, Gian Biagtio, *op. cit.*, 721.

autoridad para usar en el debate doctrinal con la tendencia extendida por resumir y codificar. Estas obras, atribuidas inicialmente a Procopio de Gaza (c. 460-530) crearon un conocimiento por poder. Diseñaron comentarios sobre libros bíblicos que ligaban las interpretaciones de varios clérigos anteriores, con frecuencia citándolos *verbatim*[78]. Estas cadenas de textos de autoridad, que eventualmente sustituyeron a la lectura de las obras originales, jugaron un papel importante en los debates doctrinales de finales del siglo VI y todo el siglo VII[79].

Educación. El sistema educativo del imperio romano cambió significativamente durante la época de Justiniano, conforme la superestructura secular literaria se desintegraba debido a la política imperial y, más indirectamente, a la transformación de la vida en la ciudad tradicional[80]. El sistema educativo romano, que ya existía mucho antes de la llegada del cristianismo, representó una visión de la cultura y la comunidad que para la época de Justiniano ya no encajaba con las creencias cristianas. El cómo enfrentó las diferencias Justiniano y su círculo, tanto cristianos como romanos, habla del surgimiento de un mundo bizantino en donde la educación secular pasó a manos cristianas. Durante el reinado de Justiniano el cristianismo imperial tomó una postura altamente política hacia el conocimiento clásico. Al mismo tiempo que la propaganda de Justiniano enfatizaba la continuidad con el pasado romano, diversas partes de ese legado, en particular la ciencia y la filosofía, se consideraba sospechosas de paganismo. Hubo purgas de intelectuales, acusaciones contra funcionarios públicos y quemas de libros. Sobreviven restos de un debate entre los cristianos de la corte sobre la naturaleza de la educación. Estaban por un lado los que abogaban por un *curriculum* totalmente cristiano, como el ministro legal de Justiniano, Junilo, mientras que por el otro, intelectuales como el historiador Procopio, preferían el entrenamiento tradicional en retórica, gramática y literatura clásica. Justiniano tomó una postura media. Aunque redujo el apoyo financiero para los maestros de escuelas tradicionales en algunas áreas e insistía en que toda la enseñanza la

---

[78] *Vid.* REYNOLDS, Leighton D. *et al.*, *Scribes & scholars*, *op. cit.*, 45.

[79] CAMERON, Averil, *Byzantium & the past in the seventh century: the search for redefinition*, en FONTAINE, Jacques *et al* (eds.), *The seventh century: change & continuity*, Warburg Institute, Londres, 1992, 254.

[80] BROWNING, Robert, *Education in the roman empire*, en CAMERON, Averil *et al.* (eds.), *Cambridge ancient history*, *op. cit.*, vol. 14, 855-883.

ofrecieran cristianos calcedonianos, subsidió no obstante a maestros de gramática, retórica, medicina y derecho en Italia cuando reestableció allí el mandato romano en el 554, "para que los jóvenes, siendo eruditos en los estudios liberales, prosperen en beneficio de nuestra república".[81] De este modo mantuvo una mano cristiana ortodoxa sobre la educación y para mantener el favor de Dios. No tomó la iniciativa de crear escuelas completamente cristianas, como la de Nisibis en Siria, conocida por Junilo y presumiblemente otros en la corte. Debido a este abandono, y al cambio a una perspectiva totalmente cristiana entre la élite urbana que en generaciones anteriores había pagado por la enseñanza tradicional, la educación clásica lentamente se evaporó. Para el siglo VII, el Salterio se había convertido en el principal texto educativo, y el entrenamiento en derecho y medicina se limitaba a pocas cosas. A lo largo y ancho del Mediterráneo, los monjes tomaron la carga de educar tanto como podían.

Es en estos marcos contextuales que deberemos entender el surgimiento del *Digesta Iustiniani*, obra destinada a influir decisivamente en las legislaciones del mundo moderno.

[81] *Pragmatica sanctio pro petitione Vigilii*, *App*. 7, 22.

NOTA SOBRE LA PRESENTE EDICIÓN

La *editio princeps* publicada en 1583 por *Dionysius Godofredus*, quien forjó también el nombre de la compilación justinianea (*Codex*, *Digesta*, *Institutiones* y *Novellae*) tal como lo conocemos hoy, *Corpus Iuris Civilis*, fue la primera edición académica de la codificación de Justiniano, incluyendo el Digesto, que siguió siendo la edición estándar hasta el siglo XIX. Pese a que dedicaremos posteriormente sendos estudios a la transimisión en Occidente de esta obra jurídica, podemos citar cronológicamente las ediciones de Kriegel y Osenbrüggen (*Corpus Iuris Civilis*, Leipzig, 1872) y de Pothier (*Pandectae Justinianae in Novum Ordinem Digestae* París, 1818-1823) como primeros intentos de establecer una edición "moderna" del Digesto; sin embargo, no fue sino hasta mediados del siglo XIX que el método estemático de Lachmann brindó a los estudiosos las técnicas necesarias para manejar los problemas editoriales a nivel de las grandes obras del Derecho Romano.

Por otro lado, en el mundo de habla hispana han sido pocos, aunque loables, los intentos por acercar el *Digesta Iustiniani* a los estudiosos del Derecho. El primero del que se tiene memoria es "El Digesto del emperador Justiniano", obra publicada en Madrid entre 1872 y 1874 y traducida por Don Bartolomé Agustín Rodríguez de Fonseca, todavía publicada como una excepcional rareza histórica aunque con un idioma español ya arcaico y anacrónico para nuestros días. Posteriormente hallamos la edición de Ildefonso García del Corral, publicada en Barcelona por Jaime Molinas en 1889, aún publicada y distribuida aunque con obstáculos filológicos insalvables y giros lingüísticos ya en desuso. Finalmente, hallamos una versión más contemporánea realizada, entre otros, por el eminente romanista español Álvaro D'Ors y publicada por Aranzadi en 1968, hoy prácticamente inhallable y reducido su escaso tiraje a una elitista comunidad romanista que literalmente "encerró" los ejemplares en las estanterías de algunas bibliotecas universitarias, haciendo prácticamente inaccesible esta obra al mundo jurídico. Además, la versión de D'Ors en ocasiones peca de una traducción demasiado "libre", alejándose del sentido originario del texto latino.

Así, pues, la presente edición, inédita para Hispanoamérica, que busca mantener el apego al texto latino pero con un lenguaje moderno accesible a todo estudioso del Derecho, y a todo interesado en la cultura clásica, toma como fuente principal la siguiente versión de trabajo en cuanto al texto latino:

- La obra *Corpus Iuris Civilis*, *Editio Stereotypa Quinta*, a cargo de Theodore Mommsen, publicada en Berlín, Weidmann, 1889, Vol. I.

SOBRE LA FORMA DE CITAR Y CONSULTAR EL DIGESTO

El "Digesto" del Emperador Justiniano contiene extractos de escritos de los jurisconsultos de la época clásica (126 a. C. a 325 d. C.). Consta de 50 libros; éstos se dividen, a su vez, en títulos (excepto los libros 30 a 32); los títulos se dividen en fragmentos que se inician con una *inscriptio*, es decir, el nombre del autor y la obra de donde proceden. A partir de la Edad Media, los fragmentos más extensos fueron divididos en párrafos, el primer párrafo se denomina *principium*, cuya abreviación es "pr.", el segundo párrafo se numera con el "1" y así sucesivamente.

El modo de citar y consultar modernamente el Digesto, así como las demás fuentes de la antigüedad, es el filológico. La cita comienza con la inicial D. (*Digesta*); a continuación se colocan los números correspondientes al libro, título, fragmento y párrafo, comenzando por el pr.; cuando nos hallamos ante párrafos numerados, éstos comienzan con el símbolo "§" (sección).

Por ejemplo, si en un texto aparece la siguiente cita, D. 9, 1, 1, 9, ésta se consultará en el Digesto del siguiente modo: Digesto; Libro 9; Título 1; Fragmento 1; Párrafo §9.

Si hallamos esta cita, D. 1, 2, 1 pr., se consultará del siguiente modo: Digesto; Libro 1; Título 2; Fragmento 1; *principium*, coloquialmente llamado "párrafo cero".

Si hallamos esta cita, D. 1, 1, 9, indica que el fragmento es corto y no tiene párrafos, por lo que se consultará de este modo: Digesto; Libro 1; Título 1; Fragmento 9.

IMPERATOR CAESAR FLAVIUS IUSTINIANUS PIUS FELIX INCLITUS VICTOR AC TRIUMFATOR SEMPER AUGUSTUS TRIBONIANO QUAESTORI SUO SALUTEM

EL EMPERADOR CÉSAR FLAVIO JUSTINIANO, PÍO, FELIZ, ÍNCLITO, VICTORIOSO Y TRIUNFADOR, SIEMPRE AUGUSTO, A SU CUESTOR TRIBONIANO DESEA SALUD.

Deo auctore nostrum gobernantes imperium, quod nobis a caelesti maiestate traditum est, et bella feliciter peragimus et pacem decoramus et statum rei publicae sustentamus: et ita nostros animos ad dei omnipotentis erigimus adiutorium, ut neque armis confidamus neque nostris militibus neque bellorum ducibus vel nostro ingenio, sed omnem spem ad solam referamus summae providentiam trinitatis: unde et mundi totius elementa processerunt et eorum dispositio in orben terrarum producta est.

Gobernando nuestro imperio con la autoridad de Dios, entregado a nosotros por la Majestad Celestial, hemos concluido felizmente las guerras, honrado la paz y conservado la república; y de tal modo elevamos nuestros espíritus para implorar el socorro de Dios Omnipotente, que no confiamos en las armas, ni en nuestros soldados, ni en nuestros generales o en nuestro ingenio, sino que colocamos nuestra esperanza toda tan sólo en la providencia de la Altísima Trinidad, de donde se originaron los elementos del mundo entero y surgió su disposición en el orbe de la tierra.

§1. Cum itaque nihil tam studiosum in omnibus rebus invenitur quam legum auctoritas, quae et divinas et humanas res bene disponit et omnem iniquitatem expellit, repperimus autem omnem legum tramitem, qui ab urbe Roma condita et Romuleis descendit temporibus, ita esse confusum, ut in infinitum extendatur et nullius humanae naturae capacitate concludatur: primum nobis fuit studium a sacratissimis retro principibus initium sumere et eorum constitutiones emendare et viae dilucidae tradere, quatenus in unum codicem congregatae et omni supervacua similitudine et iniquissima discordia absolutae universis hominibus promptum suae sinceritatis praebeant praesidium.

§1. Y ya que en todas las cosas nada es tan digno de aprecio como la autoridad de las leyes, la cual dispone correctamente las cosas divinas y humanas y rechaza toda iniquidad; viendo que todo el caudal de leyes, originadas desde la fundación de la ciudad de Roma y desde los tiempos de Rómulo, era de tal modo confuso que se extendía a lo infinito y ninguna humana capacidad lo comprendía, fue nuestro primer proyecto iniciar por la obra legislativa de los sacratísimos príncipes, enmendando y aclarando sus constituciones, para que reunidas en un solo Código y limpiadas de toda analogía superflua y de toda

injustísima discordia, ofrezcan a todos los hombres una inmediata garantía de su autenticidad.

§2. Hocque opere consummato et in uno volumine nostro nomine praefulgente coadunato, cum ex paucis et tenuioribus relevati ad summam et plenissimam iuris emendationem pervenire properaremus et omnem Romanam sanctionem et colligere et emendare et tot auctorum dispersa volumina uno codice indita ostendere, quod nemo neque sperare neque optare ausus est, res quidem nobis difficillima, immo magis impossibilis videbatur. Sed manibus ad caelum erectis et aeterno auxilio invocato eam quoque curam nostris reposuimus animis, deo freti, qui et res penitus desperatas donare et consummare suae virtutis magnitudine potest.

§2. Y concluida esta obra y reunida en un solo volumen que brilla con nuestro nombre, y ya aligerados de las cargas más insignificantes y menos numerosas, nos apresuramos a lograr la total y completísima corrección del derecho, reuniendo y rectificando toda la legislación romana, para así presentar en un solo códice los volúmenes dispersos de tantos autores, cosa que nadie se había atrevido a esperar ni a desear, empresa que nos parecía dificilísima, y más aún, imposible. Pero habiendo elevado las manos al cielo e invocado el auxilio del Eterno, recuperamos dicha inquietud en nuestro espíritu, confiando en Dios, quien puede otorgar y consumar las situaciones absolutamente desesperadas gracias a la grandeza de Su virtud.

§3. Et ad tuae sinceritatis optimum respeximus ministerium tibique primo et hoc opus commisimus, ingeni tui documentis ex nostri codicis ordinatione acceptis, et iussimus quos probaveris tam ex facundissimis antecessoribus quam ex viris disertissimis togatis fori amplissimae sedis ad sociandum laborem eligere. His itaque collectis et in nostrum palatium introductis nobisque tuo testimonio placitis totam rem faciendam permisimus, ita tamen, ut tui vigilantissimi animi gubernatione res omnis celebretur.

§3. Y así, confiando en la óptima mediación de tu integridad, y habiendo obtenido pruebas de tu ingenio gracias a la ordenación de nuestro código, te comisionamos en primer lugar esta obra, mandándote eligieras a los varones que tú quisieras entre los más eminentes profesores y entre los más hábiles abogados en el foro de esta gloriosísima capital. Y así, congregados y recibidos en nuestro palacio tras aprobar nosotros tu propuesta, les autorizamos a realizar totalmente la obra, pero con ánimo de que se realice toda ella según la dirección de tu cuidadosísimo ánimo.

§4. Iubemus igitur vobis antiquorum prudentium, quibus auctoritatem

§4. Por tanto, mandamos a que lean y perfeccionen los libros relativos al

conscribendarum interpretandarumque legum sacratissimi principes praebuerunt, libros ad ius Romanum pertinentes et legere et elimare, ut ex his omnis materia colligatur, nulla (secundum quod possibile est) neque similitudine neque discordia derelicta, sed ex his hoc colligi quod unum pro omnibus sufficiat. Quia autem et alii libros ad ius pertinentes scripserunt, quorum scripturae a nullis auctoribus receptae nec usitatae sunt, neque nos eorum volumina nostram inquietare dignamur sanctionem.

Derecho Romano de los antiguos prudentes a quienes los sacratísimos príncipes brindaron la autoridad para redactar e interpretar las leyes, con ánimo de recoger de todos ellos material, pero de modo tal que no quede en éste, en la medida de lo posible, ninguna repetición o contradicción, sino que de ellos se compile exclusivamente lo que de cada uno sea aplicable a todos los demás. Porque, aunque otros también escribieron libros dedicados al derecho, sus escritos no han sido admitidos ni usados por ningún autor, y nosotros no nos dignamos a brindar nuestra sanción a sus obras.

§5. Cumque haec materia summa numinis liberalitate collecta fuerit, oportet eam pulcherrimo opere extruere et quasi proprium et sanctissimum templum iustitiae consecrare et in libros quinquaginta et certos titulos totum ius digerere, tam secundum nostri constitutionem codicis quam edicti perpetui imitationem, prout hoc vobis commodius esse patuerit, ut nihil extra memoratam consummationem possit esse derelictum, sed his quinquaginta libris totum ius antiquum, per millesimum et quadringentesimum paene annum confusum et a nobis purgatum, quasi quodam muro vallatum nihil extra se habeat: omnibus auctoribus iuris aequa dignitate pollentibus et nemini quadam praerogativa servanda, quia non omnes in omnia, sed certi per certa vel meliores vel deteriores inveniuntur.

§5. Y cuando este material haya sido compilado por nuestra excelsa generosidad, es oportuno reunirlo con exquisito cuidado, consagrarlo como el templo mismo y santísimo de la justicia, y distribuir todo el derecho en cincuenta libros y determinados títulos, ya según la estructura de nuestro código, ya a imitación del edicto perpetuo, según a ustedes les parezca más conveniente, con ánimo de que nada pueda quedar fuera de la citada compilación, sino que todo el derecho antiguo, confuso durante casi mil cuatrocientos años, y por nosotros ahora purgado, como protegido por un muro en estos cincuenta libros, no deje nada fuera; brindando a todos los autores del derecho idéntica autoridad y sin reservar prerrogativa alguna a ninguno, pues no todos en todo, sino determinados autores en ciertas materias, han sido considerados mejores o peores.

§6. Sed neque ex multitudine auctorum quod melius et aequius est iudicatote, cum possit unius forsitan et deterioris sententia et multos et maiores in aliqua parte superare. Et ideo ea, quae antea in notis Aemilii Papiniani ex Ulpiano et Paulo nec non Marciano adscripta sunt, quae antea nullam vim optinebant propter honorem splendidissimi Papiniani, non statim respuere, sed, si quid ex his ad repletionem summi ingenii Papiniani laborum vel interpretationem necessarium esse perspexeritis, et hoc ponere legis vicem optinens non moremini: ut omnes qui relati fuerint in hunc codicem prudentissimi viri habeant auctoritatem tam, quasi et eorum studia ex principalibus constitutionibus profecta et a nostro divino fuerant ore profusa. Omnia enim merito nostra facimus, quia ex nobis omnis eis impertietur auctoritas. Nam qui non suptiliter factum emendat, laudabilior est eo qui primus invenit.

§6. Pero no consideren como mejor y más justo lo que opina la mayoría de autores, pues la opinión de uno sólo, incluso menos bueno, puede superar en ciertos casos la de muchos y mejores. Y por ende, no deberán rechazar sin análisis previo lo agregado anteriormente en las notas de Emilio Papiniano tomadas de Ulpiano y de Paulo, ni tampoco de Marciano, las cuales antes no gozaban de ninguna autoridad debido a la alta consideración reservada al muy espléndido Papiniano, sino que, si estimaren que algo de ello es necesario como complemento o interpretación de los escritos del excelso ingenio de Papiniano, no duden en agregarlo con fuerza de ley, de modo que todos los varones prudentísimos que fueren mencionados en este código tengan autoridad, como si sus doctrinas hubieran surgido de constituciones imperiales y por nuestra divina boca hubieran sido formuladas. Y ciertamente hacemos nuestros todos esos escritos, porque por nosotros se les concederá toda su autoridad, ya que quien enmienda minuciosamente lo hecho es más digno de alabanza que quien primero lo creó.

§7. Sed et hoc studiosum vobis esse volumus, ut, si quid in veteribus non bene positum libris inveniatis vel aliquod superfluum vel minus perfectum, supervacua longitudine semota et quod imperfectum est repleatis et omne opus moderatum et quam pulcherrimum ostendatis. Hoc etiam nihilo minus observando, ut, si aliquid in veteribus legibus vel constitutionibus, quas antiqui in

§7. Pero también deseamos que tengan especial cuidado para que, si hallan algo en las obras antiguas impropiamente colocado, o superfluo o defectuoso, una vez suprimida toda excesiva prolijidad, mejoren lo imperfecto y presenten la obra bajo moderada proporción y lo más acabada posible. Además, tengan muy en cuenta que, si hallasen

suis libris posuerunt, non recte scriptum inveniatis, et hoc reformetis et ordini moderato tradatis: ut hoc videatur esse verum et optimum et quasi ab initio scriptum, quod a vobis electum et ibi positum fuerit, et nemo ex comparatione veteris voluminis quasi vitiosam scripturam arguere audeat. Cum enim lege antiqua, quae regia nuncupabatur, omne ius omnisque potestas populi Romani in inperatoriam translata sunt potestatem, nos vero sanctionem omnem non dividimus in alias et alias conditorum partes, sed totam nostrum esse volumus, quid possit antiquitas nostris legibus abrogare? Et in tantum volumus eadem omnia, cum reposita sunt, optinere, ut et si aliter fuerant apud veteres conscripta, in contrarium autem in compositione inveniatur, nullum crimen scripturae imputetur, sed nostrae electioni hoc adscribatur.

algo incorrectamente copiado en las antiguas leyes o constituciones que los antiguos insertaron en sus obras, también refórmenlo y preséntenlo en debida forma, de modo que parezca ser lo verdadero y conveniente, y como escrito originalmente lo que por ustedes hubiere sido elegido y allí colocado, y que nadie se atreva a tachar de defectuoso el texto al compararlo con el texto antiguo. Pues si por la antigua ley, denominada regia, todo el derecho y toda la potestad del pueblo romano fueron transferidos al poder imperial, y nosotros no dividimos la vigencia entre unas y otras obras de los antiguos juristas, sino que deseamos que en su conjunto sea enteramente nuestra, ¿qué puede abrogar la antigüedad de nuestras leyes? Y tanto deseamos que todas estas obras tengan fuerza de ley una vez restablecidas, que si, aunque hubieran sido transcritas de diferente modo por los autores antiguos, aparecieren, no obstante, en sentido contrario bajo nuestra redacción, no se impute falta alguna al escrito original, sino que se atribuya a nuestra voluntad.

§8. Nulla itaque in omnibus praedicti codicis membris antinomia (sic enim a vetustate Graeco vocablo nuncupatur) aliquem sibi vindicet locum, sed sit una concordia, una consequentia, adversario nemine constituto.

§8. Por lo tanto, que no haya lugar en ninguna de las secciones del citado código para antinomia alguna (como se decía en la antigüedad con un vocablo griego) sino que en todo exista plena concordia y consecuencia, no quedando nadie en desacuerdo.

§9. Sed et similitudinem (secundum quod dictum est) ab huiusmodi consumatione volumus exulare: et ea, quae sacratissimis constitutionibus quas in codicem nostrum

§9. Pero igualmente deseamos, según se ha dicho, extirpar de nuestra obra toda repetición, y por tanto, no permitimos que se incluyan

redegimus cauta sunt, iterum poni ex vetere iure non concedimus, cum divalium constitutionum sanctio sufficit ad eorum auctoritatem: nisi forte vel propter divisionem vel propter repletionem vel propter pleniorem indaginem hoc contigerit: et hoc tamen perraro, ne ex continuatione huiusmodi lapsus oriatur aliquid in tali prato spinosum.

nuevamente las decisiones contenidas en las sacratísimas constituciones ya recopiladas en nuestro código y provenientes del antiguo derecho, pues la sanción de las divinas constituciones basta para brindarles autoridad, a menos que quizá esto fuese necesario ya para su sistematización, ya para su complemento, ya para una mejor interpretación de su sentido, y ello, no obstante, en muy raras ocasiones, para que de la repetición de este error no surja algo espinoso en dicho prado.

§10. Sed et si quae leges in veteribus libris positae iam in desuetudinem abierunt, nullo modo vobis easdem ponere permittimus, cum haec tantummodo optinere volumus, quae vel iudiciorum frequentissimus ordo exercuit vel longa consuetudo huius almae urbis comprobavit, secundum Salvii Iuliani scripturam, quae indicat debere omnes civitates consuetudinem Romae sequi, quae caput est orbis terrarum, non ipsam alias civitates. Romam autem intellegendum est non solum veterem, sed etiam regiam nostram, quae deo propitio cum melioribus condita est auguriis.

§10. Pero si algunas leyes contenidas en los antiguos libros cayeron ya en desuso, de ningún modo les autorizamos su inclusión, pues deseamos que valga tan sólo lo que el uso más frecuente en los juicios mantuvo vigente, o que confirmó la inmemorial costumbre de esta insigne ciudad, según la opinión de Salvio Juliano, la cual indica que todas las ciudades deben seguir la costumbre de Roma, por ser capital del orbe terrestre, y no ella la de las otras ciudades. Mas por Roma debe entenderse no sólo la antigua ciudad, sino también nuestra real capital, fundada con los mejores auspicios y gracias a la protección de Dios.

§11. Ideoque iubemus duobus istis codicibus omnia gubernari, uno constitutionum, altero iuris enucleati et in futurum codicem compositi: vel si quid aliud a nobis fuerit promulgatum institutionum vicem optinens, ut rudis animus studiosi simplicibus enutritus facilius ad altioris prudentiae redigatur scientiam.

§11. Por tanto, decretamos que todo se rija por estos dos códigos: uno, el de las constituciones, otro, el del derecho corregido y compilado en el futuro código, o bien lo que promulgásemos a modo de "Instituciones", para que la inteligencia tierna del estudiante, preparada con elementos sencillos, pueda llegar con mayor facilidad al

conocimiento de la jurisprudencia más elevada.

§12. Nostram autem consummationem, quae a vobis deo adnuente componetur, digestorum vel pandectarum nomen habere sancimus, nullis iuris peritis in posterum audentibus comentarios illi applicare et verbositate sua supra dicti codicis compendium confundere: quemadmodum et in antiquioribus temporibus factum est, cum per contrarias interpretantium sententias totum ius paene conturbatum est: sed sufficiat per indices tantummodo et titulorum suptilitatem quaedam admonitoria eius facere, nullo ex interpretatione eorum vitio oriundo.

§12. Mas esta compilación nuestra, que con la anuencia de Dios se compondrá gracias a ustedes, decretamos que lleve por nombre "Digesto" o "Pandectas", y que en el futuro ningún jurisconsulto se atreva a incluir comentarios, ni a confundir el compendio del citado código con su verborrea, como se hizo en tiempos antiguos, cuando por las opiniones contrarias de los intérpretes se confundió casi todo el derecho, sino que baste tan sólo a manera de índices y para aclaración de los títulos hacer breves observaciones, siempre que de dicha interpretación no se origine vicio alguno.

§13. Ne autem per scripturam aliqua fiat in posterum dubitatio, iubemus non per siglorum captiones et compendiosa aenigmata, quae multas per se et per suum vitium antinomias induxerunt, eiusdem codicis textum conscribi: etiam si numerus librorum significatur aut aliud quicquam: nec haec etenim per specialia sigla numerorum manifestari, sed per litterarum consequentiam explanari concedimus.

§13. Y para que en el futuro no surja duda alguna por causa de la redacción, mandamos que el texto de este código no se escriba con siglas engañosas ni enigmáticas abreviaturas, que por sí mismos y por sus defectos introdujeron muchas antinomias, aunque con ello se dé a entender la numeración de los libros o de otra cosa cualquiera; pues ni siquiera éstas se han de manifestar con cifras especiales de número, sino que exigimos que se expresen con la secuencia precisa de letras.

§14. Haec igitur omnia deo placido facere tua prudentia una cum aliis facundissimis viris studeat et tam suptili quam celerrimo fini tradere, ut codex consummatus et in quinquaginta libros digestus nobis offeratur in maximam et aeternam rei memoriam deique omnipotentis providentiae argumentum nostrique imperii vestrique

§14. Que tu prudencia se afane por realizar todo esto con el favor de Dios, junto con los demás eruditísimos varones, y conducirlo tanto a feliz como pronto término, de modo tal que nos entregues culminado y compilado en cincuenta libros este código, para máxima y

ministeri gloriam. Data octavo decimo calendas Ianuarias Constantinopoli Lampadio et Oreste viris clarissimis consulibus.

eterna memoria de tal empresa, testimonio de la providencia de Dios omnipotente y gloria de nuestro imperio, así como de tu servicio. Publicada en Constantinopla al décimo octavo día previo a las Calendas de Enero (15 de diciembre del 530 d. C.), siendo cónsules los ilustrísimos varones Lampadio y Orestes.

IMPERATOR CAESAR FLAVIUS IUSTINIANUS ALAMANNICUS GOTTHICUS FRANCICUS GERMANICUS ANTICUS ALANICUS VANDALICUS AFRICANUS PIUS FELIX INCLITUS VICTOR AC TRIUMPHATOR SEMPER AUGUSTUS THEOPHILO, DOROTHEO, THEODORO, ISIDORO ET ANATOLIO ET THALELAEO ET CRATINO VIRIS ILLUSTRIBUS ANTECESSORIBUS ET SALAMINO VIRO DISERTISSIMO ANTECESSORI SALUTEM.

Omnem rei publicae nostrae sanctionem iam esse purgatam et compositam tam in quattor libris institutionum seu elementorum quam in quinquaginta digestorum seu pandectarum nec non in doudecim imperialium constitutionum quis amplius quam vos cognoscit? Et omnia quidem, quae oportuerat et ab initio mandare et post omnium consumationem, factum libenter admittentes, definire, iam

EL EMPERADOR CÉSAR FLAVIO JUSTINIANO, ALEMÁNICO, GÓTICO, FRÁNCICO, GERMÁNICO, ÁNTICO, ALÁNICO, VANDÁLICO, AFRICANO, PÍO, FELIZ, ÍNCLITO, VENCEDOR Y TRIUNFADOR, SIEMPRE AUGUSTO, A LOS ILUSTRES VARONES TEÓFILO, DOROTEO, TEODORO, ISIDORIO Y ANATOLIO, TALELEO Y CRATINO, PROFESORES DE DERECHO, Y A SALAMINO, VARÓN ELOCUENTÍSIMO, MAESTRO DE DERECHO, DESEA SALUD.

¿Quién mejor que ustedes conoce que toda la legislación de nuestra república ya ha sido depurada y organizada en cuatro libros de instituciones o elementos, en cincuenta del Digesto o Pandectas y en doce de constituciones imperiales? Y todo lo que convenía mandar desde un principio y establecer después de la culminación

per nostras orationes tam Graeca lingua quam Romanorum, quas aeternas fieri optamus, explicita sunt. Sed cum vos professores legitimae scientiae constitutos etiam hoc oportuerat scire, quid et in quibus temporibus tradi necessarium studiosis credimus, ut ex hoc optimi atque eruditissimi efficiantur: ideo praesentem divinam orationem ad vos praecipue faciendam existimamus, quatenus tam prudentia vestra quam ceteri antecessores, qui eandem artem in omne aevum exercere maluerint, nostris regulis observatis inclutam viam eruditionis legitimae possint ambulare. Itaque dubio procul quidem est necesse esse institutiones in omnibus studiis primum sibi vindicare locum, utpote prima vestigia cuiusque scientiae mediocriter tradentes. Ex libris autem quinquaginta nostrorum digestorum sex et triginta tantummodo sufficere tam ad vestram expositionem quam ad iuventius eruditionem iudicamus. Sed ordinem eorum et tramites per quos ambulandum est manifestare tempestivum nobis esse videtur, et vos in memoriam quidem eorum, quae antea tradebatis, redigere, ostendere autem novellae nostrae compositionis tam utilitatem quam tempora, ut nihil huiusmodi artis relinquatur incognitum.

de todos los trabajos, que con sumo agrado aceptamos lo realizado, fue ya declarado tanto en lengua griega como en la de los romanos por medio de nuestras cartas, y que deseamos se conserven eternamente. Pero habiéndose considerado oportuno que ustedes, profesores reconocidos en la ciencia del Derecho, sepan también qué materias y en qué momento consideramos necesario se enseñen a los estudiantes, para que por este medio logren ser excelentes y muy eruditos juristas, consideramos que debíamos dirigir especialmente a ustedes la presente declaración imperial con objeto de que tanto su prudencia como la de los demás profesores que en toda época se dediquen a dicho magisterio, puedan caminar la elevada vía de la erudición jurídica observando nuestras disposiciones. Ahora bien, queda fuera de duda la necesidad de que las instituciones ocupen el primer lugar en todos los estudios, ya que brindan en cierta medida las primeras nociones de cualquier ciencia. De los cincuenta libros de nuestro Digesto consideramos que son suficientes treinta y seis, tanto para su exposición como para la formación de la juventud. Pero nos parece adecuado manifestar el orden de ellos y el método con el que debe procederse, y recordarles lo que antes enseñaban, mostrando tanto la ventaja como los tiempos para enseñarse nuestra nueva compilación, y que así no quede nada por conocer de lo relativo a dicha enseñanza.

§1. Et antea quidem, quemadmodum et vestra scit prudentia, ex tanta legum multitudine, quae in librorum quidem duo milia, versuum autem tricies centena extendebatur, nihil aliud nisi sex tantummodo libros et ipsos confusos et iura utilia in se perraro habentes a voce magistra studiosi accipiebant, ceteris iam desuetis, iam omnibus inviis. In his autem sex libri Gaii nostri institutiones et libri singulares quattor, primus de illa vetere re uxoria, secundus de tutelis et tertius nec non quartus de testamentis et legatis connumerabantur: quos nec totos per consequentias accipiebant, sed multas partes eorum quasi supervacuas praeteribant. Et primi anni hoc opus legentibus tradebatur non secundum edicti perpetui ordinationem, sed passim et quasi per saturam collectum et utile cum inutilibus mixtum, maxima parte inutilibus deputata. In secundo autem anno praepostera ordinatione habita prima pars legum eis tradebatur, quibusdam certis titulis ab ea exceptis: cum erat enorme post institutiones aliquod legere, quam quod in legibus et primum positum est et istam nuncupationem meruerit. Post eorum vero lectionem (neque illam continuam, sed particularem et ex magna parte inutilem constitutam) tituli alii eis tradebantur tam ex illa parte legum, quae de iudiciis nuncupatur (et ipsis non continuam, sed raram utilium recitationem praebentibus, quasi cetero toto volumine inutili constituto) quam ex illa quae de rebus appellatur, septem libris (semotis et in his multis partibus legentibus inviis, utpote non idoneis neque aptissimis ad eruditionem constitutis). In tertio autem anno quod ex utroque volumine, id est de rebus vel de iudiciis, in secundo anno non erat traditum, accipiebant secundum vicissitudinem utriusque voluminis: et ad sublimissimum

§1. En efecto, como también lo sabe su prudencia, anteriormente, de toda la multitud de leyes que se extendía a los dos mil libros y a los tres millones de párrafos, no oían los estudiantes por voz de sus maestros más que la exposición de seis libros, y los mismos confusos y conteniendo leyes muy raramente útiles, pues los demás ya habían caído en desuso o ya eran incomprensibles para todos. En estos seis libros se incluían las instituciones de nuestro Gayo y cuatro libros especiales, el primero sobre aquella antigua acción de la dote, el segundo sobre las tutelas, y el tercero y el cuarto sobre los testamentos y los legados; y estos, sin embargo, no los estudiaban por entero, sino que ignoraban muchas partes por considerarlas superfluas. Y esta enseñanza se daba a los estudiantes del primer año no según el orden del edicto perpetuo, sino recogida de acá y de allá sin concierto, mezclando en su mayoría lo útil con lo inútil. En el segundo año se les enseñaba desordenadamente la primera parte de las leyes, con excepción de algunos títulos específicos, siendo absurdo aprender después de las instituciones algo distinto de lo que va primero en las leyes y que había merecido tal designación. Tras estudiar estas cosas (y ello no de forma continua, sino fragmentada, y en gran parte inútil), se les enseñaban otros títulos tanto de aquella división de las leyes, llamada "de los juicios" (y los mismos tampoco enseñado de forma seguida, sino con ocasionales lecciones sobre cosas útiles, como

Papinianum eiusque responsa iter eis aperiebatur: et ex praedicta responsorum consummatione, quae decimo et nono libro concludebatur, octo tantummodo libros accipiebant, nec eorum totum corpus eis tradebatur, sed pauca ex multis et brevissima ex amplissimis, ut adhuc sitientes ab eis recederent. His igitur solis a professoribus traditis Pauliana responsa per semes ipsos recitabant, neque haec in solidum, sed per imperfectum et iam quodammodo male consuetum inconsequentiae cursum. Et is erat in quartum annum omnis antiquae prudentiae finis: quis ea quae recitabant enumerare malet, computatione habita inveniet ex tam immensa legum multitudine vix versuum sexaginta milia eos suae notionis perlegere, omnibus aliis deviis et incognitis constitutis et tunc tantummodo ex aliqua minima parte recitandis, quotiens vel iudiciorum usus hoc fieri coegerit vel ipsi magistri legum aliquid ex his perlegere festinabatis, ut sit vobis aliquid amplius discipulorum peritia. Et haec quidem fuerant antiquae eruditionis monumenta, secundum quod et vestro testimonio confirmatur.

dejando por inútil todo el resto del volumen), como de la parte llamada "de los bienes", en siete libros (pero quedando en estos muchas partes ilegibles para los lectores, considerándolos como no idóneos ni muy aptos para la instrucción). En el tercer año aprendían, según el orden de uno y otro tratado, lo que de ambos, esto es, "de las cosas" y "de los juicios", no se les había enseñado en el segundo curso, abriéndoseles el camino para el estudio del muy sublime Papiniano y sus respuestas. Y de dicha colección de respuestas, que concluía en el libro décimo noveno, tan sólo se enseñaba ocho; y ni siquiera se analizaba toda la obra, sino pocos pasajes entresacados de muchos, y muy breves resúmenes de tratados mucho más extensos, como para que de su estudio terminaran aún con el deseo de saber más de aquello. Explicadas solamente estas cosas por los profesores, los discípulos estudiaban por ellos mismos las respuestas de Paulo, y esto tampoco completamente, sino con el método imperfecto, y ya en cierto modo mal acostumbrado, de la discontinuidad o saltándose partes. Y así acababa, en el cuarto año, el estudio de toda la jurisprudencia antigua; y si alguien quisiera recapitular lo que estudiaba, hallaría que, hecho el debido cálculo, de tan inmensa multitud de libros legales apenas y tenían noción de unas sesenta mil párrafos, quedando todo lo demás desechado y desconocido, estudiándose tan sólo una mínima parte cuando lo exigía la práctica judicial o cuando ustedes

mismo, los maestros de Derecho, se apresuraban a repasar algún punto de dichos libros para que así vuestra pericia fuera algo superior a la de los alumnos.

§2. Nos vero tantam penuriam legum invenientes et hoc miserrimum iudicantes legitimos thensauros volentibus aperimus, quibus per vestram prudentiam quodammodo erogatis ditissimi legum oratores efficiantur discipuli. Et primo quidem anno nostras hauriant institutiones ex omni paene veterum institutionum corpore elimatas et ab omnibus turbidis fontibus in unum liquidum stagnum conrivatas tam per Tribonianum virum magnificum magistrum et ex quaestore sacri palatii nostri et ex consule quam duos e vobis, id est Theophilum et Dorotheum facundissimos antecessores. In reliquam vero anni partem secundum optimam consequentiam primam legum partem eis tradi sancimus, quae Graeco vocabulo πρῶτα nuncupatur, qua nihil est anterius, quia quod primum est aliud ante se habere non potest. Et haec eis exordium et finem eruditionis primi anni esse decernimus. Cuius auditores non volumus vetere tam frivolo quam ridiculo cognomine dupondios appellari, sed Iustinianos novos nuncupari, et hoc in omne futurum aevum optinere censemus, ut hi, qui rudes adhuc legitimae scientiae adspirent et scita prioris anni accipere maluerint, nostrum nomen mereant, quia ilico tradendum eis est primum volumen, quod nobis emanavit auctoribus. Antea enim dignum antiqua confusione legum cognomen habebant: cum autem legis iam clare et dilucide prostent animis eorum facile tradendae, visum est necesse eos et cognomine mutato fulgere.

§2. Pero nosotros, al ver tan grande penuria en el estudio de las leyes, y creyendo que esto era muy lamentable, hemos abierto los tesoros del derecho a los que deseen conocerlos, para que, distribuidos como mejor parezca a su prudencia, lleguen sus discípulos a ser expositores eruditísimos de las leyes. Que estudien en el primero año nuestras instituciones, elegidas de todas las antiguas colecciones de instituciones y canalizadas desde todas las fuentes turbias a un límpido estanque, gracias, tanto a su magnificencia el maestro Triboniano, excuestor de nuestro imperial palacio y excónsul, como a dos de ustedes, a saber, Teófilo y Doroteo, elocuentísimos profesores. Y durante el resto del año establecemos se les enseñe, siguiendo el mejor orden, la primera parte del cuerpo legal, que en griego se dice *prota*, a la que nada le antecede, pues lo que va primero no puede tener nada antes. Y decretamos que tales temas les sirvan para el comienzo y fin de su primer año de estudios. A dichos estudiantes no queremos que se les denomine con el antiguo sobrenombre, tan frívolo como ridículo, de "Dupondios" (reclutas), sino "Nuevos Justinianos", lo que disponemos se observe en todas las épocas futuras, para que quienes son neófitos aspiren a la ciencia de las

leyes y que deseen aprender lo indicado merezcan nuestro nombre, pues en dicho año ha de enseñárseles el primer libro que para nosotros se formó a partir de los tratadistas. En efecto, si antes tenían esos alumnos un sobrenombre digno de la antigua confusión de las leyes, y hoy éstas ya deben exponerse a sus inteligencias con claridad y precisión, es necesario que también ellos se ostenten con un nombre diferente.

§3. In secundo autem anno, per quem ex edicto eis nomen antea positum et a nobis probatur, vel de iudiciis libros septem vel de rebus octo accipere eos sancimus, secundum quod temporis vicissitudo indulserit, quam intactam observari praecipimus. Sed eosdem libros de iudiciis vel de rebus totos et per suam consequentiam accipiant, nullo penitus ex his derelicto: quia omnia nova pulchritudine sunt decorata, nullo inutili, nullo desueto in his penitus inveniendo. Alterutri autem eorundem volumini, id est de iudiciis vel de rebus, adiungi in secundi anni audientiam volumus quattor libros singulares, quos ex omni compositione quattordecem librorum excerpsimus: ex collectione quidem tripertiti voluminis, quod pro dotibus composuimus, uno libro excerpto: ex duobus autem de tutelis et curationibus uno: et ex gemino volumine de testamentis uno: et ex septem libris de legatis et fideicommissis et quae circa ea sunt simili modo uno tantum libro. Hos igitur quattor libros, qui in primordiis singularum memoratarum compositionum positi sunt, tantummodo a vobis eis tradi sancimus, ceteris decem oportuno tempori conservandis: quia neque possibile est neque anni secundi tempus sufficit ad istorum quattuordecim librorum magistra voce eis tradendorum recitationem.

§3. Mas en el segundo año, durante el cual por el estudio del edicto se les puso anteriormente el nombre que nosotros también aprobamos, establecemos que aprendan los siete libros sobre los juicios o los ocho sobre las cosas, según lo permitan en cada caso la duración del curso, que preceptuamos se observe sin alteración. Pero tales libros sobre los juicios o sobre las cosas deben darse íntegros y por su orden, sin dejar fuera nada de lo que contienen, pues todo ha quedado depurado con nuevo esmero, no pudiéndose hallar en estos libros nada inútil ni caído en desuso. Queremos también que a ambos volúmenes, es decir, al de los juicios y al de las cosas, se agreguen en la enseñanza de este segundo año los cuatro libros únicos que hemos extraído de la colección completa de catorce libros: de la colección en tres volúmenes que redactamos sobre las dotes, extractamos un libro; de los dos sobre tutelas y curatelas, otro; otro del doble volumen sobre los testamentos; y de los siete libros sobre legados, fideicomisos y materias pertinentes, igualmente otro más. Establecemos, pues, que

sólo les enseñen estos cuatro libros, que son los primeros de los mencionados tratados especiales, dejando los otros diez para un momento más oportuno, pues ni es posible, ni lo permite la duración del segundo año, hacer una exposición de viva voz del maestro de estos catorce libros.

§4. Tertii insuper anni doctrina talem ordinem sortiatur, ut, sive libros de iudiciis sive de rebus secundum vices legere eis sors tulerit, concurrat eis tripertita legum singularium dispositio: et in primis liber singularis ad hypothecariam formulam, quem oportuno loco in quo de hypothecis loquimur posuimus, ut, cum aemula sit pigneraticiis actionibus, quae in libris de rebus positae sunt, non abhorreat eorum vicinitatem, cum circa easdem res ambabus paene ídem studium est. Et post eundem librum singularem alius liber similiter eis aperiatur, quem ad edictum aedilium et de redhibitoria actione et de evictionibus nec non duplae stipulatione composuimus: cum enim, quae pro emptionibus et venditionibus legibus cauta sunt, in libris de rebus praefulgent, hae autem omnes quas diximus definitiones in ultima parte prioris edicti fuerant positae, necesario eas in anteriorem locum transtulimus, ne a venditionibus, quarum quasi ministrae sunt, vicinitate ulterius devagentur. Et hos tres libros cum acutissimi Papiniani lectione tradendos posuimus, quorum volumina in tertio anno studiosi recitabant, non ex omni eorum corpore, sed sparsim pauca ex multis et in hac parte accipientes: vobis autem ipse pulcherrimus Papinianus non solum ex responsis, quae in decem et novem libros composita fuerunt, sed etiam ex libris septem et triginta quaestionum et gemino volumine definitionum nec non de adulteris

§4. Luego, la enseñanza del tercer año debe seguir un orden tal que, según el caso exigiera que se les exponga, a la lectura de los libros sobre los juicios o sobre las cosas, se agregue el estudio de la recopilación de leyes especiales en tres volúmenes: en primer lugar, el tratado especial sobre la fórmula hipotecaria, que hemos colocado oportunamente al tratar sobre la hipoteca, y que al ser análoga a las acciones de la prenda, que se hallan en los libros sobre las cosas, no se aparta de ellas, ya que el estudio de una y otra tienen casi la misma materia. Y luego de ese tratado especial, enséñese el otro libro similar que hemos redactado sobre el edicto de los ediles y la acción redhibitoria, así como sobre los casos de evicción y la estipulación del doble en garantía por la evicción; en efecto, ya que las disposiciones legales sobre las compraventas aparecen en los libros sobre las cosas y estos otros principios que hemos mencionado se colocaron en la última parte del antiguo edicto, hubimos de trasladarlos necesariamente a otro lugar anterior, con el fin de que estén lo más cerca de las ventas, de las que son como auxiliares. Y habiendo establecido

et paene omni eius expositione in omni nostrorum digestorum ordinatione praefulgens propriis partibus praeclarus sui recitationem praebebit. Ne autem tertii anni auditores, quos Papinianistas vocant, nomen et festivitatem eius amittere videantur, ipse iterum in tertium annum per bellissimam machinationem introductus est: librum enim hypothecariae ex primordiis plenum eiusdem maximi Papiniani fecimus lectione, ut et nomen ex eo habeant et Papinianistae vocentur et eius reminiscentes et laetificentur et festum diem, quem, cum primum leges eius accipiebant, celebrare solebant, peragant, et maneat viri sublimissimi praefectorii Papiniani et per hoc in aeternum memoria hocque termine tertii anni doctrina concludatur.

que estos tres libros se enseñen juntamente con la doctrina del agudísimo Papiniano, cuyos tratados leían los estudiantes en el tercer año, y no íntegramente, sino también estudiando aquí y allá, entre muchas, unas pocas cosas sin orden, ahora el excelente Papiniano se les ofrece al estudio con casi toda su obra brillando a lo largo de toda la compilación de nuestro Digesto, preclaro por mérito propio, no sólo con sus respuestas, que se había redactado en diez y nueve libros, sino también con los treinta y seis libros de las cuestiones, con los dos de las definiciones y otros dos sobre los adulterios. Y para que los estudiantes del tercer año, a quienes llaman "papinianistas", no parezcan perder su sobrenombre y festividad, se ha vuelto a introducir a Papiniano, con una combinación muy ingeniosa, en el tercer año, al redactar con la doctrina del gran Papiniano un libro entero sobre la acción hipotecaria, repleto de primeros principios, de modo que retengan con ello el nombre de "papinianistas", se honren con su memoria y celebren la fiesta que solían celebrar al empezar el estudio de las obras de aquél, y así perdure para siempre la memoria del muy insigne prefecto Papiniano; y con esto concluya la enseñanza del tercer año.

§5. Sed quia solitum est anni quarti studiosos Graeco et consueto quodam vocabulo λύτας appellari, habeant quidem, si maluerint, hoc cognomen: pro responsis autem prudentissimi Pauli, quae antea ex libris viginti tribus vix in decem et octo

§5. Mas como solía llamarse a los alumnos de cuarto año con el tradicional nombre griego de *lytai* (resolvedores de casos), conserven, si quieren, ese sobrenombre, pero, en lugar de las respuestas del

recitabant, per iam expositam confusionem eos legentes, decem libros singulares, qui ex quattuordecim quo santea enumeravimus supersunt, studeant lectitare: multo maioris et amplioris prudentiae ex eis thensaurum consecuturi, quam quem ex Paulianis habebant responsis. Et ita omnis ordo librorum singularium a nobis compositus et in decem et septem libros partitus eorum animis inponetur (quem in duabus digestorum partibus posuimus, id est quarta et quinta, secundum septem partium distributionem) et quod iam primis verbis orationis nostrae posuimus, verun inveniatur, ut ex triginta sex librorum recitatione fiant iuvenes perfect et ad omne opus legitimum instructi et nostro tempore nos indigni: duabus aliis partibus, id est sexta et septima nostrorum digestorum, quae in quattuordecim libros compositae sunt, eis depositis, ut possint postea eos et legere et in iudiciis ostendere. Quibus si bene sese imbuerint et in quinti anni, quo prolytae nuncupantur, metas constitutionum codicem tam legere quam suptiliter intellegere studeant, nihil eis legitimae scientiae deerit, sed omnem ab initio usque ad finem suis animis anplectantur, et (quod paene in alia nulla evenit arte, cum etsi vilissimae sint, omnes tamen infinitae sunt) haec sola scientia habeat finem mirabilem, in praesenti tempore a nobis sortita.

sapientísimo Paulo, que estudiaban antes en apenas diez y ocho de sus veintitrés libros, estudiándolos con la confusión ya expuesta, dedíquense a estudiar los diez libros singulares que restan de los catorce antes enumerados, pues han de conseguir con ellas un tesoro de mucho más alta y extensa prudencia que el que podían antes alcanzar con las respuestas de Paulo. Así, pues, incúlquese a los alumnos la serie entera de los libros singulares que hemos compuesto, dividida en diez y siete libros (serie que hemos colocado en dos partes del Digesto, la cuarta y la quinta, según la división total en siete partes) y cúmplase así lo que ya hemos dicho en el comienzo de nuestro discurso, esto es, que con el estudio de los treinta y seis libros se hagan jóvenes perfectos, instruidos para todo ejercicio del derecho y dignos de la época en que vivimos; añádanse también las otras dos partes, es decir, la sexta y la séptima de nuestro Digesto, que comprenden catorce libros más, a fin de que puedan luego leerlos y usarlos en los juicios. Si quedasen bien instruidos dentro del quinto año, cuyos estudiantes se les denomina *prolytai* (resolvedores avanzados), y se dedicasen a estudiar y penetrar el Código de las constituciones, con dichos libros nada les faltará de la ciencia del derecho, sino que la abarcarán toda, desde el comienzo al final, y sólo esta ciencia del derecho tendrá un término admirable, acogida como fue por nosotros en los tiempos presentes (lo que no sucede en casi

ninguna otra disciplina, pues, por muy insignificante que sea, siempre resulta sin límites).

§6. Discipuli igitur omnibus eis legitimis arcanis reseratis nihil habeant absconditum, sed omnibus perlectis, quae nobis per Triboniani viri excelsi ministerium ceterorumque composita sunt, et oratores maximi et iustitiae satellites inveniantur et iudiciorum optimi tam athletae quam gubernatores in omni loco aevoque felices.

§6. De este modo, habiéndoles sido revelados todos los arcanos de las leyes, los discípulos nada dejarán de conocer, sino que estudiadas todas las compilaciones que para nosotros se han formado con el concurso de Triboniano, varón excelso, y de otros, lleguen a ser considerados como excelsos oradores, auxiliares de la justicia y tan excelentes defensores en los juicios como gobernadores dichosos en todo lugar y tiempo.

§7. Haec autem tria volumina a nobis composita tradi eis tam in regiis urbibus quam in Berytiensium pulcherrima civitate, quam et legume nutricem bene quis appellet, tantummodo volumus, quod iam et a retro principibus constitutum est, et non in aliis locis quae a maioribus tale non meruerint privilegium: quia audivimus etiam in Alexandrina splendidissima civitate et in Caesarensium et in aliis quosdam imperitos homines devagare et doctrinam discipulis aduterinam tradere: quos sub hac interminatione ab hoc conamine repellimus, ut, si ausi fuerint in posterum hoc perpetrare et extra urbes regias et Berytiensium metropolim hoc facere, denarum librarum auri poena plectantur et reiciantur ab ea civitate, in qua non leges docent, sed in leges committunt.

§7. Mas estos tres volúmenes compuestos por nosotros deseamos que sean enseñados tan sólo en las grandes capitales de Roma y Constantinopla, así como en la hermosísima de los Beritienses, a la que alguien con razón llama "conservadora de las leyes", como han ya establecido anteriores príncipes; pero no en otros lugares que no hubieren obtenido de los antepasados tal privilegio, porque hemos también oído que en la muy espléndida ciudad Alejandrina, en la de los Cesarienses y en otras, van errando ciertos hombres ignorantes que enseñan a sus discípulos una doctrina adulterada, y a quienes los separamos de tal quehacer con esta conminación, de modo que si posteriormente se atrevieren a persistir en esto, y a practicarlo fuera de las ciudades reales y de la metrópoli de los Beritienses, sean castigados con la pena de diez libras de oro y expulsados de la ciudad en

la cual no enseñan, sino que infringen la ley.

§8. Illud autem, quod iam cum ab initio hoc opus mandantes in nostra oration et post completum in alia nostri numinis constitutione scripsimus, et nunc utiliter ponimus, ut nemo audeat eorum qui libros conscribunt sigla in his ponere et per compendium ipsi legume interpretationi vel compositioni máximum adferre discrimen: scituris omnibus librariis, qui hoc in posterum commiserint, quod post criminalem poenam etiam aestimationem libri in duplum domino eius, si nescenti dederint, inferred compellentur: cum et ipse, qui talem librum comparaverit, pro nihilo eum habebit, nemine iudice ex tali libro fieri recitationem concedente, sed pro non scripto eum haberi disponente.

§8. También renovamos ahora convenientemente lo que ya desde un principio escribimos en otra constitución de nuestra divinidad, al mandar en nuestra Carta la formación de esta obra, y después de terminada, para que ningún copista de códices se atreva a poner abreviaturas en estos, y con ánimo de resumir, introduzca grandísima ambigüedad en la interpretación o en la ordenación de las leyes; debiendo saber todos los copistas que en lo sucesivo tal cosa hicieran, que serán compelidos, además de la corrección penal, a pagar a su dueño el doble del valor del libro, si lo hubieren vendido a quien ignorase el delito, pues quien tal libro hubiere comprado lo poseerá inútilmente, ya que ningún juez permitirá que de él se haga exposición alguna, sino que todos dispondrán que se le tenga por no escrito.

§9. Illud vero satis necessarium constitutum cum summa interminatione edicimus, ut nemo audeat neque in hace splendidissima civitate neque in Berytiensium pulcherrimo oppido ex his, qui legitima peragunt studia, indignos et pessimos, immo magis serviles et quorum effectus iniuria est ludos exercere et alia crimina vel in ipsos professores vel in socios suos et maxime in eos, qui rudes ad recitationem legum perveniunt, perpetrare. Quis enim ludos appellet eos, ex quibus crimina oriuntur? Hoc etenim fieri nullo patimur modo, sed optimo ordini in nostris temporibus et hanc partem tradimus et toto postero trasmittimus saeculo, cum oportet prius animas et postea linguas fieri eruditos.

§9. Y hacemos saber lo ordenado con bastante necesidad bajo severísimas penas, es decir, que nadie de quienes estudian derecho en esta esplendidísima ciudad, o en la hermosísima de los Beritienses, intervenga en diversiones indignas y de pésimo gusto, más aún, propias de esclavos, y cuyo efecto es el deshonor, ni perpetre otras ofensas ya contra los mismos profesores, ya contra sus compañeros, y principalmente contra aquellos que siendo incultos llegan para estudiar leyes; pues ¿quién llamará diversiones a esas conductas que generan crímenes? Por lo tanto, no

consentimos de ningún modo que se haga esto, sino que también este aspecto lo sometemos al mejor orden en nuestra época, y lo transmitimos así a todas las épocas venideras, pues conviene que los estudiantes se eduquen primero de espíritu, y luego se instruyan en las letras.

§10. Et haec omnia in hac quidem florentissima civitate vir excelsus praefectus huius almae Urbis tam observare quam vindicare, prout delicti tam iuvenum quam scriptorum qualitas exegerit, curae habebit: in Berytiensium autem civitate tam vir clarissimus praeses Phoeniciae maritimae quam beatissimus eiusdem civitatis episcopus et legum professores.

§10. Y en esta muy floreciente ciudad cuidará tanto de hacer observar todas estas disposiciones como de imponer castigos el excelentísimo prefecto de esta feliz capital, según lo exigiere la clase del delito, tanto de los jóvenes como de los copistas; más en la ciudad de los Beritienses, esto lo hará tanto el muy esclarecido varón, presidente de la Fenicia marítima, como el beatísimo obispo de la misma ciudad, y los profesores de derecho.

§11. Incipite igitur legum doctrinam eis dei gubernatione tradere et viam aperire quam nos invenimus, quatenus fiant optimi iustitiae et rei publicae ministri et vos máximum decus in omne saeculum sequatur: quia vestris temporibus talis legum inventa est permutatio, qualem et apud Homerum patrem omnis virtutis Glaucus et Diomedes inter se faciunt dissimilia permutantes: 'aurea aheneis, centum boum pretio aestimata cum aestimatis bubus novem'. Quae omnia optinere sancimus in omne aevum, ab omnibus tam professoribus quam legum auditoribus et librariis et ipsis et iudicibus observanda. Data septimo decimo kalendas Ianuarias Constantinopoli domino nostro Iustiniano perpetuo Augusto ter consule.

§11. Comiencen, pues, con el auxilio de Dios, a enseñarles la doctrina de las leyes y a mostrarles el camino que nosotros hemos encontrado, hasta que se vuelvan excelentes ministros de la justicia y de la república, y que les acompañe la más alta honra en todo tiempo, porque en su época se ha efectuado tal cambio en las leyes como el que según Homero, padre de toda virtud, hacen entre sí Glauco y Diómedes, permutando cosas diferentes entre sí: "objetos de oro por otros de bronce, cosas estimadas en cien bueyes por otras que valen nueve". Publicada en Constantinopla en el décimo séptimo día anterior a las Calendas de enero (dieciséis de diciembre del 533 d. C.), bajo el tercer consulado

de nuestro Señor Justiniano, perpetuamente Augusto.

IN NOMINE DOMINI DEI NOSTRI IHESU CRISTI

EN NOMBRE DE NUESTRO SEÑOR DIOS JESUCRISTO

IMPERATOR CAESAR FLAVIUS IUSTINIANUS ALAMANNICUS GOTTHICUS FRANCICUS GERMANICUS ANTICUS ALANICUS VANDALICUS AFRICANUS PIUS FELIX INCLITUS VICTOR AC TRIUMPHATOR SEMPER AUGUSTUS AD SENATUM ET OMNES POPULOS

EL EMPERADOR CÉSAR FLAVIO JUSTINIANO, ALAMÁNICO, GÓTICO, FRÁNCICO, GERMÁNICO, ÁNTICO, ALÁNICO, VANDÁLICO, AFRICANO, PÍO, FELIZ, ÍNCLITO, VENCEDOR Y TRIUNFADOR, SIEMPRE AUGUSTO, AL SENADO Y A TODOS LOS PUEBLOS.

Tanta circa nos divinae humanitatis est providentia, ut semper aeternis liberalitatibus nos sustentare dignetur. Post bella enim Parthica aeterna pace sopita postque Vandalicam gentem ereptam et Carthaginem, immo magis omnem Libyam Romano imperio iterum sociatam et leges antiquas iam senio praegravatas per nostram vigilantiam praebuit in novam pulchritudinem et moderatum pervenire compendium: quod nemo ante nostrum imperium umquam speravit neque humano ingenio possibile esse penitus existimavit. Erat enim mirabile Romanam sanctionem ab urbe condita usque ad nostri imperii tempora, quae paene in mille et quadringentos annos concurrunt, intestinis proeliis vacillantem hocque et in imperiales constitutiones extendentem in unam reducere consonantiam, ut nihil neque contrarium neque idem neque simile in ea inveniatur et

Tan grande es para nosotros la providencia de la bondad divina, que siempre se digna sostenernos con su eterna liberalidad. Una vez sosegadas con paz perpetua las guerras párticas, una vez sojuzgada la nación de los vándalos e incorporada de nuevo Cartago y toda la Libia al imperio Romano, nos concedió además que las antiguas leyes, ya abrumadas por el largo tiempo, se purificaran, gracias a nuestra diligencia, en la nueva forma de un moderado compendio, obra que nadie antes de nuestro imperio esperó jamás ni consideró en absoluto posible a la inteligencia humana. En efecto, era algo admirable el reducir a una sola concordancia toda la legislación romana desde la fundación de Roma

ne geminae leges pro rebus singulis positae usquam appareant. Namque hoc caelestis quidem providentiae peculiare fuit, humanae vero inbecillitati nullo modo possibile. Nos itaque more solito ad immortalitatis respeximus praesidium, et summo numine invocato deum auctorem et totius operis praesulem fieri optavimus, et omne studium Triboniano viro excelso magistro officiorum et ex quaestore sacri nostri palatii et ex consule credidimus eique omne ministerium huiuscemodi ordinationis imposuimus, ut ipse una cum aliis illustribus et prudentissimis viris nostrum desiderium adimpleret. Nostra quoque maiestas semper investigando et perscrutando ea quae ab his componebantur, quidquid dubium et incertum inveniebatur, hoc numine caelesti erecta emendabat et in competentem formam redigebat. Omnia igitur confecta sunt domino et deo nostro Ihesu Christo possibilitatem tam nobis quam nostris in hoc satellitibus praestante.

hasta los días de nuestro imperio, que abarca casi mil cuatrocientos años, legislación esta llena de contradicciones internas, que llega incluso a las constituciones imperiales, de suerte que no se encuentre en ella nada contradictorio, ni semejante ni repetido, y que en ninguna de sus partes aparezcan leyes repetidas para las mismas cosas. Esto era propio ciertamente de la celestial providencia e imposible de todo punto para la humana debilidad. Como de costumbre, nosotros acudimos entonces al auxilio de la eternidad, y después de invocar a la Divinidad altísima, pedimos que Dios mismo se hiciera autor y presidiera la obra toda, confiamos todo su estudio a Triboniano, varón excelso, maestro de cargos, excuestor de nuestro sacro palacio y excónsul, y le encargamos todo el trabajo de recopilación, para que diera fin a nuestro deseo en unión de otras ilustres y doctísimas personas. Y también nuestra majestad, siguiendo e indagando atentamente lo que ellos iban realizando, enmendaba y reformaba debidamente todo lo que se hallaba dudoso e impreciso, con la ayuda de Dios celestial. Así, pues, todo se concluyó porque Nuestro Dios y Señor Jesucristo nos lo posibilitó, tanto a nosotros como a nuestros auxiliares en esta obra.

§1. Et principales quidem constitutiones duodecim libris digestas iam ante in codicem nostro nomine praefulgentem contulimus. Postea vero maximum opus adgredientes ipsa vetustatis studiossisima opera iam

§1. Ya anteriormente hemos reunido las constituciones imperiales en un código de doce libros que relumbra con nuestro nombre. Después, emprendiendo la obra más

paene confusa et dissoluta eidem viro excelso permisimus tam colligere quam certo moderamini tradere. Sed cum omnia percontabamur, a praefato viro excelso suggestum est duo paene milia librorum esse conscripta et plus quam trecentis decem milia versuum a veteribus effusa, quae necesse esset omnia et legere et perscrutari et ex his si quid optimum fuisset eligere. Quod celesti fulgore et summae trinitatis favore confectum est secundum nostra mandata, quae ab initio ad memoratum virum excelsum fecimus, et in quinquaginta libros omne quod utilissimum erat collectum est et omnes ambiguetates decisae nullo seditioso relicto. Nomenque libris inposuimus digestorum seu pandectarum, quia omnes disputationes et decisiones in se habeant legitimas et quod undique fuit collectum, hoc in sinus suos receperunt, in centum quinquaginta paene milia versuum totum opus consummantes. Et in septem partes eos digessimus, non perperam neque sine ratione, sed in numerorum naturam et artem respicientes et consentaneam eis divisionem partium conficientes.

importante, dimos permiso al mismo excelentísimo Triboniano para que recopilara y redujera a un orden cierto las obras doctísimas de la antigüedad, que se hallaban en gran confusion y desorden. Mas ya examinando todo el material, nos comunicó el citado varón excelso que los antiguos habían escrito casi dos mil libros, que abarcaban más de tres millones de líneas, siendo necesario leer y atentamente indagar por entero, para elegir lo mejor de todos ellos, lo que se hizo con la inspiración celestial y el favor de la Trinidad Altísima siguiendo nuestros mandatos, los cuales dimos desde el inicio al citado varón excelso, reuniéndose todo lo que más útil era en cincuenta libros, con todas las ambigüedades aclaradas y sin discrepancia alguna. Y dimos por nombre a estos libros Digesto o Pandectas, pues se incluyeron en ellos todas las controversias y soluciones legales y lo que se reunió de todas partes, con un total de casi ciento cincuenta mil líneas para toda la obra. Y lo ordenamos en siete partes, no sin razón ni fundamento, sino en atención a la naturaleza y ciencia de los números y adecuando a ellas la división de las partes.

§2. Igitur prima quidem pars totius contextus, quae Graeco vocabulo πρῶτα nuncupatur, in quattuor libros seposita est.

§2. Por tanto, la primera parte de todo el conjunto, que se llama con vocablo griego se denomina *Prota* (preliminares), se divide en cuatro libros.

§3. Secundus autem articulus septem libros habet, qui de iudiciis appellantur.

§3. La segunda división tiene siete libros, y se llama "sobre los juicios".

§4. In tertia vero congregatione omnia quae de rebus nominantur contulimus, octo libris eis deputatis.

§4. En la tercera agrupación reunimos todo lo que cae bajo la

demonación "sobre las cosas", destinándole ocho libros.

§5. Quartus autem locus, qui et totius compositionis quasi quoddam invenitur umbilicum, octo libros suscepit. In quibus omnia quae ad hypothecam pertinent reposita sunt, ut non pigneraticia actione in libris de rebus posita multum distarent: alio libro codem inserto volumine, qui aedilicium edictum et redhibitoriam actionem et duplae stipulationem, quae de evictionibus proposita est, continet, quia haec omnia titulis emptionum et venditionum consentanea sunt et praedictae actiones quasi pedisequae illarum ab initio processerunt, in vetustioris quidem edicti ordinatione in loca devia et multo distantia devagantes, per nostram autem providentiam his congregatae, cum oportuerat ea quae de eodem paene loquuntur in confinio ponere. Alius itaque liber post duo primos nobis excogitatus est de usuris et traiecticiis pecuniis et de instrumentis et testibus et probationibus nec non praesumptionibus, et memorati tres singulares libri iuxta compositionem de rebus positi sunt. Post hos si qua de sponsalibus vel nuptiis vel dotibus legibus dicta sunt reposuimus, tribus librorum voluminibus ea concludentes. De tutelis autem et curationibus geminos libros conscripsimus. Et memoratam ordinationem octo librorum mediam totius operis reposuimus, omnia undique tam utilissima quam pulcherrima iura continentem.

§5. El cuarto lugar, que viene a ser como el ombligo de toda la obra, ha requerido ocho libros, en los cuales se halla todo lo relativo a la hipoteca, para que no quede muy lejos de la acción pignoraticia, que se halla en los libros dedicados a las cosas. En otro libro incluido en el mismo volumen, que contiene el edicto edilicio, la acción redhibitoria y la estipulación del doble, que se da para garantía de evicción, pues todo eso está relacionado con los títulos de la compraventa, también las susodichas acciones aparecen como acompañantes de las de compraventa; acciones que en la ordenación del antiguo edicto se dispersaban por pasajes extraviados y muy distantes, pero ahora, gracias a nuestro cuidado se han concentrado en este lugar, ya que convenía acercar lo que trata casi de lo mismo. Otro libro, tras los dos primeros, fue designado por nosotros para los intereses, los préstamos marítimos, los documentos, los testigos y las pruebas con presunciones; y se han colocado estos tres libros únicos junto a la parte dedicada a las cosas. Después de esto hemos puesto lo que hay en las leyes relativo a los esponsales, las nupcias y las dotes, reuniéndolo en tres volúmenes. Sobre las tutelas y las curatelas hemos escrito dos libros. Este conjunto de ocho libros que acabamos de decir lo pusimos como centro de toda la obra, con muchas

cosas de derecho tan útiles como interesantes.

§6. Quintus autem exoritur nobis digestorum articulus, in quem de testamentis et codicillis tam privatorum quam militum omne, quidquid antiquis dictum est, inveniat quis depositum: qui de testamentis appellatur. De legatis autem et fideicommissis quinque librorum números adgregatus est.

§6. Viene luego la quinta división del Digesto, en la que se puede encontrar todo lo dicho por los antiguos sobre testamentos y codicilos, tanto particulares como militares, y cuya división se llama "de los testamentos". Se añaden cinco libros sobre legados y fideicomisos.

§6a. Cumque nihil tam peculiare fuerat, quam ut legatis quidem legis Falcidiae narratio, fideicommissis autem senatus consulti Trebelliani, singulis libris utrique eorum applicatis tota pars quinta in novem libros coadunata est. Solum autem senatus consultum Trebellianum ponendum esse existimavimus: captiosas etenim et ipsis veteribus odiosas Pegasiani senatus consulti ambages et utriusque senatus consulti ad se tam supervacuas quam scrupulosas diversitates respuentes totum ius super his positum Trebelliano senatus consulto adiudicavimus.

§6a. Como nada era más propio de los legados que una explicación sobre la Ley Falcidia, y nada más propio de los fideicomisos que otra sobre el senadoconsulto Trebeliano, pues rechazando las complicaciones capciosas, que eran odiosas ya para los mismos antiguos, del senadoconsulto Pegasiano y las diferencias tan innecesarias como molestas de ambos senadoconsultos, decidimos que todo el derecho pertinente se fundara en el senadoconsulto Trebeliano.

§6b. Sed in his nihil de caducis a nobis memoratum est, ne causa, quae in rebus non prospere gestis et tristibus temporibus Romanis increbuit calamitatibus, bello coalescens civil, nostris remaneat temporibus, quae favor caelestis et pacis vigore firmavit et super omnes gentes in bellicis periculis posuit, ne luctuosum monumentum laeta saecula inumbrare concedatur.

§6b. Pero en estos libros no hemos mencionado nada sobre el derecho de las herencias caducas, para que no perdure en nuestros tiempos la situación impuesta por las calamidades de la antigua Roma, asegurados ahora por el favor celestial con el bien de la paz, a la vez que nos dio la victoria bélica sobre todas las naciones, en ocasión de hechos desafortunados y en tiempos tristes, y arraigada con la guerra civil, para que de este modo el recuerdo aciago no pueda ensombrecer nuestro dichoso siglo.

§7. Sexta deinde pars digestorum exoritur, in quibus omnes bonorum possessiones

§7. Viene luego la sexta parte del Digesto, en cuyos libros están todas

positae sunt, quae ad ingenuos, quae ad libertinos respiciunt: ut et ius omne, quod de gradibus et adfinitatibus descendit, legitimaeque hereditates et omnis ab intestato successio et Tertullianum et Orfitianum senatus consultum, ex quibus mater et filii invicem sibi heredes existunt. In geminos libros contulimus bonorum possessionis multitudinem in compendiosum et manifestissimum ordinem concludentes.

las posesiones de bienes hereditarios, tanto de los nacidos libres como de los libertos, de suerte que reunimos en dos libros todo el derecho que trata de los grados de parentesco y de las afinidades, las herencias legítimas, toda la sucesión intestamentaria y los senadoconsultos Tertuliano y Orficiano, en virtud de los cuales se suceden recíprocamente la madre y sus hijos, reduciendo toda la masa relativa a la posesión de los bienes hereditarios a un sistema concreto y clarísimo.

§7a. Post haec ea, quae de operis novi nuntiationibus damnique infecti et pro aedificiis dirutis et eorum insidiis et quae de aqua pluviale arcenda veteribus auctoribus placita sunt, nec non de publicanis et donationibus tam inter vivos quam mortis causa conficiendis cauta legibus invenimus, in librum singularem deduximus.

§7a. Luego de esto hemos colocado en un libro único lo establecido para las denuncias de obra nueva y de daño temido, la demolición de edificios y sus peligros, las opiniones de los antiguos acerca de la acción de contención de agua pluvial, así como también lo que hallamos dispuesto en las leyes acerca de los publicanos y sobre las donaciones que se hacen entre vivos y las hechas por causa de muerte.

§7b. De manumissionibus autem et de liberali causa alius liber respondit…

§7b. Otro libro corresponde a las manumisiones y al proceso de libertad…

§7c. … Quemadmodum et de adquisitione tam dominio quam possessionis et titulis qui eam inducunt multae et variae lectiones uni sunt insertae volumini…

§7c. … Del mismo modo se insertaron en un solo volumen muchos y variados textos sobre la adquisición tanto de la propiedad como de la posesión y sobre los títulos en que se causan…

§7d. … Alio libro deputato his, qui iudicati vel in iure confessi sunt, et de bonorum detentionibus et venditionibus et ut ne quid in fraudem creditorum fiat.

§7d. … Otro libro se dedica a los condenados y los que han confesado en juicio, y la detentación y venta de patrimonios y lo relativo al fraude de acreedores.

§7e. Postque haec omnia interdicta glomerata sunt: et deinceps exceptiones et de

§7e. A continuación, se han reunido todos los interdictos, y luego sigue

temporum prolixitatibus et de obligationibus et actionibus liber iterum singularis extenditur: ut praefata sexta pars totius digestorum voluminis octo libris definiatur.

otro libro único sobre las excepciones y los plazos, las obligaciones y las acciones, de manera que esta sexta parte del Digesto tenga sólo ocho libros.

§8. Septimus autem et novissimus articulus digestorum sex libris formatus est. Quo de stipulationibus seu verborum obligationibus et fideiussoribus et mandatoribus, nec non novationibus et solutionibus et acceptilationibus et de praetoriis stipulationibus omne quod ius invenitur gemino volumine inscriptum est, quod in libris antiquis nec numerari possibile fuit.

§8. La séptima y última parte del Digesto está formada por seis libros. Primeramente, dos libros en donde se halla escrito todo el derecho sobre las estipulaciones u obligaciones verbales, los fiadores y los mandantes, así como sobre las novaciones, los pagos, las aceptilaciones y las estipulaciones pretorias, materia que no fue posible enumerar en las obras antiguas.

§8a. Et post hoc duo terribiles libri positi sunt pro delictis privatis et extraordinariis nec non publicis criminibus, qui omnem continent severitatem poenarumque atrocitatem. Quibus permixta sunt et ea quae de audacibus hominibus cauta sunt, qui se celare conantur et contumaces existunt: et de poenis, quae condemnatis inflinguntur vel concedentur, nec non de eorum substantiis.

§8a. Luego están los dos libros terribles de los delitos privados y extraordinarios, así como los crímenes públicos, que contienen toda la severidad y dureza de las penas. A cuyos libros se agrega lo dispuesto sobre los audaces que intentan ocultarse y son declarados contumaces, sobre las penas que se imponen o perdonan a los condenados, así como sobre el destino de sus bienes.

§8b. Liber autem singularis pro appellationibus nobis excogitatus est contra sententias tam civiles quam criminales causas finientes.

§8b. Hemos considerado un libro especial dedicado a las apelaciones contra las sentencias que ponen fin a las causas civiles y criminales.

§8c. Cetera autem omnia, quae ad municipales vel de decurionibus et muneribus vel publicis operibus vel nundinis et pollicitationibus et diversis cognitionibus et censibus vel significatione verborum veteribus inventa sunt quaeque regulariter definita, in sese recepit quinquagensimus, totius consummationis perfectus.

§8c. Todo lo relativo a los munícipes, los decuriones, las contribuciones, obras públicas, mercados y promesas públicas, jurisdicciones varias, censos, lo que entre los antiguos importó sobre el significado de las palabras, o a modo de reglas, lo abarca el libro cincuenta, último de toda la compilación.

§9. Quae omnia confecta sunt per virum excelsum nec non prudentissimum magistrum ex quaestore et ex consule TRIBONIANUM, qui similiter eloquentiae et legitimate scientiae artibus decoratus et in ipsis rerum experimentis emicuit nihilque maius nec carius nostris unquam iussionibus duxit: nec non per alios viros magnificos et studiosissimos perfecta sunt, id est CONSTANTINUM virum illustrem comitem sacrarum largitionum et magistrum scrinii libellorum sacrarumque cognitionum, qui semper nobis ex bona opinione et Gloria sese commendavit: nec non THEOPHILUM virum illustrem magistrum iurisque peritum in hac splendidissima civitate laudabiliter optimam legum gubernationem extendentem: et DOROTHEUM virum illustrem et facundissimum quaestorium, quem in Berytiensium splendidissima civitate leges discipulis tradentem propter eius optimam opinionem et gloriam ad nos deduximus paticipemque huius operis fecimus: sed et ANATOLIUM virum illustrem magistrum, qui et ipse apud Berytienses iuris interpres constitutes ad hoc opus allectus est, vir ab antiqua stirpe legitima procedens, cum et pater eius Leontius et avus Eudoxius optimam sui memoriam in legibus reliquerunt: nec non CRATINUM virum illustrem et comitem sacrarum largitionum et optimum antecessorem huius almae Urbis constitutum: qui omnes ad praedictum opus electi sunt una cum STEPHANO, MENA, PROSDOCIO, EUTOLMIO, TIMOTHEO, LEONIDE, LENTIO, PLATONE, IACOBO, CONSTANTINO, IOHANNE, viris prudentissimis, qui patroni quidem sunt causarum apud maximam sedem praefecturae, quae orientalibus praetoriis

§9. Todo lo cual lo realizó el varón excelso y muy sabio maestro, excuestor y excónsul Triboniano, persona igualmente dotada en las artes de la elocuencia y la ciencia del derecho, el cual sobresalió en su gestión y nada tuvo nunca por más importante y querido como nuestras órdenes; así como también otros notables y muy cultos varones, como Constantino, varon ilustre, conde de las larguezas imperiales y maestre de la secretaría de instancias y juicios imperiales, el cual siempre se nos recomendó por su buena reputación y fama; también Teófilo, ilustre maestro de derecho y jurisperito que enseña en esta magnífica ciudad el mejor uso de las leyes, y Doroteo, varón ilustre y doctísimo excuestor, al que hicimos partícipe de esta obra por la buena reputación y fama que tiene por la enseñanza del derecho a sus discípulos en la magnífica ciudad de los Beritenses; Anatolio, maestro ilustre, también él fue agregado a esta obra como intérprete que es del derecho entre los beritenses; varón procedente de una antigua estirpe de jurisconsultos, pues su padre Leoncio y su abuelo Eudoxio dejaron el mejor recuerdo en el estudio de las leyes; también el ilustre conde de las larguezas imperiales Cratino, óptimo profesor de esta metropolitana ciudad. Todos los cuales fueron elegidos para la mencionada obra, al igual que los doctísimos varones Esteban, Mena, Prosdocio, Eutolmio, Timoteo, Leónidas, Leoncio, Platón, Jacobo, Constantino y Juan, también

praesidet, omne autem suae virtutis testimonium undique accipientes et a nobis ad tanti operis consummationem electi sunt. Et, cum omnes in unum convenerunt gubernatione TRIBONIANI *viri excelsi, ut tantum opus nobis auctoribus possint conficere, deo propitio in praedictos quinquaginta libros opus consummatum est.*

defensores de causas ante el tribunal supremo del prefecto que preside los pretorios de Oriente, habiéndolos elegido para la ejecución de tan gran obra, avalados por el testimonio unánime de su talento. Concertados todos bajo la dirección del excelso varón Triboniano, para poder terminar tan gran obra con nuestra autoridad, y con el favor de Dios, se dio fin a la misma en los mencionados cincuenta libros.

§10. Tanta autem nobis antiquitati habita est reverentia, ut nomina prudentium taciturnitati tradere nullo patiamur modo: sed unusquisque eorum, qui auctor legis fuit, nostris digestis inscriptus est: hoc tantummodo a nobis effecto, ut, si quid in legibus eorum vel supervacuum vel imperfectum vel minus idoneum visum est, vel adiectionem vel deminutionem necessariam accipiat et rectissimis tradatur regulis. Et in multis similibus vel contrariis quod rectius habere apparebat, hoc pro aliis omnibus positum est unique omnibus auctoritate indulta, ut quidquid ibi scriptum est, hoc nostrum appareat et ex nostra voluntate compositum: nemine audente comparare ea quae antiquitas habebat et quae nostra auctoritas introduxit, quia multa et maxima sunt, quae propter utilitatem rerum transformata sunt. Adeo ut et si principalis constitutio fuerat in veteribus libris relata, neque ei pepercimus, sed et hoc corrigendum esse putavimus et in melius restaurandum. Nominibus etenim veteribus relictis, quidquid legume veritati decorum et necessarium fuerat, hoc nostris emendationibus servavimus. Et propter hanc causam et si quid inter eos dubitabatur, hoc iam in tutissimam pervenit quietem, nullo titubante relicto.

§10. Mas tanta ha sido nuestra reverencia por la antigüedad, que no hemos consentido en modo alguno que los nombres de los jurisprudentes cayeran en el olvido, sino que aparecen en las inscripciones de nuestro Digesto el nombre de todos los que son autores de sus leyes, habiendo hecho nosotros únicamente que se añadiera o quitase, según fuera necesario, y se ajuste a las reglas más justas todo lo que en las leyes de aquellos prudentes parezca superfluo, imperfecto o menos conveniente. Ante muchas repeticiones o contradicciones se ha puesto lo que parecía más correcto, igual para todos y fundando en una misma autoridad, de modo que todo lo que allí aparece escrito se entienda como nuestro y como redactado por nuestra propia voluntad, sin que nadie se atreva a comparar el texto antiguo con lo que introdujo nuestra autoridad, pues es mucho y muy importante lo que se ha cambiado por razones prácticas; hemos pensado que se debía corregir y mejorar, sin mayor miramiento, incluso cuando se trataba de alguna

constitución imperial conservada en los antiguos libros. Así, respetando los nombres de los autores antiguos, hemos mantenido en nuestras enmiendas todo lo que era conveniente y necesario para la verdad de las leyes. Por ello, si había entre ellos alguna duda, se ha conseguido la más segura armonía, sin dejar lugar a ningún titubeo.

§11. Sed cum prospeximus, quod ad portandam tantae sapientiae molem non sunt idonei homines rudes et qui in primis legume vestibulis stantes intrare ad arcana eorum properant, et aliam mediocrem emendationem praeparandam esse censuimus, ut sub ea colorati et quasi primitiis omnium inbuti possint ad penetralia eorum intrare et formam legume pulcherrimam non coniventibus oculis accipere. Et ideo TRIBONIANO *viro excelso, qui ad totius operis gubernationem electus est, nec non* THEOPHILO *et* DOROTHEO *viris illustribus et facundissimis antecessoribus accersitis mandavimus, quatenus libris, quos veteres composuerunt, qui prima legume argumenta continebant et institutiones vocabantur, separatim collectis, quidquid ex his utile et aptissimum et undique sit elimatum et rebus, quae in praesenti aevo in usu vertuntur, consentaneum invenitur, hoc et capere student et quattor libros reponere et totius eruditionis prima fundamenta atque elementa ponere, quibus iuvenes suffulti possint graviora et perfectiora legum scita sustentare. Admonuimus autem eos, ut memores etiam nostrarum fiant constitutionum, quas pro emendation iuris promulgavimus, et in confectione institutionum etiam eadem emendation ponere non morentur: ut sit manifestum et quid antea vacillabat et quid postea in*

§11. Mas considerando que no pueden soportar tan gran mole de ciencia personas incultas o que estando en el vestíbulo de las leyes se apresuran a entrar en sus arcanos, juzgamos adecuado preparar otra redacción más sencilla, a fin de que con el barniz de la misma y como imbuídos con los principios de todas las materias, puedan ellos penetrar en sus profundidades, y percatarse bien con sus propios ojos del perfecto sentido de las leyes. Por consiguiente, llamando al excelso varón Triboniano, que había sido elegido para dirigir toda la obra, así como los ilustrísimos Teófilo y Doroteo, profesores muy elocuentes, les mandamos seleccionar todo lo que de ello se encontrara de útil y más adecuado, y lo más correcto y ajustado a la práctica de nuestro tiempo, y ponerlo en cuatro libros, a imitación de los libros que los antiguos componían, con el nombre de "Instituciones", comprendiendo así los rudimentos de las leyes, exponiendo los primeros fundamentos y elementos de toda esta ciencia, para que instruídos en ellos los jóvenes pudieran hacerse cargo de las disposiciones legales

stabilitatem redactum est. Quod opus ab his perfectum ut nobis oblatum et relectum est, et prono suscepimus animo et nostris sensibus non indignum esse iudicavimus et praedictos libros constitutionum vicem habere iussimus: quod et in oratione nostra, quam eisdem libris praeposuimus, apertius declaratur.

más difíciles y completas. Les recordamos que no olviden nuestras propias constituciones, que promulgamos para enmendar el Derecho, y no dejen, al hacer las Instituciones, de tener en cuenta esas mismas enmiendas, para que resulte claro lo que antes era objeto de vacilaciones y quedó después establemente fijado. Obra esta que, una vez que fue concluida por ellos y a nosotros fue presentada y releímos, la aceptamos con benevolencia, no pareciéndonos indigna de nuestro propósito y dispusimos que estos cuatro libros tuvieran el mismo valor que las constituciones, como se declara más expresamente en nuestro discurso que antepusimos a esos mismos libros.

§12. Omni igitur Romani iuris dispositione composita et in tribus voluminibus, id est institutionum et digestorum seu pandectarum nec non constitutionum, perfecta et in tribus annis consummata, quae ut primum separari coepit, neque in totum decennium compleri sperabatur: omnipotenti deo et hanc operam ad hominum sustentationem piis optulimus animis uberesque gratias maximae deitati raddidimus, quae nobis praestitit et bella feliciter agere et honesta pace perpotiri et non tantum nostro, sed etiam omni aevo tan instant quam posteriori leges optimae ponere.

§12. Compuesta ya, pues, toda la recopilación del Derecho Romano, concluída en tres volúmenes, a saber, "Instituciones", "Digesto" o "Pandectas" y las "Constituciones", y terminada en tres años, que al comenzar la ordenación del material no se esperaba terminar ni en todo un decenio, ofrecemos con ánimo piadoso este trabajo a Dios omnipotente y para ayuda de los hombres, y damos abundantes gracias a la Suprema Divinidad, que nos permitió hacer con éxito la guerra, conseguir una paz honrosa y dar las mejores leyes, no sólo para nuestro tiempo, sino para todas las épocas, tanto próximas como lejanas.

§(13). Omnibus itaque hominibus eandem sanctionem manifestam facere necessarium perspeximus, ut sit eis cognitum, quanta

§(13). Por lo tanto, hemos creído necesario publicar esta legislación a todos los hombres, para que sepan

confusione et infinitate absolute in quam moderationem et legitimam veritatem pervenerunt: legesque in posterum habeant tam directas quam compendiosas omnibusque in prompt positas et ad possidendi libros earum facilitatem idoneas: ut non mole divitiarum expensa possint homines supervacuae legume multitudinis adipisci volumina, sed vilissima pecunia facilis eorum comparatio pateat tam ditioribus quam tenuioribus, minimo pretio magna prudentia reparanda.

de cuánta confusión e infinidad de leyes han sido librados y a qué mesura y autenticidad en las leyes se ha llegado; y para que tengan en el futuro unas leyes muy claras y concisas al alcance de todos y libros fáciles de adquirir, y no hayan de adquirir los volúmenes de una cantidad inútil de leyes gastando gran parte de sus bienes, sino que tanto ricos como pobres puedan comprarlo fácilmente por muy poco dinero, erogando un mínimo precio a cambio una gran sabiduría.

§13 (14). Si quid autem in tanta legum compositione, quae ab immenso librorum numero collecta est, simile forsitan raro inveniatur, nemo hoc vituperandum existimet, sed primum quidem inbecillitati humanae, quae naturaliter inest, hoc inscribat, quia omnium habere memoriam et penitus in nullo peccare divinitatis magis quam mortalitatis est: quod et a maioribus dictum est. Deinde sciat, quod similitudo in quibusdam et his brevissimis adsumpta non inutilis est, et nec citra nostrum propositum hoc subsecutum: aut enim ita lex necessaria erat, ut diversis titulis propter rerum cognationem applicari eam oporteat, aut, cum fuerat aliis diversis permixta, impossibile erat eam per partes detrahi, ne totum confundatur. Et in his partibus, in quibus perfectissimae visiones expositae veterum fuerant, quod particulatim in eas fuerat sparsum, hoc dividere ac separare penitus erat incivile, ne tam sensus quam aures legentium ex hoc perturbentur.

§13 (14). Mas si en tan gran recopilación de leyes, extraída de un inmenso número de libros, se encuentra acaso alguna vez algo repetido, nadie lo reproche, sino que, primeramente, debe atribuirlo a la humana flaqueza, que es natural, ya que es más propio de Dios que de los mortales acordarse de todo y no caer en defecto alguno, como ya decían los antiguos; además, debe saber que no es inútil la repetición hecha en algunos textos, y muy breves, y que no se hizo fuera de nuestro propósito, porque o la ley era necesaria de modo que convenía ponerla en distintos títulos a causa de la conexión de materias, o bien, como implicaba otras cosas, resultaba imposible dividirla sin producir una confusion de la ley entera; y cuando los casos aparecían perfectamente expuestos por los antiguos autores, resultaba del todo improcedente dividir y separar los diversos extremos que en ellos aparecían reunidos, a fin de no perturbar el sentido y menos aún los oídos de los lectores.

§14. Similique modo si quid principalibus constitutionibus cautum est, hoc in digestorum volumine poni nullo concessimus modo, quasi constitutionum recitation sufficiente: nisi et hoc raro ex isdem causis, quibus similitude adsumpta est.

§14. Igualmente, lo que se halla dispuesto en las "Constituciones" imperiales no hemos permitido incluirlo en el volumen del "Digesto", considerando suficiente la compilación de las "Constituciones", salvo, y esto en muy raras ocasiones, cuando, por las razones señaladas, se ha admitido la repetición.

§15. Contrarium autem aliquid in hoc codice positum nullum sibi locum vindicabit nec invenitur, si quis suptili animo diversitatis rationes excutiet: sed est aliquid novum inventum vel occulte positum, quod dissonantiae querellam dissolvit et aliam naturam inducit discordiae fines effugientem.

§15. Pero no tendrá cabida en este volumen ninguna contradicción, ni la hay, si con cuidadosa atención se buscan las razones de la diferencia, pues siempre habrá alguna novedad o razón menos aparente que disipe el agravio de contradicción, e induce a otra explicación que evita las consecuencias de la discordia.

§16. Sed et si quid forsitan praetermissum est, quod in tantis milibus quasi in profundo positum latitabat, et, cum idoneum fuerat poni, obscuritate involutum necessario derelictum est: quis hoc adprehendere recto animo possit? Primo quidem propter ingenii mortalis exiguitatem: deinde propter ipsius rei vitium, quod multis inutilibus permixtum nullam sui ad eruendum praebuit copiam: dein quod multo utilius est pauca idonea effugere, quam multis inutilibus homines praegravari.

§16. Pero si algo fue acaso olvidado, por haber quedado oculto como en el fondo de tantos miles de libros, y habiendo sido conveniente ponerlo, se dejó a un lado necesariamente a causa de la oscuridad que lo envolvía, ¿quién puede censurar esto de buena fe? En primer lugar, porque es cosa natural de la limitada inteligencia humana; en segundo lugar, porque lo que se mezcla con muchas cosas inútiles no es fácil de descubrir; en tercero, porque es mucho mejor olvidarse de alguna cosa conveniente que abrumar con muchas cosas inútiles.

§17. Mirabile autem aliquid ex his libris emersit, quod multitude antiqua praesente brevitate paucior invenitur. Homines etenim, qui antea lites agebant, licet multae leges fuerant positae, tamen ex paucis lites perferebant vel propter inopiam librorum, quos conparare eis impossibile erat, vel propter ipsam inscientiam, et voluntate

§17. Pero una cosa resulta admirable de estos libros, y es que la antigua multitud de obras parece ser más pobre que la presente compilación, porque los abogados de antes, a pesar de ser muchas las leyes existentes, utilizaban pocas de ellas para sus litigios, sea por la falta de

iudicum magis quam legitima auctoritate lites dirimebantur. In praesenti autem consummatione nostrurum digestorum e tantis leges collectae sunt voluminibus, quorum et nomina antiquiores homines non dicimus nesciebant, sed nec umquam audiebant. Quae omnia collecta sunt substantia amplissima congregata, ut egena quidem antiqua multitude inveniatur, opulentissima autem brevitas nostra efficiatur. Antiquae autem sapientiae librorum copiam maxime Tribonianus vir excellentissismus praebuit, in quibus multi fuerant et ipsis eruditissimis hominibus incogniti, quibus omnibus perlectis, quidquid ex his pulcherrimum erat, hoc semotum in optimam nostrum compositionem pervenit. Sed huius operis conditores non solum ea volumina perlegerunt, ex quibus leges positae sunt, sed etiam alia multa, quae, nihil vel utile vel novum in eis invenientes, quod exceptum nostris digestis applicarent, optimo animo respuerunt.

libros, que les era imposible comprar, sea por la misma ignorancia; y los litigios se resolvían no tanto por la autoridad de las leyes cuanto por el capricho de los jueces. En cambio, con la presente recopilación de nuestro Digesto, las leyes han sido seleccionadas de tantos volúmenes, cuyos títulos no decimos ya que no conocían los antiguos, sino que jamás habían oído mencionar; y fue recopilado de tanta materia acumulada que la multitud antigua resulta pobre, y riquísima, en cambio, nuestra compilación. Fue sobre todo el varón excelso Triboniano quien proporcionó gran cantidad de libros de la antigua jurisprudencia, muchos de los cuales eran desconocidos incluso para los más ilustrados, y leídos atentamente todos ellos, se introdujo en nuestra recopilación todo lo más selecto que contenían; mas los autores de esta obra, no sólo leyeron aquellos volúmenes de los que extrajeron las leyes puestas en el Digesto, sino otros muchos, que eliminaron con buen criterio, al no encontrar en ellos nada útil o nuevo que pudieran extraer para nuestro Digesto.

§18. Sed quia divinae quidem res perfectissimae sunt, humani vero iuris condicio semper in infinitum decurrit et nihil est in ea, quod stare perpetuo possit (multas etenim formas edere natura novas deproperat), non desperamus quaedam postea emergi negotia, quae adhuc legume laqueis non sunt innodata. Si quid igitur tale contingerit, Augustum imploretur remedium, quia ideo imperialem fortunam rebus humanis deus praeposuit, ut possit omnia quae noviter contingunt et emendare

§18. Pero como las cosas divinas son muy perfectas, y la condición del Derecho humano tiende siempre a lo infinito, y nada contiene que pueda subsistir perpetuamente (pues la naturaleza no cesa de producir nuevas formas), no excluímos que puedan surgir nuevos negocios que no estén sujetos aún por los lazos de las leyes. Si tal cosa ocurriese, solicítese el remedio del Emperador, pues Dios puso la gracia imperial al

et componere et modis et regulis competentibus tradere. Et hoc non primum a nobis dictum est, se dab antiqua descendit prosapia: cum et ipse Iulianus legum et edicti perpetui suptilissimus conditor in suis libris hoc rettulit, ut, si quid imperfectum inveniatur, ab imperiali sanctione hoc repleatur. Et non ipse solus, sed et divus Hadrianus in compositione edicti et senatus consulto, quod eam secutum est, hoc apertissime definivit, ut, si quid in edicto positum non invenitur, hoc ad eius regulas eiusque coniecturas et imitations possit nova instruere auctoritas.

frente de las cosas humanas para poder enmendar y ajustar toda novedad, y ordenarlo con las correspondientes medidas y reglas. Y esto no lo decimos nosotros por primera vez, sino que tiene un viejo precedente, ya que el mismo Juliano, agudísimo jurisconsulto y autor del Edicto Perpetuo, lo dice así en sus obras: que si algo resulta incompleto, se colme con la sanción imperial; y no sólo él, sino también el divino Adriano, al redactarse el Edicto y en el consecutivo senadoconsulto, así lo definió con toda claridad: que si se encontraba algo no previsto en el Edicto, lo pudiera disponer la nueva autoridad conforme a las reglas, principios y analogías del Edicto.

§19. Haec igitur omnia scientes, patres conscripti et omnes orbis terrarum homines, gratias quidem amplissimas agite summae divinitati, quae vestris temporibus tam saluberrimum opus servavit: quo enim antiquitas digna divino non est visa iudicio, hoc vestris temporibus indultum est. Hasce itaque leges et adorate et observate omnibus antiquioribus quiescentibus: nemoque vestrum audeat vel comparare eas prioribus vel, si quid dissonans in utroque est, requirere, quia omne quod hic positum est hoc unicum et solum observari censemus. Nec in iudicio nec in alio certamine, ubi leges necessariae sunt, ex aliis libris, nisi ab iisdem institutionibus nostrisque digestis et constitutionibs a nobis compositis vel promulgatis aliquid velit falsitatis crimini subiectus una cum iudice, qui eorum audientiam patiatur, poenis gravissimis laborare.

§19. Sabiendo todo esto, ustedes, padres conscriptos y hombres de todo el orbe, den gracias muy cumplidas a la Divinidad Suprema, que reservó para su época una obra tan provechosa. Pues aquello que de la antigüedad no fue considerada digna en el juicio divino, se concedió a este tiempo. Así, pues, veneren y observen estas leyes, quedando derogadas todas las anteriores, y que ninguno de ustedes se atreva a compararlas con las anteriores, ni tampoco indagar si hay algo disonante entre unas y otras, porque todo lo que aquí se ha insertado es lo que única y exclusivamente queremos que se observe. Y que no se intente leer o aducir en juicio, o en otra controversia en la que sean necesarias las leyes, nada de otros libros más que de estos que hemos compuesto y promulgado, las

"Instituciones", el "Digesto" y las "Constituciones", si no quiere el temerario sufrir gravísimas penas como reo de falsedad, juntamente con el juez que tolere tal audiencia.

§20. Ne autem incognitum vobis fiat, ex quibus veterum libris haec consummation ordinata est, iussimus et hoc in primordiis digestorum nostrorum inscribe, ut manifestissimum sit, ex quibus legislatoribus quibusque libris eorum et quot milibus hoc iustitiae Romanae templum aedificatum est.

§20. Para que no ignoren de qué libros de los antiguos se compuso esta compilación, disponemos que también se consigne esto en el comienzo de nuestro Digesto, para que resulte del todo manifiesto con qué jurisconsultos y con cuáles de sus libros, y con cuántos miles de ellos, se ha edificado este templo de la justicia romana.

§20a. Legislatores autem vel commentatores eos elegimus, qui digni tanto opera fuerant et quos et anteriores piissimi principes admittere non sunt indignati, omnibus uno dignitatis apice inpertito nec sibi quodam aliquam praerogativam vindicante. Cum enim constitutionum vicem et has leges optinere censuimus quasi ex nobis promulgatas, quid amplius aut minus in quibusdam esse intellegatur, cum una dignitas, una potestas omnibus est indulta?

§20a. Pero hemos seleccionado aquellos jurisconsultos o comentadores que eran dignos de tal obra y que los muy piadosos príncipes que antecedieron se dignaron admitir, dando a todos la misma consideración para que ninguno pueda reclamar antiguas preferencias: porque al disponer que también estas leyes tengan el valor de las constituciones, como si nosotros las hubiéramos promulgado, ¿qué se entenderá que hay de más o de menos en algunas, cuando a todas se ha concedido una sola legitimidad y autoridad?

§21. Hoc autem, quod et ab initio nobis visum est, cum hoc opus fieri deo adnuente mandabamus, tempestivum nobis videtur et in praesenti sancire, ut nemo neque eorum, qui in praesenti iuris peritiam habent, nec qui postea fuerint audeat commentarios isdem legibus adnectere: nisi tantum si velit in Graecam vocem transformare sub eodem ordine eaque consequentia, sub qua et voces Romanae positae sunt (hoc quod Graeci κατά πόδα dicunt), et si qui forsitan per titulorum suptilitatem adnotare maluerint et

§21. También nos parece oportuno ordenar al presente (como ya nos pareció desde el comienzo, al mandar que se hiciera esta obra con la ayuda de Dios) que ninguno de los que actualmente poseen el conocimiento del derecho, ni de los que en el futuro lo adquieran, se atreva a añadir comentarios a estas leyes, a no ser que sólo quisiera traducirlas al griego en el mismo orden y posición en que están las

ea quae 'paratitla' nuncupantur componere. Alias autem legume interpretations, immo magis perversions eos iactare non concedimus, ne verbositas eorum aliquid legibus nostris adferat ex confusione dedecus. Quod et in antiquis edicti perpetui commentatoribus factum est, qui opus moderate confectum huc atque illuc in diversas sententias producentes in infinitum detraxerunt, ut paene omnem Romanam sanctionem esse confusam. Quos si passi non sumus, quemadmodum posteritatis admittatur vana discordia? Si quid autem tale facere ausi fuerint, ipsi quidem falsitatis rei constituantur, volumina autem eorum omnimodo corrumpentur. Si quid vero, ut supra dictum est, ambiguum fuerit visum, hoc ad imperiale culmen per iudices referatur et ex auctoritate Augusta manifestetur, cui soli concessum est leges et condere et inrepretari.

palabras latinas (lo que los griegos llaman *kata poda*, "al pie de la letra"), o también si quisieran anotarlas en atención a la dificultad de los títulos, y escribir lo que llaman *paratitla* (notas a los títulos). Por el contrario, no les concedemos lanzar otras interpretaciones de las leyes, o mejor, perversiones de las mismas, no vaya a ser que de su verbosidad provenga algún desdoro de confusión para nuestras leyes, como ocurrió en los antiguos comentaristas del Edicto Perpetuo, los cuales extendieron hasta lo infinito una obra mesuradamente hecha, al inventar distintas interpretaciones, alargándola acá y allá con diversas opiniones, hasta el punto de que toda la legislación romana resultó confusa. Si no hemos tolerado a estos comentadores antiguos, ¿cómo admitir la vana discordia de los futuros? Y si se atrevieran a hacer tal cosa, decláreseles reos de falsedad y sus libros sean totalmente destruidos. Mas si, como queda dicho más arriba, algo pareciera ambiguo, llévese por los jueces a la superioridad imperial, y declárese por la autoridad del Emperador, el único a quien se permite hacer las leyes e interpretarlas.

§22. Eandem autem poenam falsitatis constituimus et adversus eos, qui in posterum leges nostras per siglorum obscuritates ausi fuerint conscribere. Omnia enim, id est et nomina prudentium et titulos et librorum numerous, per consequentias litterarum volumus, non per sigla manifestari, ita ut, qui talem librum sibi paraverit, in quo sigla posita sunt in

§22. Imponemos la misma pena de falsedad también a aquellos que en el futuro osen escribir nuestras leyes valiéndose de abreviaturas oscuras, pues todo, es decir, los nombres de los prudentes, los títulos y los números de los libros, queremos que se expresen con todas las letras y no por abreviaturas; de modo que quien

qualemcumque locum libri vel voluminis, sciat inutilis se esse codicis dominum: neque enim licentiam aperimus ex tali codice in iudicium aliquid recitare, qui in quacumque sua parte siglorum habet malitias. Ipse autem librarius, qui eas inscribere ausus fuerit, non solum criminiali poena (secundum quod dictum est) plectetur, sed etiam libri aestimationem un duplum domino reddat, si et ipse dominus ignorans talem librum vel comparaverit vel confici curaverit. Quod et antea a nobis dispositum est et in Latina constitutione et in Graeca, quam ad legum professores dimisimus.

hubiera adquirido un libro tal, que contenga abreviaturas en cualquier lugar del libro o volumen, sepa que no le vale la propiedad del libro; tampoco damos licencia para leer en juicio nada de tal libro que tenga en cualquier parte del mismo la perversion de las abreviaturas. El mismo copista librero que osare escribirlas, no sólo debe ser castigado con la pena criminal (como ya se ha dicho), sino que deberá pagar al propietario la estimación del libro en el duplo, si el propietario compró o encargó copiar tal libro sin saberlo, como ya hemos dispuesto antes en la constitución latina, y en la griega, que dirigimos a los profesores de derecho.

§23. Leges autem nostras, quae in his codicibus, id est institutionum seu elementorum et digestorum vel pandectarum posuimus, suum optinere robur ex tertio nostro felicissimo sancimus consulatu, praesentis duodecimae indictionis tertio calendas Ianuarias, in omne aevum valituras et una cum nostris constitutionibus pollentes et suum vigorem in iudiciis ostendentes in omnibus causis, sive quae postea emerserint sive in iudiciis adhuc pendent nec eas iudicialis vel amicalis forma compescuit. Quae enim iam vel iudiciali sentential finita sunt vel amicali pacto sopita, haec resuscitari nullo volumus modo. Bene autem properavimus in tertium nostrum consulatum et has leges edere, quia maximi dei et domini nostri Ihesu Christi auxilium felicissimum eum nostrae rei publicae donavit: cum in hunc et bella Parthica abolita sunt et quieti perpetuae tradita, et tertia pars mundi nobis adcrevit (post Europam enim et Asiam et tota

§23. Estas leyes nuestras, que incluímos en estos libros, es decir, las "Instituciones" o "Elementos" y el "Digesto" o "Pandectas", dispusimos que obtuvieran su vigencia desde nuestro tercer afortunado consulado de la presente duodécima unducción, a tres días de las calendas de Enero (30 de diciembre del 533 d. C.), para que valgan siempre, a la par que nuestras "Constituciones", y ostenten su valor en los juicios de cualquier causa, sea de las que puedan surgir después, sea de las que aún están pendientes de juicio, sea de las que no terminaron por resolución judicial o amistosa. Las que ya fueron resueltas por una sentencia judicial o apaciguadas por un pacto amistoso, no queremos en modo alguno que se vuelvan a ver. Mas con motivo nos apresuramos a publicar

Lybia nostro imperio adiuncta est), et tanto opera legum caput impositum est, omnia caelestia dona nostro tertio consulati indulta.

estas leyes en nuestro tercer consulado, que se concedió con tanta felicidad a la república por el auxilio de Dios Máximo y Señor Nuestro Jesucristo, ya que en este consulado se acabó la guerra pártica y dio paso a una perpetua paz, y un tercio del mundo se agregó a nosotros (pues se unió a nuestro imperio, después de Europa, Asia y toda la Libia), y se ha finalizado tan importante obra legal, dones celestes todos ellos concedidos a nuestro tercer consulado.

§24. Omnes itaque iudices nostri pro sua iurisdictione easdem leges suscipiant et tam in suis iudiciis quam in hac regia urbe habeant et proponant, et praecipue vir excelsus huius almae Urbis praefectus. Curae autem erit tribus excelsis praefectis praetoriis tam orientalibus quam Illyricis nec non Libycis per suas auctoritates omnibus, qui suae iurisdictioni suppositi sunt, eas manifestare. Data septimo decimo calendas Ianuarias Iustiniano domino nostro ter consule.

§24. Así, pues, todos nuestros jueces tomen estas leyes para su jurisdicción, ténganlas y enúncienlas en sus juicios y en esta regia capital, especialmente el excelso varón, prefecto de esta capital metropolitana. Cuidarán de darlas a conocer los tres excelentísimos prefectos pretorios, tanto de Oriente como del Ilírico y de Libia, por medio de sus autoridades, a todos los que están bajo su jurisdicción. Publicada en el décimo séptimo día anterior a las calendas de Enero, en el tercer consulado de nuestro señor Justiniano (dieciséis de diciembre del 533 d. C.).

DOMINI NOSTRI SACRATISSIMI PRINCIPIS IUSTINIANI IURIS ENUCLEATI EX OMNI VETERE IURE COLLECTI DIGESTORUM SEU PANDECTARUM PARS PRIMA (ΠΡΩΤΑ)

PRIMERA PARTE DEL DIGESTO O PANDECTAS DEL DERECHO, CORREGIDO Y SACADO DE TODO EL DERECHO ANTIGUO POR ORDEN DEL SACRATÍSIMO PRÍNCIPE NUESTRO SEÑOR JUSTINIANO

LIBER I

LIBRO I

TITULUS I
DE IUSTITIA ET IURE

TÍTULO I
DE LA JUSTICIA Y EL DERECHO

1. ULPIANUS *libro I Institutionum. Iuri operam daturum prius nosse oportet, unde nomen iuris descendat. Est autem a iustitia appellatum; nam, ut eleganter Celsus definit, ius est ars boni et aequi.*

1. ULPIANO *en el libro primero de las instituciones.* Ante todo, conviene que quien deba entregarse a la actividad del derecho conozca de dónde procede la palabra *ius* (derecho). Dícese así por el vocablo *iustitia* (justicia); porque, como elegantemente lo define Celso, el derecho es el arte de lo bueno y de lo justo.

§1. Cuius merito quis nos sacerdotes appellat; iustitiam namque colimus, et boni et aequi notitiam profitemur, aequum ab iniquo separantes, licitum ab illicito discernentes, bonos non solum metu poenarum, verum etiam praemiorum quoque exhortation efficere cupientes, veram, nisi fallor, philosophiam, non simulatam affectantes.

§1. Por cuya razón alguien nos denomina sacerdotes; pues, en efecto, rendimos culto a la justicia, profesamos el conocimiento de lo bueno y de lo equitativo al separar lo justo de lo inicuo, al discernir lo lícito de lo ilícito, al desear volver buenos a los hombres no sólo por el temor de los castigos, sino también por el estímulo de los beneficios, tratando de alcanzar, si no me equivoco, la verdadera filosofía, no la falsa.

§2. Huius studii duae sunt positiones, publicum et privatum. Publicum ius est, quod ad statum rei Romanae spectat, privatum, quod ad singularem utilitatem; sunt enim quaedam publice utilia, quaedam privatim. Publicum ius in sacris, in sacerdotibus, in magistratibus consistit. Privatum ius tripertium est; collectum etenim est ex naturalibus praeceptis, aut gentium, aut civilibus.

§2. Existen dos ramas de este estudio, la pública y la privada. Derecho público es el que se refiere a la situación de la cosa romana; privado, al interés de cada individuo; en efecto, algunas cosas son útiles públicamente, otras privadamente. El derecho público se refiere a las cuestiones sagradas, a las de los sacerdotes y de los magistrados. El derecho privado se divide en tres partes; en efecto, se compone o bien de preceptos naturales, o de los de gentes o de los civiles.

§3. Ius naturale est, quod natura omnia animalia docuit: nam ius istud non humani generis proprium, sed omnium animalium, quae in terra, quae in mari nascuntur, avium quoque commune est. Hinc descendit maris atque feminae coniunctio, quam nos matrimonium appellamus, hinc liberorum procreatio, hinc educatio: videmus etenim quoque animalia, feras etiam, istius iuris peritia censeri.

§3. Derecho natural es el que la naturaleza ha enseñado a todos los animales, porque este derecho no es exclusivo del género humano, sino que es común a todos los animales que nacen en la tierra o en el mar, y también a las aves. De él se origina la unión del macho y la hembra, que nosotros llamamos matrimonio, de él se origina la procreación de los hijos y su educación. En efecto, vemos que también los animales, incluidos los salvajes, demuestran tener conocimiento de este derecho.

§4. Ius gentium est, quo gentes humanae utuntur. Quod a naturali recedere facile intellegere licet, quia illud omnibus animalibus, hoc solis hominibus inter se commune sit.

§4. Derecho de gentes es el que utilizan los pueblos humanos, y puede fácilmente concluirse que se distingue del natural, porque éste es común a todos los seres vivos, y el primero solamente a los hombres entre sí.

2. POMPONIUS libro singularis enchiridii. Veluti erga deum religio: ut parentibus et patria pareamus:

2. POMPONIO *en el libro único del manual.* Por ejemplo, la religión hacia Dios, el obedecer a los padres y a la patria,

3. FLORENTINUS libro primo institutionum. … ut vim atque iniuriam propulsemus: nam iure hoc evenit, ut quod quisque ob tutelam corporis sui fecerit, iure fecisse existimetur, et cum inter nos cognationem quondam natura constituit, consequens est hominem homini insidiari nefas esse.

3. FLORENTINO *en el libro primero de las instituciones.* … el que rechacemos la violencia y la injusticia; pues en virtud de este derecho sucede que lo que cualquiera hiciera en defensa de su cuerpo debe considerarse que lo hizo con derecho, y como la naturaleza estableció entre nosotros cierto parentesco, se considera nefando el que un hombre atente contra otro.

4. ULPIANUS libro primo institutionum. Manumissiones quoque iuris Gentium sunt. Et autem manumissio de manu missio, id est datio libertatis: nam

4. ULPIANO *en el libro primero de las instituciones.* Las manumisiones también son propias del derecho de gentes. Manumisión viene de

quamdiu quis in servitude est, manui et potestati suppositus est, manumissus liberatur potestate. Quae res a iure gentium originem sumpsit, utpote cum iure naturali omnes liberi nascerentur nec esset nota manumissio, cum servitus esset incognita: sed posteaquam iure gentium servitus invasit, secutum est beneficium manumissionis. Et cum uno naturali nomine homines appellaremur, iure gentium tria esse coeperunt: liberi et his contrarium servi et tertium genus liberti, id est hi qui desierant esse servi.

"liberación de la mano", esto es, otorgamiento de la libertad; porque mientras alguien está sometido a la esclavitud, se halla sujeto a la mano y potestad de su amo, pero al ser manumitido se libera de esa potestad. Dicha institución remonta su origen al derecho de gentes, ya que por derecho natural todos han nacido libres y era desconocida la manumisión; pero después de que por derecho de gentes irrumpiera la esclavitud, a ésta le siguió el beneficio de la manumisión. Y aunque nos llamábamos "humanos" por único nombre natural, por derecho de gentes comenzaron a existir tres tipos: los libres, y contrarios a éstos, los esclavos, y un tercer tipo, los libertos, es decir, los que dejaron de ser esclavos.

5. HERMOGENIANUS *libro primo iuris epitomarum. Ex hoc iure Gentium introducta bella, discretae gentes, regna condita, dominia distincta, agris termini positi, aedificia collocata, commercium, emptiones venditiones, locationes conductiones, obligationes institutae: exceptis quibusdam quae iure civili introductae sunt.*

5. HERMOGENIANO *en el libro primero del epítome del derecho.* Por este derecho de gentes se introdujeron las guerras, se separaron los pueblos, se fundaron los reinos, se distinguieron las propiedades, se pusieron límites a los campos, se erigieron edificios, se instituyeron las compraventas, los arrendamientos y las obligaciones, excepto algunas que fueron introducidas por el derecho civil.

6. ULPIANUS *libro primo institutionum. Ius civile est, quod neque in totum a naturali vel gentium recedit nec per omnia ei servit: itaque cum aliquid addimus vel detrahimus iuri communi, ius proprium, id est civile, efficimus.*

6. ULPIANO *en el libro primero de las instituciones.* Derecho civil es el que ni se aparta del todo del natural o de gentes ni se somete totalmente a él. Por consiguiente, cuando agregamos o sustraemos algo al derecho común, lo hacemos derecho propio, es decir, civil.

§1. Hoc igitur ius nostrum constat aut ex scripto aut sine scripto, ut apud Graecos: 'legum aliae scriptae, aliae non scriptae'.

§1. Por tanto, nuestro derecho consta de uno escrito y uno no escrito, como entre los griegos: 'de las leyes, unas son escritas, otras no escritas'.

7. PAPINIANUS libro secundo definitionum. Ius autem civile est, quod ex legibus, plebiscitis, senatus consultis, decretis principum, auctoritate prudentium venit.

7. PAPINIANO *en el libro segundo de las definiciones.* Derecho civil es el que se origina en las leyes, los plebiscitos, los senadoconsultos, los decretos de los príncipes y la autoridad de los prudentes.

§1. Ius praetorium est, quod praetores introduxerunt adiuvandi vel supplendi vel corrigenda iuris civilis gratia propter utilitatem publicam. Quod et honorarium dicitur ad honorem praetorum sic nominatum.

§1. Derecho pretorio es el que introdujeron los pretores por motivo de utilidad pública para ayudar, suplir o corregir al derecho civil. También se le denomina "honorario", llamado así por el *honor* (cargo magistratual) de los pretores.

8. MARCIANUS libro primo institutionum. Nam et ipsum ius honorarium viva vox est iuris civilis.

8. MARCIANO *en el libro primero de las instituciones.* Porque también ese derecho honorario es la viva voz del derecho civil.

9. GAIUS libro primo institutionum. Omnes populi, qui legibus et moribus reguntur, partim suo proprio, partim communi omnium hominum iure utuntur. Nam quod quisque populus ipse sibi ius constituit, id ipsius proprium civitatis est vocaturque ius civile, quasi ius proprium ipsius civitatis: quod vero naturalis ratio inter omnes homines constituit, id apud omnes peraeque custoditur vocaturque ius gentium, quasi quo iure omnes gentes utuntur.

9. GAYO *en el libro primero de las instituciones.* Todos los pueblos que se rigen por leyes y costumbres usan en parte un derecho propio, y en parte uno común a todos los humanos. Porque el derecho que cada pueblo instituyó para sí es propio de esa ciudad y se le llama "derecho civil", como derecho particular de dicha ciudad. Por otra parte, el que la razón natural instituyó entre todos los humanos es observado por igual entre todos los pueblos y se llama "derecho de gentes", como derecho que usan todos los pueblos.

10. *ULPIANUS libro primo regularum. Iustitia est constans et perpetua voluntas ius suum cuique tribuendi.*

§1. Iuris praecepta sunt haec: honeste vivere, alterum non laedere, suum cuique tribuere.

§2. Iuris prudentia est divinarum atque humanarum rerum notitia, iusti atque iniusti scientia.

10. ULPIANO *en el libro primero de las reglas.* Justicia es una voluntad perpetua y constante de dar a cada cual lo que le corresponde.

§1. Los preceptos universales del derecho son estos: vivir honestamente, no dañar al prójimo, dar a cada cual lo que le corresponde.

§2. Jurisprudencia es el conocimiento de las cosas divinas y humanas, la ciencia de lo justo y de lo injusto.

11. *PAULUS libro quarto decimo ad Sabinum. Ius pluribus modis dicitur: uno modo, cum id quod semper aequum ac bonum est ius dicitur, ut est ius naturale. Altero modo, quod omnibus aut pluribus in quaque civitate utile est, ut est ius civile. Nec minus ius recte appellatur in civitate nostra ius honorarium. Praetor quoque ius reddere dicitur etiam cum inique decernit, relatione scilicet facta non ad id quod ita praetor fecit, sed ad illud quod praetorem facere convenit. Alia significatione ius dicitur locus in quo ius redditur, appellatione collante ab eo quod fit in eo ubi fit. Quem locum determinare hoc modo possumus: ubicumque praetor salva maiestate imperii sui salvoque more maiorum ius dicere constituit, is locus recte ius appellatur.*

11. PAULO *en el libro décimo cuarto de los comentarios a Sabino.* El vocablo "derecho" se emplea de diversos modos: uno, cuando se denomina "derecho" a lo que siempre es justo y bueno, como lo es el derecho natural. Otro modo es lo que para todos o para la mayoría es conveniente en cada ciudad, como lo es el derecho civil. No sin razón se denomina "derecho" en nuestra ciudad al derecho honorario. También se dice que el pretor aplica el "derecho" incluso cuando juzga injustamente, haciendo referencia, ciertamente, no a lo que el pretor hizo, sino a aquello que debería hacer el pretor. En otra acepción, se denomina "derecho" a la sede donde el pretor aplica el derecho, llamándose con el vocablo de lo que se hace al lugar donde propiamente se hace. Podemos determinar dicho lugar del siguiente modo: allí donde el pretor, con base en la majestad de su imperio y la costumbre de los antepasados, determinó aplicar el derecho, a ese lugar se le denomina con justa razón "derecho".

12. *MARCIANUS libro primo institutionum. Nonnumquam ius etiam por necessitudine dicimus veluti 'est mihi ius cognitationis vel adfinitatis'.*

12. MARCIANO *en el libro primero de las instituciones.* A veces usamos también el vocablo "derecho" por motivos de parentesco, por ejemplo, al decir "tengo derecho de cognación o de afinidad".

TITULUS II DE ORIGINE IURIS ET OMNIUM MAGISTRATUUM ET SUCCESSIONE PRUDENTIUM

TÍTULO II DEL ORIGEN DEL DERECHO Y DE TODAS LAS MAGISTRATURAS, Y DE LA SUCESIÓN DE LOS PRUDENTES

1. *GAIUS libro primo ad legem duodecim tabularum. Facturus legum vetustarum interpretationem necessario prius ab urbis initiis repetundum existimavi, non quia velim verbosos commentarios facere, sed quod in omnibus rebus animadverto id perfectum esse, quod ex omnibus suis partibus constaret: et certe cuiusque rei potissima pars principium est. Deinde si in foro causas dicentibus nefas ut ita dixerim videtur esse nulla praefatione facta iudici rem exponere: quanto magis interpretationem promittentibus inconveniens erit omissis initiis atque origine non repetita atque illotis ut ita dixerim manibus protinus materiam interpretationis tractare? Namque nisi fallor istae praefationes et libentius nos ad lectionem propositae materiae producunt et cum ibi venerimus, evidentiorem praestant intellectum.*

1. GAYO *en el libro primero a la Ley de las Doce Tablas.* Debiendo interpretar las leyes antiguas, he considerado necesario en primer lugar remontarme a los inicios de Roma, no por pretender redactar prolijos comentarios, sino porque juzgo como perfecto que en todos los asuntos se detallen todas sus partes; pues ciertamente el principio es la parte más importante de cualquier asunto. Ahora bien, si a los que defienden causas en el foro parece nefando, por así decirlo, exponer al juez el asunto sin realizar preámbulo alguno, ¿cuánto más molesto será para los que prometen una interpretación tratar de inmediato la materia de la interpretación, pero omitiendo los inicios, ignorando el origen y, por decirlo así, sin lavarse antes las manos? Porque, a menos que me equivoque, estos prefacios también nos conducen con mayor placer al estudio de la materia propuesta, y cuando llegamos a ella, facilitan con más claridad su comprensión.

2. POMPONIUS libro singulari enchiridii. Necessarium itaque nobis videtur ipsius iuris originem atque processum demonstrare.

2. POMPONIO *en el libro único del manual.* Por consiguiente, consideramos necesario exponer el origen y desarrollo del derecho mismo.

§1. Et quidem initio civitatis nostrae populus sine lege certa, sine iure certo primum agere instituit omniaque manu a regibus gubernabantur.

§1. En los inicios de nuestra ciudad el pueblo determinó conducirse primero sin ley cierta ni derecho cierto, y todo era gobernado a través del poder emanado de los reyes.

§2. Postea aucta ad aliquem modum civitate ipsum Romulum traditur populum in triginta partes divisisse, quas partes curias appellavit propterea, quod tunc rei publicae curam per sententias partium earum expediebat. Et ita leges quasdam et ipse curiatas ad populum tulit: tulerunt et sequentes reges. Quae omnes conscriptae exstant in libro Sexti Papirii, qui fuit illis temporibus, quibus Superbus Demarati Corinthii filius, ex principalibus viris. Is liber, ut diximus, appellatur ius civile Papirianum, non quia Papirius de suo quicquam ibi adiecit, sed quod leges sine ordine latas in unum composuit.

§2. Posteriormente, al aumentar de tamaño la ciudad, se dice que el propio Rómulo dividió al pueblo en treinta partes, a las cuales llamó "curias", debido a que en esa época procuraba el "cuidado" de la república a través de las opiniones de aquellas partes. Y así, él mismo promulgó para beneficio del pueblo unas leyes denominadas "curiadas", que también promulgaron los reyes posteriores. Todas ellas se hallan reunidas en un libro de Sextio Papirio, uno de los varones principales durante la época en que reinó Tarquino el Soberbio, hijo de Demarato Corintio. Como ya dijimos, dicho libro se denomina "derecho civil Papiriano", no porque Papirio añadiera en él alguna cosa propia, sino porque compiló en un solo volumen las leyes promulgadas, aunque sin orden.

§3. Exactis deinde regibus lege tribunicia omnes leges hae exoleverunt iterumque coepit populus Romanus incerto magis iure et consuetudine aliqua uti quam per latam legem, idque prope viginti annis passus est.

§3. Después, expulsados los reyes por disposición de la ley tribunicia, todas estas leyes cayeron en desuso, y nuevamente empezó el pueblo romano a regirse más bien por un derecho incierto y por la costumbre, antes que por una ley promulgada; y esto lo toleró durante casi veinte años.

§4. Postea ne diutius hoc fieret, placuit publica auctoritate decem constitui viros, per quos peterentur leges a Graecis civitatibus et civitas fundaretur legibus: quas in tabulas eboreas perscriptas pro rostris composuerunt, ut possint leges apertius percipi: datumque est eis ius eo anno in civitate summum, uti leges et corrigerent, si opus esset, et interpretarentur neque provocatio ab eis sicut a reliquis magistratibus fieret. Qui ipsius animadverterunt aliquid decesse istis primis legibus ideoque sequenti anno alias duas ad easdem tabulas adiecerunt: et ita ex accedenti appellatae sunt leges duodecim tabularum. Quarum ferendarum auctorem fuisse decemviris Hermodorum quondam Ephesium exulantem in Italia quidam rettulerunt.

§4. Posteriormente, para que esto no se prolongase por más tiempo, se juzgó conveniente investir de autoridad a diez varones por medio de los cuales se debían buscar leyes en las ciudades griegas, y así se fundase la ciudad (Roma) en leyes, las cuales, grabadas en tablas de marfil, se colocaron en la tribuna de los *rostra* para que pudieran conocerse dichas leyes con absoluta claridad. Y en ese año se les concedió suprema autoridad en la ciudad para que, de ser necesario, corrigiesen las leyes y las interpretasen, sin que procediera apelación en su contra, como sucede a los demás magistrados. Esos mismos varones observaron que algo faltaba a estas primeras leyes, y por lo tanto al siguiente año agregaron otras dos a las tablas ya existentes; y así, por este caso fortuito se les llamaron Leyes de las Doce Tablas. Algunos afirmaron que el inspirador para los decemviros de tales leyes promulgadas había sido un tal Hermodoro de Éfeso, desterrado en Italia.

§5. His legibus latis coepit (ut naturaliter evenire solet, ut interpretatio desideraret prudentium auctoritate) necessariam esse disputationem fori. Haec disputatio et hoc ius, quod sine scripto venit compositum a prudentibus, propria parte aliqua non appellatur, ut ceterae partes iuris suis nominibus designantur, datis propriis nominibus ceteris partibus, sed communi nomine appellatur ius civile.

§5. Promulgadas estas leyes, como naturalmente suele suceder, empezó a requerirse la interpretación basada en la autoridad de los prudentes, necesaria para el debate en el foro. Esta discusión y este derecho, que sin hallarse escrito fue redactado por los jurisconsultos, no se refiere a alguna parte que le sea propia, como se designan algunas partes del derecho por sus nombres, ya que a todas ellas se les dio nombres particulares, sino que con un término universal se le llama "derecho civil".

§6. Deinde ex his legibus eodem tempore fere actiones compositae sunt, quibus inter se homines disceptarent: quas actiones ne populus prout vellet institueret, certas sollemnesque esse voluerunt: et appellatur haec pars iuris legis actiones, id est legitimae actiones. Et ita eodem paene tempore tria haec iura nata sunt: lege duodecim tabularum ex his fluere coepit ius civile, ex isdem legis actiones compositae sunt. Omnium tamen harum et interpretandi scientia et actiones apud collegium pontificum erant, ex quibus constituebatur, quis quoquo anno praeesset privatis. Et fere populus annis prope centum hac consuetudine usus est.

§6. Después, casi al mismo tiempo se crearon las acciones derivadas de estas leyes para que los hombres disputasen entre sí; se deseó que tales acciones fuesen ciertas y solemnes para que el pueblo no las instituyese a su arbitrio, y a esta parte del derecho se le llama "acciones de la ley", es decir, acciones legítimas. Y así, casi al mismo tiempo nacieron estos tres derechos: de la Ley de las Doce Tablas comenzó a derivarse el derecho civil; de las mismas se promulgaron las acciones de la ley. Sin embargo, el conocimiento de todas ellas, su interpretación y las acciones residían en el colegio de pontífices, de los cuales se designaba uno que cada año presidía los juicios de los particulares. Y el pueblo se mantuvo en esta costumbre durante casi cien años.

§7. Postea cum Appius Claudius proposuisset et ad formam redegisset has actiones, Gnaeus Flavius scriba eius libertini filius subreptum librum populo tradidit, et adeo gratum fuit id munus populo, ut tribunus plebis fieret et senator et aedilis curulis. Hic liber, qui actiones continet, appellatur ius civile Flavianum, sicut ille ius civile Papirianum: nam nec Gnaeus Flavius de suo quicquam adiecit libro. Augescente civitate quia deerant quaedam genera agendi, non post multum temporis spatium Sextus Aelius alias actiones composuit et librum populo dedit, qui appellatur ius Aelianum.

§7. Luego, habiendo Apio Claudio propuesto y fijado por escrito estas acciones, su escriba Cneo Flavio, hijo de un liberto, entregó al pueblo el libro sustraído; y de tal modo fue grato este obsequio al pueblo, que lo eligieron tribuno de la plebe, senador y edil curul. Este libro, que contiene las acciones, se denomina derecho civil Flaviano, como aquel otro denominado derecho civil Papiriano, porque Cneo Flavio no agregó al libro ninguna cosa propia. Al crecer la ciudad, y como faltasen algunos tipos de acciones, poco tiempo después Sexto Elio propuso otras acciones y entregó al pueblo un libro que se denomina derecho Eliano.

§8. Deinde cum esset in civitate lex duodecim tabularum et ius civile, essent et legis actiones, evenit, ut plebs in discordiam cum patribus perveniret et secederet sibique iura constitueret, quae iura plebis cita vocantur. Mox cum revocata est plebs, quia multae discordiae nascebantur de his plebis citis, pro legibus placuit et ea observari lege Hortensia: et ita factum est, ut inter plebis cita et legem species constituendi interesset, potestas autem eadem esset.

§8. Posteriormente, cuando ya existía en la ciudad la Ley de las Doce Tablas, el derecho civil y las acciones de la ley, sucedió que la plebe entró en discordia con los patricios y se retiró de la ciudad, estableciendo leyes para sí, las cuales se denominan plebiscitos. Luego, cuando la plebe volvió del exilio, y como de estos plebiscitos se originaron muchas discordias, se decidió por la Ley Hortensia que también adquiriesen el rango de leyes; y de tal modo se hizo que, aunque entre los plebiscitos y la ley votada existiesen difencias en cuanto a su constitución, su autoridad debía ser, sin embargo, idéntica.

§9. Deinde quia difficile plebs convenire coepit, populus certe multo difficilius in tanta turba hominum, necessitas ipsa curam rei publicae ad senatum deduxit: ita coepit senatus se interponere et quidquid constituisset observabatur, idque ius appellabatur senatus consultum.

§9. Después, como empezó a ser difícil que la plebe entrase en acuerdo, y ciertamente el pueblo con mayor dificultad en medio de tal multitud de hombres, la necesidad misma transfirió al Senado el cuidado de la república. Así comenzó a intervenir el Senado, y todo lo que determinaba debía ser observado; y tal derecho se denominaba senadoconsulto.

§10. Eodem tempore et magistratus iura reddebant et ut scirent cives, quod ius de quaque re quisque dicturus esset, seque praemunirent, edicta proponebant. Quae edicta praeotorum ius honorarium constituerunt: honorarium dicitur quod ab honore praetoris venerate.

§10. Por esta época también los magistrados restituían derechos, y para que los ciudadanos supieran qué derecho habría de dictar cada uno sobre cada asunto y así se previnieran, promulgaban edictos, los cuales constituyeron el derecho honorario; se denomina "honorario" por el honor reservado al cargo de pretor.

§11. Novissime sicut ad pauciores iuris constituendi vias transisse ipsis rebus dictantibus videbatur per partes, evenit, ut necesse esset rei publicae per unum consuli

§11. Por ultimo, debido a los dictados de la realidad, y como a muy pocos parecían transmitirse las formas de emitir derecho, sucedió

(nam senatus non perinde omnes provincias probe gerere poterat): igitur constituto principe datum est ei ius, ut quod constituisset, ratum esset.

que, debido a los litigios, se hizo necesario que uno solo velase por la república (porque el Senado no podía gobernar igualmente bien todas las provincias). Por consiguiente, habiéndose erigido un príncipe, se le concedió el derecho de que todo lo que decretase fuera válido.

§12. Ita in civitate nostra aut iure, id este lege, constituitur, aut est proprium ius civile, quod sine scripto in sola prudentium interpretatione consistit, aut sunt legis actiones, quae formam agenda continent, aut plebis citum, quod sine auctoritate patrum est constitutum, aut est magistratuum edictum, unde ius honorarium nascitur, aut senatus consultum, quod solum senatu constituente inducitur sine lege, aut est principalis constitutio, id est ut quod ipse princeps constituit pro lege servetur.

§12. Así, en nuestra ciudad se encuentra reconocido el derecho, es decir, la ley, el derecho civil en sí, el cual, sin estar escrito, consiste exclusivamente en la interpretación de los prudentes; las acciones de la ley, que contienen la forma de llamar a juicio; el plebiscito, que se decretaba sin la autorización de los patricios; el edicto de los magistrados, de donde se origina el derecho honorario; el senadoconsulto, que emite exclusivamente el Senado y se introduce sin ley, y la constitución del príncipe, es decir, lo que el propio príncipe determina que por ley deba observarse.

§13. Post originem iuris et processum cognitum consequens est, ut de magistratuum nominibus et origine cognoscamus, quia, ut exposuimus, per eos qui iuri dicundo praesunt effectus rei accipitur: quantum est enim ius in civitate esse, nisi sint, qui iura regere possint? Post hoc dein de auctorum successione dicemus, quod constare non potest ius, nisi sit aliquis iuris peritus, per quem possit cottidie in melius produci.

§13. Luego de conocer el origen y el desarrollo del derecho, ahora debemos conocer las denominaciones y el origen de los magistrados, porque, como ya expusimos, el derecho adquiere efectividad gracias a los que ejercen la jurisdicción. ¿Pues qué importa que haya un derecho en la ciudad si no hay quien pueda hacer valer las leyes? Luego de este apartado trataremos de la sucesión de autores, porque no puede conservarse el derecho a menos que haya algún jurisperito gracias al cual pueda irse mejorando cotidianamente.

§14. Quod ad magistratus attinet, initio civitatis huius constat reges omnem potestatem habuisse.

§14. Respecto a los magistrados, consta que en los inicios de esta ciudad los reyes tuvieron toda la potestad.

§15. Isdem temporibus et tribunum celerum fuisse constat: is autem erat qui equitibus praeerat et veluti secundum locum a regibus optinebat: quo in numero fuit Iunius Brutus, qui auctor fuit regis eiciendi.

§15. En aquellos tiempos existió el tribuno de la caballería ligera, quien estaba a la cabeza de los caballeros y ocupaba el segundo lugar luego de los reyes. Uno de ellos fue Junio Bruto, autor de la expulsión del rey.

§16. Exactis deinde regibus consules constituti sunt duo: penes quos summum ius utti esset, lege rogatum est: dicti sunt ab eo, quod plurimum rei publicae consulerent. Qui tamen ne per omnia regiam potestatem sibi vindicarent, lege lata factum est, ut ab eis provocatio esset neve possent in caput civis Romani animadvertere iniussu populi: solum relictum est illis, ut coercere possent et in vincula publica duci iuberent.

§16. Luego de expulsados los reyes, fueron designados dos "cónsules", y se decretó por ley que en ellos residiese el máximo derecho. Se les denominó "cónsules" porque consultaban muchísmo para gobernar la república. Sin embargo, para evitar que reclamasen para ellos todo el poder regio, se determinó por ley que existiese apelación a sus determinaciones y que no pudieran imponer pena capital a un ciudadano romano sin autorización del pueblo; sólo se les permitió poder castigar y ordenar la reclusión en las prisiones públicas.

§17. Post deinde cum census iam maiori tempore agendus esset et consules non sufficerent huic quoque officio, censores constituti sunt.

§17. Más tarde, como el censo debía hacerse en un plazo mayor y no bastaban los cónsules, se designaron también a unos censores para este encargo.

§18. Populo deinde aucto cum crebra orerentur bella et quaedam acriora a finitimis inferrentur, interdum re exigente placuis maioris potestatis magistratum constitui: itaque dictatores proditi sunt, a quibus nec provocandi ius fuit et quibus etiam capitis animadversio data est. Hunc magistratum, quoniam summam potestatem habebat, non erat fas ultra sextum mensem retineri.

§18. Luego de que aumentara la población, y como frecuentemente se originaban guerras y los vecinos provocaban algunas muy encarnizadas, se juzgó conveniente, al exigirlo la circunstancia, el designar por algún tiempo a un magistrado con mayor potestad; de ese modo se instituyeron los dictadores, contra los cuales no cabía el derecho de apelar y a quienes se les concedió también el derecho de imponer pena capital. Debido a la máxima potestad que detentaba, a este magistrado no le era lícito retener el cargo más allá del sexto mes.

§19. Et his dictatoribus magistri equitum iniungebantur sic, quo modo regibus tribune celerum: quod officium fere tale erat, quale hodie praefectorum praetorio, magistratus tamen habebantur legitimi.

§19. A estos dictadores también se unían los comandantes de la caballería, del mismo modo en que los tribunos de caballería lo hacían con los demás reyes, y al igual que hoy lo hacen los prefectos del pretorio; no obstante ello, eran considerados magistrados legítimos.

§20. Isdem temporibus cum plebs a patribus secessisset anno fere septimo decimo post reges exactos, tribunos sibi in monte sacro creavit, qui essent plebeii magistratus. Dicti tribuni, quod olim in tres partes populus divisus erat et ex singulis singuli creabantur: vel quia tribuum sufragio creabantur.

§20. En esos mismos años, cuando la plebe se separó de los patricios hacia el décimo séptimo año de la expulsión de los reyes, creó para sí unos tribunos en el Monte Sacro (Aventino), que se volvieron magistrados plebeyos. Se les denominó "tribunos" porque, en otro tiempo, el pueblo estaba dividido en tres partes y se designaba uno por cada parte, o bien porque eran desginados por sufragio de las tribus.

§21. Itemque ut essent qui aedibus praeessent, in quibus omnia scita sua plebs deferebat, duos ex plebe constituerunt, qui etiam aediles appellati sunt.

§21. Igualmente, para que hubiese quienes se encargasen de los edificios en los que la plebe depositba sus plebiscitos, se designaron dos representantes de la plebe, que también fueron llamados "ediles".

§22. Deinde cum aerarium populi auctius esse coepisset, ut essent qui illi praeessent, constituti sunt quaestores, qui pecuniae praeessent, dicti ab eo quod inquirendae et conservandae pecuniae causa creati erant.

§22. Luego, cuando empezó a aumentar el erario del pueblo, y para que hubiera quienes cuidasen de él, se designaron "cuestores" para que vigilasen el dinero; denominados con tal nombre por haber sido creados para realizar la "encuesta" de los contribuyentes y conservar el dinero.

§23. Et quia, ut diximus, de capite civis Romani iniussu populi non erat lege permissum consulibus ius dicere, propterea

§23. Y, como ya dijimos, debido a que por ley no estaba permitido a los cónsules que determinasen sobre la

quaestores constituebantur a populo, qui capitalibus rebus praeessent: hi appellabantur quaestores parricidii, quorum etiam meminit lex duodecim tabularum.

pena capital de un ciudadano romano sin autorización del pueblo, a causa de ello el pueblo designó cuestores, los cuales juzgaban sobre juicios capitales; a éstos se les llamó "cuestores de parricidio", que menciona también la Ley de las Doce Tablas.

§24. Et cum placuisset leges quoque ferri, latum est ad populum, uti omnes magistratu se abdicarent, quo decemviri constituti anno uno cum magistratum prorogarent sibi et cum iniuriose tractarent neque vellent deinceps sufficere magistratibus, ut ipsi et factio sua perpetuo rem publicam occupatam retineret: nimia atque aspera dominatione eo rem perduxerant, ut exercitus a re publica secederet. Initium fuisse secessionis dicitir Verginius quidam, qui cum animadvertisset Appium Claudium contra ius, quod ipse ex vetere iure in duodecim tabulas transtulerat, vindicias filiae suae a se abdixisse et secundum eum, qui in servitutem ab eo suppositus petierat, dixisse captumque amore virginis omne fas ac nefas miscuisse: indignatus, quod vetustissima iuris observantia in persona filiae suae defecisset (utpote cum Brutus, qui primus Romae consul fuit, vindicias secundum libertatem dixisset in persona Vindicis Vitelliorum servi, qui proditionis coniurationem indicio suo detexerat) et castitatem filiae vitae quoque eius praeferendam putaret, arrepto cultro de taberna lanionis filiam interfecit in hoc scilicet, ut morte virginis contumeliam stupri arceret, ac protinus recens a caede madenteque adhuc filiae cruore ad conmilitones confugit. Qui universi de Algido, ubi tunc belli gerendi causa legiones erant, relictis ducibus pristinis signa in Aventinum transtulerunt, omnisque plebs

§24. Y como se consideró adecuado que también se emitiesen leyes, se propuso al pueblo que todos los magistrados abdicasen de su cargo para que se designasen unos decenviros durante un año con objeto de redactar las leyes; pero como prorrogaron la magistratura en su provecho, se comportaron abusivamente y no quisieron a su vez designar nuevos magistrados para que así su facción mantuviese dominada perpetuamente la república, y llevando la situación a tal grado de excesiva y brutal dominación, el ejército se rebeló contra la república. Se dice que un tal Virginio inició el levantamiento, y al darse cuenta que Apio Claudio, contra el derecho que él mismo había trasladado del antiguo derecho a las Doce Tablas, había rechazado el que reclamase su hija y según él, un testaferro la solicitó en esclavitud, obsesionado como estaba por amor a esa doncella, había perdido todo límite entre lo lícito y lo ilícito; indignado por haberse dejado de observar en la persona de su hija la aplicación antiquísima del derecho (puesto que Bruto, el primer cónsul de Roma, había aceptado la garantía a favor de la libertad en el caso de Víndex, el esclavo de los Vitelios, quien puso al descubierto por

urbana mox eodem se contulit, populique consensu partim in carcere necati. Ita rursus res publica suum statum recepit.

denuncia suya una conjura de traición), y al considerar preferible la castidad de su hija a su propia vida, tomó un cuchillo de la taberna de un carnicero y mató sin más a su hija, para que con la muerte de la doncella se impidiera la afrenta del estupro; al poco de morir, y todavía estando húmeda la sangre de la hija, se refugió entre sus compañeros del ejército. Estando todas las legiones en el Algido por motivos de guerra, tras abandonar a sus antiguos comandantes trasladaron sus estandartes al Aventino; poco después, allí también se reunió toda la plebe urbana, y con el consentimiento del pueblo una parte de los decenviros fueron asesinados en la cárcel. De este modo, la república recuperó una vez más su estabilidad.

§25. Deinde cum post aliquot annos duodecim tabulae latae sunt et plebs contenderet cum patribus et vellet ex suo quoque corpore consules creare et patres recusarent: factum est, ut tribuni militum crearentur partim ex plebe, partim ex patribus consulari potestate. Hique constituti sunt vario numero: interdum enim viginti fuerunt, interdum plures, nonnumquam pauciores.

§25. Unos años después de promulgadas las Doce Tablas, como la plebe contendiese con los patricios y quisiera nombrar de entre ella también cónsules, los patricios se rehusaron. Se dictaminó nombrar tribunos militares con potestad consular, en parte surgidos de la plebe, en parte de los patricios. Y se les nombraron en número variable, pues unas veces fueron veinte, otras más, y otras menos.

§26. Deinde cum placuisset creari etiam ex plebe consules, coeperunt ex utroque corpore constitui. Tunc, ut aliquo pluris patres haberent, placuit duos ex numero patrum constitui: ita facti sunt aediles curules.

§26. Después, cuando se consideró conveniente nombrar cónsules surgidos de la plebe, comenzaron a nombrarse de uno y otro sector. Entonces, para que los patricios tuvieran algo más, se determinó nombrar dos de su sector, y así se crearon los ediles curules.

§27. Cumque consules avocarentur bellis finitimis neque esset qui in civitate ius reddere posset, factum est, ut praetor quoque crearetur, qui urbanus appellatus est, quod in urbe ius redderet.

§27. Y como los cónsules eran llamados a las guerras fronterizas, y no había quien pudiera administrar justicia, se determinó también nombrar a un pretor, denominado urbano, porque administraba justicia en la ciudad.

§28. Post aliquot deinde annos non sufficiente eo praetor, quod multa turba etiam peregrinorum in civitatem veniret, creatus est et alius praetor, qui peregrinus appellatus est ab eo, quod plerumque inter peregrinos ius dicebat.

§28. Después, transcurridos unos años, siendo insuficiente dicho pretor, pues gran cantidad de extranjeros venían a la ciudad, se nombró otro pretor, denominado peregrino, debido a que administraba justicia ordinariamente entre los peregrinos (extranjeros).

§29. Deinde cum esset necessarius magistratus qui hastae praeessent, decemviri in litibus iudicandis sunt constituti.

§29. Siendo luego necesario un magistrado que presidiese las subastas públicas, se designaron decenviros para juzgar sobre esos litigios.

§30. Constituti sunt eodem tempore et quattorviri qui curam viarum agerent, et triumviri monetales aeris argenti auri flatores, et triumviri capitales qui carceris custodiam haberent, ut cum animadverti oporteret interventu eorum fieret.

§30. Por esa época se designaron también cuatorviros que se encargaban del cuidado de los caminos, triunviros de la moneda, forjadores de bronce, de plata y de oro, y triunviros capitales que custodiasen la cárcel, para que cuando conviniese ejecutar penas capitales, se realizara con su intervención.

§31. Et quia magistratibus vespertinis temporibus in publicum esse inconveniens erat, quinqueviri constituti sunt cis Tiberim et ultis Tiberim, qui possint pro magistratibus fungi.

§31. Y como era inconveniente para los magistrados aparecer en público en las horas vespertinas, se nombraron quinqueviros de una y de otra orilla del Tíber que pudieran sustituir a los magistrados.

§32. Capta deinde Sardinia, mox Sicilia, item Hispania, deinde Narbonensi provincia totidem praetores, quot provinciae in dicionem venerant, creati sunt, partim qui urbanis rebus, partim qui provincialibus praeessent. Deinde Cornelius Sulla quaestiones publicas constituit, veluti

§32. Luego de conquistada Cerdeña, Sicilia y también España, y después la provincia de Narbona, se nombraron tantos pretores como provincias se habían sometido, para que interviniesen parcialmente en juicios urbanos y parcialmente en los

de falso, de parricidio, de sicariis, et preatores quattor adiecit. Deinde Gaius Iulius Caesar duos praetores et duos aediles qui frumento praeessent et a Cerere cereales constituit. Ita duodecim praetores, sex aediles sunt creati. Divus deinde Augustus sedecim praetores constituit. Post deinde divus Claudius duos praetores adiecit qui de fideicomisso ius dicerent, ex quibus unum divus Titus detraxit: et adiecit divus Nerva qui inter fiscum et privatos ius diceret. Ita decem et octo praetores in civitate ius dicunt.

provinciales. Después, Cornelio Sila instituyó los juicios públicos relativos a la falsedad, al parricidio, a los sicarios, y agregó cuatro pretores. Cayo Julio César nombró después a dos pretores y a dos ediles que cuidasen del trigo, llamados "cereales" por la diosa Ceres. Y así se nombraron doce pretores y seis ediles. Posteriormente, el divino Augusto nombró a dieciséis pretores. Despúes, el divino Claudio agregó dos pretores que administrasen justicia en materia de fideicomisos, de los cuales el divino Tito quitó a uno, mientras que el divino Nerva agregó otro que administrase justicia entre el fisco y los particulares. Y así, diez y ocho pretores administran justicia en la ciudad.

§33. Et haec omnia, quotiens in re publica sunt magistratus, observantur: quotiens autem proficiscuntur, unus relinquitur, qui ius dicat: is vocatur praefectus urbi. Qui praefectus olim constituebatur: postea fere Latinarum feriarum causa introductus est et quotannis observatur. Nam praefectus annonae et vigilum non sunt magistratus, sed extra ordinem utilitatis causa constituti sunt. Et tamen hi, quos Cistiberes diximus, postea aediles senatus consulto creabantur.

§33. Y todo esto se observa mientras los magistrados residen en la república; sin embargo, cuando se ausentan, permanece uno que administre justicia, llamado "prefecto de la ciudad". Este prefecto, nombrado en tiempos antiguos, se introdujo después generalmente con motivo de las fiestas latinas, y se designa cada año. Porque el "prefecto de la anona" y "de los vigilantes nocturnos" no son magistrados, sino que se nombraron extraordinariamente por causa de utilidad común. Sin embargo, los que denominamos "Cistiberes" (de este lado del Tíber), fueron después designados ediles por senadoconsulto.

§34. Ergo ex his omnibus decem tribuni plebis, consules duo, decem et octo praetores, sex aediles in civitate iura reddebant.

§34. Por tanto, en total administraban justicia en la ciudad diez tribunos de la plebe, dos

cónsules, diez y ocho pretores y seis ediles.

§35. Iuris civilis scientiam plurimi et maximi viri professi sunt: sed qui eorum maximae dignationis apud populum Romanum fuerunt, eorum in praesentia mentio habenda est, ut appareat, a quibus et qualibus haec iura orta et tradita sunt. Et quidem ex omnibus, qui scientiam nacti sunt, ante Tiberium Coruncanium publice professum neminem traditur: ceteri autem ad hunc vel in latent ius civile retinere cogitabant solumque consultatoribus vacare potius quam discere volentibus se praestabant.

§35. Muchísimos y muy egregios varones han profesado la ciencia del derecho civil; pero aquí deben mencionarse los que tuvieron la mayor estima entre el pueblo romano, para mostrar de quiénes y de qué calidades de individuos nació y se transmitió este derecho. De todos los que alcanzaron esta ciencia, se cuenta que nadie la profesó públicamente antes de Tiberio Coruncanio; pues los anteriores a él buscaban mantener en secreto el derecho civil, y solamente se distinguieron más por ignorar a los consultantes que de enseñar a los que deseaban aprenderlo.

§36. Fuit autem in primis peritus PUBLIUS PAPIRIUS, qui leges regias in unum contulit. Ab hoc APPIUS CLAUDIUS unus ex decemviris, cuius maximum consilium in duodecim tabulis scribendis fuit. Post hunc APPIUS CLAUDIUS eiusdem generis maximam scientiam habuit: hic Centemmanus appellatus est, Appiam viam stravit et aquam Claudiam induxit et de Pyrrho in urbe non recipiendo sententiam tulit: hunc etiam actiones scripsisse traditum est primum de usurpationibus, qui liber non exstat: idem Appius Claudius, qui videtur ab hoc processisse, R *litteram invenit, ut pro Valesiis Valerii essent et pro Fusiis Furii*

§36. En primer lugar tenemos al perito Publio Papirio, quien reunió en un volumen las leyes regias. Después de éste, Apio Claudio, uno de los decenviros, cuyo superior criterio se demostró al escribir las Doce Tablas. Después, Apio Claudio, de la misma familia, poseyó un grandísimo conocimiento; fue llamado Centemmano, construyó la Vía Apia, introdujo el acueducto del agua Claudia y dictaminó que Pirro no fuese recibido en la ciudad. Se cuenta que escribió también acciones, primero relativas a las usurpaciones, pero cuyo libro ya no existe. Igualmente, Apio Claudio, que al parecer procedió de éste, inventó la letra R, para que se escribiese *Valerii* en lugar de *Valesiis*, y *Furii* en lugar de *Fusiis*.

§37. Fuit post eos maximae scientiae SEMPRONIUS, quem populus Romanus "sapientem" appellavit, nec

§37. Después de estos fue de gradísima erudición Sempronio, a quien el pueblo Romano llamaba

quisquam ante hunc aut post hunc hoc nomine cognominatus est. GAIUS SCIPIO NASICA, qui optimus a senatu appellatus est: cui etiam publice domus in sacra via data est, quo facilius consuli posset. Deinde QUINTUS MUCIUS, qui ad Carthaginienses missus legatus, cum essent duae tesserae positae una pacis altera belli, arbitrio sibi dato, utram vellet referret Romam, utramque sustulit et ait Carthaginienses petere debere, utram mallent accipere.

"sabio", y a nadie antes o después de él se le concedió este sobrenombre. Cayo Escipión Nasica, que fue nombrado "óptimo" por el Senado, y a quien también públicamente se le dio una casa en la Vía Sacra para que pudiera ser consultado con más facilidad. Después está Quinto Mucio, quien al ser enviado como legado ante los cartagineses, al habérsele puesto dos tablillas, una de paz y otra de guerra, dejando a su arbitrio el reportar a Roma la que quisiera, tomó ambas y dijo a las cartagineses que debían pedir la que preferían recibir.

§38. Post hos fuit TIBERIUS CORUNCANIUS, ut dixi, qui primus profiteri coepit: cuius tamen scriptum nullum exstat, sed responsa complura et memorabilia eius fuerunt. Deinde SEXTUS AELIUS et frater eius PUBLIUS AELIUS et PUBLIUS ATILIUS maximam scientiam in profitendo habuerunt, ut duo Aelii etiam consules fuerint, Atilius autem primus a populo Sapiens appellatus est. Sextum Aelium etiam Ennius laudavit et exstat illius liber qui inscribitur 'tripertita', qui liber veluti cunabula iuris continent: tripertira autem dicitur, quoniam lege duodecim tabularum praeposita iungitur interpretatio, deinde subtexitur legis actio. Eiusdem esse tres alii libri referuntur, quos tamen quidam negant eiusdem esse: hos sectatus ad aliquid est Cato. Deinde MARCUS CATO princeps Porciae familiae, cuius et libri exstant: sed plurimi filii eius, ex quibus ceteri oriuntur.

§38. Después de estos vivió Tiberio Coruncanio, quien, como ya dije, fue el primero en comenzar a ejercer la profesión; sin embargo, no queda ningún libro del él, pese a que sus respuestas fueron muchas y memorables. Después, Sexto Elio y su hermano Publio Elio y Publio Atilio mostraron tan gran erudición en la profesión que ambos Elios fueron también cónsules. Atilio fue el primero en ser llamado por el pueblo "sabio". También Ennio elogió a Sexto Elio y se conserva un libro suyo que se intitula Tripertita, el cual contiene una especie de rudimentos del derecho. Se le denomina Tripertita porque primero se colocó la Ley de las Doce Tablas, luego se agregó la interpretación, y después le siguió la acción de la ley. Se cuenta igualmente que existen otros tres libros, los cuales, sin embargo, algunos niegan que sean de su autoría. A éstos les siguió en algo Catón. Después está Marco Catón, jefe de la familia Porcia, de quien también se conservan libros; pero de su hijo se conservan muchísimos, de los cuales se originan los demás.

§39. Post hos fuerunt PUBLIUS MUCIUS *et* BRUTUS *et* MANILIUS, *qui fundaverunt ius civile. Ex his Publius Mucius etiam decem libellos reliquit, Brutus septem, Manilius tres: et extant volumina scripta Manilii monumenta. Illi duo consulares fuerunt, Brutus praetorius, Publius autem Mucius etiam pontifex maximus.*

§39. A éstos siguieron Publio Mucio, Bruto y Manilio, quienes fundaron el derecho civil. De ellos, Publio Mucio dejó también diez pequeños libros, Bruto siete y Manilio tres; también se conservan unos volúmenes llamados "Escritos de Manilio". Aquéllos dos fueron cónsules, Bruto pretor y Publio Mucio también pontífice máximo.

§40. Ab his profecti sunt PUBLIUS RUTILIUS RUFUS, *qui Romae consul et Asiae proconsul fuit,* PAULUS VERGINIUS *et* QUINTUS TUBERO *ille stoicus Pansae auditor, qui et ipse consul. Etiam* SEXTIUS POMPEIUS *Gnaei Pompeii patruus fuit eodem tempore; et* COELIUS ANTIPATER, *qui historias conscripsit, sed plus eloquentiae quam scientiae iuris operam dedit: etiam* LUCIUS CRASSUS *frater Publii Mucii, qui Munianus dictus est: hunc Cicero ait iurisconsultorum disertissimum.*

§40. Luego de ellos vinieron Publio Rutilio Rufo, que fue cónsul de Roma y procónsul de Asia, Paulo Virginio y Quinto Tuberón, aquél célebre estoico discípulo de Pansa, que también fue cónsul. De la misma época también fue Sexto Pompeyo, tío paterno de Cneo Pompeyo; y Celio Antipatro, que compuso historias, pero que se dedicó más a la elocuencia que a la ciencia del derecho; también Lucio Craso, hermano de Publio Mucio, quien fue llamado Muniano, y que Cicerón le llama "el más elocuente de los jurisconsultos".

§41. Post hos QUINTUS MUCIUS *Publii filius pontifex maximus ius civile primus constituit generatim in libros decem et octo redigendo.*

§41. Después de estos Quinto Mucio, hijo de Publio, Pontífice Máximo, fue el primero en organizar el derecho civil, reuniéndolo en diez y ocho libros.

§42. Mucii auditores fuerunt complures, sed praecipuae auctoritatis AQUILIUS GALLUS, BALBUS LUCILIUS, SEXTUS PAPIRIUS, GAIUS IUVENTIUS: *ex quibus Gallum maximae auctoritatis apud populum fuisse Servius dicit. Omnes tamen hi a Servio Sulpicio nominantur: alioquin per se eorum scripta non talia exstant, ut ea omnes*

§42. Los discípulos de Mucio fueron muchos, pero de particular autoridad fueron Aquilio Galo, Balbo Lucilio, Sexto Papirio y Gayo Juvencio; de los cuales dice Servio que Galo fue el de mayor autoridad para el pueblo. Sin embargo, todos estos sólo son mencionados por Servio Sulpicio, pues no quedan escritos suyos que a

appetant: denique nec versantur omnino scripta eorum inter manus hominum, sed Servius libros suos complevit, pro cuius scriptura ipsorum quoque memoria habetur.

todos agraden; actualmente sus escritos ya no circulan, pero Servio completó sus libros, y gracias a sus escritos también se conserva la memoria de ellos.

§43. SERVIUS autem SULPICIUS cum in causis orandis primum locum aut pro certo post Marcum Tullium optineret, traditur ad consulendum Quintum Mucium de re amici sui pervenisse cumque eum sibi respondisse de iure Servius parum intellexisset, iterum Quintum interrogasse et a Quinto Mucio responsum esse nec tamen percepisse, et ita obiurgatum esse a Quinto Mucio: namque eum dixisse turpe esse patricio et nobili et causas oranti ius in quo versaretur ignorare. Ea velut contumelia Servius tactus operam dedit iuri civili et plurimum eos, de quibus locuti sumus, audiit, institutus a Balbo Lucilio, instructus autem maxime a Gallo Aquilio, qui fuit Cercinae: itaque libri complures eius extant Cercinae confecti. Hic cum in legatione perisset, statuam et populus Romanus pro rostris posuit, et hodieque exstat pro rostris Augusti. Huius volumina complura exstant: reliquit autem prope centum et octaginta libros.

§43. Pero se cuenta que Servio Sulpicio, quien ocupó el primer lugar en la elocuencia o, para decir la verdad, después de Marco Tulio (Cicerón), fue a consultar a Quinto Mucio sobre el asunto de un amigo suyo, y como Servio entendió poco cuando le respondió sobre la cuestión jurídica, volvió a interrogar a Quinto Mucio; éste le respondió pero tampoco le entendió, y por ello Quinto Mucio lo reprendió, pues le dijo que era vergonzoso para un patricio, noble y orador, ignorar el derecho al que se dedicaba. Afectado por esta forma de ofensa, Servio se entregó al derecho civil, y estudió muchísimo con aquellos que hemos citado: fue iniciado por Balbo Lucilio, pero mayormente instruido por Galo Aquilio, que estuvo en Cercina; por ello se conservan muchos libros suyos escritos en Cercina. Habiendo muerto siendo legado, el pueblo romano colocó su estatua en los *rostra* del foro, y hoy se halla en los *rostra* de Augusto. De él se conservan muchos volúmenes, pero dejó casi ciento ochenta libros.

§44. Ab hoc plurimi profecerunt, fere tamen hi libros conscripserunt: ALFENUS VARUS GAIUS, AULUS OFILIUS, TITUS CAESIUS, AUFIDIUS TUCCA, AUFIDIUS NAMUSA, FLAVIUS PRISCUS, GAIUS ATEIUS PACUVIUS, LABEO ANTISTIUS

§44. De él surgieron muchos discípulos, pero escribieron libros Alfeno Varo, Gayo, Aulo Ofilio, Tito Cesio, Aufidio Tuca, Aufidio Namusa, Flavio Prisco, Cayo Ateyo Pacuvio, Labeón Antistio, Cinna, padre de Labeón Antistio, y Publicio Gelio. De estos diez, ocho

Labeonis Antistii pater, CINNA, PUBLICIUS GELLIUS. Ex his decem libros octo conscripserunt, quorum omnes qui fuerunt libri digesti sunt ab Aufidio Namusa in centum quadraginta libros. Ex his auditoribus plurimum auctoritatis habuit Alfenus Varus et Aulus Ofilius, ex quibus Varus et consul fuit, Ofilius in equestri ordine perseveravit. Is fuit Caesari familiarissimus et libros de iure civile plurimos et qui omnem partem operis fundarent reliquit. Nam de legibus vicensimae primus conscribit: de iurisdictione idem edictum praetoris primus diligenter composuit, nam ante eum Servius duos libros ad Brutum perquam brevissimos ad edictum subscriptos reliquit.

escribieron libros, todos los cuales fueron compilados por Aufidio Namusa en ciento cuarenta libros. De estos discípulos tuvieron la máxima autoridad Alfeno Varo y Aulo Ofilio, de los cuales Varo también fue cónsul, y Ofilio continuó en el orden ecuestre. Él fue muy cercano a César y dejó muchos libros sobre derecho civil, los cuales sirvieron como fundamento de una obra, porque fue el primero en escribir sobre las leyes del impuesto veintenal y sobre la jurisdicción; también fue el primero en redactar con sumo cuidado el edicto del pretor, porque antes que él Servio dejó dos libros sumamente breves dedicados al edicto dirigidos a Bruto.

§45. Fuit eodem tempore et TREBATIUS, qui idem Cornelii Maximi auditor fuit: AULUS CASCELLIUS, Quintus Mucius Volusii auditor, denique in illius honorem testamento Publium Mucium nepotem eius reliquit heredem. Fuit autem quaestorius nec ultra proficere voluit, cum illi etiam Augustus consulatum offerret. Ex his Trebatius peritior Cascellio, Cascellius Trebatio eloquentior fuisse dicitur, Ofilius utroque doctior. Cascellii scripta non exstant nisi unus liber bene dictorum, Trebatii complures, sed minus frequentatur.

§45. De la misma época fue también Trebacio, quien igualmente fue discípulo de Cornelio Máximo, Aulo Cascelio y Quinto Mucio, discípulo de Volusio, quien al final en honor de él dejó en su testamento por heredero a Publio Mucio, su nieto. También fue cuestor, pero no quiso ascender a mayores cargos, aunque Augusto mismo le ofrecía también el consulado. Se dice que de estos Trebacio fue más erudito que Cascelio, Cascelio fue más elocuente que Trebacio, y Ofilio más docto que ellos dos. No se conservan los escritos de Cascelio salvo un libro de dichos célebres; de Trebacio se conservan muchos, pero es menos consultado.

§46. Post hos quoque TUBERO fuit, qui Ofilio operam dedit: fuit autem patricius et transiit a causis agendis ad ius civile, maxime postquam Quintum Ligarium accusavit nec optinuit apud Gaium

§46. Después de estos también estuvo Tuberón, que siguió la doctrina de Ofilio; fue patricio y pasó de defender causas judiciales al derecho civil, sobre todo después de

Caesarem. Is est Quintus Ligarius, qui cum Africae oram teneret, infirmum Tuberonem applicare non permisit nec aquam haurire, quo nomine eum accusavit et Ciceron defendit: exstat eius oratio satis pulcherrima, quae inscribitur pro Quinto Ligario. Tubero doctissimus quidem habitus est iuris publici et privati et complures utriusque operis libros reliquit: sermone etiam antique usus affectavit scriber et ideo parum libri eius grati habentur.

que acusó a Quinto Ligario y no triunfó ante Cayo César. Este es el Quinto Ligario que, cuando gobernaba la costa de África, no autorizó que Tuberón saltase a tierra estando enfermo ni se proveyese de agua, por cuyo motivo le acusó y Cicerón lo defendió; se conserva su muy elegante discurso, que se intitula "En favor de Quinto Ligario". Sin duda Tuberón fue considerado doctísimo en el derecho público y privado, y dejó muchos libros sobre ambas ramas; pero su escritura se vio afectada por un estilo arcaico, y por ello sus libros tienen poco aprecio.

§47. Post hunc maximae auctoritatis fuerunt ATEIUS CAPITO, qui Ofilium secutus est, et ANTISTIUS LABEO, qui omnes hos audivit, institutus est autem a Trebatio, ex his Ateius consul fuit: Labeo noluit, cum offerretur ei ab Augusto consulatus, quo suffectus fieret, honorem suscipere, sed plurimum studiis operam dedit: et totum annum ita diviserat, ut Romae sex mensibus cum studiosis esset, sex mensibus secederet et conscribendis libris operam daret. Itaque reliquit quadringenta volumina, ex quibus plurima inter manus versantur. Hi duo primum veluti diversas sectas fecerunt: nam Ateius Capito in his, quae ei tradita fuerant, perseverabat; Labeo ingenii qualitate et fiducia doctrinae, qui et ceteris operis sapientiae operam dederat, plurima innovare instituit.

§47. Después de él fueron de máxima autoridad Ateyo Capitón, que siguió a Ofilio, y Antistio Labeón, que estudió de todos ellos, pero fue iniciado en los principios por Trebacio. De estos, Ateyo fue cónsul; Labeón no quiso aceptar el consulado cuando se lo ofreció Augusto para sustituir a otro en el cargo, pero se dedicó muchísimo a los estudios. Dividió el año para estar seis meses en Roma con sus discípulos, y otros seis meses se retiraba para consagrarse a escribir libros. Y así dejo cuatrocientos volúmenes, de los cuales muchos circulan entre las manos. Ambos crearon por primera vez dos especies de escuelas: Ateyo Capitón perseveraba en las cosas que se le habían transmitido; Labeón, por la excelencia de su intelecto y la confianza de su doctrina, quien también había estudiado otras áreas del conocimiento, logró innovar muchas cosas.

§48. Et ita Ateio Capitoni MASSURIUS SABINUS sucessit, Labeoni NERVA, qui adhuc eas dissensiones auxerunt. Hic etiam Nerva Caesari familiarissimus fuit. Massurius Sabinus in equestri ordine fuit et publice primus respondit: posteaque hoc coepit beneficium dari, a Tiberio Caesare hoc tamen illi concessum erat.

§48. Y así, a Ateyo Capitón le sucedió Masurio Sabino, y Nerva a Labeón, con lo que aumentaron esas disensiones. Nerva también fue muy cercano a César. Masurio Sabino perteneció al orden ecuestre y fue el que primero ofreció respuestas jurídicas públicamente; después Tiberio César comenzó a brindar este beneficio, aunque á él ya se le había concedido.

§49. Et, ut obiter sciamus, ante tempora Augusti publice respondendi ius non a principibus dabatur, sed qui fiduciam studiorum suorum habebant, consulentibus respondebant: neque responsa utique signata dabant, sed plerumque iudicibus ipsi scribebant, aut testabantur qui illos consulebant. Primus divus Augustus, ut maior iuris auctoritas haberetur, constituit, ut ex auctoritate eius responderent: et ex illo tempore peti hoc pro beneficio coepit. Et ideo optimus princeps Hadrianus, cum ab eo viri praetorii peterent, ut sibi liceret respondere, rescripsit eis hoc non peti, sed praestari solere et ideo, si quis fiduciam sui haberet, delectari se populo ad respondendum se praepararet.

§49. Y sepamos de paso que antes de la época de Augusto el derecho a responder públicamente sobre asunto jurídicos no era concedido por los emperadores, sino que quienes tenían confianza en sus estudios respondían a los que les consultaban. Tampoco daban selladas sus respuestas, sino que frecuentemente ellos escribían a los jueces, o bien lo manifestaban a los mismos que les consultaban. Para que fuera mayor la autoridad del derecho, el divino Augusto determinó por primera vez que respondieran con autorización suya, y desde ese momento esto comenzó a pedirse como un beneficio. Y por ello el óptimo príncipe Adriano, cuando de él solicitaron los varones que habían sido pretores que les fuera lícito responder, les respondió por escrito que esto no suele pedirse, sino concederse; y, por tanto, si alguien tenía confianza en su conocimiento, le agradaría que se preparase para responder públicamente al pueblo.

§50. Ergo Sabino concessum est a Tiberio Caesare, ut populo responderet: qui in equestri ordine iam grandis natu et fere annorum quinquaginta receptus est. Huic

§50. Y así, Tiberio César concedió a Sabino que respondiese al pueblo sobre asuntos jurídicos, y ya siendo de gran edad, casi de cincuenta años,

nec amplae facultates fuerunt, sed plurimum a suis auditoribus sustentatus est.

fue admitido en el orden ecuestre. No tuvo una gran solvencia, pero fue ampliamente ayudado por sus discípulos.

§51. Huic successit GAIUS CASSIUS LONGINUS natus ex filia Tuberonis, quae fuit neptis Servii Sulpicii: et ideo proavum suum Servium Sulpicium appellat. Hic consul fuit cum Quartino temporibus Tiberii, sed plurimum in civitate auctoritatis habuit eo usque, donec eum Caesar civitate pelleret.

§51. A él le sucedió Cayo Casio Longino, nacido de una hija de Tuberón, quien fuera nieta de Servio Sulpicio: por ello llama abuelo suyo a Servio Sulpicio. Fue cónsul con Cuartino en tiempos de Tiberio, teniendo muchísima autoridad en la ciudad, hasta que César (Calígula) lo expulsó de la ciudad.

§52. Expulsus ab eo in Sardiniam, revocatus a Vespasiano diem suum obit. Nervae successit PROCULUS. Fuit eodem tempore et NERVA FILIUS: fuit et alius LONGINUS ex equestri quidem ordine, qui postea ad praeturam usque pervenit. Sed Proculi auctoritas maior fuit, nam etiam plurimum potuit: appellatique sunt partim Cassiani, partim Proculiani, quae origo a Capitone et Labeone coeperat.

§52. Desterrado por éste a Cerdeña, terminó su vida habiéndole revocado la pena Vespasiano. A Nerva le sucedió Próculo. Al mismo tiempo surgió Nerva hijo. También hubo otro Longino del orden ecuestre, quien después ascendió hasta la pretura. Pero la autoridad de Próculo fue mayor, porque también tuvo grandísimo poder, y unos fueron llamados Casianos, otros Proculeyanos, cuyo origen se remonta a Capitón y Labeón.

§53. Cassio CAELIUS SABINUS successit, qui plurimum temporibus Vespasiani potuit: Proculo PEGASUS, qui temporibus Vespasiani praefectus urbi fuit: Caelio Sabino PRISCUS IAVOLENUS: Pegaso CELSUS: patri Celso CELSUS FILIUS et PRISCUS NERATIUS, qui utrique consules fuerunt, Celsus quidem et iterum: Iavoleno Prisco ABURNIUS VALENS et TUSCIANUS, item SALVIUS IULIANUS.

§53. A Casio sucedió Celio Sabino, quien tuvo grandísima autoridad en época de Vespasiano; a Próculo, Pegaso, quien fue prefecto de la ciudad en época de Vespasiano; a Celio Sabino, Prisco Javoleno; a Pegaso, Celso; a Celso padre, Celso hijo y Prisco Neracio, ambos cónsules, y Celso por un segundo periodo; a Javoleno Prisco, Aburnio Valente y Tusciano, así como Salvio Juliano.

TITULUS III DE LEGIBUS SENATUSQUE CONSULTIS ET LONGA CONSUETUDINE

1. PAPINIANUS *libro primo definitionum. Lex est commune praeceptum, virorum prudentium consultum, delictorum quae sponte vel ignorantia contrahuntur coercitio, communis rei publicae sponsio.*

2. MARCIANUS *libro primo institutionum. Nam et Demosthenes orator sic definit: 'Haec est lex, cui omnes homines convenit obtemperare cum propter alia pleraque tum maxime, quod omnis lex inventum est et donum dei, placitum vero sapientium hominum coercitioque peccatorum tam voluntariorum quam non voluntariorum, civitatis autem pactum commune, secundum quod convenit vivere quicunque in ea sunt'. Sed et philosophus summae stoicae sapientiae Chrysippus sic incipit libro, quem fecit de lege: 'Lex est omnium regina rerum divinarum humanarumque. Oportet autem praeesse eam tam bonis quam malis, et ducem et magistram esse animalium, quae natura civilia esse voluit, indeque normam esse iusti et iniusti, quae iubeat fieri facienda, vetet fieri non facienda'.*

3. POMPONIUS *libro vicensimo quinto ad Sabinum. Iura constitui oportet, ut dixit*

TÍTULO III DE LAS LEYES, LOS SENADOCONSULTOS Y LA COSTUMBRE INMEMORIAL

1. PAPINIANO *en el libro primero de las definiciones.* La ley es un precepto común, el decreto de hombres prudentes, el castigo de los delitos que se cometen por voluntad o por ignorancia, un acuerdo común de la república.

2. MARCIANO *en el libro primero de las instituciones.* Porque también el orador Demóstenes así la define: "La ley es aquello que todos los hombres conviene que obedezcan, entre otras muchas razones, principalmente porque toda ley es creación y obsequio de la divinidad, el decreto de hombres sapientes y castigo de los ilícitos voluntarios o involuntarios, acuerdo común de la ciudad, según el cual conviene que vivan todos los que en ella habitan". Mas también Crisipo, filósofo de la eminente doctrina estoica, comienza así un libro que escribió sobre la ley: "La ley es reina de todas las cosas divinas y humanas. Conviene, pues, que rija a buenos y malos por igual, y sea rectora y maestra de los seres vivos, que la naturaleza quiso que fuera regla civilizada de justos e injustos, prescribiendo lo que debe hacerse y prohibiendo lo que no debe hacerse".

3. POMPONIO *en el libro vigésimo quinto de los comentarios a Sabino.* Es

Theophrastus, 'in his quae plerumque accidunt, non quae praeter expectationem'.

adecuado que las leyes se constituyan, como dice Teofrasto, "a partir de lo que sucede con frecuencia, no de lo que se espera que suceda excepcionalmente".

4. CELSUS libro quinto digestorum. Ex his, quae forte uno aliquo casu accidere possunt, iura non constituuntur:

4. CELSO *en el libro quinto del digesto.* Respecto de lo que fortuitamente puede acontecer en alguno que otro caso, no se decretan leyes,

5. IDEM libro XVII digestorum. ... nam ad ea potius debet aptari ius, quae et frequenter et facile, quam quae perraro eveniunt.

5. EL MISMO *en el libro XVII del digesto.* ... porque el derecho debe adaptarse a lo que sucede frecuente y fácilmente, no a lo que sucede raramente.

6. PAULUS libro XVII ad Plautium. Nam, quod ait Theophrastus, quod semel vel bis factum est, praetereunt legum latores.

6. PAULO *en el libro XVII de los comentarios a Plaucio.* Porque, como dice Teofrasto, los legisladores omiten lo que acaece una o dos veces.

7. MODESTINUS libro I regularum. Legis virtus haec est imperare vetare permittere punire.

7. MODESTINO *en el libro I de las reglas.* La virtud de la ley es esta: ordenar, prohibir, permitir, castigar.

8. ULPIANUS libro III ad Sabinum. Iura non in singulas personas, sed generaliter constituuntur.

8. ULPIANO *en el libro III de los comentarios a Sabino.* Las leyes no se constituyen para una persona en particular, sino de forma general.

9. IDEM libro XVI ad edictum. Non ambigitur senatum ius facere posse.

9. EL MISMO *en el libro XVI de los comentarios al edicto.* No se duda que el senado puede emitir leyes.

***10.** IULIANUS libro LVIII digestorum. Neque leges neque senatus consulta ita scribi possunt, ut omnes casus qui quandoque inciderint comprehendantur, sed sufficit ea quae plerumque accidunt contineri.*

10. JULIANO *en el libro LVIII del digesto.* Ni las leyes ni los senadoconsultos pueden redactarse de modo que se comprendan todos los casos que suceden de vez en cuando, sino que basta que se contengan los que suceden más a menudo.

11. IDEM libro LXXXX digestorum. Et ideo de his, quae primo constituuntur, aut interpretatione aut constitutione optimi principis certius statuendum est.

11. EL MISMO *en el libro LXXXX del digesto.* Por tanto, sobre aquellas leyes que se establecieron en primer lugar, debe resolverse con más certeza ya por interpretación, ya por constitución del excelente príncipe.

12. IDEM libro XV digestorum. Non possunt omnes articuli singillatim aut legibus aut senatus consultis comprehendi: sed cum in aliqua causa sententia eorum manifesta est, is qui iurisdictioni praeest ad similia procedere atque ita ius dicere debet.

12. EL MISMO *en el libro XV del digesto.* No pueden comprenderse en las leyes o los senadoconsultos todos los casos uno por uno, sino que cuando en algún caso su sentido es manifiesto, quien ejerce la jurisdicción debe proceder como en otros casos similares y de ese modo emitir sentencia.

13. ULPIANUS libro I ad edictum aedilium curulium. Nam, ut ait Pedius, quotiens lege aliquid unum vel alterum introductum est, bona occasio est cetera, quae tendunt ad eandem utilitatem, vel interpretatione vel certe iurisdictione suppleri.

13. ULPIANO *en el libro I de los comentarios al edicto de los ediles curules.* Porque, como dice Pedio, siempre que por ley se introduce una u otra disposición, es buen momento para que las demás que tienden a la misma utilidad se suplan, ya por interpretación, ya ciertamente por la jurisdicción de la autoridad.

14. PAULUS libro LIIII ad edictum. Quod vero contra rationem iuris receptum est, non est producendum ad consequentias.

14. PAULO *en el libro LIIII de los comentarios al edicto.* Lo que se ha aceptado contra la razón del derecho no debe ser llevado hasta sus últimas consecuencias.

15. IULIANUS libro XXVII digestorum. In his, quae contra rationem iuris constituta sunt, non possumus sequi regulam iuris.

15. JULIANO *en el libro XXVII del digesto.* En aquellas disposiciones que se emiten contra la razón del derecho, no podemos seguir la regla del derecho.

16. PAULUS libro singulari de iure singulari. Ius singulare est, quod contra tenorem rationis propter aliquam utilitatem auctoritate constituentium introductum est.

16. PAULO *en el libro único del derecho singular.* Derecho singular es el que se introdujo contra el curso de la razón por la autoridad de los que lo establecen y por causa de alguna utilidad particular.

17. CELSUS libro XXVI digestorum. Scire leges non hoc est verba earum tenere, sed vim ac potestatem.

17. CELSO *en el libro XXVI del digesto.* Saber las leyes no es comprender sus palabras, sino su fuerza y valor.

18. IDEM libro XXVIIII digestorum. Benignius leges interpretandae sunt, quo voluntas earum conservetur.

18. EL MISMO *en el libro XXVIII del digesto.* Las leyes han de interpretarse lo más benignamente posible para conservar su intención.

19. IDEM libro XXXIII digestorum. In ambigua voce legis ea potius accipienda est significatio, quae vitio caret, praesertim cum etiam voluntas legis ex hoc colligi possunt.

19. EL MISMO *en el libro XXXIII del digesto.* Ante una palabra ambigua de la ley debe aceptarse preferentemente la interpretación que carezca de vicio, en especial cuando por este medio también pueda deducirse la voluntad de la ley.

20. IULIANUS libro quinquiagensimo quinto digestorum. Non omnium, quae a maioribus constituta sunt, ratio reddi potest,

20. JULIANO *en el libro quincuagésimo quinto del digesto.* No puede concederse razón a todas las diposiciónes que fueron establecidas por nuestros antepasados,

21. NERATIUS libro VI membranarum. ... et ideo rationes eorum, quae constituuntur, inquiri non oportet: alioquin multa ex his quae certa sunt subvertuntur.

21. NERACIO *en el libro VI de los pergaminos.* ... y por tanto no conviene inquirir sobre los fundamentos que las constituyen, de lo contrario, muchas cosas que son ciertas se arruinan.

22. ULPIANUS libro trigensimo quinto ad edictum. Cum lex in praeteritum quid indulget, in futurum vetat.

22. ULPIANO *en el libro trigésimo quinto de los comentarios al edicto.* Cuando la ley permite algo para el pasado, lo prohíbe para el futuro.

23. *PAULUS libro quarto ad Plautium. Minime sunt mutanda, quae interpretationem certam semper habuerunt.*

23. PAULO *en el libro cuarto de los comentarios a Plaucio*. Deben alterarse lo menos posible las disposiciones que siempre tuvieron una interpretación cierta.

24. *CELSUS libro VIIII digestorum. Incivile est nisi tota lege perspecta una aliqua particula eius proposita iudicare vel respondere.*

24. CELSO *en el libro VIIII del digesto.* Es contrario al derecho juzgar o responder teniendo a la vista una pequeña parte de la ley sin haberla examinado atentamente toda.

25. *MODESTINUS libro VIII responsorum. Nulla iuris ratio aut aequitatis benignitas patitur, ut quae salubriter pro utilitate hominum introducuntur, ea nos duriore interpretatione contra ipsorum commodum producamus ad severitatem.*

25. MODESTINO *en el libro VIII de las respuestas.* Ninguna razón de derecho, ni la benignidad de la justicia, permite que las disposiciones introducidas benéficamente para utilidad de los hombres las llevemos a un extremo tal de severidad por una interpretación más severa contra el bienestar de los mismos.

26. *PAULUS libro IIII quaestionum. Non est novum, ut priores leges ad posteriores trahantur.*

26. PAULO *en el libro IIII de las cuestiones.* No es novedad que las leyes anteriores sean absorbidas en las posteriores.

27. *TERTULLIANUS libro I quaestionum. Ideo, quia antiquiores leges ad posteriores trahi usitatum est, semper quasi hoc legibus inesse credi oportet, ut ad eas quoque personas et ad eas res pertinerent, quae quandoque similes erunt.*

27. TERTULIANO *en el libro I de las cuestiones.* Por tanto, como es costumbre que las leyes más antiguas se incorporen a las posteriores, conviene pensar que siempre está incluido en las leyes el extenderlas a aquellas personas y cosas que en todo tiempo fueren semejantes.

28. *PAULUS libro V ad legem Iuliam et Papiam. Sed et posteriores leges ad priores pertinent, nisi contrariae sint, idque multis argumentis probatur.*

28. PAULO *en el libro V de los comentarios a la ley Julia y Papia.* Aunque también las leyes posteriores engloban a las anteriores, salvo que sean contrarias, y esto se prueba con muchos argumentos.

29. *IDEM libro singulari ad legem Cinciam. Contra legem facit, qui id facit quod lex prohibet, in fraudum vero, qui salvis verbis legis sententiam eius circumvenit.*

29. EL MISMO *en el libro único de los comentarios a la ley Cincia.* Actúa contra la ley quien realiza aquello que la ley prohíbe, mientras que actúa en fraude quien, dejando intactas las palabras de la ley, elude su sentido.

30. *ULPIANUS libro IIII ad edictum. Fraus enim legi fit, ubi quod fieri noluit, fieri autem non vetuit, id fit: et quod distat dictum a sententia, hoc distat fraus ab eo, quod contra legem fit.*

30. ULPIANO *en el libro IIII de los comentarios al edicto.* Así pues, se evade a la ley cuando se hace lo que no quiso que se hiciera, pero que no prohibió que se ejecutara; y lo que dista el dicho del sentido, esto dista el engaño de lo que se hace contra la ley.

31. *IDEM libro XIII ad legem Iuliam et Papiam. Princeps legibus solutus est: Augusta autem licet legibus soluta non est, principes tamen eadem illi privilegia tribuunt, quae ipsi habent.*

31. EL MISMO *en el libro XIII de los comentarios a la ley Julia y Papia.* El príncipe está exento del cumplimiento de las leyes; pero a la ley Augusta, aunque no es ajena a las leyes, los príncipes le conceden, sin embargo, los mismos privilegios que ellos tienen.

32. *IULIANUS libro LXXXIIII digestorum. De quibus causis scriptis legibus non utimur, id custodiri oportet, quod moribus et consuetudine inductum est: et si qua in re hoc deficeret, tunc quod proximum et consequens ei est: si nec id quidem appareat, tunc ius, quo urbs Roma utitur, servari oportet.*

32. JULIANO *en el libro LXXXIIII del digesto.* En los casos donde no usamos leyes escritas, es adecuado que se observe lo que se introdujo por uso y costumbre; y si esto faltase en algún caso, entonces lo que le sea análogo y coherente; y si en verdad tampoco esto existiese, entonces debe observarse el derecho que se usa en Roma.

§1. Inveterata consuetudo pro lege non immerito custoditur, et hoc est ius quod dicitur moribus constitutum. Nam cum ipsae leges nulla alia ex causa non teneant, quam quod iudicio populi receptae sunt, merito et ea, quae sine ullo scripto populus probavit, tenebunt omnes: n3am quid

§1. No sin mérito se conserva la costumbre inmemorial, y este es el derecho que se dice establecido por las costumbres. Porque, así como las mismas leyes no nos obligan por otro motivo que el haber sido admitidas por el parecer del pueblo, así también

interest suffragio populus voluntatem suam declaret an rebus ipsis et factis? Quare rectissime etiam illus receptum est, ut leges non solum suffragio legis latoris, sed etiam tacito consensu omnium per desuetudinem abrogentur.

todos observarán con razón lo que el pueblo aprobó pese a no estar escrito. Pues, ¿qué importa que el pueblo declare su voluntad con un sufragio o con la realidad misma y con hechos? Por ello, está rectísimamente admitido que las leyes se abroguen no sólo por voluntad del legislador, sino también por el tácito consentimiento de todos a través del desuso.

33. ULPIANUS *libro primo de officio proconsulis. Diuturna consuetudo pro iure et lege in his quae non ex scripto descendunt observari solet.*

33. ULPIANO *en el libro primero del cargo de procónsul.* La costumbre duradera suele observarse como derecho y ley en los casos no previstos por el derecho escrito.

34. IDEM *libro IIII de officio proconsulis. Cum de consuetudine civitatis vel provinciae confidere quis videtur, primum quidem illus explorandum arbitror, an etiam contradicto aliquando iudicio consuetudo firmata sit.*

34. EL MISMO *en el libro IIII del oficio de procónsul.* Cuando alguien pretende apoyarse en la costumbre de una ciudad o provincia, considero que primero debe investigarse si alguna vez también ha sido confirmada la costumbre en juicio contrario.

35. HERMOGENIANUS *libro I iuris epitomarum. Sed et ea, quae longa consuetudine comprobata sunt ac per annos plurimos observata, velut tacita civium conventio non minus quam ea quae scripta sunt iura servantur.*

35. HERMOGENIANO *en el libro primero del epítome del derecho.* Pero también aquello que ha sido comprobado por una costumbre duradera y observada durante muchísimos años como tácito acuerdo de los ciudadanos, se observa igual que las leyes escritas.

36. PAULUS *libro VII ad Sabinum. Immo magnae auctoritatis hoc ius habetur, quod in tantum probatum est, ut non fuerit necesse scripto id comprehendere.*

36. PAULO *en el libro VII de los comentarios a Sabino.* Ahora bien, se considera de gran autoridad este derecho no escrito, porque ha sido aprobado de tal modo que no fuera necesario incluirlo en el escrito.

37. *IDEM libro I quaestionum. Si de interpretatione legis quaeratur, in primis inspiciendum est, quo iure civitas retro in eiusmodi casibus usa fuisset: optimus enim est legum interpres consuetudo.*

37. EL MISMO *en el libro I de las cuestiones.* Si se trata de la interpretación de la ley, en primer lugar debe indagarse qué derecho había usado antes la ciudad en semejantes casos, porque la costumbre es el mejor intérprete de las leyes.

38. *CALLISTRATUS libro I quaestionum. Nam imperator noster Severus rescripsit in ambiguitatibus quae ex legibus proficiscuntur consuetudinem aut rerum perpetuo similiter iudicatarum auctoritatem vim legis optinere debere.*

38. CALISTRATO *en el libro I de las cuestiones.* Nuestro emperador Severo respondió por escrito que en las ambigüedades surgidas de las leyes debe tener fuerza de ley la costumbre o la autoridad de las cosas juzgadas perpetuamente de forma similar.

39. *CELSUS libro XXIII digestorum. Quod non ratione introductum, sed errore primum, deinde consuetudine optentum est, in aliis similibus non optinet.*

39. CELSO *en el libro XXIII del digesto.* Lo que se introdujo no con razón, sino que se observó al principio por error, después no tiene fuerza de ley por razón de costumbre en otros casos similares.

40. *MODESTINUS libro I regularum. Ergo omne ius aut consensus fecit aut necessitas constituit aut firmavit consuetudo.*

40. MODESTINO *en el libro I de las reglas.* Por tanto, todo derecho lo creó el consentimiento, lo instituyó la necesidad o lo afirmó la costumbre.

41. *ULPIANUS libro II institutionum. Totum autem ius consistit aut in adquirendo aut in conservando aut in minuendo: aut enim hoc agitur quemadmodum quid cuiusque fiat, aut quemadmodum quis rem vel ius suum conservet, aut quomodo alienet aut amittat.*

41. ULPIANO *en el libro II de las instituciones.* Todo derecho consiste en adquirir, conservar o disminuir, pues se refiere cómo una cosa se vuelve propiedad de alguien, cómo conserva alguien una cosa o su derecho, o cómo los enajena o los pierde.

TITULUS IV DE CONSTITUTIONIBUS PRINCIPUM

1. ULPIANUS *libro primo institutionum. Quod principi placuit, legis habet vigorem: utpote cum lege regia, quae de imperio eius lata est, populus ei et in eum omne suum imperium et potestatem conferat.*

§1. Quodcumque igitur imperator per epistulam et subscriptionem statuit vel cognoscens decrevit vel de plano interlocutus est vel edicto praecepit, legem esse constat. Haec sunt quas vulgo constitutiones appellamus.

§2. Plane ex his quaedam sunt personales nec ad exemplum trahuntur: nam quae princeps alicui ob merita indulsit vel si quam poenam irrogavit vel si cui sine exemplo subvenit, personam non egreditur.

2. ULPIANUS *fideicommissorum libro quarto. In rebus novis constituendis evidens esse utilitas debet, ut recedatur ab eo iure, quod diu aequum visum est.*

3. IAVOLENUS *epistularum libro tertio decimo. Beneficium imperatoris, quod a divina scilicet eius indulgentia proficiscitur, quam plenissime interpretari debemus.*

TÍTULO IV DE LAS CONSTITUCIONES DE LOS PRÍNCIPES

1. ULPIANO *en el libro primero de las instituciones.* Lo que el príncipe determinó tiene fuerza de ley, pues por la Ley Regia, promulgada respecto de su autoridad, el pueblo le confirió el sumo imperio y potestad a él y para él.

§1. Así pues, lo que el emperador decretó por epístola y suscripción, o decretó tras examinar una causa, o de plano decidió o prescribió por edicto, consta que es ley. A estas les llamamos popularmente constituciones.

§2. De estas, algunas son claramente personales y no se mencionan, porque la que el príncipe concedió a alguien por sus méritos, o porque infligió alguna pena, o porque socorrió a alguien sin paralelo, no va más allá de la persona.

2. ULPIANO *en el libro cuarto de los fideicomisos.* Al dictaminar sobre asuntos novedosos, debe ser evidente la utilidad de alejarse de ese derecho que se consideró justo durante mucho tiempo.

3. JAVOLENO *en el libro décimo tercero de las epístolas.* Debemos interpretar con la máxima amplitud el beneficio del emperador que evidentemente surge de su divina indulgencia.

4. MODESTINUS libro secundo excusationum. Posteriores leges plus valent quam quae ante eas fuerunt.

4. MODESTINO *en el libro segundo de las excusas.* Las disposiciones posteriores valen más que las emitidas anteriormente.

TITULUS V
DE STATU HOMINUM

TÍTULO V
DE LA CONDICIÓN DE LOS HOMBRES

1. GAIUS libro primo institutionum. Omne ius quo utimur vel ad personas pertinet vel ad res vel ad actiones.

1. GAYO *en el libro primero de las instituciones.* Todo el derecho que usamos se refiere a las personas, a las cosas o a las acciones.

2. HERMOGENIANUS libro primo iuris epitomarum. Cum igitur hominum causa omne ius constitutum sit, primo de personarum statu ac post de ceteris, ordinem edicti perpetui secuti et his proximos atque coniunctos applicantes titulos ut res patitur, dicemus.

2. HERMOGENIANO *en el libro primero del epítome del derecho.* Así pues, como todo derecho se ha constituido por causa de los hombres, estudiaremos primero la condición de las personas y después la de las demás cosas, siguiendo el orden del edicto perpetuo y aplicando títulos adecuados y conexos, según lo permita la materia a tratar.

3. GAIUS libro primo institutionum. Summa itaque de iure personarum divisio haec est, quod omnes homines aut liberi sunt aut servi.

3. GAYO *en el libro primero de las instituciones.* La principal división en el derecho de las personas es esta: todos los hombres o son libres o son esclavos.

4. FLORENTINUS libro nono institutionum. Libertas est naturalis facultas eius quod cuique facere libet, nisi si quid vi aut iure prohibetur.

4. FLORENTINO *en el libro noveno de las instituciones.* Libertad es la facultad natural de hacer lo que cada uno desee, salvo que algo se nos prohíba por la fuerza o por el derecho.

§1. Servitus est constitutio iuris gentium, qua quis dominio alieno contra natura subicitur.

§1. La esclavitud es una institución del derecho de gentes, por la cual alguien se halla sometido a potestad ajena en contra de la naturaleza.

§2. Servi ex eo appellati sunt, quod imperatores captivos vendere ac per hoc servare nec occidere solent:

§2. Los siervos se llamaron así porque los generales suelen vender a los prisioneros de guerra, y por tal razón los "con-serva" y no los mata.

§3. Mancipia vero dicta, quod ab hostibus manu capiantur.

§3. Se les denomina *mancipia* porque se capturan de entre los enemigos con la "mano".

5. MARCIANUS libro primo institutionum. Et servorum quidem una est condicio: liberorum autem hominum quidam ingenui sunt, quidam libertini.

5. MARCIANO *en el libro primero de las instituciones.* La condición de los esclavos es evidentemente una sola; pero entre los hombres libres unos son ingenuos y otros libertos.

§1. Servi autem in dominium nostrum rediguntur aut iure civili aut gentium: iure civili, si quis se maior viginti annis ad pretium participandum venire passus est: iure gentium servi nostri sunt, qui ab hostibus capiantur aut qui ex ancillis nostris nascuntur.

§1. Los esclavos quedan reducidos a nuestro dominio por derecho civil o por el de gentes. Por derecho civil, si alguien mayor de veinte años autorizó a venderse como esclavo para luego participar del precio; por derecho de gentes son esclavos nuestros los que capturamos de entre los enemigos o los que nacen de nuestras esclavas.

§2. Ingenui sunt, qui ex matre libera nati sunt: sufficit enim liberam fuisse eo tempore quo nascitur, licet ancilla concepit. Et e contrario si libera conceperit, deinde ancilla pariat, placuit eum qui nascitur liberum nasci. (nec interest iustis nuptiis concepit an vulgo), quia non debet calamitas matris nocere ei qui in ventre est.

§2. Son ingenuos los nacidos de madre libre, pues basta haber sido libre al momento en que nace, aunque ella hubiera concebido siendo esclava. Por el contrario, si concibió siendo libre y después parió ya siendo esclava, se determinó que el producto deberá nacer libre. Y no importa si concibió estando casada en justas nupcias o de forma ilícita, porque la desgracia de la madre no debe perjudicar al que está en el vientre.

§3. Ex hoc quaesitum est, si ancilla praegnans manumissa sit, deinde ancilla postea facta aut expulsa civitate pepererit, liberum an servum pariat. Et tamen rectius probatum est liberum nasci et sufficere ei qui in ventre est liberam matrem vel medio tempore habuisse.

§3. Por ello se preguntó: si una esclava embarazada fue manumitida y, tras recaer en la esclavitud o ser desterrada de la ciudad, dio a luz, ¿parirá un libre o un esclavo? No obstante la recaída en la esclavitud, se consideró como más recto que nace un libre, bastando al que está en el vientre haber tenido madre libre durante un intervalo.

6. GAIUS libro primo institutionum. Libertini sunt, qui ex iusta servitute manumissi sunt.

6. GAYO *en el libro primero de las instituciones.* Libertos son los manumitidos de justa esclavitud.

7. PAULUS libro singulari de portionibus, quae liberis damnatorum conceduntur. Qui in utero est, perinde ac si in rebus humanis esset custoditur, quotiens de commodis ipsius partis quaeritur: quamquam alii antequam nascatur nequaqum prosit.

7. PAULO *en el libro único de las porciones que se conceden a los hijos de los condenados.* El que está en el útero es protegido del mismo modo que si ya estuviere entre las cosas humanas siempre que se busque su propio beneficio, aunque antes de nacer en modo alguno favorezca a un tercero.

8. PAPINIANUS libro tertio quaestionum. Imperator Titus Antoninus rescripsit non laedi statum liberorum ob tenorem instrumenti male concepti.

8. PAPINIANO *en el libro tercero de las cuestiones.* El emperador Tito Antonino respondió por escrito que no se perjudica el estado de los libres por causa de un documento mal redactado.

9. IDEM libro trigensimo primo quaestionum. In multis iuris nostris articulis deterior est condicio feminarum quam masculorum.

9. EL MISMO *en el libro trigésimo primero de las cuestiones.* En muchos puntos de nuestro derecho la condición de las mujeres es peor que la de los hombres.

10. ULPIANUS libro primo ad Sabinum. Quaeritur: hermaphroditum cui comparamus? Et magis puto eius sexus aestimandum, quo in eo praevalet.

10. ULPIANO *en el libro primero de los comentarios a Sabino.* Se pregunta: ¿con quién equiparamos al hermafrodita? Considero que debe ser valorado por el sexo que en él prevalece.

11. PAULUS libro octavo decimo responsorum. Paulus respondit eum, qui vivente patre et ignorante de coniunctione filiae conceptus est, licet post mortem avi natus sit, iustum filium ei ex quo conceptus est esse non videri.

11. PAULO *en el libro décimo octavo de las respuestas.* Paulo respondió que quien fue concebido en vida del padre y éste ignoraba la unión conyugal de la hija, aunque haya nacido tras la muerte del abuelo, no

se considera que sea hijo legítimo de aquél de quien fue concebido.

12. IDEM *libro nono decimo responsorum. Septimo mense nasci perfectum partum iam receptum est propter auctoritatem doctissimi viri Hippocratis: et ideo credendum est eum, qui ex iustis nuptiis septimo mense natus est, iustum filium esse.*

12. EL MISMO *en el libro décimo noveno de las respuestas.* Está ya aceptado gracias a la autoridad del doctísimo Hipócrates que el nacido en el séptimo mes es un parto perfecto. Por ello, debe considerarse hijo legítimo el nacido en el séptimo mes de justas nupcias.

13. HERMOGENIANUS *libro primo iuris epitomarum. Servus in causa capitali fortunae iudicii a domino commissus, etsi fuerit absolutus, non fit liber.*

13. HERMOGENIANO *en el libro primero del epítome del derecho.* El esclavo entregado por su amo en causa capital al destino de la sentencia no se libera de la potestad de su amo, aunque hubiere sido absuelto.

14. PAULUS *libro quarto sententiarum. Non sunt liberi, qui contra formam humani generis converso more procreantur: veluti si mulier monstrosum aliquid aut prodigiosum enixa sit. Partus autem, qui membrorum humanorum officia ampliavit, aliquatenus videtur effectus et ideo inter liberos connumerabitur.*

14. PAULO *en el libro cuarto de las sentencias.* No son hijos nuestros los que, contra lo acostumbrado, son procreados con forma ajena a la del género humano, por ejemplo, si una mujer diera a luz algo monstruoso o prodigioso. Pero el parto que amplió las funciones de los miembros humanos, en cierta medida se considera perfecto, y por tanto se deberá contar entre nuestros hijos.

15. TRYPHONINUS *libro decimo disputationum. Arescusa, si tres pepererit libera esse testamento iussa, primo partum unum, secundo tres peperit: quaesitum est, an et quis eorum liber esset. Haec condicio libertati adposita iam implenda mulieri est. Sed non dubitari debet, quin ultimus liber nascatur: nec enim natura permisit simul uno impetu duos infantes de utero matris excedere, ut ordine incerto nascentium non appareat, uter in servitute libertateve*

15. TRIFONINO *en el libro décimo de las discusiones.* Se dispuso por testamento que la esclava Arescusa sería libre si diera a luz tres hijos; en el primer parto parió uno, en el segundo tres. Se preguntó si alguno sería libre y quién. La mujer debe haber cumplido la condición señalada para obtener la libertad. Pero no debe dudarse que el último nacerá libre, pues sin duda la

nascatur. Incipiente igitur partu existens condicio efficit, ut ex libera edatur quod postea nascitur, veluti si quaelibet alia condicio libertati mulieris adposita parturiente ea existat. Vel manumissa sub hac condicione, si decem milia heredi Titiove dederit, eo momento quo parit per alium implerevit condicionem: iam libera peperisse credenda est.

naturaleza no permitió que en un solo parto salieran al mismo tiempo dos infantes del útero de la madre, y por el orden incierto en que nacen no pueda distinguirse cuál nace en esclavitud y cuál en libertad. Por ende, al empezar el parto la condición se cumple y provoca que el nacido al final sea dado a luz por una mujer libre, del mismo modo que cualquier otra condición puesta para la libertad de la mujer se cumple al dar ésta a luz. O si para ser manumitida bajo esta condición, "si diera diez mil sestercios al heredero o a Ticio", en el momento en que dé a luz hubiere cumplido dicha condición por medio de un tercero, se ha de considerar que dio a luz ya siendo libre.

16. *ULPIANUS libro sexto disputationum. Idem erit, si eadem Arescusa primo duo pepererat, postea geminos ediderant: dicendum est enim non posse dici utrumque ingenuum nasci, sed eum qui posterior nascitur. Questio ergo facti potius est, non iuris.*

16. ULPIANO *en el libro sexto de las disputas.* Lo mismo aplicará si la citada Arescusa primero pariera dos, y luego diera a luz gemelos; pues ha de decirse que no puede considerarse que ambos nazcan ingenuos, sino el que nace al final, el cuarto. Por tanto, la cuestión es más de hecho que de derecho.

17. *IDEM libro vicensimo secundo ad edictum. In orbe Romano qui sunt ex constitutione imperatoris Antonini cives Romani effecti sunt.*

17. EL MISMO *en el libro vigésimo segundo de los comentarios al edicto.* Quienes están en el orbe romano se volvieron ciudadanos romanos por una constitución del emperador Antonino.

18. *IDEM libro vicensimo septimo ad Sabinum. Imperator Hadrianus Publicio Marcello rescripsit liberam, quae praegnas ultimo supplicio damnata est, liberum parere et solitum esse servari eam, dum*

18. EL MISMO *en el libro vigésimo séptimo de los comentarios a Sabino.* El emperador Adriano respondió por escrito a Publicio Marcelo: la mujer libre que estando embarazada fuere

partum ederet, sed si ei, quae ex iustis nuptiis concepit, aqua et igni interdictum est, civem Romanum parit et in potestate patris.

condenada al suplicio máximo, paría un hombre libre, y se acostumbraba mantenerla en esclavitud hasta que diese a luz. Pero si a la que concibió de justas nupcias se le prohíbe usar el agua y el fuego, da a luz un ciudadano romano y bajo la potestad del padre.

19. CELSUS *libro vicensimo nono digestorum. Cum legitimae nuptiae factae sint, patrem liberi sequuntur: vulto quaesitus matrem sequitur.*

19. CELSO *en el libro vigésimo noveno del digesto.* Si se celebraron legítimas nupcias, los hijos siguen la condición del padre; el concebido de forma ilícita sigue la condición de la madre.

20. ULPIANUS *libro trigensimo octavo ad Sabinum. Qui furere coepit, et statum et dignitatem in qua fuit et magistratum et potestatem videtur retinere, sicut rei suae dominium retinet.*

20. ULPIANO *en el libro trigésimo octavo de los comentarios a Sabino.* Quien llega a perder la razón retiene el estatus y la dignidad en que estuvo, así como la magistratura, la potestad y la propiedad de sus bienes.

21. MODESTINUS *libro septimo regularum. Homo liber, qui se vendedit, manumissus non ad suum statum revertitur, quo se abdicavit, sed efficitur libertinae condicionis.*

21. MODESTINO *en el libro séptimo de las reglas.* El hombre libre que se vendió no vuelve al estado al que renunció una vez manumitido, sino que adquiere la condición de liberto.

22. IDEM *libro duodecimo responsorum. Herennius Modestinus respondit, si eo tempore enixa est ancilla, quo secundum legem donationis manumissa esse debuit, cum ex constitutione libera fuerit, ingenuum ex ea natum.*

22. EL MISMO *en el libro décimo segundo de las respuestas.* Herenio Modestino respondió: si una esclava dio a luz al mismo tiempo en que según la ley de donación debió estar manumitida, ya que por una constitución imperial debía haber sido libre, lo que de ella nace tendrá la calidad de ingenuo.

23. IDEM *libro primo pandectarum. Vulgo concepto dicuntur qui patrem demonstrare non possunt, vel qui possunt quidem, sed eum habent, quem habere non licet. Qui et spurii appellantur a generando.*

23. EL MISMO *en el libro primero de las pandectas.* Se denominan nacidos ilícitamente los que no pueden demostrar tener determinado padre, o los que pudiendo hacerlo, no les es lícito tener. Los cuales también se denominan "espurios" por significar "al margen de la siembra".

24. ULPIANUS *libro vicensimo septimo ad Sabinum. Lex naturae haec est, ut qui nascitur sine legitimo matrimonio matrem sequatur, nisi lex specialis aliud inducit.*

24. ULPIANO *en el libro vigésimo séptimo de los comentarios a Sabino.* La ley de la naturaleza dice que quien nace fuera de matrimonio legítimo debe seguir la condición de la madre, a menos que alguna ley especial determine otra cosa.

25. IDEM *libro primo ad legem Iuliam et Papiam. Ingenuum accipere debemus etiam eum, de quo sententia lata est, quamvis fuerit libertinus: quia res iudicata pro veritate accipitur.*

25. EL MISMO *en el libro primero de los comentarios a la ley Julia y Papia.* También debemos admitir como ingenuo al que una sentencia decretó que lo sea, aunque fuera liberto, porque la cosa juzgada se considera verdad.

26. IULIANUS *libro sexagensimo nono digestorum. Qui in utero sunt, in toto paene iure civili intelluguntur in rerum natura esse. Nam et legitimae hereditates his restituuntur: et si praegnas mulier ab hostibus capta sit, id quod natum erit postliminium habet, item patris vel matris condicionem sequitur: praeterea si ancilla praegnas subrepta fuerit, quamvis apud bonae fidei emptorem pepererit, id quod natum erit tamquam furtivum usu non capitur: his consequens est, ut libertus quoque, quamdiu patroni filius nasci possit, eo iure sit, quo sunt qui patronos habent.*

26. JULIANO *en el libro sexagésimo noveno del digesto.* En casi todo el derecho civil se considera que quienes están en el útero se reputan nacidos, porque a ellos se les restituyen las herencias legítimas. Y así, si una mujer embarazada fuese capturada por los enemigos, lo que haya nacido tiene derecho de postliminio, y sigue también la condición del padre o de la madre. Además, si una esclava embarazada hubiera sido robada, lo que nazca no se usucapirá por ser cosa hurtada, aunque hubiere dado a luz en poder de un comprador de buena fe. Es consecuente con esto que también el liberto está en la situación jurídica de los que tienen patrones mientras pueda nacer un hijo del patrón.

27. ULPIANUS *libro quinto opinionum. Eum, qui se libertinum esse*

27. ULPIANO *en el libro quinto de las opiniones.* El patrón no puede volver *fatetur, nec adoptando patronus ingenuum facere potuit.*

ingenuo a aquél que confiesa ser liberto, ni siquiera adoptándolo.

TITULUS VI DE HIS QUI SUI VEL ALIENI IURIS SUNT

TÍTULO VI DE LOS QUE ESTÁN LIBRES O LOS QUE ESTÁN SOMETIDOS A POTESTAD

1. GAIUS *libro primo institutionum. De iure personarum alia divisio sequitur, quod quaedam personae sui iuris sunt, quaedam alieno iuri subiectae sunt. Videamus itaque de his, quae alieno iuri subiectae sunt: nam si cognoverimus quae istae personae sunt, simul intellegemus quae sui iuris sunt. Dispiciamus itaque de his, quae in aliena potestate sunt.*

1. GAYO *en el libro primero de las instituciones.* Sigue otra división en el derecho de las personas: unas son *sui iuris*, dueñas de sí mismas, otras son *alieni iuris*, o sometidas a potestad ajena. Veamos primero las que están sujetas a potestad ajena, porque si comprendemos quiénes son estas personas, al mismo tiempo sabremos quienes son dueñas de sí mismas. Hablemos, pues, de las sometidas a potestad ajena.

§1. Igitur in potestate sunt servi dominorum (quae quidem potestas iuris gentium est: nam apud omnes peraeque gentes animadvertere possumus dominis in servos vitae necisque potestatem fuisse) et quodcumque per servum adquiritur, id domino adquiritur.

§1. Los esclavos están bajo potestad de sus amos, cuya potestad proviene del derecho de gentes, porque en todas las naciones podemos observar igualmente que los amos tienen poder de vida y muerte sobre sus esclavos, y todo lo que se adquiere por medio del esclavo se adquiere para su dueño.

§2. Sed hoc tempore nullis hominibus, qui sub imperio Romano sunt, licet supra modum et sine causa legibus cognita in servos suos saevire. Nam ex constitutione divi Antonini qui sine causa servum suum occiderit, non minus puniri iubetur, quam qui alienum servum occiderit. Sed et maior asperitas dominorum eiusdem principis constitutione coercetur.

§2. Pero en esta época a ningún súbdito del imperio romano se le permite ensañarse abusivamente contra sus esclavos sin causa reconocida por las leyes. Porque según una constitución del divino Antonino Pío se ordena que quien sin causa matase a un esclavo suyo deberá castigársele igual que si matase un esclavo ajeno. E incluso la excesiva dureza de los amos es castigada también por una constitución del mismo príncipe.

2. ULPIANUS *libro octavo de officio proconsulis. Si dominus in servos saevierit vel ad impudicitiam turpemque violationem compellat, quae sint partes praesidis, ex rescripto divi Pii ad Aelium Marcianum proconsulem Baeticae manifestabitur. Cuius rescripti verba haec sunt: 'Dominorum quidem potestatem in suos servos illibatam esse oportet nec cuiquam hominum ius suum detrahi: sed dominorum interest, ne auxilium contra saevitiam vel famem vel intolerabilem iniuriam denegetur his qui iuste deprecantur. Ideoque cognosce de querellis eorum, qui ex familia Iulii Sabini ad statuam confugerunt, et si vel durius habitos quam aequum est vel infami iniuria affectos cognoveris, veniri iube ita, ut in potestate domini non revertantur. Qui si meae constitutioni fraudem fecerit, sciet me admissum severius exsecuturum'. Divus etiam Hadrianus Umbriciam quandam matronam in quinquennium relegavit, quod ex levissimis causis ancillas atrocissime tractasset.*

2. ULPIANO *en el libro octavo del oficio de procónsul.* Si el amo se ensañase con sus esclavos, o los obliga a la deshonestidad y a violación vergonzosa, queda claro en la respuesta por escrito del divino Pío a Elio Marciano, procónsul de la Bética, cuál es el papel del gobernador de provincia. Estas son las palabras del rescripto: "sin duda es conveniente mantener intacta la potestad de los amos sobre sus siervos, y que a ningún hombre se le quite tal derecho. Pero es en beneficio de los amos que se brinde a quienes justamente lo exigen el auxilio contra la crueldad, el hambre o la injuria intolerable. Por tanto, conoce de las querellas de aquellos esclavos propiedad de Julio Sabino que se refugiaron en la estatua; y si supieses que han sido tratados más duramente de lo que es justo, o se les ha inferido una injuria deshonrosa, ordena que se vendan para que no regresen a la potestad del amo. Si alguien ignorase mi constitución, sépase que estoy dispuesto a ejecutarla con mayor severidad". También el divino Adriano desterró por cinco años a una matrona llamada Umbricia, quien por motivos levísimos había tratado con extrema atrocidad a sus esclavas.

3. GAIUS *libro primo institutionum. Item in potestate nostra sunt liberi nostri, quos ex iustis nuptiis procreaverimus: quod ius proprium civium Romanorum est.*

3. GAYO *en el libro primero de las instituciones.* También nuestros hijos procreados dentro de justas nupcias están bajo nuestra potestad, y tal derecho es propio de los ciudadanos romanos.

4. ULPIANUS libro primo institutionum. Nam civium Romanorum quidam sunt patres familiarum, alii filii familiarum, quaedam matres familiarum, quaedam filiae familiarum. Patres familiarum sunt, qui sunt suae potestatis sive puberes sive impuberes: simili modo matres familiarum; filii familiarum et filiae, quae sunt in aliena potestate. Nam qui ex me et uxore mea nascitur, in mea potestate est: item qui ex filio meo et uxore eius nascitur, id est nepos meus et neptis, aeque in mea sunt potestate, et pronepos et proneptis et deinceps ceteri.

4. ULPIANO *en el libro primero de las instituciones.* Porque entre los ciudadanos romanos algunos son padres de familia y otros son hijos de familia, algunas son madres de familia y otras son hijas de familia. Son padres o cabezas de familia los que tienen bajo su potestad a púberes o a impúberes; y del mismo modo las madres de familia. Son hijos e hijas de familia los que están sujetos a potestad ajena. Porque quien nace de mí y de mi esposa está bajo mi potestad, y también quien nace de mi hijo y de su esposa, es decir, mi nieto y mi nieta, igualmente están bajo mi potestad. Igualmente, mi biznieto y mi biznieta y sucesivamente los demás.

5. IDEM libro trigensimo sexto ad Sabinum. Nepotes ex filio mortuo avo reccidere solent in filii potestatem, hoc est patris sui: simili modo et pronepotes et deinceps vel in filii potestatem, si vivit et in familia mansit, vel in eius parentis, qui ante eos in potestate est. Et hoc non tantum in naturalibus, verum in adoptivis quoque iuris est.

5. EL MISMO *en el libro trigésimo sexto de los comentarios a Sabino.* Los nietos del abuelo muerto que tuvo el hijo suelen recaer en la potestad del hijo, es decir, de su padre; del mismo modo los biznietos y demás descendientes recaen en la potestad del hijo si vivió y permaneció en la familia, o en la de su ascendiente anterior que estuviera bajo potestad. Esto es legal no sólo para los hijos naturales, sino también para los adoptivos.

6. IDEM libro nono ad Sabinum. Filium eum definimus, qui ex viro et uxore eius nascitur. Sed si fingamus afuisse maritum verbi gratia per decennium, reversum anniculum invenisse in domo sua, placet nobis Iuliani sententia hunc non esse mariti

6. EL MISMO *en el libro noveno de los comentarios a Sabino.* Definimos como hijo a quien nace del marido y de su mujer. Pero supongamos que el marido estuvo ausente, por ejemplo, durante diez años, y al volver

filium. Non tamen ferendum Iulianus ait eum, qui cum uxore sua adsidue moratus nolit filium adgnoscere quasi non suum. Sed mihi videtur, quod et Scaevola probat, si constet maritum aliquamdiu cum uxore non concubuisse infirmitate interveniente vel alia causa, vel si ea valetudine pater familias fuit ut generare non possit, hunc, qui in domo natus est, licet vicinis scientibus, filium non esse.

encontró en su casa a un niño de un año; nos parece adecuada la opinión de Juliano de que no es hijo del marido. Pero dice Juliano que no debe aceptarse que, quien convivió asiduamente con su esposa, no quiera reconocer al hijo habido como suyo. Pero yo considero que, como también lo aprueba Escévola, si consta que el marido no yació por algún tiempo con su esposa por causa de enfermedad o por otra causa, o que si el padre de familia no podía engendrar por motivos de salud, ese que nació en su casa, aunque lo supieran los vecinos, no es hijo suyo.

7. IDEM libro vicensimo quinto ad Sabinum. Si qua poena pater fuerit affectus, ut vel civitatem amittat vel servus poenae efficiatur, sine dubio nepos filii loco succedit.

7. EL MISMO *en el libro vigésimo quinto de los comentarios a Sabino.* Si el padre hubiere sido condenado con alguna pena como para perder la ciudadanía o volverse esclavo de la pena, sin duda el nieto sucede en lugar del hijo.

8. IDEM libro vicensimo sexto ad Sabinum. Patre furioso liberi nihilominus in patris sui potestate sunt: idem et in omnibus est parentibus, qui habent liberos in potestate. Nam cum ius potestatis moribus sit receptum nec possit desinere quis habere in potestate, nisi exierint liberi quibus casibus solent, nequaquam dubitandum est remanere eos in potestate. Quare non solum eos liberos in potestate habebit, quos ante furorem genuit, verum et si qui ante furorem concepti in furore editi sunt. Sed et si in furore agente eo uxor concipiat, videndum an in potestate eius nascatur filius: nam furiosus licet uxorem ducere non possit, retinere tamen matrimonium potest: quod cum ita se habeant, in potestate filium habebit.

8. EL MISMO *en el libro vigésimo sexto de los comentarios a Sabino.* No obstante que el padre esté demente, los hijos están bajo su potestad. Y lo mismo pasa con todos los ascendientes que tienen hijos bajo su potestad. Porque como el derecho de potestad se transmitió por costumbre, y nadie puede dejar de tener bajo potestad a otro a menos que los hijos hubieren salido de ella en los casos acostumbrados, de ningún modo debe dudarse que ellos permanecen bajo potestad. Por ende, no sólo tendrá bajo potestad a los hijos engendrados antes de la demencia, sino también los concebidos antes de la demencia y los nacidos ya estando

Proinde et si furiosa sit uxor, ex ea ante conceptus in potestate nascetur: sed et in furore eius conceptus ab eo qui non furebat sine dubio in potestate nascetur, quia retinetur matrimonium. Sed et si ambo in furore agant et uxor et maritus et tunc concipiat, partus in potestate patris nascetur, quasi voluntatis reliquiis in furiosis manentibus: nam cum consistat matrimonium altero furente, consistet et utroque.

demente. Pero si estando demente su esposa concibiera, debe analizarse si el hijo nace bajo su potestad, pues, aunque el demente no puede casarse, sí puede conservar su matrimonio. Al ser esto así, tendrá al hijo bajo su potestad. Por lo tanto, si la mujer también estuviera demente, el concebido antes de la demencia nacerá bajo potestad; pero también nacerá bajo potestad el concebido durante la demencia del que no estaba demente, porque el matrimonio se conserva. Pero si ambos, marido y mujer, estuvieran dementes, y entonces ella concibiera, el parto nacerá bajo la potestad del padre, como si en los dementes quedasen restos de voluntad; pues si el matrimonio se mantiene estando demente uno de ellos, también se mantendrá estándolo ambos.

§1. Adeo autem retinet ius potestatis pater furiosus, ut et adquiratur illi commodum eius, quod filius adquisivit.

§1. Y de tal modo el padre demente conserva el derecho de potestad, que adquiere para él la ganancia que el hijo adquirió.

9. POMPONIUS *libro sexto decimo ad Quintum Mucium. Filius familias in publicis causis loco patris familias habetur, veluti ut magistratum gerat, ut tutor detur.*

9. POMPONIO *en el libro décimo sexto de los comentarios a Quinto Mucio.* En los asuntos públicos, el hijo de familia es considerado cabeza de familia, por ejemplo, al ocupar una magistratura o al ser nombrado tutor.

10. ULPIANUS *libro quarto ad legem Iuliam et Papiam. Si iudex nutriri vel ali oportere pronuntiaverit, dicendum est de veritate quaerendum, filius sit an non: neque enim alimentorum causa veritati facit praeiudicium.*

10. ULPIANO *en el libro cuarto de los comentarios a la ley Julia y Papia.* Si el juez hubiere sentenciado que debe darse alimentos a un niño o a un adulto, debe indagarse la verdad de si es hijo o no, pues el juicio de alimentos no preconstituye la verdad de la filiación.

11. MODESTINUS libro primo pandectarum. Inviti filii naturales vel emancipati non rediguntur in patriam potestatem.

11. MODESTINO *en el libro primero de las pandectas.* Los hijos naturales o los emancipados no son reducidos a la potestad paterna contra su voluntad.

TITULUS VII DE ADOPTIONIBUS ET EMANCIPATIONIBUS ET ALIIS MODIS QUIBUS POTESTAS SOLVITUR

TÍTULO VII DE LAS ADOPCIONES, DE LAS EMANCIPACIONES Y DE LOS OTROS MODOS POR LOS QUE SE EXTINGUE LA POTESTAD

1. MODESTINUS libro secundo regularum. Filios familias non solum natura, verum et adoptiones faciunt.

§1. Quod adoptionis nomen est quidem generale, in duas autem species dividitur, quarum altera adoptio similiter dicitur, altera adrogatio. Adoptantur filii familias, adrogantur qui sui iuris sunt.

1. MODESTINO *en el libro segundo de las reglas.* No sólo la naturaleza, sino también las adopciones, crean hijos de familia.

§1. El vocablo "adopción" es ciertamente general, pero se divide en dos especies, una de ellas se denomina igualmente "adopción", la otra "arrogación". Se adoptan los hijos de familia, se arrogan los que son dueños de sí mismos (*sui iuris*).

2. GAIUS libro primo institutionum. Generalis enim adoptio duobus modis fit, aut principis auctoritate aut magistratus imperio. Principis auctoritate adoptamus eos qui sui iuris sunt: quae species adoptionis dicitur adrogatio, quia et is qui adoptat rogatur, id est interrogatur, an velit eum quem adoptaturus sit iustum sibi filium esse, et is qui adoptatur rogatur, an id fieri patiatur. Imperio magistratus adoptamus eos qui in potestate parentis sunt, sive primum gradum liberorum optineant, qualis est filius filia, sive inferiorem, qualis est nepos neptis, pronepos proneptis.

2. GAYO *en el libro primero de las instituciones.* Porque la adopción se realiza de dos modos: por la autoridad del príncipe o por potestad del magistrado. Por la autoridad del príncipe adoptamos a los que son dueños de sí mismos (*sui iuris*): esta forma de adopción se denomina arrogación, porque al que adopta se le pregunta si desea tener como hijo legítimo al que está por adoptar, y a quien es adoptado si consiente realizar dicho acto. Por la potestad del magistrado adoptamos a los que están bajo potestad de un ascendiente, ya sea que ocupen el primer grado de los descendientes, como el hijo y la hija, ya uno inferior, como el nieto y la nieta, o el biznieto y la biznieta.

§1. Illud utriusque adoptionis commune est, quod et hi qui generare non possunt, quales sunt spadones, adoptare possunt.

§1. Es común a una u otra forma de adopción que incluso aquellos que no pueden engendrar, como los espadones, sí pueden adoptar.

§2. Hoc vero proprium est eius adoptionis, quae per principem fit, quod is qui liberos in potestate habet si se adrogandum dederit, non solum ipse potestati adrogatoris subicitur, sed et liberi eius in eiusdem fiunt potestate tamquam nepotes.

§2. Es propio de la adopción realizada ante el príncipe que quien tiene hijos bajo su potestad, si se hubiere dado en arrogación, no sólo él se somete a la potestad del arrogante, sino también sus hijos caen bajo la misma potestad en calidad de nietos.

3. PAULUS libro quarto ad Sabinum. Si consul vel praeses filius familias sit, posse eum apud semet ipsum vel emancipari vel in adoptionem dari constat.

3. PAULO *en el libro cuarto de los comentarios a Sabino.* Si el hijo de familia es cónsul o gobernador de provincia, es sabido que también puede emanciparse o darse en adopción.

4. MODESTINUS libro secundo regularum. Magistratum, apud quem legis actio est, et emancipare filios suos et in adoptionem dare apud se posse Neratii sententia est.

4. MODESTINO *en el libro segundo de las reglas.* Neracio opina que el magistrado, en quien reside la acción de la ley, puede emancipar a sus hijos y dar en adopción en su presencia.

5. CELSUS libro vicensimo octavo digestorum. In adoptionibus eorum dumtaxat, qui suae potestatis sunt, voluntas exploratur: sin autem a patre dantur in adoptionem, in his utriusque arbitrium spectandum est vel consentiendo vel non contradicendo.

5. CELSO *en el libro vigésimo octavo del digesto.* Respecto a las adopciones de quienes tienen potestad propia, tan sólo se indaga sobre su voluntad; pero si son dados por el padre en adopción, se debe considerar la voluntad de ambos, ya sea consintiendo, ya opiniéndose.

6. PAULUS libro trigensimo quinto ad edictum. Cum nepos adoptatur quasi ex filio natus, consensus filii exigitur, idque etiam Iulianus scribit.

6. PAULO *en el libro trigésimo quinto de los comentarios al edicto.* Cuando se adopta a alguien como nieto nacido de un hijo, se exige el consentimiento

del hijo; y esto lo escribe también Juliano.

7. CELSUS libro trigensimo nono digestorum. Cum adoptio fit, non est necessaria in eam rem auctoritas eorum, inter quos iura adgnationis consequuntur.

7. CELSO *en el libro trigésimo noveno del digesto.* Cuando se realiza una adopción, no es necesaria la autorización de aquellos que se ven afectados por los derechos de agnación.

***8.** MODESTINUS libro secundo regularum. Quod ne curatoris auctoritas intercederet in adrogatione ante tenuerat, sub divo Claudio recte mutatum est.*

8. MODESTINO *en el libro segundo de las reglas.* Lo que anteriormente se observaba, que la autoridad del curador no intervenía en la arrogación, fue convenientemente cambiado por el divino Claudio.

***9.** ULPIANUS libro primo ad Sabinum. Etiam caecus adoptare vel adoptari potest.*

9. ULPIANO *en el libro primero de los comentarios a Sabino.* También el ciego puede adoptar o ser adoptado.

***10.** PAULUS libro secundo ad Sabinum. Si quis nepotem quasi ex filio natum quem in potestatem habet consentiente filio adoptaverit, non adgnascitur avo suus heres, quippe cum post mortem avi quasi in patris sui reccidit potestatem.*

10. PAULO *en el libro segundo de los comentarios a Sabino.* Si alguien adoptase a un tercero en calidad de nieto, como nacido del hijo que tiene bajo su potestad, y éste lo consiente, no nace para el abuelo un heredero suyo, pues de hecho tras la muerte del abuelo recae en la potestad del que es como su padre.

***11.** IDEM libro quarto ad Sabinum. Si is qui filium haberet in nepotis locum adoptasset perinde atque si ex eo filio natus esset, et is filius auctor factus non esset: mortuo avo non esse nepotem in potestate filii.*

11. EL MISMO *en el libro cuarto de los comentarios a Sabino.* Si quien ya tiene un hijo adoptó a alguien en calidad de nieto, como si naciera de su hijo, y éste no dio su autorización, una vez muerto el abuelo, el nieto no cae en la potestad del hijo.

***12.** ULPIANUS libro quarto decimo ad Sabinum. Qui liberatus est patria potestate, is postea in potestatem honeste reverti non potest nisi adoptione.*

12. ULPIANO *en el libro décimo cuarto de los comentarios a Sabino.* Quien fue liberado de la potestad paterna no puede después regresar debidamente a la potestad salvo por adopción.

***13.** PAPINIANUS libro trigensimo sexto quaestionum. In omni fere iure finita patris adoptivi potestate nullum ex pristino retinetur vestigium: denique et patria dignitas quaesita per adoptionem finita ea deponitur.*

13. PAPINIANO *en el libro trigésimo sexto de las cuestiones*. En casi todo el derecho, al extinguirse la potestad del padre adoptivo, no queda vestigio alguno del anterior; en consecuencia, también se extingue la dignidad paterna adquirida por adopción al terminar ésta.

***14.** POMPONIUS libro quinto ad Sabinum. Sed etiam nepos ex filio apud adoptatum patrem conceptus et natus per emancipationem iura omnia perdit.*

14. POMPONIO *en el libro quinto de los comentarios a Sabino*. Pero también el nieto concebido y nacido del hijo bajo potestad del padre adoptivo pierde todos los derechos por la emancipación.

***15.** ULPIANUS libro vicensimo sexto ad Sabinum. Si pater familias adoptatus sit, omnia quae eius fuerunt et adquiri possunt tacito iure ad eum transeunt qui adoptavit: hoc amplius liberi eius qui in potestate sunt eun sequuntur: sed et hi, qui postliminio redeunt, vel qui in utero fuerunt cum adrogaretur, simili modo in potestatem adrogatoris rediguntur.*

15. ULPIANO *en el libro vigésimo sexto de los comentarios a Sabino*. Si un jefe de familia fuese adoptado, todos los bienes que fueron de él y para él pasan por derecho tácito a quien lo adoptó; también le siguen los hijos que están bajo potestad; incluso aquellos que han vuelto por derecho de postliminio, o que estuvieron en el útero al momento de la arrogación, caen igualmente bajo la potestad del arrogador.

§1. Qui duos filios et ex altero eorum nepotem habet, si vult nepotem quasi ex altero natum sic adoptare, potest hoc efficere, si eum emancipaverit et sic adoptaverit quasi ex altero natum. Facit enim hoc quasi quilibet, non quasi avus, et qua ratione quasi ex quolibet natum potest adoptare, ita potest et quasi ex altero filio.

§1. Quien tiene dos hijos y de uno de ellos tiene un nieto, y quiere adoptar al nieto como nacido del otro, puede hacerlo si primero lo hubiere emancipado, y luego adoptarlo como nacido del otro. Pues hace esto como cualquier otro, no como abuelo, y por la misma razón que puede adoptarlo como nacido de un extraño, así también puede hacerlo como de su otro hijo.

§2. In adrogationibus cognitio vertitur, num forte minor sexaginta annis sit qui adrogat, quia magis liberorum creationi studere debeat: nisi forte morbus aut valetudo in causa sit aut alia iusta causa adrogandi, veluti si coniunctam sibi personam velit adoptare.

§2. En las arrogaciones se debe analizar si el arrogador es menor de sesenta años, porque debe atender especialmente a la procreación de hijos, a menos que una enfermedad o la mala salud fuere el motivo, u otra causa justa para arrogar, por ejemplo, si quisiera adoptar a un pariente.

§3. Item non debet quis plures adrogare nisi ex iusta causa, sed nec libertum alienum, nec maiorem minor.

§3. Igualmente, nadie debe arrogar a muchos salvo por justa causa; tampoco debe arrogarse al liberto ajeno, ni el menor al mayor.

16. *IAVOLENUS libro sexto ex Cassio. Adoptio enim in his personis locum habet, in quibus etiam natura potest habere.*

16. JAVOLENO *en el libro sexto de la doctrina de Casio.* Así pues, la adopción tiene lugar entre personas que también pueden tener filiación natural.

17. *ULPIANUS libro vicensimo sexto ad Sabinum. Nec ei permittitur adrogare, qui tutelam vel curam alicuius administravit, si minor viginti quinque annis sit qui adrogatur, ne forte eum ideo adroget, ne rationes reddat. Ítem inquirendum est, ne forte turpis causa adrogandi subsit.*

17. ULPIANO *en el libro vigésimo sexto de los comentarios a Sabino.* No se permite arrogar a quien administró la tutela o la curatela de alguien si el arrogado es menor de veinticinco años, no sea que lo haga para no rendir cuentas. También debe indagarse el que no se oculte una causa inmoral para arrogar.

§1. Eorum dumtaxat pupillorum adrogatio permittenda est his, qui vel naturali cognatione vel sanctissima affectione ducti adoptarent, ceterorum prohibenda, ne esset in potestate tutorum et finire tutelam et substitutionem a parente factam extinguere.

§1. Se permitirá la arrogación de estos pupilos sólo a quienes los adopten motivados por un parentesco natural o por un afecto purísimo, debiéndose prohibir la arrogación de los demás, para que no quede al arbitrio de los tutores el finalizar la tutela y extinguir la sustitución hecha por el ascendiente.

§2. Et primum quidem excutiendum erit, quae facultates pupilli sint et quae eius, qui adoptare eum velit, ut aestimetur ex comparatione earum, an salubris adoptio possit pupillo intellegi: deinde cuius vitae sit is, qui velit pupillum redigere in familiam

§2. Y sin duda, primero deberá examinarse cuál patrimonio tiene el pupilo y cuál quien lo desea adoptar, para valorar a partir de su comparación si la adopción puede ser adecuada para el pupilo; luego

suam: tertio cuius idem aetatis sit, ut aestimetur, an melius sit de liberis procreandis cogitare eum quam ex aliena familia quemquam redigere in potestatem suam.

debe examinarse el tipo de vida de quien quiere incorporar el pupilo a su familia; en tercer lugar, la edad del mismo, para juzgar si es mejor que piense en procrear hijos y no reducir a potestad a otro de una familia ajena.

§3. Praeterea videndum est, an non debeat permitti ei, qui vel unum habebit vel plures liberos, adoptare alium, ne aut illorum, quos iustis nuptiis procreaverit, deminuatur spes quam unusquisque liberorum obsequio paret sibi, aut qui adoptatus fuit minus percipiat quam dignum erit eum consequi.

§3. Además, debe valorarse si se permitirá adoptar a otro hijo a quien tenga uno o más; o que no se disminuya la esperanza de los que hubiere procreado en justas nupcias de engendrar hijos por respeto al padre; o que el adoptado no perciba menos de lo que sea digno que obtenga.

§4. Interdum et ditiorem permittetur adoptare pauperiori, si vitae eius sobrietas clara sit vel affectio honesta nec incognita.

§4. Algunas veces se permite al más pobre que adopte al más rico, si fuere evidente la sobriedad de su vida o un afecto honesto y sincero.

§5. Satisdatio autem in his casibus dari solet.

§5. Sin embargo, en estos casos suele otorgarse fianza.

***18.** MARCELLUS libro vicensimo sexto digestorum. Non aliter enim voluntati eius, qui adrogare pupillum volet, si causam eius ob alia probabit, subscribendum erit, quam si caverit servo publico se restituturum ea, quae ex bonis eius consecutus fuerit, illis, ad quos res perventura esset, si adrogatus permansisset in suo statu.*

18. MARCELO *en el libro vigésimo sexto del digesto.* Así pues, no deberá aceptarse sin más la pretensión del que quiere arrogar a un pupilo, aunque probase por otros motivos su intención, a menos que garantice ante un esclavo público el restituir la parte que hubiera percibido de los bienes del pupilo a quienes debía corresponder el patrimonio si el arrogado permanece en su estado.

***19.** ULPIANUS libro vicensimo sexto ad Sabinum. His verbis satisdationis quae ab adrogatore praestari debet 'ad quos ea res pertinet' et libertatibus prospectum esse, quae secundis tabulis datae sunt, et multo magis substituto servo, item legatariis, nemo dubitat.*

19. ULPIANO *en el libro vigésimo sexto de los comentarios a Sabino.* Nadie duda que con estas palabras de la fianza declaradas por el arrogante: "a aquellos a quienes este patrimonio pertenece", se tuvieron en cuenta las libertades otorgadas en segundas tablas testamentarias, y mucho más al esclavo sustituido, así como a los legatarios.

§1. Quae satisdatio si omissa fuerit, utilis actio in adrogatorem datur.

§1. Si se hubiere omitido dicha fianza, se concede acción útil contra el arrogante.

20. MARCELLUS libro vicensimo sexto digestorum. Haec autem satisdatio locum habet, si impubes decessit. Sed etsi de pupillo loquitur, tamen hoc est in pupilla observandum est.

20. MARCELO *en el libro vigésimo sexto del digesto*. Esta fianza tiene lugar si fallece el impúber. Y aunque se habla de pupilo, esto también debe observarse respecto de la pupila.

21. GAIUS libro singulari regularum. Nam et feminae ex rescripto principis adrogari possunt.

21. GAYO *en el libro único de las reglas*. Porque por rescripto del príncipe las mujeres también pueden ser arrogadas.

22. ULPIANUS libro vicensimo sexto ad Sabinum. Si adrogator decesserit impubere relicto filio adoptivo et mox impubes decedat, an heredes adrogatoris teneantur? Et dicendum est heredes quoque restituturos et bona adrogati et praeterea quartam partem.

22. ULPIANO *en el libro vigésimo sexto de los comentarios a Sabino*. Si el arrogante fallece dejando un hijo adoptivo impúbero, y después muere el impúber, ¿quedan obligados los herederos del arrogador? Y debe decirse que los herederos también restituirán los bienes del arrogado, y además la cuarta parte de los bienes del arrogado.

§1. Sed an impuberi adrogator substituere possit, quaeritur: et puto non admitti substitutionem, nisi forte ad quartam solam quam ex bonis eius consequitur, et hactenus ut ei usque ad pubertatem substituat. Ceterum si fidei eius committat, ut quandoque restituat, non oportet admitti fideicommissum, quia hoc non iudicio eius ad eum pervenit, sed principali providentia.

§1. Se pregunta si el arrogador puede sustituir al impúber. Considero que no, a menos que sea para conseguir solamente la cuarta parte de sus bienes, y en tanto que le sustituya hasta llegar a la pubertad. Por lo demás, si hiciese fideicomiso de la cuarta parte para que restituya en un plazo determinado, no conviene admitir el fideicomiso, porque tal derecho a la cuarta parte no llega al arrogado por voluntad del arrogante, sino por disposición del príncipe.

§2. Haec omnia dicenda sunt, sive in locum filii sive in locum nepotis aliquis impuberem adrogaverit.

§2. Todas estas cosas proceden si alguien arrogó a un impúber en calidad de hijo o de nieto.

23. PAULUS *libro trigensimo quinto ad edictum. Qui in adoptionem datur, his quibus adgnascitur et cognatus fit, quibus vero non adgnascitur nec cognatus fit: adoptio enim non ius sanguinis, sed ius adgnationis adfert. Et ideo si filium adoptavero, uxor mea illi matris loco non est, neque enim adgnascitur ei, propter quod nec cognata eius fit: item nec mater mea aviae loco illi est, quoniam his, qui extra familiam meam sunt, non adgnascitur: sed filiae meae is quem adoptavi frater fit, quoniam in familia mea est filia: nuptiis tamen etiam eorum prohibitis.*

23. PAULO *en el libro trigésimo quinto de los comentarios al edicto.* Quien se ofrece en adopción, también se vuelve cognado de aquellos para quien se hace agnado; pero para los que no se vuelve agnado tampoco se vuelve cognado, porque la adopción no lleva consigo el derecho de sangre, sino el derecho de agnación. Por tanto, si yo hubiere adoptado a alguien como hijo, mi esposa no esta respecto de él en calidad de madre, porque no se vuelve agnada de él, ni tampoco se vuelve su cognada; tampoco mi madre está para él en calidad de abuela, porque no se vuelve agnado para los que están fuera de mi familia. Pero ese al que adopté se vuelve hermano de mi hija, porque mi hija está en mi familia, pero quedan prohibidas las nupcias entre ellos.

24. ULPIANUS *libro primo disputationum. Neque absens neque dissentiens adrogari potest.*

24. ULPIANO *en el libro primero de las disputas.* No puede ser arrogado ni el ausente ni el que disiente.

25. IDEM *libro quinto opinionum. Post mortem filiae suae, quae ut mater familias quasi iure emancipate vixerat et testamento scriptis heredibus decessit, adversus factum suum, quasi non iure eam nec praesentibus testibus emancipasset, pater movere controversiam prohibetur.*

25. EL MISMO *en el libro quinto de las opiniones.* Tras la muerte de su hija, que como madre de familia había vivido emancipada de pleno derecho, y habiendo fallecido con herederos instituidos en testamento, se prohíbe al padre iniciar juicio contra su propio acto de emancipación, alegando no haberla emancipado válidamente ni en presencia de testigos.

§1. Neque adoptare neque adrogare quis absens nec per alium eiusmodi sollemnitatem peragere potest.

§1. El ausente no puede adoptar, ni arrogar ni cumplir dicha solemnidad por medio de tercero.

26. IULIANUS *libro septuagensimo digestorum. Quem filius meus emancipatus adoptaverit, is nepos meus non erit.*

26. JULIANO *en el libro septuagésimo del digesto.* No será nieto mío aquel que mi hijo emancipado adoptó.

27. IDEM *libro octagensimo quinto digestorum.* Ex *adoptivo natus adoptivi locum optinet in iure civili.*

27. EL MISMO *en el libro octagésimo quinto del digesto.* El nacido de un adoptivo obtiene la calidad de adoptivo en el derecho civil.

28. GAIUS *libro primo institutionum. Liberum arbitrium est ei, qui filium et ex eo nepotem in potestate habebit, filium quidem potestate demittere, nepotem vero in potestate retinere: vel ex diverso filium quidem in potestate retinere, nepotem vero manumittere: vel omnes sui iuris efficere.* Eadem *et de pronepote dicta esse intellegemus.*

28. GAYO *en el libro primero de las instituciones.* Aquél que tenga bajo su potestad a un hijo y a un nieto nacido de él, tiene sin duda libre arbitrio para emancipar de su potestad al hijo, pero retener en su potestad al nieto; o bien, para retener en su potestad al hijo y emncipar al nieto, o para volverlos a todos *sui iuris*. Y lo mismo entenderemos que se dice respecto del biznieto.

29. CALLISTRATUS *libro secundo institutionum.* Si *pater naturalis loqui quidem non possit, alio tamen modo quam sermone manifestum facere possit velle si filium suum in adoptionem dare: perinde confirmatur adoptio, ac si iure facta esset.*

29. *CALISTRATO en el libro segundo de las instituciones.* Si el padre natural no puede hablar, pero de algún otro modo puede manifestar con palabras que desea dar a su hijo en adopción, esta se confirma igual que si se hiciera conforme a derecho.

30. PAULUS *libro primo regularum.* Et *qui uxores non habent filios adoptare possunt.*

30. PAULO *en el libro primero de las reglas.* También quienes no tienen esposas pueden adoptar hijos.

31. MARCIANUS *libro quinto regularum.* Non *potest filius, qui est in potestate patris, ullo modo compellere eum, ne sit in potestate, sive naturalis sive adoptivus.*

31. MARCIANO *en el libro quinto de las reglas.* El hijo que está bajo potestad paterna, sea natural o adoptivo, de ningún modo puede obligar a éste para que no lo tenga bajo potestad.

32. PAPINIANUS *libro trigensimo primo quaestionum.* Nonnumquam *autem impubes qui adoptatus est audiendus erit, si*

32. PAPINIANO *en el libro trigésimo primero de las cuestiones.* A veces el impúber adoptado deberá ser

pubes factus emancipari desideret, idque causa cognita per iudicem statuendum erit.

escuchado sobre si, vuelto púber, desea ser emancipado; y esto deberá determinarlo el juez previo conocimiento del asunto.

§1. Imperator Titus Antoninus rescripsit privignum suum tutori adoptare permittendum.

§1. El emperador Tito Antonino dispuso por escrito que debía permitirse al tutor adoptar a su hijastro.

33. MARCIANUS *libro quinto regularum. Et si pubes factus non expedire sibi in potestatem eius redigi probaverit, aequum esse emancipari eum a patre adoptivo atque ita pristinum ius recuperare.*

33. MARCIANO *en el libro quinto de las reglas*. Si vuelto púber, el adoptado probó que no le convenía estar sometido a la potestad del adoptante, es justo que el padre adoptivo lo emancipe y que recupere su condición anterior.

34. PAULUS *libro undecimo quaestionum. Quaesitus est, si tibi filius in adoptionem hac lege sit datus, ut post triennium puta eundem mihi in adoptionem des, an actio ulla sit. Et Labeo putat nullam esse actionem: nec enim moribus nostris convenit filium temporalem habere.*

34. PAULO *en el libro décimo primero de las cuestiones*. Se preguntó: si se te dio en adopción un hijo con la obligación de que después de tres años me lo des en adopción, ¿habría alguna acción? Labeón opina que no procede acción alguna, porque no conviene a nuestras costumbres tener un hijo sólo por un tiempo determinado.

35. IDEM *libro primo responsorum. Per adoptionem dignitas non minuitur, sed augetur. Unde senator etsi a plebeio adoptatus est, manet senator: similiter manet et senatoris filius.*

35. EL MISMO *en el libro primero de las respuestas*. La dignidad no disminuye por la adopción, sino que aumenta. Por tanto, un senador, aunque haya sido adoptado por un plebeyo, permaece en su status de senador; del mismo modo queda también el hijo del senador.

36. IDEM *libro octavo decimo responsorum. Emancipari filium a patre quocumque loco posse constat, ut exeat de patria potestate.*

36. EL MISMO *en el libro décimo octavo de las respuestas*. Consta que el padre puede emancipar al hijo en cualquier lugar con objeto de que salga de la potestad paterna.

§1. Apud proconsulem etiam in ea provincia, quam sortitus non est, et manumitti et in adoptionem dari posse placet.

§1. Es adecuado que pueda manumitirse y darse en adopción ante el procónsul, incluso en aquella provincia que desafortunadamente no le fue asignada.

37. *IDEM libro secundo sententiarum. Adoptare quis nepotis loco potest, etiam si filium non habet.*

37. EL MISMO *en el libro segundo de las sentencias.* Cualquiera puede adoptar a otro en calidad de nieto, aunque no tenga hijo.

§1. Eum quem quis adoptavit, emancipatum vel in adoptionem datum iterum non potest adoptare.

§1. Nadie puede adoptar de nuevo al que adoptó y luego lo emancipó o dio a otro en adopción.

38. *MARCELLUS libro vicensimo sexto digestorum. Adoptio non iure facta a principe confirmari potest.*

38. MARCELO *en el libro vigésimo sexto del digesto.* La adopción que no se hizo conforme a derecho puede ser confirmada por el príncipe.

39. *ULPIANUS libro tertio de officio consulis. Nam ita divus Marcus Eutychiano rescripsit: 'Quod desideras an impetrare debeas, aestimabunt iudices adhibitis etiam his, qui contra dicent, id est qui laederentur confirmatione adoptionis'.*

39. ULPIANO *en el libro tercero del cargo de cónsul.* Porque así respondió por escrito el divino Marco a Eutiquiano: "si buscas obtener lo que deseas, lo estimarán los jueces debiendo citar también a la contraparte, es decir, a los que se verían perjudicados con la confirmación de la adopción".

40. *MODESTINUS libro primo differentiarum. Adrogato patre familias liberi, qui in eius erant potestate, nepotes apud adrogatorem efficiuntur simulque cum suo patre in eius reccidunt potestatem. Quod non similiter in adoptionem contingit: nam nepotes ex eo in avi naturalis retinentur potestate.*

40. MODESTINO *en el libro primero de las diferencias.* Al arrogarse a un padre de familia, los hijos que estuvieron bajo su potestad se vuelven nietos para el arrogante, y junto con su padre caen en la potestad de aquél. Esto no sucede en la adopción, porque los nietos habidos del adoptado quedan retenidos en la potestad del abuelo natural.

§1. Non tantum cum quis adoptat, sed et cum adrogat, maior esse debet eo, quem sibi per adrogationem vel per adoptionem filium

§1. No sólo el que adopta, sino también el que arroga, debe ser mayor a aquél al que vuelve hijo suyo

facit, et utique plenae pubertatis: id est decem et octo annis eum praecedere debet.

por arrogación o adopción. Y debe superar el tiempo de la plena pubertad, es decir, diez y ocho años.

§2. Spado adrogando suum heredem sibi adsciscere potest nec ei corporale vitium impedimento est.

§2. El eunuco puede obtener un heredero suyo por medio de la arrogación, no siéndole un impedimento su defecto corporal.

41. IDEM *libro secundo regularum. Si pater filium, ex quo nepos illi est in potestate, emancipaverit et postea eum adoptaverit: mortuo eo nepos in patris non revertitur potestatem. Nec is nepos in patris revertitur potestatem, quem avus retinuerit filio dato in adoptionem, quem denuo redadoptavit.*

41. EL MISMO *en el libro segundo de las reglas.* Si un padre de familia emancipó al hijo del que tiene bajo su potestad un nieto, y después lo adoptó, el nieto no revierte a la potestad del padre al morir este. Tampoco el nieto que el abuelo hubiera retenido bajo su potestad al dar a su hijo en adopción vuelve a la potestad del padre si nuevamente lo adoptó.

42. IDEM *in libro primo pandectarum. Etiam infantem in adoptionem dare possumus.*

42. EL MISMO *en el libro primero de las pandectas.* También podemos dar en adopción al infante.

43. POMPONIUS *libro vicensimo ad Quintum Mucium. Adoptiones non solum filiorum, sed et quasi nepotum fiunt, ut aliquis nepos noster esse videatur perinde quasi ex filio vel incerto natus sit.*

43. POMPONIO *en el libro vigésimo de los comentarios a Quinto Mucio.* No sólo se realizan adopciones de hijos, sino también de nietos, de modo que alguien puede ser considerado nieto nuestro, como si hubiere nacido de un hijo nuestro o de un desconocido.

44. PROCULUS *libro octavo epistularum. Si is, qui nepotem ex filio habet, in nepotis loco aliquem adoptavit, non puto mortuo avo iura consanguinitatis inter nepotes futura esse. Sed si sic adoptavit, ut etiam iure legis nepos sus esset, quasi ex Lucio puta filio suo et ex matre familias eius natus esset, contra puto.*

44. PRÓCULO *en el libro octavo de las epístolas.* Si aquel que tiene un nieto de su hijo adoptó a alguien en calidad de nieto, no considero que existan derechos de consanguinidad entre los nietos al morir el abuelo. Pero si lo adoptó de modo que legalmente fuera su nieto, como si hubiese nacido, por ejemplo, de su hijo Lucio, y de la mujer de éste, juzgo lo contrario.

45. *PAULUS libro tertio ad legem Iuliam et Papiam. Onera eius, qui in adoptionem datus est, ad patrem adoptivum transferuntur.*

45. PAULO *en el libro tercero de los comentarios a la ley Julia y Papia.* Las cargas testamentarias del que fue dado en adopción se transfieren al padre adoptivo.

46. *ULPIANUS libro quarto ad legem Iuliam et Papiam. In servitude mea quaesitus mihi filius in potestatem meam redigi beneficio principis potest: libertinum tamen eu manere non dubitatur.*

46. ULPIANO *en el libro cuarto de los comentarios a la ley Julia y Papia.* El hijo que tuve siendo yo esclavo puede quedar bajo mi potestad por concesión del príncipe; pero sin duda queda liberto.

TITULUS VIII DE DIVISIONE RERUM ET QUALITATE

TÍTULO VIII DE LA DIVISIÓN DE LAS COSAS Y SU CALIDAD

1. GAIUS libro secundo institutionum. Summa rerum divisio in duos articulos deducitur: nam aliae sunt divini iuris, aliae humani. Divini iuris sunt veluti res sacrae et religiosae. Sanctae quoque res, veluti muri et portae, quodammodo divini iuris sunt. Quod autem divini iuris est, id nullius in bonis est: id vero, quod humani iuris est, plerumque alicuius in bonis est, potest autem et nullius in bonis esse: nam res hereditariae, antequam aliquis heres existat, nullius in bonis sunt. Hae autem res, quae humani iuris sunt, aut publicae sun taut privatae. Quae publicae sunt, nullius in bonis esse creduntur, ipsius enim universitatis esse creduntur: privatae autem sunt, quae singulorum sunt.

1. GAYO *en el libro segundo de las definiciones.* La principal división de las cosas se reduce a dos tipos: unas son de derecho divino, otras de derecho humano. Son de derecho divino, por ejemplo, las cosas sagradas y las religiosas. También las cosas santas, como los muros y las puertas, en cierto modo son de derecho divino. Lo que es de derecho divino no está en los bienes de nadie, pero lo que es de derecho humano está la mayoría de veces en los bienes de alguien; no obstante ello, puede no estar en los bienes de nadie, porque los bienes hereditarios, antes de existir algún heredero, no están en los bienes de nadie. Mas las cosas que son de derecho humano, o son públicas o son privadas. Las que son públicas se considera que no están en los bienes de nadie, pues se considera que son de la comunidad misma. Pero las privadas son las que pertenecen a cada uno.

§1. Quaedam praeterea res corporales sunt, quaedam incorporales. Corporales hae sunt, quae tangi possunt, veluti fundus homo vestis aurum argentum et denique aliae res innumerabiles: incorporales sunt, quae tangi non possunt, qualia sunt ea, quae in iure consistunt, sicut hereditas, usus fructus, obligationes quoquo modo contractae. Nec ad rem pertinet, quod in hereditate res corporales continentur: nam et fructus, qui ex fundo percipiuntur, corporales sunt, et id quod ex aliqua obligatione nobis debetur plerumque corporale est, veluti fundus homo pecunia: nam ipsum ius successionis et ipsum ius utendi fruendi et ipsum ius obligationis incorporale est. Eodem numero sunt et iura praediorum urbanorum et rusticorum, quae etiam servitutes vocantur.

§1. Además, unas cosas son corporales y otras incorporales. Son cosas corporales las que pueden tocarse, como un fundo, un esclavo, un vestido, el oro, la plata y muchas otras cosas; son incorporales los que no se pueden tocar, como una herencia, un usufructo y las obligaciones contraídas de alguna forma. No importa para este caso que se contemplen en la herencia cosas corporales, porque también los frutos percibidos de un fundo son corporales. Y aquello que se nos debe por alguna obligación es corpóreo la mayoría de veces, como un fundo, un esclavo, el dinero; porque el derecho mismo de sucesión, y el derecho mismo de usar y disfrutar, así como el derecho de una obligación es incorporal. También forman parte de esta clasificación los derechos de los predios urbanos y rústicos, denominados servidumbres.

2. MARCIANUS libro tertio institutionum. Quaedam naturali iure communia sunt omnium, quaedam universitatis, quaedam nullius, pleraque singulorum, quae variis ex causis cuique adquiruntur.

2. MARCIANO *en el libro tercero de las instituciones.* Algunas cosas son comunes a todos por derecho natural, otras son de la comunidad, otras de nadie, y la mayor parte de los particulares, adquiréndolas cada uno por varias causas.

§1. Et quidem naturali iure omnium communia sunt illa: aer, aqua profluens, et mare, et per hoc litora maris.

§1. Son comunes a todos por derecho natural el aire, el agua corriente, el mar y, por ende, las costas del mar.

3. FLORENTINUS institutionum libro sexto. Item lapilli, gemmae ceteraque, quae

3. FLORENTINO *en el libro sexto de las instituciones.* También las piedras preciosas, las perlas y las demás cosas

in litore invenimus, iure naturali nostra statim fiunt.

que hallamos en la costa se hacen inmediatamente nuestras por derecho natural.

4. MARCIANUS libro tertio institutionum. Nemo igitur ad litus maris accedere prohibetur piscandi causa, dum tamen villis et aedificiis et monumentis abstineatur, quia non sunt iuris gentium sicut et mare: idque et divus Pius piscatoribus Fermianis et Capenatis rescripsit. Sed flumina paene omnia et portus publica sunt.

4. MARCIANO *en el libro tercero de las instituciones.* Por ende, nadie tiene prohibido acercarse a la orilla del mar para pescar, siempre que se mantenga a distancia de las casas de descanso, los edificios y los monumentos, porque no son del derecho de gentes, como lo es el mar; y esto lo respondió por escrito el divino Pío a los pescadores Fermianos y Capenatos.

5. GAIUS libro secundo rerum cottidianarum sive aureorum. Riparum usus publicus est iure gentium sicut ipsius fluminis. Itaque navem ad eas appellere, funes ex arboribus ibi natis religare, retia siccare et ex mare reducere, onus aliquid in his reponere cuilibet liberum est, sicuti per ipsum flumen navigare. Sed proprietas illorum est, quorum praediis haerent: qua de causa arbores quoque in his natae eorundem sunt.

5. GAYO *en el libro segundo de las cosas cotidianas o áureas.* Por derecho de gentes el uso de las riberas y del propio río es público. Y así, cualquiera es libre de acercar a ellas el barco, atar cuerdas a los árboles allí nacidos, tender a secar las redes y sacarlas del mar, colocar en ellas alguna carga, así como navergar por el río mismo. Sin embargo, la propiedad es de aquellos cuyos predios colindan y, por ende, también son de ellos los árboles allí nacidos.

§1. In mare piscantibus liberum est casam in litore ponere, in qua se recipiant,

§1. Los que pescan en el mar son libres de situar en la orilla una choza en la cual guarecerse,

6. MARCIANUS libro tertio institutionum. … in tantum, ut et soli domini constituantur qui ibi aedificant, sed quamdiu aedificium manet: alioquin aedificio dilapso quasi iure postliminii revertitur locus in pristinam causam, et si alius in eodem loco aedificaverit, eius fiet.

6. MARCIANO *en el libro tercero de las instituciones.* … de modo que se vuelvan dueños exclusivos los que allí edifican, pero sólo mientras la construcción siga de pie; por lo demás, derribado el edificio, el sitio vuelve a su condición anterior por derecho de postliminio, y si otra

persona construyó en el mismo sitio, se voverá propiedad de él.

§1. Universitatis sunt, non singulorum veluti quae in civitatibus sunt theatra et stadia et similia et si qua alia sunt communia civitatium. Ideoque nec servus communis civitatis singulorum pro parte intellegitur, sed universitatis et ideo tam contra civem quam pro eo posse servum civitatis torqueri divi fratres rescripserunt. Ideo et libertus civitatis non habet necesse veniam edicti petere, si vocet in ius aliquem ex civibus.

§1. Son de la comunidad, no de los particulares, por ejemplo, los teatros, los estadios y otras cosas semejantes que hay en las ciudades, así como algunas otras que son comunes a las ciudades. Por ende, no se entiende que el esclavo de la ciudad sea parcialmente de cada persona, sino de la colectividad, y por ello dispusieron por escrito los divinos hermanos y emperadores Marco Aurelio y Lucio Vero que el esclavo de la ciudad puede ser sometido a tormento para declarar en contra o en favor de un ciudadano. Por ende, el liberto de la ciudad no necesita solicitar la venia del edicto si se cita a juicio a alguno de los ciudadanos.

§2. Sacrae res et religiosae et sanctae in nullius bonis sunt.

§2. Las cosas sagradas, religiosas y santas no entran en la propiedad de nadie.

§3. Sacrae autem res sunt hae, quae publice consecratae sunt, non private: si quis ergo privatim sibi sacrum constituerit, sacrum non est, sed profanum. Semel autem aede sacra facta etiam diruto aedificio locus sacer manet.

§3. Son cosas sagradas las que han sido consagradas públicamente, no en privado; por ende, si alguien constituye de forma privada para sí una cosa como sagrada, esta no es sagrada, sino profana. Más una vez vuelto sagrado un templo, el sitio seguirá siendo sagrado, incluso tras derribar el edificio.

§4. Religiosum autem locum unusquisque sua voluntate facit, dum mortuum infert in locum suum. In commune autem sepulchrum etiam invitis ceteris licet inferre. Sed et in alienum locum concedente domino licet inferre: et licet postea ratum habuerit quam illatus est mortuus, religiosus locus fit.

§4. Cada persona vuelve religioso un sitio por voluntad propia, bastando con sepultar a un muerto en un fundo de su propiedad. Sin embargo, es lícito inhumar en un sepulcro común incluso contra la voluntad de los demás copropietarios. Pero también es lícito sepultar en un lugar ajeno con el consentimiento del dueño, y aunque lo ratifique después de sepultar al muerto, el sitio se vuelve religioso.

§5. Cenotaphium quoque magis placet locum esse religiosum, sicut testis in ea re est Vergilius;

§5. Igualmente, parece más adecuado que el cenotafio sea lugar religioso, como Virgilio atestigua al respecto;

7. ULPIANUS libro vicensimo quinto ad edictum. … sed divi fratres contra rescripserunt.

7. ULPIANO *en el libro vigésimo quinto de los comentarios al edicto. …* pero los divinos hermanos (los emperadores Marco Aurelio y Lucio Vero) respondieron por escrito lo contrario.

8. MARCIANUS libro quarto regularum. Sanctum est, quod ab iniuria hominum defensum atque munitum est.

8. MARCIANO *en el libro cuarto de las reglas.* Es santo lo que es defendido y protegido de la injuria de los hombres.

§1. Sanctum autem dictum est a sagnimibus: sunt autem sagmina quaedam herbae, quas legati populi Romani ferre solent, ne quis eos violaret, sicut legati Graecorum ferunt ea quae vocantur cerycia.

§1. Mas se dijo "santo" (*sanctum*), de *sagmen* (hierba sagrada). Pero dichas hierbas las suelen llevar los embajadores del pueblo romano, para que nadie los ultraje, así como los embajadores de los griegos portan lo que se denomina caduceos.

§2. In municipiis quoque muros esse sanctos Sabinum recte respondisse Cassius refert, prohiberique oportere ne quid in his immitteretur.

§2. Casio refiere que Sabino respondió acertadamente que en los municipios los muros también son santos, y que era adecuado que nadie se introdujese a través de ellos.

9. ULPIANUS libro sexagensimo octavo ad edictum. Sacra loca ea sunt, quae publice sunt dedicata, sive in civitate sint sive in agro.

9. ULPIANO *en el libro sexagésimo octavo de los comentarios al edicto.* Son lugares sagrados aquellos que están públicamente dedicados, tanto en la ciudad como en el campo.

§1. Sciendum est locum publicum tunc sacrum fieri posse, cum princeps eum dedicavit vel dedicandi dedit potestatem.

§1. Ha de saberse que un lugar público entonces puede volverse sagrado, cuando el príncipe lo dedicó o brindó facultad para dedicarlo.

§2. Illud notandum est aliud esse sacrum locum, aliud sacrarium. Sacer locus est locus consecratus, sacrarium est locus, in quo sacra reponuntur, quod etiam in aedificio

§2. Debe notarse que una cosa es lugar sagrado y otra cosa sagrario. El lugar sagrado es un lugar consagrado, el sagrario es el lugar donde se

privato esse potest, et solent, qui liberare eum locum religione volunt, sacra inde evocare.

custodian los objetos sagrados, el cual puede también estar en un edificio privado; y los que quieren desconsagrar el lugar suelen retirar de allí los objetos sagrados.

§3. Proprie dicimus sancta, quae neque sacra neque profana sunt, sed sanctione quadam confirmata: ut leges sanctae sunt, sanctione enim quadam sunt subnixae. Quod enim sanctione quadam subnixum est, id sanctum est, etsi deo non sit consecratum: et interdum in sanctionibus adicitur, ut qui ibi aliquid commisit, capite puniatur.

§3. Llamamos propiamente santas a las cosas que ni son sagradas ni son profanas, pero que fueron confirmadas con alguna sanción, como son santas las leyes, porque se apoyan en una sanción; pues lo que se apoya en una sanción es santo, aunque no esté consagrado a la divinidad. Y en ocasiones se agrega en las sanciones que quien hizo algo contra lo sancionado, deberá ser castigado con la pena capital.

§4. Muros autem municipales nec reficere licet sine principis vel praesidis auctoritate nec aliquid eis coniungere vel superponere.

§4. No es lícito rehacer los muros municipales, ni añadirles o sobreponerles algo sin autorización del príncipe o del gobernador de provincia.

§5. Res sacra non recipit aestimationem.

§5. La cosa sagrada no admite estimación monetaria.

10. POMPIONIUS *libro sexto ex Plautio. Aristo ait, sicut id, quod in mare aedificandum sit, fieret privatum, ita quod mari occupatum sit, fieri publicum.*

10. POMPONIO *en el libro sexto de los comentarios a Plaucio*. Aristón dice que, así como se volvería privado lo que se edificase en el mar, así también se vuelve público lo que haya sido ocupado por el mar.

11. POMPONIUS *libro secundo ex variis lectionibus. Si quis violaverit muros, capite punitur, sicuti si quis trascendet scalis admotis vel alia qualibet ratione. Nam cives Romanos alia quam per portas egredi non licet, cum illus hostile et abonminandum sit: nam et Romuli frater Remus occisus traditur ob id, quod murum trascendere voluerit.*

11. POMPONIO *en el libro segundo de las lecciones de diversos autores*. Si alguien hubiere violado los muros es castigado con la pena capital, por ejemplo, si alguien los atravesase por escaleras adosadas o por algún otro modo. Porque no es lícito que los ciudadanos romanos salgan de la ciudad por otro medio que no sean las puertas, de lo contrario es algo hostil y abominable. Se cuenta también que Remo, hermano de Rómulo, fue asesinado por éste tras haber querido atravesar el muro trepando por él.

TITULUS VIIII DE SENATORIBUS

TÍTULO VIIII DE LOS SENADORES

1. ULPIANUS libro sexagensimo secundo ad edictum. Consulari feminae utique consularem virum praeferendum nemo ambigit. Sed vir praefectorius an consulari feminae praeferatur, videndum. Putem praeferri, quia maior dignitas est in sexu virili.

1. ULPIANO *en el libro sexagésimo segundo de los comentarios al edicto.* Nadie duda que el varón de rango consular debe ser preferido a la mujer de rango consular. Analicemos si el varón que ha sido prefecto deba ser preferido a la mujer de rango consular. Yo juzgo que debe preferirse al primero, porque hay mayor dignidad en el sexo masculino.

§1. Consulares autem feminas dicimus consularim uxores: adicit Saturninus etiam matres, quod nec usquam relatum est nec umquam receptum.

§1. Llamamos mujeres consulares a las esposas de los varones de rango consular; Saturnino agregó también a las madres de éstos, algo que en ningún lugar se dijo y nunca se admitió.

2. MARCELLUS libro tertio digestorum. Cassius Longinus non putat ei permittendum, qui propter turpitudinem senatu motus nec restitutus est, iudicare vel testimonium dicere, quia lex Iulia repetundarum hoc fieri vetat.

2. MARCELO *en el libro tercero del digesto.* Casio Longino considera que no debe permitirse juzgar u ofrecer testimonio a quien por motivos inmorales fue expulsado del senado y no fue restituido, pues la ley Julia sobre concusión prohíbe que se haga esto.

3. MODESTINUS libro sexto regularum. Senatorem remotum senatu capite non minui, sed Romae morari divus Severus et Antoninus promiserunt.

3. MODESTINO *en el libro sexto de las reglas.* Los divinos Severo y Antonino permitieron que el Senador expulsado del senado no disminuyese su estatus, sino que morase en Roma.

4. POMPONIUS *libro duodecimo ex variis lectionibus. Qui indignus est inferiore ordine, indignior est superiore.*

4. POMPONIO *en el libro décimo sexto sobre las lecciones de varios autores.* Quien es indigno del orden inferior, es más indigno del superior.

5. ULPIANUS *libro primo ad legem Iuliam et Papiam. Senatoris filium accipere debemus non tantum eum qui naturalis est, verum adoptivum quoque: neque intererit, a quo vel qualiter adoptatus fuerit. Nec interest, iam in senatoria dignitate constitutus eum susceperit an ante dignitatem senatoriam.*

5. ULPIANO *en el libro primero de los comentarios a la ley Julia y Papia.* Debemos entender por hijo de senador no sólo al hijo natural, sino también al adoptivo; y no importa de quién o o de qué modo hubiese sido adoptado. Tampoco importa que lo adoptase ya constituido en la dignidad senatoria o antes de tenerla.

6. PAULUS *libro secundo ad legem Iuliam et Papiam. Senatoris filius est et is, quem in adoptionem accepit, quamdiu tamen in familia eius manet: emancipatus vero nomen filii emancipatione amittit.*

6. PAULO *en el libro segundo de los comentarios a la ley Julia y Papia.* También es hijo de senador aquél a quien se aceptó en adopción, pero sólo mientras permanece en su familia; pues el emancipado pierde el nombre de hijo por causa de la emancipación.

§1. A senatore in adoptionem filius datus ei qui inferioris dignitatis est, quasi senatoris filius videtur, quia non amittitur senatoria dignitas adoptione inferioris dignitatis, non magis quam ut consularis desinat esse.

§1. El hijo de senador dado en adopción a una persona de rango inferior, se considera hijo de senador, porque no se pierde la dignidad senatoria por la adopción del de inferior dignidad, así como no se deja de ser de rango consular.

7. ULPIANUS *libro primo ad legem Iuliam et Papiam. Emancipatum a patre senatore quasi senatoris filium haberi placet.*

7. ULPIANO *en el libro primero de los comentarios a la ley Julia y Papia.* Es adecuado que el emancipado de padre senador sea considerado como hijo de senador.

§1. Item Labeo scribit etiam eum, qui post mortem patris senatoris natus sit, quasi senatoris filium esse. Sed eum, qui posteaquam pater eius de senatu motus est concipitur et nascitur, Proculus et Pegasus opinantur non esse quasi senatoris filium,

§1. Labeón escribe que también es hijo de senador quien nació después de la muerte del padre senador. Pero Próculo y Pegaso opinan que quien es concebido y dado a luz después de que su padre fuera expulsado del

quorum sententia vera est: nec enim proprie senatoris filius dicetur is, cuius pater senatu motus est antequam iste nasceretur. Si quis conceptus quidem sit, antequam pater eius senatu moveatur, natus autem post patris amissam dignitatem, magis est ut quasi senatoris filius intellegatur: tempus enim conceptionis spectandum plerisque placuit.

senado, no es considerado hijo de senador, cuya opinión es verdadera, porque no se denominará propiamente hijo de senador a aquél cuyo padre fue expulsado del senado antes de que naciese. Si alguien fue concebido antes de que su padre fuere expulsado del senado, pero naciese luego de que el padre perdiese tal dignidad, se concluirá con mayor razón que es hijo de senador, pues la mayoría juzgó que debía ponerse atención al momento de la concepción.

§2. Si quis et patrem et avum habuerit senatorem, et quasi filius et quasi nepos senatoris intellegitur. Sed si pater amiserit dignitatem ante conceptionem huius, quaeri poterit an, quamvis quasi senatoris filius non intellegatur, quasi nepos tamen intellegi debeat: et magis est ut debeat, ut avi potius ei dignitas prosit, quam obsit casus patris.

§2. Si alguien tuvo padre y abuelo senadores, se considera que es hijo y nieto de senador. Pero si el padre perdió tal dignidad antes de la concepción de aquél, podría preguntarse si debe ser considerado pese a todo nieto, aunque no sea reputado como hijo de senador; y hay más razón para que así deba serlo, de modo que le sea más benéfica la dignidad del abuelo, no que le perjudique la desgracia del padre.

8. IDEM *libro sexto fideicommissorum. Feminae nuptae clarissimis personis clarissimarum personarum appellatione continentur. Clarissimarum feminarum nomine senatorum filiae, nisi quae viros clarissimos sortitae sunt, non habentur: feminis enim dignitatem clarissimam mariti tribuunt, parentes vero, donec plebeii nuptiis fuerint copulatae: tamdiu igitur clarissima femina erit, quamdiu senatori nupta est vel clarissimo aut separata ab eo alii inferioris dignitatis non nupsit.*

8. EL MISMO *en el libro sexto de los fideicomisos.* Las mujeres casadas con personas ilustrísimas se comprenden en la denominación de personas muy ilustrísimas. No se comprenden en dicho apelativo a las hijas de los senadores, salvo las que se casaron con varones ilustrísimos, porque los maridos brindan a sus esposas la dignidad de ilustrísimas, pero los padres les brindan tal dignidad sólo hasta que ellas se uniesen en nupcias con un plebeyo. Así pues, la mujer tendrá el rango de ilustrísima mientras esté casada con un senador

o con un varón ilustrísimo, o bien, habiéndose separado, no se case con otro de dignidad inferior.

9. PAPINIANUS libro quarto responsorum. Filiam senatoris nuptias liberti secutam patris casus non facit uxorem: nam quaesita dignitas liberis propter casum patris remote a senatu auferenda non est.

9. PAPINIANO *en el libro cuarto de las respuestas*. La desgracia del padre no vuelve esposa a la hija de un senador casada indebidamente con un liberto, pues no debe retirarse a los hijos la dignidad adquirida debido a la desgracia del padre expulsado del senado.

10. *ULPIANUS libro trigensimo quarto ad edictum. Liberos senatorum accipere debemus non tantum senatorum filios, verum omnes, qui geniti ex ipsis exve liberis eorum dicantur, sive naturales sive adoptivi sint liberi senatorum, ex quibus nati dicuntur. Sed si ex filia senatoris natus sit, spectare debemus patris eius condicionem.*

10. ULPIANO *en el libro trigésimo cuarto de los comentarios al edicto*. Debemos admitir como descendientes de senadores no sólo a los hijos de los senadores, sino también a todos los que se declaren procreados por aquellos o por sus demás hijos, tanto naturales como adoptivos, los hijos de los senadores de quienes se declaren nacidos. Pero si nació de una hija de senador, debemos considerar la condición de su padre.

11. *PAULUS libro quadragensimo primo ad edictum. Senatores licet in urbe domicilium habere videantur, tamen et ibi, unde oriundi sunt, habere domicilium intelleguntur, quia dignitas domicilii adiectionem potius dedisse quam permutasse videtur.*

11. PAULO *en el libro cuadragésimo primero de los comentarios al edicto*. Aunque parezca que los senadores tienen su domicilio en la ciudad, no obstante se entiende que también tienen su domicilio allí de donde son oriundos, porque se entiende que su dignidad les añadió otro domicilio, no se los cambió.

12. *ULPIANUS libro secundo de censibus. Nuptae prius consulari viro impetrare solent a principe, quamvis perraro, ut nuptae iterum minoris dignitatis viro nihilominus in consulari maneant dignitate: ut scio Antoninum Augustum*

12. ULPIANO *en el libro segundo de los censos*. Las casadas primero con varón consular suelen obtener permiso del príncipe, aunque ocurre rara vez que, al casarse con un varón de menor dignidad, permanezcan, pese a todo,

Iuliae Mammaeae consobrinae suae indulsisse.

en la dignidad consular, como sé que Antonino Augusto Caracala se lo concedió a su prima Julia Mamea.

§.1 Senatores autem accipiendum est eos, qui a patriciis et consulibus usque ad omnes illustres viros descendunt, quia et hi soli in senatu sententiam dicere possunt.

§1. Pero deben considerarse senadores a quienes descienden de los patricios y cónsules hasta todos los varones ilustres, porque sólo estos pueden emitir parecer en el senado.

TITULUS X
DE OFFICIO CONSULIS

TÍTULO X
DEL CARGO DE CÓNSUL

1. ULPIANUS *libro secundo de officio consulis. Officium consulis est consilium praebere manumittere volentibus.*

1. ULPIANO *en el libro segundo del cargo de cónsul.* Es facultad del cónsul brindar consejo a los que desean manumitir.

§1. Consules et seorsum singuli manumittunt: sed non potest is, qui apud alterum nomina ediderit, apud alterum manumittere: separate enim sunt manumissiones. Sane si qua ex causa collega manumittere non poterit infirmitate vel aliqua iusta causa impeditus, collegam posse manumissionem expedire senatus censuit.

§1. Cada uno de los cónsules también manumite por separado, pero el que hubiere manifestado ante uno los nombres de los esclavos a manumitir, no puede manumitir ante el otro, pues son manumisiones distintas. Pero si por alguna causa un colega no pudiera manumitir, impedido por enfermedad o alguna otra causa justa, el senado decidió que el otro colega podía realizar la manumisión.

§2. Consules apud se servos suos manumittere posse nulla dubitatio est. Sed si evenerit, ut minor viginti annis consul sit, apud se manumittere non poterit, cum ipse sit, qui ex senatus consulto consilii causam examinat: apud collegam vero causa probata potest.

§2. No hay duda alguna de que los cónsules pueden manumitir ante ellos a sus esclavos. Pero si sucediera que el cónsul fuera menor de veinte años, no podrá manumitir ante sí, pues tendría que ser él mismo, por razón de un senadoconsulto, quien examinara la justa causa de la manumisión según la sentencia del consejo; sin embargo, puede hacerlo ante el colega una vez probada la causa de la manumisión.

TITULUS XI DE OFFICIO PRAEFECTI PRAETORIO

TÍTULO XI DEL CARGO DE PREFECTO DEL PRETORIO

1. AURELIUS ARCADIUS CHARISIUS magister libellorum libro singulari de officio praefecti praetorio. Breviter commemorare necesse est, unde constituendi praefectorum praetorio officio origo manaverit. Ad vicem magistri equitum praefectos praetorio antiquitus institutos esse a quibusdam scriptoribus traditum est. Nam cum apud veteres dictatoribus ad tempus summa potestas crederetur et magistros equitum sibi eligerent, qui adsociati participales curae ad militiae gratia secundam post eos potestatem gererent: regimentis rei publicae ad imperatores perpetuos translatis ad similitudinem magistrorum equitum praefecti praetorio a principibus electi sunt. Data est plenior eis licentia ad disciplinae publicae emendationem.

1. AURELIO ARCADIO CARISIO, *secretario de peticiones, en el libro único del cargo de prefecto del pretorio.* Es necesario tratar brevemente de dónde emana el origen de donde se establece el cargo de prefecto del pretorio. Según refieren algunos escritores, los prefectos del pretorio se instituyeron para sustituir a los generales de caballería. Pues así como entre los antiguos se concedía a los dictadores temporales la máxima autoridad, y éstos elegían para sí generales de caballería, los cuales, asociados parcialmente para la administración y la milicia, ejercieran después de ellos la segunda potestad, al transferirse a los emperadores perpetuos la dirección de la república, los príncipes eligieron prefectos del pretorio, igual que los generales de caballería. A esos prefectos se les concedió una facultad más amplia para imponer disciplina pública.

§1. His cunabulis praefectorum auctoritas initiata in tantum meruit augeri, ut appellari a praefectis praetorio non possit. Nam cum ante quaesitum fuisset, an liceret a praefectis praetorio appellare et iure liceret et extarent exempla eorum qui provocaverint: postea publice sententia principali lecta appellandi facultas interdicta est. Credidit enim princeps eos, qui ob singularem industriam explorata

§1. La autoridad de los prefectos en aquellos comienzos mereció tanto auge, que no podía apelarse a las decisiones del prefecto del pretorio. Pues aunque primero se hubiese preguntado si sería lícito apelar ante los prefectos del pretorio, y fuera lícito en derecho, y hubo ejemplos de quienes habían apelado, después, por sentencia del príncipe públicamente

eorum fide et gravitate ad huius officii magnitudinem adhibentur, non aliter iudicaturos esse pro sapientia ac luce dignitatis suae, quam ipse foret iudicaturus.

leída se prohibió la facultad de apelar. Porque el príncipe consideró que los que por sus particulares conocimientos son elevados a la importancia de este cargo después de haber probado su fidelidad y seriedad, no deberían juzgar por su sabiduría y por el brillo de su dignidad de distinta manera que el mismo príncipe.

§2. Subnixi sunt etiam alio privilegio praefecti praetorio, ne a sententiis eorum minores aetate ab aliis magistratibus nisi ab ipsis praefectis praetorio restituí possint.

§2. También se les confirió a los prefectos del pretorio otro privilegio: el de que contra sus sentencias no puedan conceder restitución absoluta a los menores de edad otros magistrados más que los propios prefectos del pretorio.

TITULUS XII DE OFFICIO PRAEFECTI URBI

TÍTULO XII DEL CARGO DE PREFECTO DE LA CIUDAD

1. ULPIANUS *libro singulari de officio praefecti urbi. Omnia omnino crimina praefectura urbis sibi vindicavit, nec tantum ea, quae intra urben admittuntur, verum ea quoque, quae extra urbem intra Italiam, epistula divi Severi ad Fabium Cilonem praefectum urbi missa declaratur.*

1. ULPIANO *en el libro único del cargo de prefecto de la ciudad.* En una epístola del divino Severo a Fabio Cilón, prefecto de la ciudad, se declara que la prefectura de la ciudad reivindicó para sí el total conocimiento de los crímenes, no sólo de los que se cometen al interior de la ciudad, sino también fuera de la ciudad pero dentro de Italia.

§1. Servos qui ad statuas confugerint, vel sua pecunia emptos ut manumittantur, de dominis querentes audiet.

§1. Deberá oír a los esclavos que, denunciando a sus amos, se hubiesen refugiado en las estatuas imperiales, o que con su dinero hubieren comprado su manumisión.

§2. Sed et patronos egentes de suis libertis querentes audiet, maxime si aegros se esse dicant desiderentque a libertis exhiberi.

§2. Pero también deberá escuchar a los patrones necesitados que denuncian a sus libertos, especialmente si alegasen estar enfermos y deseasen ser apoyados económicamente por sus libertos.

§3. Relegandi deportandique in insulam, quam imperator adsignaverit, licentiam habet.

§3. Tiene facultad para relegar y deportar a la isla que el emperador hubiese designado.

§4. Initio eiusdem epistulae ita scriptum est: 'cum urbem nostram fidei tuae commiserimus': quidquid igitur intra urbem admittitur, ad praefectum urbi videtur pertinere. Sed et si quid intra centensimum miliarium admissum sit, ad praefectum urbi pertinet: si ultra ipsum lapidem, egressum est praefecti urbi notionem.

§4. Al inicio de dicha carta se ha escrito lo siguiente: "habiendo encomendado nuestra ciudad a tu lealtad". Por ello, todo lo que sucede al interior de la ciudad se considera que pertenece al prefecto de la ciudad. Pero si algo sucede dentro de cien millas, concierne al prefecto de la ciudad; y si sucediera más allá de la piedra miliar, sale de la competencia del prefecto de la ciudad.

§5. Si quis servum suum adulterium commisisse dicat in uxorem suam, apud praefectum urbi erit audiendus.

§5. Si alguien dijere que su esclavo cometió adulterio con su esposa, deberá ser escuchado ante el prefecto de la ciudad.

§6. Sed et ex interdictis quod vi aut clam aut interdicto unde vi audire potest.

§6. Mas también puede conocer de los interdictos aut clam o unde vi.

§7. Solent ad praefecturam urbis remitti etiam tutores sive curatores, qui male in tutela sive cura versati graviore animadversione indigent quam ut sufficiat eis suspectorum infamia: quos probari poterit vel nummis datis tutelam occupasse, vel praemio accepto operam dedisse ut non idoneus tutor alicui daretur, vel consulto circa edendum patrimonium quantitatem minuisse, vel evidenti fraude pupilli bona alienasse.

§7. Suelen también remitirse a la prefectura de la ciudad los tutores o los curadores que, al haberse conducido malamente en la tutela o curatela, necesitan de una sanción más grave para que no baste la infamia de los sospechosos; a los que hubiese podido probárseles que o bien aceptaron la tutela a cambio de dinero dado, o bien por una gratificación recibida planearon designar para alguien un tutor no idóneo, o que al devolver el patrimonio sustrajeron conscientemente una cantidad, o bien que enajenaron los bienes del pupilo con evidente engaño.

§8. Quod autem dictum est, ut servos de dominis querentes praefectus audiat, sic accipiemus non acusantes dominos (hoc

§8. Pero lo antes dicho, de que el prefecto deberá oír a los esclavos que denuncien a sus señores, lo debemos

enim nequaquam servo permittendum est nisi ex causis receptis), sed si verecunde expostulent, si saevitiam, si duritiam, si famem, qua eos premant, si obscenitatem, in qua eos compulerint vel compellant, apud praefectum urbi exponant. Hoc quoque officium praefecto urbi a divo Severo datum est, ut mancipia tueatur ne prostituantur.

entender así: el no acusar a sus amos, pues esto no debe permitirse de ningún modo al esclavo a menos que existan causas justificadas, salvo que denuncien respetuosamente al presentarse ante el prefecto de la ciudad la crueldad, la dureza o el hambre con que los oprimen, o bien la obscenidad a que los hubieren obligado o los obliguen a realizar. También fue concedido por el divino Severo al prefecto de la ciudad el deber de cuidar que los esclavos no sean prostituidos.

§9. Praeterea curare debebit praefectus urbi, ut nummularii probe se agant circa omne negotium suum et temperent his, quae sunt prohibita.

§9. Además, el prefecto de la ciudad deberá cuidar que los cambistas se conduzcan con rectitud en todos sus negocios y eviten lo que les está prohibido.

§10. Cum patronus contemni se a liberto dixerit vel contumeliosum sibi libertum queratur vel convicium se ab eo passum liberosque suos vel uxorem vel quid huic simile obicit: praefectus urbi adiri solet et pro modo querellae corrigere eum. Aut comminari aut fustibus castigare aut ulterius procedere in poena eius solet: nam et puniendi plerumque sunt liberti. Certe si se delatum a liberto vel conspirasse eum contra se cum inimicis doceat, etiam metalli poena in eum statui debet.

§10. Cuando el patrón hubiere dicho que es despreciado por su liberto o denunciase de que el liberto le injuria, o que el liberto organiza un vocerío contra el patrono, sus hijos o su esposa, o lo expusiese a algo similar, suele denunciarse ante el prefecto de la ciudad y corregirle, ya sea advirtiéndole, castigándole con azotes o proceder a un castigo mayor; porque también algunas veces los libertos deben ser castigados. Ciertamente, si el patrón probase que fue delatado por su liberto, o éste conspirase en su contra con enemigos suyos, también debe imponérsele la condena de las minas.

§11. Cura carnis omnis ut iusto pretio praebeatur ad curam praefecturae pertinet, et ideo et forum suarium sub ipsius cura est: sed et ceterorum pecorum sive armentorum quae ad huiusmodi praebitionem spectant ad ipsius curam pertinent.

§11. Corresponde a la prefectura de la ciudad el cuidado de toda la carne para que se venda a precio justo, y por ende está bajo su cuidado el mercado de cerdos; pero también le incumbe a su cargo el suministro de las demás reses, tanto mayores como menores.

§12. Quies quoque popularium et disciplina spectaculorum ad praefecti urbi curam pertinere videtur: et sane debet etiam dispositos milites stationarios habere ad tuendam popularium quietem et ad referendum sibi quid ubi agatur.

§12. Igualmente, se considera bajo el cuidado del prefecto de la ciudad el orden en los bancos de los plebeyos en el anfiteatro y la reglamentación de los espectáculos. Y sin duda debe disponer de soldados de la guarnición para mantener el orde de los bancos de los plebeyos y para que le informen de lo que en cualquier parte se haga.

§13. Et urbe interdicere praefectus urbi et qua alia solitarum regionum potest, et negotiatione et professione et advocationibus et foro, et ad tempus et in perpetuum: interdicere poterit et spectaculis: et si quem releget ab Italia, summovere eum etiam a provincia sua.

§13. El prefecto de la ciudad también puede desterrar de la ciudad y de cualquier otra de las regiones acostumbradas, y prohibir negocios, el ejercer determinada profesión, la abogacía y el mercado, tanto temporal como perpetuamente. También podrá prohibir espectáculos, y si relegase a alguien de Italia, también puede expulsarle de su provincia.

§14. Divus Severus rescripsit eos etiam, qui illicitum collegium coisse dicuntur, apud praefectum urbi accusandos.

§14. El divino Severo también respondió por escrito que de quienes se diga que ilícitamente se reúnen en colegios, deberán ser acusados ante el prefecto de la ciudad.

2. PAULUS libro singulari de officio praefecti urbi. Adiri etiam ab argentariis vel adversus eos ex epistula divi Hadriani et in pecuniariis causis potest.

2. PAULO *en el libro único del cargo de prefecto de la ciudad.* También, por una epístola del divino Adriano, puede acudirse ante el prefecto de la ciudad por los actos de los banqueros o contra ellos, así como por cuestiones pecuniarias.

3. ULPIANUS libro secundo ad edictum. Praefectus urbi cum terminos urbis exierit, potestatem non habet: extra urbem potest iubere iudicare.

3. ULPIANO *en el libro segundo de los comentarios al edicto.* Al salir de los límites de la ciudad, el prefecto de la ciudad no tiene potestad; fuera de la ciudad puede disponer que otro juzgue.

TITULUS XIII DE OFFICIO QUAESTORIS

1. ULPIANUS *libro singulari de officio quaestoris. Origo quaestoribus creandis antiquissima est et paene ante omnes magistratus. Gracchanus denique Iunius libro septimo de potestatibus etiam ipsum Romulum et Numam Pompilium binos quaestores habuisse, quos ipsi non sua voce, sed populi suffragio crearent, refert. Sed sicuti dubium est, an Romulo et Numa regnantibus quaestor fuerit, ita Tullo Hostilio rege quaestores fuisse certum est: et sane crebrior apud veteres opinio est Tullum Hostilium primum in rem publicam induxisse quaestores.*

§1. Et a genere quaerendi quaestores initio dictos et Iunius et Trebatius et Fenestella scribunt.

§2. Ex quaestoribus quidam solebant provincias sortiri ex senatus consulto, quod factum est Decimo Druso et Porcina consulibus. Sane non omnes quaestores provincias sortiebantur, verum excepti erant candidati principis: hi etenim solis libris principalibus in senatu legendis vacant.

§3. Hodieque optinuit indifferenter quaestores creari tam patricios quam plebeios: ingressus est enim et quasi primordium gerendorum honorum sententiaeque in senatu dicendae.

TÍTULO XIII DEL CARGO DE CUESTOR

1. ULPIANO *en el libro único del cargo de cuestor.* El origen de la creación de los cuestores es antiquísimo, y casi anterior a todas las magistraturas. En resumen, Gracano Junio refiere en el líbro séptimo de las potestades que incluso el propio Rómulo y Numa Pompilio tuvieron dos cuestores que no crearon ellos mismos, sino la voluntad del pueblo. Pero así como es dudoso que en los reinados de Rómulo y Numa haya habido cuestor, así también es cierto que hubo cuestores con el rey Tulo Hostilio.

§1. Y Junio, Trebacio y Fenestela escriben que por el caso particular de "investigar" (*quaero*), se les llamó en un principio "cuestores".

§2. De estos cuestores, algunos acostumbraban sortearse las provincias en virtud de un senadoconsulto, realizado cuando Décimo Druso y Porcina fueron cónsules. En verdad, no todos los cuestores se sorteaban las provincias, pues estaban exceptuados los candidatos del príncipe, ya que éstos únicamente se ocupan de leer ante el senado los libros del Príncipe.

§3. Y hoy se observa que por igual se designan cuestores sean patricios que plebeyos, pues es el ingreso y una especie de principio en la trayectoria de las magistraturas y para emitir sentencia en el senado.

§4. Ex his, sicut dicimus, quidam sunt qui candidati principis dicebantur quique epistulas eius in senatu legunt.

§4. De éstos, como dijimos, algunos se denominaban "candidatos del príncipe", y son los que leen las epístolas de éste ante el Senado.

TITULUS XIIII DE OFFICIO PRAETORUM

TÍTULO XIIII DEL CARGO DE PRETORES

1. ULPIANUS *libro vicensimo sexto ad Sabinum. Apud filium familias praetorem potest pater eius manumittere.*

1. ULPIANO *en el libro vigésimo sexto de los comentarios a Sabino.* Un padre puede manumitir ante su hijo pretor.

2. PAULUS *libro quarto ad Sabinum. Sed etiam ipsum apud se emancipari vel in adoptionem dari placet.*

2. PAULO *en el libro cuarto de los comentarios a Sabino.* Pero también se considera procedente que él mismo pueda emanciparse o darse en adopción.

3. ULPIANUS *libro trigensimo octavo ad Sabinum. Barbarius Philippus cum servus fugitivus esset, Romae praeturam petiit et praetor designatus est. Sed nihil ei servitutem obstetisse ait Pomponius, quasi praetor non fuerit: atquin verum est praetura eum functum. Et tamen videamus: si servus quamdiu latuit, dignitate praetoria functus sit, quid dicemus? Quae edixit, quae decrevit, nullius fore momenti? An fore propter utilitatem eorum, qui apud eum agerunt vel lege vel quo alio iure? Et verum puto nihil eorum reprobari: hoc enim humanius est: cum etiam potuit populus Romanus servo decernere hanc potestatem, sed et si scisset servum esse, liberum effecisset. Quod ius multo magis in imperatore observandum est.*

3. ULPIANO *en el libro trigésimo octavo de los comentarios a Sabino.* Barbario Fiilipo, siendo esclavo fugitivo, se lanzó como candidato a la pretura en Roma y fue designado pretor. Pomponio dice que en nada le obstaculizó la esclavitud, como si no hubiera sido pretor; y a decir verdad, desempeño la pretura. Sin embargo, veamos: ¿qué diremos si, siendo todavía esclavo, hubiere desempeñado la pretoría ocultando su condición? ¿Carecerá de validez lo que publicó por edicto, lo que decretó? ¿O bien tendrá validez debido a la utilidad de los que demandaron ante él en virtud de la ley o por algún otro derecho? Y en verdad considero que nada de eso debe revocarse, pues esto es más humano, ya que el pueblo romano también pudo encomendar esta magistratura, pero aunque hubiere sabido que era esclavo, lo habría hecho libre. Tal derecho ha de observarse mucho más respecto al emperador.

4. IDEM libro primo de omnibus tribunalibus. Praetor neque tutorem neque specialem iudicem ipse se dare potest.

4. EL MISMO *en el libro primero de todos los tribunales.* El pretor no puede ofrecerse ni como tutor ni como juez especial.

TITULUS XV DE OFFICIO PRAEFECTI VIGILUM

TÍTULO XV DEL CARGO DE PREFECTO DE LOS VIGILANTES

1. PAULUS libro singulari de officio praefecti vigilum. Apud vetustiores incendiis arcendis triumviri praeerant, qui ab eo quod excubias agebant nocturni dicti sunt: interveniebant nonnumquam et aediles et tribuni plebis. Erat autem familia publica circa portam et muros disposita, unde si opus esset evocabatur: fuerant et privatae familiae, quae incendia vel mercede vel gratia extinguerent, deinde divus Augustus maluit per se huic rei consuli…

1. PAULO *en el libro único del cargo de prefecto de los vigilantes.* En tiempos muy antiguos cuidaban de la extinción de los incendios unos triunviros que hacían la guardia de noche, y por ello se les llamó "nocturnos". En ocasiones intervenían también los ediles y los tribunos de la plebe. Además, había también un conjunto de esclavos públicos dispuestos cerca de la puerta y los muros citadinos, a donde se les llamaba si había necesidad. También había grupos de esclavos privados que, ya pagándoles, ya gratuitamente, extinguían incendios. Tiempo después, el divino Augusto optó por gestionar este ámbito…

2. ULPIANUS libro singulari de officio praefecti vigilum. … pluribus uno die incendiis exortis:

2. ULPIANO *en el libro único del cargo de prefecto de los vigilantes. …* debido a que en un solo día iniciaron varios incendios,

3. PAULUS *libro singulari de officio praefecti vigilum. … nam salutem rei publicae tueri nulli magis credidit convenire nec alium sufficere ei rei, quam Caesarem. Itaque septem cohortes opportunis locis constituit, ut binas regiones urbis unaquaeque cohors tueatur, praepositis eis tribunis et super omnes spectabili viro qui praefectus vigilum appellatur.*

3. PAULO *en el libro único del cargo de prefecto de los vigilantes. …* pensó consideró que nadie más que el César debía proteger la república, y que nadie más se bastaba para dicho aspecto. Así pues, estableció siete cohortes en sitios adecuados, para que cada cohorte cuidara dos regiones de la ciudad, y al frente de ellas nombró a unos tribunos y por encima de todos ellos a un varón "respetable" que se denomina "prefecto de los vigilantes".

§1. Cognoscit praefectus vigilum de incendiariis effractoribus furibus raptoribus receptatoribus, nisi si qua tam atrox tamque famosa persona sit, ut praefecto urbi remittatur. Et quia plerumque incendia culpa fiunt inhabitantium, aut fustibus castigat eos qui neglegentis ignem habuerunt, aut severa interlocutione comminatus fustium castigationem remittit.

§1. El prefecto de los vigilantes tiene competencia en materia de incendiarios, descerrajadores, rateros, ladrones y encubridores, salvo que sea una persona tan terrible y de mala reputación que deba ser remitido al prefecto de la ciudad. Y como los incendios suceden muchas veces por culpa de los habitantes, castiga con azotes a los que fueron descuidados con el fuego, o les perdona el castigo de azotes con una severa reprimenda.

§2. Effracturae fiunt plerumque in insulis in horreisque, ibu homines pretiosissimam partem fortunarum suarum reponunt, cum vel cella effringitur vel armarium vel arca: et custodies plerumque puniuntur, et ita divus Antoninus Erucio Claro rescripsit. Ait enim posse eum horreis effractis quaestionem habere de servis custodibus, licet in illis ipsius imperatoris portio esset.

§2. Los descerrajamientos se hacen la mayoría de veces en edificios de viviendas y en almacenes donde los hombres guardan la parte más valiosa de sus fortunas, cuando se fracturan el cerrojo de una despensa, un armario o un cofre; y el divino Antonino respondió por escrito a Erucio Claro que también son castigados la mayoría de veces los guardianes. En efecto, decía que en caso de fractura de cerrojos de un almacén, el prefecto podía someter a tormento a los esclavos guardianes, aunque en ellos tuviese su parte el emperador.

§3. Sciendum est autem praefectum vigilum per totam noctem vigilare debere et coerrare calciatum cum hamis et dolabris, ut curam adhibeant omnes inquilinos admonere, ne neglegentia aliqua incendii casus oriatur.

§3. Hay que saber, por otra parte, que el prefecto de los vigilantes debe vigilar toda la noche y hacer su ronda calzado, equipado con ganchos y anzuelas, y advertir a todos los inquilinos que tengan cuidado para que no se origine ningún incendio por negligencia.

§4. Praeterea ut aquam unusquisque inquilinus in cenaculo habeat, iubetur admonere.

§4. Además, se dispuso que debe avisar a cada inquilino que tenga agua en su habitación.

§5. Adversus capsarios quoque, qui mercede servanda in balineis vestimenta suscipiunt, iudex est constitutus, ut, si quid in servandis vestimentis fraudulenter admiserint, ipse cognoscat.

§5. También se designa juez contra los custodios que en los baños termales vigilan los vestidos por un precio, para que indague si hubieren obrado fraudulentamente en la custodia de los vestidos.

4. ULPIANUS *libro singulari de officio praefecti urbi. Imperatores Severus et Antoninus Iunio Rufino praefecto vigilum ita rescripserunt: 'insularios et eos, qui neglegenter ignes apud se habuerint, potes fustibus vel flagellis caedi iubere: eos autem, qui dolo fecisse incendium convincentur, ad Fabium Cilonem praefectum urbi amicum nostrum remittes: fugitivos conquirere eosque dominis reddere debes'.*

4. ULPIANO *en el libro único del cargo de prefecto de la ciudad.* Los emperadores Severo y Antonino respondieron esto por escrito al prefecto de los vigilantes Junio Rufino: "puedes autorizar a que sean castigados con palos o azotes los habitantes de edificios de viviendas y todos los que hubieren provocado negligentemente incendios en ellas; pero remitirás a nuestro amigo Fabio Cilón, prefecto de la ciudad, a quienes fueren acusados de haber provocado dolosamente un incendio; debes buscar diligentemente a los esclavos fugitivos y devolverlos a sus dueños".

TITULUS XVI DE OFFICIO PROCONSULIS ET LEGATI

1. ULPIANUS libro primo disputationum. Proconsul ubique quidem proconsularia insignia habet statim atque urbem egressus est: potestatem autem non exercet nisi in ea provincia sola, quae ei decreta est.

2. MARCIANUS libro primo institutionum. Omnes proconsules statim quam urbem egressi fuerint habent iurisdictionem, sed non contentiosam, sed voluntariam: ut ecce manumitti apud eos possunt tam liberi quam servi et adoptiones fieri.

§1. Apud legatum vero proconsulis nemo manumittere potest, quia non habet iurisdictionem talem.

3. ULPIANUS libro vicensimo sexton ad Sabinum. Nec adoptare potest: omnino enim non est apud eum legis actio.

4. IDEM libro primo de officio proconsulis. Observare autem proconsulem oportet, ne in hospitiis praebendis oneret provinciam, ut imperator noster cum patre Aufidio Severiano rescripsit.

§1. Nemo proconsulum stratores suos habere potest, sed vice eorum milites ministerio in provinciis funguntur.

TÍTULO XVI DEL CARGO DE PROCÓNSUL Y DE LEGADO

1. ULPIANO *en el libro primero de las discusiones.* El procónsul, al momento de abandonar la ciudad, porta en todas partes las insignias proconsulares; sin embargo, no ejerce potestad más que en la provincia que le ha sido asignada.

2. MARCIANO *en el libro primero de las instituciones.* Todos los procónsules poseen jurisdicción al momento de salir de la ciudad, pero no contenciosa, sino voluntaria, por lo que ante ellos pueden manumitirse tanto hijos como esclavos, así como celebrar adopciones.

§1. En cambio, ante el legado del procónsul nadie puede manumitir, porque no tiene tal jurisdicción.

3. ULPIANO *en el libro vigésimo sexto de los comentarios a Sabino.* Tampoco puede adoptar, pues en de ningún modo tiene facultad para celebrar acción de la ley.

4. EL MISMO *en el libro primero del cargo de procónsul.* Sin embargo, conviene que el procónsul cuide que no se imponga a la provincia hospedajes gratuitos, como respondió por escrito nuestro emperador (Caracala) con su padre a Aufidio Severiano.

§1. Ningún proconsul puede tener sus propios ensilladores, sino que en las provincias ejercen dicha función sus soldados.

§2. Proficisci autem proconsulem melius quidem est sine uxore: sed et cum uxore potest, dummodo sciat senatum Cotta et Messala consulibus censuisse futurum, ut si quid uxores eorum qui ad officia proficiscuntur deliquerint, ab ipsis ratio et vindicta exigatur.

§2. Es mejor que el procónsul se dirija a su provincia sin su esposa, aunque puede hacerlo con ella, pero sabiendo que el senado decretó siendo cónsules Cota y Mesala que si las esposas de los que se dirigen a sus cargos cometieran algún delito, se les exigirá cuenta y castigo.

§3. Antequam vero fines provinciae decretae sibi proconsul ingresssus sit, edictum debet de adventu suo mittere continens commendationem aliquam sui, si qua ei familiaritas sit cum provincialibus vel coniunctio, et maxime excusantis, ne publice vel privatim occurrant ei: esse enim congruens, ut unisquisque in sua patria eum exciperet.

§3. Antes de que el procónsul haya cruzado los límites de la provincia asignada, debe enviar un edicto sobre su llegada conteniendo algún favor que ofrece, si tiene alguna amistad o relación con los habitantes de la provincia, y excusándoles ampliamente que no salgan a recibirle ni en público ni en privado, pues es congruente que cada cual lo reciba en su patria.

§4. Recte autem et ordine faciet, si edictum decessori suo miserit significetque, qua die fine sit ingressurus: plerumque enim incerta haec et inopinata turbant provinciales et actus impediunt.

§4. Actuará con orden y congruencia si enviase el edicto a su predecesor y le indicare el día en que cruzará la frontera, pues muchas veces estas cosas inciertas e inesperadas perturban a los habitantes de la provincia e impiden los actos de recepción.

§5. Ingressum etiam hoc eum observare oportet, ut per eam partem provinciam ingrediatur, per quam ingredi moris est, et quas Graeci 'adventus' appellant sive 'appulsum' observare, in quam primum civitatem veniat vel applicet: magni enim facient provinciales servari sibi consuetudinem istam et huiusmodi praerogativas. Quaedam provinciae etiam hoc habent, ut per mare in eam provinciam proconsul veniat, ut Asia, scilicet usque adeo, ut imperator noster Antoninus Augustus ad desideria Asianorum rescripsit pronconsuli necessitatem impositam per mare Asiam applicare 'et

§5. Conviene también observar el ingreso a la provincia por el lugar que se acostumbra entrar, y que observe al llegar o arribar primero a la primera ciudad lo que los griegos llaman "llegada" o "arribada", pues la gente de provincia brinda gran importancia a la observancia de esta costumbre y las respectivas prerrogativas concedidas. Además, algunas provincias, como Asia, tienen como característica que el procónsul llegue a la provincia por mar, de manera tal que nuestro emperador Antonino Augusto (Caracala), accediendo a los deseos

inter metropoles Ephesum' primam attingere.

de los asiáticos, respondió por escrito que se había impuesto al procónsul la necesidad de llegar a Asia por mar, y de tocar primero, "entre todas las metrópolis, a Efeso".

§6. Post haec ingressus provinciam mandare iurisdictionem legato suo debet nec hoc ante facere, quam fuerit provinciam ingressus: est enim perquam absurdum antequam ipse iurisdictionem nanciscantur (nec enim prius ei competit, quam in eam provinciam venerit) alii eam mandare, quam non habet. Sed si et ante fecerit et ingressus provinciam in eadem voluntate fuerit, credendum est videri legatum habere iurisdictionem, non exinde ex quo mandata est, sed ex quo provinciam proconsul ingressus est.

§6. Tras su ingreso a la provincial, debe delelgar su jurisdicción en su legado, pero no hacerlo antes de haber ingresado a la provincia, porque es totalmente absurdo que antes de adquirir él mismo la jurisdicción (pues no le compete antes de haber llegado a esa provincia) delegue en otro lo que no posee. Pero si lo hubiera hecho antes y, tras su ingreso en la provincia, hubiere mantenido su voluntad, hay que considerar que el legado parece tener jurisdicción, no desde que se le delegó, sino desde que el procónsul ingresó en la provincia.

5. PAPINIANUS libro primo quaestionum. Aliquando mandare iurisdictionem proconsul potest, etsi nondum in provinciam pervenerit. Quid enim si necessariam moram in itinere patiatur, maturissime autem legatus in provinciam perventurus sit?

5. PAPINIANO *en el libro primero de las cuestiones.* En ocasiones el procónsul puede delegar la jurisdicción aunque no hubiere llegado a la provincia. Porque, ¿qué pasaría si en el camino sufriese una demora inevitable y el legado hubiere de llegar mucho antes a la provincia?

6. ULPIANUS libro primo de officio proconsulis. Solent etiam custodiarum cognitionem mandare legatis, scilicet ut praeauditas custodias ad se remittent, ut innocentem ipse liberet. Sed hoc genus mandati extraordinarium est: nec enim potest quis gladii potestatem sibi datam vel cuius alterius coercitionis ad alium transferre, nec liberandi igitur reos ius, cum accusari apud eum non possint.

6. ULPIANO *en el libro primero del cargo de procónsul.* También suele encomendarse a los legados el seguimiento de las causas pendientes de reos presos, para que previa audiencia de éstas, se las remitan con objeto de que él mismo libere a algún inocente. Pero este tipo de autorización es extraordinario, pues nadie puede transferir a otro el poder de la espada que le han concedido ni de otro tipo de castigo, ni liberar reos que no puedan ser acusados ante él.

§1. Sicut autem mandare iurisdictionem vel non mandare est in arbitrio proconsulis, ita adimere mandatam iurisdictionem licet quidem proconsuli, non autem debet inconsulto principe hoc facere.

§1. Así como está en el arbitrio del procónsul delegar o no delegar la jurisdicción, así también es lícito al procónsul quitar la jurisdicción otorgada, aunque no debe hacerlo sin consultar al príncipe.

§2. Legatos non oportet principem consulere, sed proconsulem suum, et is ad consultationes legatorum debebit respondere.

§2. No es conveniente que los legados consulten al príncipe, sino a su procónsul, y éste deberá responder a las consultas de los legados.

§3. Non vero in totum xeniis abstinere debebit proconsul, sed modum adicere, ut neque morose in totum abstineat neque avare modum xeniorum excedat. Quam rem divus Severus et imperator Antoninus elegantissime epistula sunt moderati, cuius epistulae verba haec sunt: 'Quantum ad xenia pertinent, audi quid sentimus: vetus proverbium est 'neque omnia neque omni tempore neque ab omnibus'. Nam valde inhumanum est a nemine accipere, sed passim vilissimum est et omnia avarissimum'. Et quod mandatis continentur, ne donum vel munus ipse proconsul vel qui in alio officio erit accipiat ematve quid nisi victus cottidiani causa, ad xeniola non pertinet, sed ad ea quae edulium excedant usum. Sed nec xenia producenda sunt ad munerum qualitatem.

§3. El procónsul no deberá abstenerse completamente de aceptar los *xenia* (regalos acostumbrados), pero sí mantener la moderación, de modo que ni los rechace desdeñosamente en cualquier caso ni se exceda avaramente en la cantidad de los regalos. El divino Severo y el emperador Antonino moderaron muy elegantemente en una epístola con estas palabras: "en lo que respecta a los regalos, escucha lo que pensamos: hay un viejo proverbio que dice 'ni todos, ni en todo momento, ni de todos'; ciertamente es muy inhumano no aceptar de nadie, muy indigno aceptarlos siempre y muy avaro aceptarlos todos". Y lo que se contiene en los mandatos imperiales de que el mismo procónsul o quien estuviera en otro cargo provincial no acepte obsequio o donativo, ni compre nada sino lo que indique el sustento cotidiano, no se refiere a los pequeños regalos, sino a los que excedan los artículos comestibles habituales. Pero los regalos hechos a los gobernantes no deben entenderse en la calidad de donativos.

7. IDEM libro secundo de officio proconsulis. Si in aliam quam celebrem civitatem vel provinciae caput advenerit, pati debet commendari sibi civitatem laudesque suas non gravate audire, cum honori suo provinciales id vindicent: et ferias secundum mores et consuetudinem quae retro optinuit dare.

7. EL MISMO *en el libro segundo del cargo de procónsul.* Si el procónsul hubiere llegado a alguna ciudad importante o a la capital de la provincia, debe aceptar el elogio que le otorga la ciudad y escuchar sin molestia sus alabanzas, pues los habitantes de una provincia lo reivindican como privilegio suyo; y debe permitir las fiestas según los usos y costumbres que desde antes se practicaban.

§1. Aedes sacras et opera publica circumire inspiciendi gratia, an sarta tectaque sint vel an aliqua reflectione indigeant, et si qua coepta sunt ut consummentur, prout vires eius rei publicae permittunt, curare debet curatoresque operum diligentes sollemniter praeponere, ministeria quoque militaria, si opus fuerit, ad curatores adiuvandos dare.

§1. Debe recorrer los templos y las obras públicas con ánimo de inspeccionarlas si se hallan en buen estado o necesitan alguna reparación; y si existen algunas obras comenzadas debe procurar que se terminen, en la medida que lo permitan los recursos de la república, y designar solemnemente encargados de las obra que sean diligentes, y si fuera necesario, dejar elementos militares para ayudar a los encargados.

§2. Cum plenissimam autem iurisdictionem proconsul habeat, omnium partes, qui Romae vel quasi magistratus vel extra ordinem ius dicunt, ad ipsum pertinent:

§2. Como el procónsul tiene absoluta jurisdicción, corresponden al mismo las atribuciones de todos los que tienen jurisdicción en Roma, como magistrados o por vía extraordinaria,

8. IDEM libro trigensimo nono ad edictum. … et ideo maius imperium in ea provincia habet omnibus post principem…

8. EL MISMO *en el libro trigésimo noveno de los comentarios al edicto.* … y así, en aquella provincia tiene más imperio que todos, después del príncipe…

9. IDEM libro primo de officio proconsulis. … nec quicquam est in provincia, quod non per ipsum expediatur.

9. EL MISMO *en el libro primero del cargo de procónsul.* … y no hay cosa alguna que en la provincia no deba él

Sane si fiscalis pecuniaria causa sit, quae ad procuratorem principis respicit, melius fecerit, si abstineat.

mismo resolver. Con todo, si existe una causa pecuniaria fiscal que corresponda al procurador del príncipe, será mejor si se abstiene.

§1. Ubi decretum necessarium est, per libellum id expedire proconsul non poterit: omnia enim, quaecumque causae cognitionem desiderant, per libellum non possunt expediri.

§1. Donde es necesario un decreto, el procónsul no podrá resolverlo por libelo, pues todo lo que requiera conocimiento de la causa, no puede tramitarse por libelo.

§2. Circa advocatos patientem esse proconsulem oportet, sed cum ingenio, ne contemptibilis videatur, nec adeo dissimulare, si quos causarum concinnatores vel redemptores deprehendat, eosque solos pati postulare, quibus per edictum eius postulare permittitur.

§2. Conviene al procónsul que sea paciente con los abogados, pero con ingenio, para no volverse despreciable, y por tanto, no debe disimular si advirtiere que algunos son fomentadores o buscadores de pleitos, y sólo debe consentir que actúen como abogados aquellos a quienes se les permite por edicto.

§3. De plano autem proconsul potest expedire haec: ut obsequium parentibus et patronis liberisque patronarum exhiberi iubeat: comminari etiam et terrere filium a patre oblatum, qui non ut oportet conversari dicatur, poterit de plano: similiter et libertum non obsequentem emendare aut verbis aut fustium castigatione.

§3. Por otra parte, el procónsul puede expedir estos asuntos: disponer que se presten los servicios respectivos a padres, patrones y a los hijos de los patrones; podrá de plano también conminar y amenazar al hijo denunciado por su padre por no comportarse debidamente; igualmente, reprender al liberto que no presta sus servicios al patrón, ya con palabras, ya con castigo de azotes.

§4. Observare itaque eum oportet, ut sit ordo aliquis postulationum, scilicet ut omnium desideria audiantur, ne forte dum honori postulantium datur vel improbitati ceditur, mediocres desideria non proferant, qui aut omnino non adhibuerunt, aut minus frequentes neque in aliqua dignitate positos advocatos sibi prospexerunt.

§4. Así pues, debe procurar que haya cierto orden en las demandas, para así dar audiencia a los deseos de todos, no sea que por dar preferencia a la dignidad de los demandantes, se ceda a la improbidad y no puedan presentar sus peticiones las personas de baja clase, por carecer de defensor, o acudir los menos conocidos y que carecen de rango.

§5. Advocatos quoque petentibus debebit indulgere plerumque: feminis vel pupillis vel alias debilibus vel his, qui suae mentis non

§5. Muchas veces deberá también dar abogados a los que los soliciten: a las mujeres, a los pupilos, a los que por

sunt, si quis eis petat: vel si nemo sit qui petat, ultro eis dare debebit. Sed si qui per potentiam adversarii non invenire se advocatum dicat, aeque oportebit ei advocatum dare. Ceterum opprimi aliquem per adversarii sui potentiam non oportet: hoc enim etiam ad invidiam eius qui provinciae praeest spectat, si quis tam impotenter se gerat, ut omnes metuant adversus eum advocationem suscipere.

diversa razón no se valen por sí mismos, a los que carecen de juicio, si alguno les solicitará defensor; o si no hay nadie que lo solicite, deberá concederle uno. Pero si por prepotencia de la contraparte alguien dijera que no puede proveerse de abogado, igualmente le deberá proporcionar uno. Por lo demás, nadie debe ser oprimido por el poder de su adversasrio, pues también redunda en descrédito del que gobierna una provincia que alguien se conduzca tan desmesuradamente que todos teman asumir la función de abogado contra él.

§6. Quae etiam omnium praesidium communia sunt et debent et ab his observari.

§6. También deben observar los procónsules lo que es común a todos los gobernadores de provincia.

***10.** IDEM libro decimo de officio proconsulis. Meminisse oportebit usque ad adventum successoris omnia debere proconsulem agere, cum sit unus proconsulatus et utilitas provinciae exigat esse aliquem, per quem negotia sua provinciales explicent: ergo in adventum successoris debebit ius dicere.*

10. EL MISMO *en el libro décimo del cargo de procónsul.* El procónsul deberá recordar que debe resolver todos los asuntos hasta la llegada de su sucesor, al ser uno solo el proconsulado y exigir la utilidad de la provincia que haya alguien ante el cual puedan los habitantes de la provincia exponer sus asuntos; por lo tanto, deberá ejercer su jurisdicción hasta la llegada de su sucesor.

§1. Legatum suum ne ante se de provincia dimittat, et lege Iulia repetundarum et rescripto divi Hadriani ad Calpurnium Rufum proconsulem Achaia admonetur.

§1. Tanto por la ley Julia sobre concusiones como por una respuesta escrita del divino Adriano, dirigida al procónsul de Acaya, Calpurnio Rufo, se advierte que el procónsul no haga salir de la provincia a su legado antes de salir él.

***11.** VENULEIUS SATURNINUS libro secundo de officio proconsulis. Si quid erit quod maiorem animadversionem exigat,*

11. VENULEYO SATURNINO *en el libro segundo del cargo de procónsul.* Si hubiere alguna conducta que exigiere

reicere legatus apud proconsulem debet: neque enim animadvertendi coercendi vel atrociter verberandi ius habet.

un castigo mayor, el legado debe remitirlo ante el procónsul, pues no tiene derecho de castigar, reprimir o azotar severamente.

12. PAULUS libro secundo ad edictum. Legatus mandata sibi iurisdictione iudicis dandi ius habet.

12. PAULO *en el libro segundo de los comentarios al edicto*. El legado con jurisdicción delegada tiene derecho a designar juez.

13. POMPONIUS libro decimo ad Quintum Mucium. Legati proconsulis nihil proprium habent, nisi a proconsule eis mandata fuerit iurisdictio.

13. POMPONIO *en el libro décimo de los comentarios a Quinto Mucio*. Los legados del procónsul no tienen competencia propia, a menos que la jurisdicción les fuera delegada por el procónsul.

14. ULPIANUS libro vicensimo ad legem Iuliam et Papiam. Proconsules non amplius quam sex fascibus utuntur.

14. ULPIANO *en el libro vigésimo de los comentarios a la ley Julia y Papia*. Los procónsules no usan más de seis fasces.

15. LICINNIUS RUFINUS libro tertio regularum. Et legati proconsulum tutores dare possunt.

15. LICINIO RUFINO *en el libro tercero de las reglas*. Los legados de los procónsules también pueden designar tutores.

16. ULPIANUS libro secundo ad edictum. Proconsul portam Romae ingressus deponit imperium.

16. ULPIANO *en el libro segundo de los comentarios al edicto*. El procónsul depone el imperio al ingresar por la puerta de Roma.

TITULUS XVII DE OFFICIO PRAEFECTI AUGUSTALIS

TÍTULO XVII DEL CARGO DE PREFECTO AUGUSTAL

1. ULPIANUS libro quinto decimo ad edictum. Praefectus Aegypti non prius deponit praefecturam et imperium, quod ad similitudinem proconsulis lege sub Augusto ei datum est, quam Alexandriam ingressus

1. ULPIANO *en el libro décimo quinto de los comentarios al edicto*. El prefecto de Egipto no depone la prefectura y el imperio antes de que su sucesor haya entrado en Alejandría, aunque hubiese llegado a la provincia, pues a

sit successor eius, licet in provinciam venerit: et ita mandatis eius continetur.

semejanza del procónsul, se le dio por ley gobernando Augusto; y así se contiene en sus mandatos.

TITULUS XVIII DE OFFICIO PRAESIDIS

TÍTULO XVIII DEL CARGO DE GOBERNADOR DE PROVINCIA

1. MACER *libro primo de officio praesidis. Praesidis nomen generale est eoque et proconsules et legati Caesaris et omnes provincias regentes, licet senatores sint, praesides appellantur: pronconsulis appellatio specialis est.*

1. MÁCER *en el libro primero del cargo de gobernador.* El nombre de gobernador es genérico, y por ello se llama "gobernadores" a los procónsules, a los legados de César y a todos los que rigen provincias, aunque sean senadores; la denominación de "procónsul" es específica.

2. ULPIANUS *libro vicensimo sexto ad Sabinum. Praeses apud se adoptare potest, quemadmodum et mancipare filium et manumittere servum potest.*

2. ULPIANO *en el libro vigésimo sexto de los comentarios a Sabino.* El gobernador puede adoptar ante sí, lo mismo que puede emancipar un hijo y manumitir un esclavo.

3. PAULUS *libro tertio decimo ad Sabinum. Praeses provinciae in suae provinciae homines tantum imperium habet, et hoc dum in provincia est: nam si excesserit, privatus est. Habet interdum imperium et adversus extraneos homines, si quid manu commiserint: nam et in mandatis principum est, ut curet is, qui provinciae praeest, malis hominibus provinciam purgare, nec distinguuntur unde sint.*

3. PAULO *en el libro décimo tercero de los comentarios a Sabino.* El gobernador de una provincia tiene impero solamente sobre los habitantes de su provincia, y esto mientras se halle en la provincia; porque llegase a salir, es un particular. A veces, tiene imperio sobre extraños, si hubieren cometido algún acto violento; porque consta en los mandatos de los príncipes que quien gobierna la provincia debe cuidar de purgarla de hombres malvados, sin distinguir de dónde provengan.

4. ULPIANUS *libro trigensimo nono ad edictum. Praeses provinciae maius*

4. ULPIANO *en el libro trigésimo noven de los comentarios al edicto.* El

imperium in ea provincia habet omnibus post principem.

gobernador de una provincia tiene en su provincia mayor imperio sobre todos los habitantes, después del príncipe.

5. IDEM libro primo de omnibus tribunalibus. Praeses provinciae non magis tutorem quam specialem iudicem ipse se dare potest.

5. EL MISMO *en el libro primero de todos los tribunales.* El gobernador de una provincia no puede nombrarse tutor ni juez especial.

6. IDEM libro primo opinionum. Illicitas exactiones et violentia factas, et extortas metu venditiones et cautiones vel sine pretii numeratione prohibeat praeses provinciae. Item ne quis iniquum lucrum aut damnum sentiat, praeses provinciae provideat.

6. EL MISMO *en el libro primero de las opiniones.* El gobernador de la provincia debe prohibir las exacciones ilícitas y los hechos violentos, las ventas y documentos realizado con violencia o sin pago efectivo del precio. También debe proveer el gobernador de la provincia para que nadie tenga lucro injusto ni perjuicio.

§1. Veritas rerum erroribus gestarum non vitiatur: et ideo praeses provinciae id sequatur quod convenit eum ex fide eorum quae probabuntur.

§1. La verdad no debe desvirtuarse por los errores en los asuntos gestionados, y por consiguiente, el gobernador de provincia debe ceñirse a lo que resulte de la fe de lo que se haya probado.

§2. Ne potentiores viri humiliores iniuriis adficiant neve defensores eorum calumniosis criminibus insectentur innocentes religionem praesidis provinciae pertinet.

§2. Compete al deber del gobernador de provincia que los más poderosos no inflinjan injusticias a los más humildes, ni sus agentes vejen a los inocentes con calumniosas denuncias de supuestos crímenes.

§3. Illicita ministeria sub praetextu adiuvantium militares viros ad concutiendos homines procedentia prohibere et deprehensa coercere praeses provinciae curet, et sub specie tributorum illicitas exactiones fieri prohibeat.

§3. El gobernador de provincia debe cuidar que se prohíban, y se castiguen en caso de descubrirse, los manejos ilícitos para coaccionar a la gente con el pretexto de apoyar a los militares, y prohibir que se hagan recaudaciones ilícitas con apariencia de tributos.

§4. Neque licita negotiatione aliquos prohiberi neque prohibita exerceri neque innocentibus poenas irrogari ad

§4. El gobernador de provincia debe cuidar que no se prohíba a nadie el ejercer un negocio lícito, ni se ejerzan

sollicitudinem suam praeses provinciae revocet.

§5. Ne tenuis vitae homines sub praetextu adventus officiorum vel militum, lumine unico vel brevi suppellectili ad aliorum usus translatis, iniuriis vexentur, praeses provinciae providebit.

§6. Ne quid sub nomine militum, quod ad utilitates eorum in commune non pertinet, a quibusdam propria sibi commode inique vindicantibus committatur, praeses provinciae provideat.

§7. Sicuti medico imputari eventus mortalitatis non debet, ita quod per imperitiam commisit, imputari ei debet: praetextu humanae fragilitatis delictum decipientis in periculo homines innoxium esse non debet.

§8. Qui universas provincias regunt, ius gladii habent et in metallum dandi potestas eis permissa est.

§9. Praeses provinciae si multam quam irrogavit ex praesentibus facultatibus eorum, quibus eam dixit, redigi non posse deprehenderit: necessitate solutionis moderetur reprehensa exactorum illicita avaritia. Remissa propter inopiam multa a provincias regentibus exigi non debet.

7. IDEM libro tertio opinionum. Praeses provinciae inspectis aedificiis dominos eorum causa cognita reficere ea compellat et

los prohibidos, ni se impongan penas a los inocentes.

§5. El gobernador de provincia proveerá para que no se veje con injusticias a los pobres bajo el pretexto de la llegada de funcionarios u oficiales, destinando su única habitación y su escaso mobiliario para uso de otros.

§6. El gobernador de provincia deberá proveer para que, a nombre de los militares y arrogándose injustamente sus ventajas, nadie proceda a requisar nada que no sea del interés común de los militares.

§7. Aunque no puede imputarse al médico el evento de la mortalidad humana, sí debe imputársele lo que cometió por impericia: no debe quedar impune, bajo el pretexto de la fragilidad humana, el delito de quien, con motivo de un riesgo, engaña a los hombres.

§8. Los que rigen todas las provincias, tienen el derecho de "espada", y también se les ha concedido potestad para condenar a las minas.

§9. Si el gobernador de provincia hubiere advertido que la multa impuesta no puede ser cobrada de los bienes actuales de aquellos a quienes la impuso, debe moderar la obligación indispensable de pago, reprendiendo la avaricia ilícita de los ejecutores. La multa perdonada por razón de pobreza no debe ser exigida por los que gobiernan las provincias.

7. EL MISMO *en el libro tercero de las opiniones.* Tras inspeccionar los edificios, el gobernador de provincia debe obligar a los propietarios,

adversus detractantem competenti remedio deformitati auxilium ferat.

previa indagación de la causa, a repararlos, y contra el que se niegue, deberá proveer a la reparación del estropicio en la medida de lo conveniente.

8. IULIANUS libro primo digestorum. Saepe audivi Caesarem nostrum dicentem hac rescriptione: 'eum qui provinciae praeest adire potes' non imponi necessitatem proconsuli vel legato eius vel praesidi provinciae suscipiendae cognitionis, sed eum aestimare debere, ipse cognoscere an iudicem dare debeat.

8. JULIANO *en el libro primero del digesto.* Con frecuencia escuché a nuestro César (Adriano) que al decir esto en una respuesta por escrito: "puedes comparecer ante el que gobierna la provincia", no se impone al procónsul o a su legado o al gobernador de la provincia el deber de asumir el proceso, sino que debe ser él quien estime si juzgará por sí mismo o debe nombrar juez.

9. CALLISTRATUS libro primo de cognitionibus. Generaliter quotiens princeps ad praesides provinciarum remittit negotia per rescriptiones, veluti 'eum qui provinciae praeest adire poteris' vel cum hac adiectione 'is aestimabit, quid sit partium suarum', non imponitur necessitas proconsuli vel legato suscipiendae cognitionis, quamvis non sit adiectum 'is aestimabit quid sit partium suarum': sed isa estimare debet, utrum ipse cognoscat an iudicem dare debeat.

9. CALISTRATO *en el libro primero de los procesos.* Generalmente, el príncipe remite a los gobernadores de las provincias asuntos por medio de respuestas escritas, por ejemplo, "podrás comparecer ante el que gobierna la provincia", o bien añadir "él éstimará lo que a su competencia atañe", sin imponer al legado o al procónsul la necesidad de asumir el asunto, y aunque no se agregue "él estimará lo que a su competencia atañe", él deberá considerar si ha de juzgar por sí mismo o si debe nombrarse juez.

10*. HERMOGENIANUS *libro secundo iuris epitomarum. Ex omnibus causis, de quibus vel praefectus urbi vel praefectus praetorio itemque consules et praetores ceterique Romae cognoscunt, correctorum et praesidum provinciarum est notio.

10. HERMOGENIANO *en el libro segundo del epítome del derecho.* Es propio de los corregidores y gobernadores de provincias el juzgar todos los procesos que en Roma juzgan el prefecto de la ciudad o el prefecto del pretorio, o también los cónsules, los pretores y los demás magistrados.

11. *MARCIANUS libro tertio institutionum. Omnia enim provincialia desideria, quae Romae varios iudices habent, ad officium praesidum pertinent.*

11. MARCIANO *en el libro tercero de las instituciones.* Porque pertenecen al cargo de los gobernadores todas las demandas de los habitantes de la provincia que en Roma tienen asignados varios jueces.

12. *PROCULUS libro quarto epistularum. Sed licet is, qui provinciae praeest, omnium Romae magistratuum vice et officio fungi debeat, non tamen spectandum est quid Romae factum est, quam quid fieri debeat.*

12. PRÓCULO *en el libro cuarto de las epístolas.* Pero aunque quien gobierna una provincia deba hacer las veces y cumplir el ministerio de todos los magistrados de Roma, con todo, no se ha de atender a lo que se hace en Roma, sino a lo que debe hacerse.

13. *ULPIANUS libro septimo de officio pronconsulis. Congruit bono et gravi praesidi curare, ut pacata atque quieta provincia sit quam regit, quod non difficile obtinebit, si sollicite agat, ut malis hominibus provincia careat eosque conquirat: nam et sacrilegos latrones plagiarios fures conquirere debet et prout quisque delinquerit in eum animadvertere, receptoresque eorum coercere, sine quibus latro diutius latere non potest.*

13. ULPIANO *en el libro séptimo del cargo de procónsul.* Es lo propio de un gobernador bueno y grave que la provincia que rige esté pacífica y quieta; lo que conseguirá sin dificultad si actúa solícitamente para que la provincia se vea libre de hombres malvados y los persigue; así, debe buscar diligentemente a sacrílegos, atracadores, plagiarios y ladrones, debiendo castigar a cada uno según el delito cometido, y reprimir a sus encubridores, sin los cuales el malhechor no puede ocultarse durante mucho tiempo.

§1. Furiosis, si non possint per necessarios contineri, eo remedio per praesidem obviam eundum est: scilicet ut carcere contineantur. Et ita divus Pius rescripsit. Sane excutiendum divi fratres putaverunt in persona eius, qui parricidium admiserat, utrum simulato furore facinus admisisset an vero re vera compos mentis non esset, ut si simulasset, plecteretur, si fureret, in carcere contineretur.

§1. En cuanto a los dementes, si no pueden ser contenidos por sus parientes, el gobernador ha de poner un buen remedio: que sean asegurados en la prisión. Y esto lo respondió por escrito el divino Pío. Los divinos hermanos (Marco Aurelio y Lucio Vero) consideraron que debía investigarse en quien había cometido un parricidio, si había cometido el crimen con locura simulada o si en verdad no estaba en su cabal juicio, con objeto de que, si ha simulado, se le castigue, y si está demente, sea enviado a la prisión.

14. MACER *libro secundo de iudiciis publicis. Divus Marcus et Commodus Scapulae Tertullo rescripserunt in haec verba: 'Si tibi liquido compertum est Aelium Priscum in eo furore esse, ut continua mentis alienatione omni intellectu careat, nec subest ulla suspicio matrem ab eo simulatione dementiae occisam: potes de modo poenae eius dissimulare, cum satis furore ipso puniatur, et tamen diligentius custodiendus erit ac, si putabis, etiam vinculo coercendus, quoniam tam ad poenam quam ad tutelam eius et securitatem proximorum pertinebit. Si vero, ut plerumque adsolet, intervallis quibusdam sensu saniore, non forte eo momento scelus admiserit nec morbo eius danda est venia, diligenter explorabis et si quid tale compereris, consules nos, ut aestimemus, an per immanitatem facinoris, si, cum posset videri sentire, commiserit, supplicio adficiendus sit. Cum autem ex litteris tuis cognoverimus tali eum loco atque ordine esse, ut a suis vel etiam in propria villa custodiatur: recte facturus nobis videris, si eos, a quibus illo tempore observatus esset, vocaveris et causam tantae neglegentiae excusseris et in unumquemque eorum, prout tibi levari vel onerari culpa eius videbitur, constitueris. Nam custodes furiosis non ad hoc solum adhibentur, ne quid perniciosius ipsi in se moliantur, sed ne aliis quoque exitio sint: quod si committatur, non immerito culpae eorum adscribendum est, qui neglegentiores in officio suo fuerint'.*

14. MÁCER *en el libro segundo de los juicios públicos.* El divino Marco Aurelio y Cómodo respondieron por escrito a Escápula Tertulo en estos términos: "si te consta evidentemente que Elio Prisco está tan demente que, por su continua alienación mental carece de toda inteligencia, y no hay sospecha alguna de haber matado a su madre simulando la demencia, puedes dejar de ejecutar la pena, pues ya tiene suficiente castigo con su propio delirio. Sin embargo, deberá ser custodiado con suma diligencia, y si lo considerases procedente, incluso debe ser sometido con ataduras, porque le será conveniente tanto como castigo como para guarda y seguridad de su prójimo. Pero si acaso, como suele suceder muchas veces, tuviese algunos intervalos de más cuerdo juicio, deberás indagar diligentemente si hubiere cometido el delito en ese momento, y no se ha de excusar su enfermedad; y si hubieres concluido que así es, deberás consultarnos para que valoremos si ha de ser condenado al suplicio por la crueldad del delito, siempre que lo hubiere cometido cuando podía parecer que estaba en su sano juicio. Pero habiéndonos enterado por carta tuya que se hallaba en un lugar y disposición tales que era custodiado por los suyos e incluso en su propia villa, consideramos adecuado mandar llamar a los que entonces le vigilaban, averigües la causa de tan gran negligencia y procedas contra cada uno de ellos, según consideres que tengan o no culpa. Pues no se designan custodios a los dementes sólo para que éstos no se dañen a sí mismos, sino para que también no sean un peligro para los demás, lo cual, si llegase a ocurrir, con justa razón deberá imputarse al descuido de aquellos que hubieren sido más negligentes en su encargo".

15. MARCIANUS *libro primo de iudiciis publicis. Illud observandum est, ne qui provinciam regit fines eius excedat nisi voti solvendi causa, dum tamen abnoctare ei non liceat.*

15. MARCIANO *en el libro primero de los juicios públicos.* Ha de señalarse que quien gobierna una provincia no debe salir de las fronteras de ésta a menos que deba cumplir un voto, pero sin que le sea lícito pernoctar fuera de su provincia.

16. MACER *libro primo de officio praesidis. Senatus consulto cavetur, ut de his, quae provincias regentes, comites aut libertini eorum, antequam in provinciam venerint, contraxerunt, parcissime ius dicatur, ita ut actiones, quae ob eam causam institutae non essent, posteaquam quis eorum ea provincia excesserit, restituerentur. Si quid tamen invito accidit, veluti si iniuriam aut furtum passus est, hactenus ei ius dicendum est, ut litem contestetur resque ablata exhibeatur et deponatur aut sisti exhiberive satisdato promittatur.*

16. MÁCER *en el libro primero del cargo de gobernador.* Se previene por senadoconsulto que, sobre los negocios contraídos por los que rigen las provincias, sus acompañantes o libertos deberán ejercer la jurisdicción con muchísima restricción antes de dirigirse los primeros a la provincia, de modo que las acciones que por dicho motivo no se hubiesen podido instaurar, se restituyan plenamente una vez que cualquiera de ellos hubiere salido de la provincia. Sin embargo, si sufrió algo contra su voluntad, por ejemplo, una injuria o un robo, se ha de ejercer la jurisdicción hasta que se conteste la demanda y se exhiba y deposite la cosa sustraída o se prometa con garantía presentarse a juicio o exhibir el objeto.

17. *CELSUS libro tertio digestorum. Si forte praeses provinciae manumiserit vel tutorem dederit, priusquam cognoverit successorem advenisse, erunt haec rata.*

17. CELSO *en el libro tercero del digesto.* Si acaso el gobernador de provincia hubiera manumitido o hubiese otorgado tutor antes de enterarse que había llegado su sucesor, estos actos se consideraran válidos.

18. *MODESTINUS libro quinto regularum. Plebiscito continetur, ut ne quis praesidum munus donum caperet nisi esculentum potulentumve, quod intra dies proximos prodigatur.*

18. MODESTINO *en el libro quinto de las reglas.* Se dispone en un plebiscito que ningún gobernador debe recibir obsequio o donación que no sea alimentos o bebidas que se consuman en los días próximos.

19. *CALLISTRATUS libro primo de cognitionibus. Observandum est ius reddenti, ut in adeundo quidem facilem se praebeat, sed contemni non patiatur. Unde mandatis adicitur, ne praesides provinciarum in ulteriorem familiaritatem provinciales admittant: nam ex conversatione aequali contemptio dignitatis nascitur.*

19. CALISTRATO *en el libro primero de los procesos.* Quien ejerce la jurisdicción ha de observar afabilidad con los que a él acuden, pero sin permitir ser menospreciado. Por ello, en los mandatos imperiales se añade que los presidentes de provincias no deben admitir a los habitantes de las provincias en su cercanía, porque de la conversación entre iguales nace el desprecio a la dignidad.

§1. Sed et in cognoscendo neque excandescere adversus eos, quos malos putat, neque precibus calamitosorum inlacrimari oportet: id enim non est constantes et recti iudicis, cuius animi motum vultus detegit. Et summatim ita ius reddi debet, ut auctoritatem dignitatis ingenio suo augeat.

§1. Pero tampoco es conveniente que se irrite contra aquellos que considera malos al conocer de un proceso, ni que vierta lágrimas por las súplicas de los desgraciados, pues no es propio de un juez constante y recto que el rostro revele las emociones del espíritu. Y en resumen, debe administrar la justicia de modo tal que con su talento aumente la autoridad de su encomienda.

20. *PAPINIANUS libro primo responsorum. Legatus Caesaris, id est*

20. PAPINIANO *en el libro primero de las respuestas.* El legado del César, es decir, el gobernador o corregidor de

praeses vel corrector provinciae abdicando se non amittit imperium.

una provincia, no pierde el mando al renunciar del cargo.

21. PAULUS *libro singulari de officio adsessorum. Praeses cum cognoscat de servo corrupto vel ancilla devirginata vel servo stuprato, si actor rerum agentis corruptus ese dicetur vel eiusmodi homo, ut non ad solam iacturam adversus substantiam, sed ad totius domus eversionem pertineat: severissime debet animadvertere.*

21. PAULO *en el libro único del cargo de asesores.* Cuando un gobernador conozca de algún caso de esclavo corrompido, de esclava desflorada o de esclavo estuprado, si se dijese que había sido corrompido un administrador de los bienes del actor, o alguien semejante, de modo que no sólo afecte al detrimento de los bienes, sino también a la destrucción de toda la casa, deberá castigar con toda la severidad.

TITULUS XIX DE OFFICIO PROCURATORIS CAESARIS VEL RATIONALIS

TÍTULO XIX DEL CARGO DE PROCURADOR DEL CÉSAR O CONTADOR

1. ULPIANUS *libro sexto decimo ad edictum. Quae acta gestaque sunt a procuratore Caesaris, sic ab eo comprobantur, atque si a Caesare gesta sunt.*

1. ULPIANO *en el libro décimo sexto de los comentarios al edicto.* Las cosas que se trataron y gestionaron a través del procurador del César, son de tal modo aprobadas por éste como si se hubieren ejecutado por el propio César.

§1. Si rem Caesaris procurator eius quasi rem propriam tradat, non puto eum dominium transferre: tunc enim transfert, cum negotium Caesaris gerens consensu ipsius tradit. Denique si venditionis vel donationis vel transactionis causa quid agat, nihil agit: non enim alienare ei rem Caesaris, sed diligenter gerere commissum est.

§1. Si el procurador del César entregase como propia una cosa de éste, no considero que transfiere la propiedad, porque la transfiere únicamente cuando, al gestionar un negocio del César, la entrega con el consentimiento de éste. Por último, si realizase algo por causa de venta, donación o transacción, nada realiza, porque no se le ha encomendado enajenar lo que es propiedad del

César, sino gestionarlo diligentemente.

§2. Est hoc praecipuum in procuratore Caesaris, quod et eius iussu servus Caesaris adire hereditatem potest et, si Caesar heres instituatur, miscendo se opulentae hereditati procurator heredem Caesarem facit.

§2. Es exclusivo del procurador del César que por autorización suya el esclavo del César pueda aceptar una herencia; y si el César fuere instituido heredero, el procurador hace heredero al César mezclándose en una herencia opulenta.

2. PAULUS libro quinto sententiarum. Quod si ea bona, ex quibus imperator heres institutus est, solvendo non sint, re perspecta consulitur imperator: heredis enim instituti in adeundis vel repudiandis huiusmodi hereditatibus voluntas exploranda est.

2. PAULO *en el libro quinto de las sentencias.* Pero si aquellos bienes de los fue el emperador fue instituido heredero no alcanzaron para pagar deudas, se consultará al emperador una vez enterados de esto; pues se ha de analizar la voluntad del heredero instituido para así aceptar o repudiar semejantes herencias.

3. CALLISTRATUS libro sexto de cognitionibus. Curatores Caesaris ius deportandi non habent, quia huius poenae constituendae ius non habent.

3. CALISTRATO *en el libro sexto de los procesos.* Los procuradores del César no tienen derecho para deportar, porque no tienen jurisdicción para imponer dicha pena.

§1. Si tamen quasi tumultuosum vel iniuriosum adversus colonos Caesaris prohibuerint in praedia Caesariana accedere, abstinere debebit idque divus Pius Iulio rescripsit.

§1. Pero si hubieren prohibido que alguien entrase a los predios cesarianos como alborotador o injuriador contra los colonos del César, deberá abstenerse de hacerlo; y esto lo respondió por escrito el divino Pío a Julio.

§2. Deinde neque redire cuiquam permittere possunt idque imperatores nostri Severus et Antoninus ad libellum Hermiae rescripserunt.

§2. Además, tampoco pueden permitir a nadie que regrese; y esto contestaron por escrito nuestros emperadores Severo y Antonino a la consulta de Hermia.

TITULUS XX
DE OFFICIO IURIDICI

1. ULPIANUS *libro vicensimo sexto ad Sabinum. Adoptare quis apud iuridicum potest, quia data est ei legis actio.*

2. IDEM *libro trigensimo nono ad Sabinum. Iuridico, qui Alexandriae agit, datio tutoris constitutione divi Marci concessa est.*

TÍTULO XX
DEL CARGO DE JURÍDICO

1. ULPIANO *en el libro vigésimo sexto de los comentarios a Sabino.* Cualquiera puede adoptar ante el jurídico, porque se le otorgó acción de la ley.

2. EL MISMO *en el libro trigésimo noveno de los comentarios a Sabino.* Al jurídico que ejerce en Alejandría se le ha concedido la dación de tutor por una constitución del divino Marco (Aurelio).

TITULUS XXI
DE OFFICIO EIUS, CUI MANDATA EST IURISDICTIO

1. PAPINIANUS *libro primo quaestionum. Quaecumque specialiter lege vel senatus consulto vel constitutione principum tribuuntur, mandata iurisdictione non transferuuntur: quae vero iure magistratus competunt, mandari possunt. Et ideo videntur errare magistratus, qui, cum publici iudicii habeant exercitionem lege vel senatus consulto delegatam, veluti legis Iuliae de adulteriis et si quae sunt aliae similes, iurisdictionem suam mandant. Huius rei fortissimum argumentum, quod lege Iulia de vi nominatim cavetur, ut is, cui optigerit exercitio, possit eam si proficiscatur mandare: non aliter itaque mandare poterit, quam si abesse coeperit, cum alias iurisdictio etiam a praesente mandetur. Et si a familia dominus occisus esse dicetur, cognitionem praetor, quam ex senatus consulto habet, mandare non poterit.*

TÍTULO XXI
DEL CARGO DE AQUÉL A QUIEN SE LE DELEGÓ JURISDICCIÓN

1. PAPINIANO *en el libro primero de las cuestiones.* Todas las facultades que especialmente son concedidas por una ley, por un senadoconsulto o por una constitución de los príncipes, no se transfieren por jurisdicción delegada, pero pueden delegarse las que competen por derecho de magistratura. Y por ello se considera que incurren en error los magistrados que, teniendo delegado el ejercicio de los juicios públicos por virtud de una ley o senadoconsulto, como el juicio de la ley Julia de adulterios y otras semejantes, delegan a su vez tal jurisdicción. Una prueba evidentísima de esto es que en la ley Julia sobre violencia se ordena expresamente que aquél a quien se hubiere conferido dicha facultad, podrá delegarla si se ausentase. Por tanto, no podrá delegar de otro modo que cuando comenzase su ausencia, mientras que en otros casos la jurisdicción se delega incluso por el que está presente. Y si se dijera que un amo ha sido asesinado por sus esclavos, el pretor no podrá delegar el conocimiento de la causa que se le confirió por senadoconsulto.

§1. Qui mandatum iurisdictionem suscepit, proprium nihil habet, sed eius qui mandavit iurisdictione utitur, verius est enim more maiorum iurisdictionem quidem transferri, sed merum imperium quod lege datur non posse transire: quare nemo dicit animadversionem legatum proconsulis habere mandata iurisdictione. PAULUS notat: et imperium, quod iurisdictioni cohaeret, mandata iurisdictione transire verius est.

§1. El que recibió la jurisdicción delegada, no tiene nada propio, sino que ejerce la jurisdicción de aquél que se la delegó, pues sin duda es verdad que por costumbre de los ancestros se transfiere ciertamente la jurisdicción, pero que el mero imperio, dado por decreto de ley, no puede transferirse; por ello, nadie dice que el legado del procónsul tenga facultad de castigar por jurisdicción delegada. Paulo resalta: es más cierto que también el imperio, que va aparejado con la jurisdicción, se transmite con la jurisdicción delegada.

2. ULPIANUS libro tertio de omnibus tribunalibus. Mandata iurisdictione a praeside consilium non potest exercere is, cui mandatur.

2. ULPIANO *en el libro tercero de todos los tribunales.* Con la jurisdicción delegada por el gobernador no puede ejercer de consejero aquél a quien se le delegó.

§1. Si tutores vel curatores velint praedia vendere, causa cognita id praetor vel praeses permittat: quod si mandaverit iurisdictionem, nequaquam poterit mandata iurisdictione eam quaestionem transferre.

§1. Si los tutores o los curadores quisieran vender los predios que administran, el pretor o el gobernador de provincia debe permitirlo con conocimiento de causa; pero si hubiere delegado la jurisdicción no podrá transferir en modo alguno el conocimiento de dicha cuestión con la jurisdicción delegada.

3. IULIANUS libro quinto digestorum. Et si praetor sit is, qui alienam iurisdictionem exsequitur, non tamen pro suo imperio agit, sed pro eo cuius mandatu ius dicit, quotiens partibus eius fungitur.

3. JULIANO *en el libro quinto del digesto.* Aunque sea pretor el que ejerce una jurisdicción ajena, no obra, sin embargo, por su propio imperio, sino por el de aquél por cuyo mandato administra justicia, mientras desempeña tales funciones.

4. MACER libro primo de officio praesidis. Cognitio de suspectis tutoribus mandari potest. Immo etiam ex mandata generali iurisdictione propter utilitatem pupillorum eam contingere constitutum est in haec verba: 'Imperatores Severus et Antoninus Braduae proconsuli Africae. Cum propriam iurisdictionem legatis tuis dederis, consequens est, ut etiam de suspectis tutoribus possint cognoscere'.

4. MÁCER *en el libro primero del cargo de gobernador.* Puede delegarse el conocimiento sobre tutores sospechosos. Más aún, se ha establecido, por utilidad de los pupilos, que también competa dicho conocimiento en virtud de la jurisdicción delegada en general con estas palabras: "los emperadores Severo y Antonino a Bradua, procónsul de África. Habiendo delegado tu jurisdicción a tus legados, es consecuente que también puedan conocer sobre tutores sospechosos".

§1. Ut possessio bonorum detur, vel si cui damni infecti non caveatur ut si possidere iubeatur, aut ventris nomine in possessionem mulier, vel is cui legatum est legatorum servandorum causa in possessionem mittatur, mandari potest.

§1. Puede delegarse el otorgar la posesión de bienes hereditarios, o autorizar la posesión en caso de no obtener garantía de daño temido, o que sea puesta en posesión de los bienes la mujer en nombre del hijo que espera en su vientre, o al que se hizo un legado para que conserve sus legados.

5. PAULUS libro octavo decimo ad Plautium. Mandatam sibi iurisdictionem mandare alteri non posse manifestum est.

5. PAULO *en el libro décimo octavo de los comentarios a Plaucio.* Es manifiesto que la jurisdicción delegada a uno no puede ser por éste transferida a otro.

§1. Mandata iurisdictione privato etiam imperium quod non est merum videtur mandari, quia iurisdictio sine modica coercitione nulla est.

§1. Al delegar la jurisdicción a un particular también se le delega el imperio mixto, no el simple, porque es nula la jurisdicción sin facultad para algún castigo leve.

TITULUS XXII DE OFFICIO ADSESSORUM

TÍTULO XXII DEL CARGO DE ASESOR

1. PAULUS libro singulari de officio adsessorum. Omne officium adsessoris, quo iuris studiosi partibus suis funguntur, in his fere causis constat: in cognitionibus postulationibus libellis edictis decretis epistulis.

1. PAULO *en el libro único del cargo de asesores.* Todo cargo de asesor, que dentro de sus facultades ejercen los estudiosos del derecho, consiste casi en estos atributos: conocimiento de causas, demandas, escritos, edictos, decretos y epístolas.

2. MARCIANUS libro primo de iudiciis publicis. Liberti adsidere possunt. Infames autem licet non prohibeantur legibus adsidere, attamen arbitror, ut aliquo quoque decreto principali refertur constitutum, non posse officio adsessoris fungi.

2. MARCIANO *en el libro primero de los juicios públicos.* Los libertos pueden asesorar. Sin embargo, opino que los infames, aunque por las leyes no se les prohíba asesorar, no pueden desempeñar el cargo de asesor, como se dice que un decreto del príncipe ha establecido.

3. MACER libro primo de officio praesidis. Si eadem provincia postea divisa sub duobus praesidibus constituta est, velut Germania, Mysia, ex altera ortus in altera adsidebit nec videtur in sua provincia adsedisse.

3. MÁCER *en el libro primero del cargo de gobernador.* Si una misma provincia quedó constituida bajo dos presidentes una vez dividida, como la Germania y la Misia, el oriundo de una asesorará en la otra, y con ello no parece haber asesorado en su provincia natal.

4. PAPINIANUS libro quarto responsorum. Diem functo legato Caesaris salarium comitibus residui temporis, quod a legatis praestitutum est, debetur, modo si non postea comites cum aliis eodem tempore fuerunt. Diversum in eo servatur, qui successorem ante tempus accepit.

4. PAPINIANO *en el libro cuarto de las respuestas.* Fallecido el legado del César, se debe a los adjuntos el sueldo del tiempo restante, que les fue establecido por los legados, siempre que después no hayan sido adjuntos con otros al mismo tiempo. Lo contrario se observa respecto del que recibió sucesor antes del tiempo.

5. PAULUS libro primo sententiarum. Consiliari eo tempore quo adsidet negotia tractare in suum quidem auditorium nullo modo concessum est, in alienum autem non prohibetur.

5. PAULO *en el libro primero de las sentencias.* De ningún modo se permite al consejero abogar ante su propia audiencia; pero no se le prohíbe hacerlo en la de otro.

6. PAPINIANUS libro primo responsorum. In consilium curatoris rei publicae vir eiusdem civitatis adsidere non prohibetur, quia publico salario non fruitur.

6. PAPINIANO *en el libro primero de las respuestas.* Al que es natural de una ciudad no le está prohibido asesorar en ella ante el consejo del procurador de la república, pues no disfruta de sueldo público.

LIBER II

LIBRO II

TITULUS I
DE IURISDICTIONE

TÍTULO I
DE LA JURISDICCIÓN

1. ULPIANUS *libro primo regularum. Ius dicentis officium latissimum est: nam et bonorum possessionem dare potest et in possessionem mittere, pupillis non habentibus tutores constituere, iudices litigantibus dare.*

1. ULPIANO *en el libro primero de las reglas.* El cargo de quien administra justicia es amplísimo, porque puede otorgar la posesión de los bienes hereditarios y poner en posesión, designar tutores a los pupilos que no los tienen y asignar jueces a los litigantes.

2. IAVOLENUS *libro sexto ex Cassio. Cui iurisdictio data est, ea quoque concessa esse videntur, sine quibus iurisdictio explicari non potuit.*

2. JAVOLENO *en el libro sexto de la doctrina de Casio.* A quien se le otorgó la jurisdicción, se considera que también se le otorgaron aquellas facultades sin las cuales no podría ejercerse la jurisdicción.

3. ULPIANUS *libro secundo de officio quaestoris. Imperium aut merum aut mixtum est. Merum est imperium habere gladii potestatem ad animadvertendum facinorosos homines, quod etiam potestas appellatur. Mixtum est imperium, cui etiam iurisdictio inest, quod in danda bonorum possessione consistit. Iurisdictio est etiam iudicis dandi licentia.*

3. ULPIANO *en el libro segundo del cargo de cuestor.* El imperio o es único o es mixto. Imperio único es tener el poder de la espada para castigar a los maleantes, que también se denomina "potestad". Imperio mixto es el que también trae aparejada la jurisdicción, que consiste en dar la posesión de los bienes hereditarios. Jurisdicción es igualmente la capacidad de otorgar juez.

4. IDEM *libro primo ad edictum. Iubere caveri praetoria stipulatione et in possessionem mittere imperii magis est quam iurisdictionis.*

4. EL MISMO *en el libro primero de los comentarios al edicto.* Disponer que se otorgue garantía mediante la estipulación pretoria y el poner en posesión de algo es un acto más propio del imperio que de la jurisdicción.

5. IULIANUS libro primo digestorum. More maiorum ita comparatum est, ut is demum iurisdictionem mandare possit, qui eam suo iure, non alieno beneficio habet:

5. JULIANO *en el libro primero del digesto.* Por costumbre de nuestros antepasados se ha establecido que únicamente puede delegar la jurisdicción quien por derecho propio la tiene, no por beneficio de otro,

6. PAULUS libro secundo ad edictum. … et quia nec principaliter ei iurisdictio data est nec ipsa lex defert, sed confirmat mandatam iurisdictionem. Ideoque si is, qui mandavit iurisdictionem, decesserit, antequam res ab eo, cui mandata est iurisdictio, geri coeperit, solvi mandatum Labeo ait, sicut in reliquis causis.

6. PAULO *en el libro segundo de los comentarios al edicto.* … porque ni la jurisdicción le fue dada de manera directa, ni la misma ley la otorga, sino que ésta confirma la jurisdicción delegada. Por ende, dice Labeón que si quien delegó la jurisdicción muriese antes de que aquél a quien se le delegó empezase a gestionarla, el mandato se extingue, como en los demás casos de mandato.

7. ULPIANUS libro tertio ad edictum. Si quis id, quod iurisdictionis perpetuae causa, non quod prout res incidit, in albo vel in carta vel in alia materia propositum erit, dolo malo corruperit: datur in eum quingentorum aureorum iudicium, quod populare est.

7. ULPIANO *en el libro tercero de los comentarios al edicto.* Si alguien alterase con dolo malo lo publicado en el álbum edictal, o en papiro o en otro material, por motivo de jurisdicción perpetua, no por lo que convino a un asunto incidental, se dará contra él acción por quinientos áureos, la cual es popular.

§1. Servi quoque et filii familias verbis edicti continentur: sed et utrumque sexum praetor complexus est.

§1. Los esclavos y los hijos de familia también se engloban en las palabras del edicto; pero el pretor comprendió además a personas de uno y otro sexo.

§2. Quod si dum proponitur vel ante propositionem quis corruperit, edicti quidem verba cessabunt, Pomponius autem ait sententiam edicti porrigendam esse ad haec.

§2. Mas si alguien lo alterase al estarse publicando, o antes de publicarlo, ciertamente dejarán de aplicarse las palabras del edicto a tal conducta; sin embargo, Pomponio dice que debe extenderse a estos casos lo dispuesto en el edicto.

§3. In servos autem, si non defenduntur a dominis, et eos qui inopia laborant corpus torquendum est.

§3. Pero respecto a los esclavos, si no son defendidos por sus amos, y a aquellos agobiados por su pobreza, se les debe someter a tormento.

§4. Doli mali autem ideo in verbis edicti fit mentio, quod, si per imperitiam vel rusticitatem vel ab ipso praetore iussis vel casu aliquis fecerit, non tenetur.

§4. Pero en las palabras del edicto se menciona el dolo malo, porque si alguien actuase con impericia, rusticidad, por mandato del mismo pretor o por casualidad, no incurre en tal pena.

§5. Hoc vero edicto tenetur et qui tollit, quamvis non curruperit: item et qui suis manibus facit et qui alii mandat. Sed si alius sine dolo malo fecit, alius dolo malo mandavit, qui mandavit tenebitur: si uterque dolo malo fecerit, ambo tenebuntur: nam et si plures fecerint vel corruperint vel mandaverint, omnes tenebuntur:

§5. También incurre en la pena de este edicto quien lo retira, aunque no lo altere; y del mismo modo quien lo alteró con sus manos, y el que mandó a otro a hacerlo. Pero si uno lo hizo sin dolo malo, y otro lo ordenó con dolo malo, incurrirá en la pena el que mandó. Si ambos lo hicieron con dolo malo, ambos serán culpables; y si varios lo quitaron, alteraron o lo mandaron hacer, todos incurrirán en la pena,

***8.** GAIUS libro primo ad edictum provinciale. … adeo quidem, ut non sufficiat unum eorum poenam luere.*

8. GAYO *en el libro primero de los comentarios al edicto provincial.* … de modo que, ciertamente, no baste que sólo uno de ellos pague la pena.

***9.** PAULUS libro tertio ad edictum. Si familia alicuius album corruperit, non similiter hic edicitur ut in furto, ne in reliquos actio detur, si tantum dominus, cum defendere voluit, unius nomine praestiterit, quantum liber praestaret: fortasse quia hic et contempta maiestas praetoris vindicatur et plura facta intelleguntur: quemadmodum cum plures servi iniuriam fecerunt vel damnum dederunt, quia plura facta sunt, non ut in furto unum. Octavenus hic quoque domino succurrendum ait: sed hoc potest dici, si dolo malo curaverint, ut ab alio album corrumperetur, quia tunc unum consilium*

9. PAULO *en el libro tercero de los comentarios al edicto.* Si los esclavos de alguien alteraron el álbum edictal, en este caso no se determina del mismo modo que para el edicto de robo, donde se señala que no se brinde acción contra los demás, si el amo, habiendo querido defenderlos, indemnizó a nombre de uno solo lo mismo que indemnizaría un hombre libre; ello se debe tal vez a que en este caso se resarce también la majestad ultrajada del pretor, y por ello reputan muchos delitos, como cuando muchos esclavos infirieron

sit, non plura facta. Idem Pomponius libro decimo notat.

una injuria o causaron algún daño, porque existen varios delitos, no uno, como en el hurto. Octaveno dice que en este caso también se ha de favorecer al dueño. Pero esto puede decirse si con dolo malo procuraron por medio de otro que se alterase el álbum edictal, porque entonces hay un solo consejo, pero no muchos delitos. Y lo mismo resalta Pomponio en el libro décimo.

10. ULPIANUS *libro tertio ad edictum. Qui iurisdictioni praeest, neque sibi ius dicere debet neque uxori vel liberis suis neque libertis vel ceteris, quos secum habet.*

10. ULPIANO *en el libro tercero de los comentarios al edicto.* Quien ejerce jurisdicción no debe administrarse justicia a sí mismo, ni a su esposa ni a sus hijos, ni a sus libertos ni a los demás que tiene consigo.

11. GAIUS *libro primo ad edictum provinciale. Si idem cum eodem pluribus actionibus agat, quarum singularum quantitas intra iurisdictionem iudicantis sit, coacervatio vero omnium excedat modum iurisdictioni eius: apud eum agi posse Sabino Cassio Proculo placuit: quae sententia rescripto imperatoris Antonini confirmata est.*

11. GAYO *en el libro primero de los comentarios al edicto provincial.* Si la misma persona demanda a otra con varias acciones cuya cuantía por separado cayese bajo la jurisdicción del que juzga, pero la suma de todas excediese la cuantía de la jurisdicción de éste, pareció correcto a Sabino, Casio y Próculo que puedan ejercitarse ante él; dicha opinión fue confirmada por respuesta escrita del emperador Antonino Caracala.

§1. Sed et si mutuae sunt actiones et alter minorem quantitatem, alter maiorem petat, apud eundem iudicem agendum ei qui quantitatem minorem petit, ne in potestate calumniosa adversarii mei sit, an apud eum litigare possim.

§1. Pero si las acciones son recíprocas, y uno pidiese menor cantidad y el otro mayor, aquel que demanda menor cantidad debe demandar ante el mismo juez, para que no esté bajo la potestad vejatoria de mi adversario el que yo no pueda litigar ante tal juez.

§2. Si una actio communis sit plurium personarum, veluti familiae erciscundae,

§2. Si una acción fuera común a varias personas, como la de

communi dividundo, finium regundorum, utrum singulae partes spectandae sunt circa iurisdictionem eius qui cognoscit, quod Ofilio et Proculo placet, quia unusquisque de parte sua litigat: an potius tota res, quia et tota res in iudicium venit et vel uni adiudicari potest, quod Cassio et Pegaso placet: et sane eorum sententia probabilis est.

partición de herencia, la de división de cosa común, la de fijación de límites, se pregunta si acaso ha de atenderse a la jurisdicción de aquel que conoce a cada una de las partes, como parece correcto a Ofilio y Próculo, porque cada cual litiga por su parte; o de preferencia a toda la cosa, porque también toda ella se comprende en el juicio, y puede ser adjudicada exclusivamente a uno, lo que parece adecuado a Casio y Pegaso. Y ciertamente la opinión de estos es digna de aprobación.

12. ULPIANUS *libro octavo decimo ad edictum. Magistratibus municipalibus supplicium a servo sumere non licet, modica autem castigatio eis non est deneganda.*

12. ULPIANO *en el libro décimo octavo de los comentarios al edicto.* No les es lícito a los magistrados municipales imponer pena capital a un esclavo, pero no se les debe negar imponer un castigo moderado.

13. IDEM libro quinquagensimo primo ad Sabinum. Eum qui iudicare iubet magistratum esse oportet.

13. EL MISMO *en el libro quincuagésimo primero de los comentarios a Sabino.* Es necesario que quien autorice juzgar sea magistrado.

§1. Magistratus autem vel is qui in potestate aliqua sit, ut puta proconsul vel praetor vel alii qui provincias regunt, iudicare iubere eo die, quo privati futuri essent, non possunt.

§1. Pero el magistrado, o quien tenga alguna potestad, por ejemplo, el procónsul, el pretor u otros que gobiernan provincias, no pueden mandar juzgar en el día en que vuelvan a ser personas privadas.

14. IDEM libro trigensimo nono ad edictum. Est receptum eoque iure utimur, ut si quis maior vel aequalis subiciat se iurisdictioni alterius, possit ei et adversus eum ius dici.

14. EL MISMO *en el libro trigésimo noveno de los comentarios al edicto.* Está admitido, y este derecho aplicamos, que si un magistrado superior o uno igual se sujeta a la jurisdicción de otro, éste puede pronunciar sentencia en favor y en contra de aquel.

15. *IDEM libro secundo de omnibus tribunalibus. Si per errorem alius pro alio praetor fuerit aditus, nihil valebit quod actum est. Nec enim ferendus est qui dicat consensisse eos in praesidem, cum, ut Iulianus scribit, non consentiant qui errent: quid enim tam contrarium consensui est quam error, qui imperitiam detegit?*

15. EL MISMO *en el libro segundo de todos los tribunales.* Si por error se compareció ante un pretor en lugar de otro, nada valdrá de lo actuado. Porque no debe ser aceptado decir que ellos habían consentido en actuar ante aquel gobernador, pues, como escribe Juliano, no consienten los que yerran. Porque ¿qué cosa hay tan contraria al consentimiento como el error que descubre la ignorancia?

16. *IDEM libro tertio de omnibus tribunalibus. Solet praetor iurisdictionem mandare: et aut omnem mandat aut speciem unam: et is cui mandata iurisdictio est fungetur vice eius qui mandavit, non sua.*

16. EL MISMO *en el libro tercero de todos los tribunales.* El pretor suele delegar la jurisdicción, ya delegándola toda, ya de manera especial; y aquel a quien se le delegó la jurisdicción actuará en nombre del que la delegó, no en nombre suyo.

17. *IDEM libro primo opinionum. Praetor sicut universam iurisdictionem mandare alii potest, ita et in personas certas vel de una specie potest, maxime cum iustam causam susceptae ante magistratum advocationis alterius partis habuerat.*

17. EL MISMO *en el libro primero de las opiniones.* Así como el pretor puede delegar en otro toda su jurisdicción, así también puede delegarla en ciertas personas, o en una materia especial; sobre todo, habiendo tenido una causa justificada para aceptar la defensa de una de las partes antes de ser magistrado.

18. *AFRICANUS libro septimo quaestionum. Si convenerit, ut alius praetor, quam cuius iurisdictio esset, ius diceret et priusquam adiretur mutata voluntas fuerit, procul dubio nemo compelletur eiusmodi conventioni stare.*

18. AFRICANO *en el libro séptimo de las cuestiones.* Si se convino que otro pretor distinto del que tuviese la jurisdicción juzgase la causa, y antes de comparecer ante él cambiase la voluntad de las partes, no cabe duda que nadie podrá ser compelido a cumplir semejante convenio.

19. *ULPIANUS libro sexto fideicommissorum. Cum quaedam puella apud competentem iudicem litem susceperat, deinde condemnata erat, posteaque ad viri matrimonium alii iurisdictioni subiecti pervenerat, quaerebatur, an prioris iudicis sententia exsequi possit. Dixi posse, quia ante fuerat sententia dicta: sed et si post susceptam cognitionem ante sententiam hoc eveniet, idem putarem, sententiaque a priore iudice recte fertur. Quod generaliter et in omnibus huiuscemodi casibus observandum est.*

19. ULPIANO *en el libro sexto de los fideicomisos.* Habiendo aceptado cierta doncella un litigio ante juez competente, fue condenada y posteriormente contrajo matrimonio con hombre sometido a la jurisdicción de otro juez; se preguntaba si podía ejecutarse la sentencia del primer juez. Dije que sí se podía, porque la sentencia fue dictada antes. Pero aunque esto ocurriese ya iniciado el juicio y antes de la sentencia, opiniaría lo mismo: que el primer juez emite rectamente sentencia. Lo que se ha de observar como regla general y en todos los casos análogos.

§1. Quotiens de quantitate ad iurisdictionem pertinente quaeritur, semper quantum petatur quaerendum est, non quantum debeatur.

§1. Cuando se inquiere sobre la cuantía correspondiente a una jurisdicción, se ha de atender siempre a la cuantía de lo pedido, no a cuanto se deba.

20. *PAULUS libro primo ad edictum. Extra territorium ius dicenti impune non paretur. Idem est, et si supra iurisdictionem suam velit ius dicere.*

20. PAULO *en el libro primero de los comentarios al edicto.* Se desobedece lícitamente al que administra justicia fuera de su territorio. Y lo mismo sucede si quisiera administrarla yendo más allá de su jurisdicción.

TITULUS II QUOD QUISQUE IURIS IN ALTERUM STATUERIT, UT IPSE EODEM IURE UTATUR

TÍTULO II DE QUE CADA FUNCIONARIO APLIQUE PARA SÍ EL MISMO DERECHO QUE ESTABLECIÓ PARA OTRO

1. *ULPIANUS libro tertio ad edictum. Hoc edictum summam habet aequitatem, et sine cuiusquam indignatione iusta: quis*

1. ULPIANO *en el libro tercero de los comentarios al edicto.* Este edicto posee una suma equidad y está exento de la legítima protesta de cualquiera.

enim aspernabitur idem ius sibi dici, quod ipse aliis dixit vel dici effecit?

Porque ¿quién rechazará que se le aplique el mismo derecho que él mismo aplicó para otros, o vio para que se aplicase?

§1. 'Qui magistratum potestatemve habebit, si quid in aliquem novi iuris statuerit, ipse quandoque adversario postulante eodem iure uti debet. Si quis apud eum, qui magistratum potestatemque habebit, aliquid novi iuris optinuerit, quandoque postea adversario eius postulante eodem iure adversus eum decernetur: scilicet ut quod ipse quis in alterius persona aequum esse credidisset, id in ipsius quoque persona valere patiatur'.

§1. 'Quien detente una magistratura o potestad, si estableció algún nuevo derecho para alguien, debe aplicar ese mismo derecho siempre que lo pida el contrario. Si alguien obtuvo algún nuevo derecho ante quien detentase una magistratura y potestad, después, cuando su adversario lo pidiese, se resolverá contra él por el mismo derecho, de modo que lo que uno consideró justo respecto de la persona de otro, deberá aceptar que sea válido también respecto de su propia persona'.

§2. Haec autem verba: 'quod statuerit qui iurisdictioni praeest', cum effectu accipimus, non verbo tenus: et ideo si, cum vellet statuere, prohibitus sit nec effectum decretum habuit, cessat edictum. Nam statuit verbum rem perfectam significat et consummatam iniuriam, non coeptam. Et ideo si inter eos quis dixerit ius, inter quos iurisdictionem non habuit, quoniam pro nullo hoc habetur nec est ulla sententia, cessare edictum putamus: quid enim offuit conatus, cum iniuria nullum habuerit effectum?

§2. Pero estas palabras, 'lo que estableció' quien ejerce la jurisdicción, las entendemos considerando su efectividad, no sus palabras. Y por tanto, si cuando quisiere establecer tal derecho se le prohibiese, y su decreto no tuvo efecto, es inaplicable el edicto, porque la palabra 'estableció' significa cosa acabada o injusticia consumada, no comenzada. Y así, si alguien ejerciese jurisdicción sobre aquellos que no la tenía, puesto que esto se tiene por nulo y no hay sentencia alguna, juzgamos que deja de tener lugar el edicto; porque ¿en qué dañó el intento, cuando la injusticia no tuvo ningún efecto?

***2.** PAULUS libro tertio ad edictum. Hoc edicto dolus debet ius dicentis puniri: nam si adsessoris imprudentia ius aliter dictum sit quam oportuit, non debet hoc magistratui officere, sed ipsi adsessori.*

2. PAULO *en el libro tercero de los comentarios al edicto.* Por este edicto debe castigarse el dolo del juzgador; porque si por imprudencia del asesor se emitió derecho de un modo diferente al que debía dictarse, no debe esto perjudicar al magistrado, sino al asesor.

3. ULPIANUS *libro tertio ad edictum. Si quis iniquum ius adversus aliquem impetravit, eo iure utatur ita demum, si per postulationem eius hoc venerit: ceterum si ipso non postulante, non coercetur. Sed si impetravit, sive usus est iure aliquo, sive impetravit ut uteretur licet usus non sit, hoc edicto puniatur.*

3. ULPIANO *en el libro tercero de los comentarios al edicto.* Si alguien impetró contra alguno un derecho injusto para el edicto, sujétese a este derecho sólo si esto ocurrió a petición suya; pero si ocurrió sin solicitarlo él, no se le sujeta al mismo; mas si lo impetró, tanto si usó de algún derecho como si lo impetró para usar de él, aunque no lo usase, es castigado por este ilícito.

§1. Si procurator meus postulavit, quaeritur quis eodem iure utatur: et putat Pomponius me solum, utique si hoc ei specialiter mandavi vel ratum habui. Si tamen tutor vel curator furiosi postulaverit vel adulescentis, ipse hoc edicto coercetur. Item adversus procuratorem id observandum est, si in rem suam fuerit datus.

§1. Si mi procurador presentó la petición, se pregunta: ¿a quién deberá aplicarse el mismo derecho? Y Pomponio juzga que sólo a mí, pero si se lo mandé de manera especial, o lo ratifiqué. Mas si lo pidió el tutor o el curador de un demente o de un adolescente, él es castigado por este edicto. También procederá lo mismo contra el procurador nombrado para causa propia.

§2. Haec poena adversus omnem statuitur, qui in edictum incidit, non solum eo postulante, qui ab eo laesus est, sed omni, qui quandoque experitur.

§2. Esta pena se instituye contra todo el que incurre en el edicto, no sólo pidiéndolo aquel que fue perjudicado por él, sino cualquier otro que en cualquier momento lo demande.

§3. Si is pro quo spopondisti impetraverit, ne aliquis debitor ipsius adversus eum exceptione utatur, deinde tu in negotio, in quo spopondisti, velis exceptione uti: nec te nec ipsum oportet hoc impetrare, etsi interdum patiaris iniuriam, si solvendo debitor non sit. Sed si tu incidisti in edictum, reus quidem utetur exceptione, tu non utaris: nec poena tua ad reum promittendi

§3. Si aquel deudor por quien fuiste fiador logró que se le reconociese el derecho de que ningún deudor suyo use de excepción contra él, y tú después quisieses usar la excepción en el negocio en que saliste fiador, ni tú ni él mismo deben conseguir tal derecho, aunque tal vez sufras perjuicio, si el deudor no fuese solvente. Mas si incurriste en la

pertinebit: et ideo mandati actionem non habebis.

hipótesis del edicto, tu demandado usará ciertamente la excepción, pero tú no, ni tu pena afectará al demandado de prometer; y por tanto, no tendrás la acción de mandato contraria.

§4. Si filius meus in magistratu in hoc edictum incidit, an in his actionibus, quas ex persona eius intento, hoc edicto locus sit? Et non puto, ne mea condicio deterior fiat.

§4. Si mi hijo, siendo magistrado, incurre en la hipótesis de este edicto, ¿tendrá lugar el edicto en aquellas acciones que en nombre suyo intentó? Considero que no, para que mi condición no se vea perjudicada.

§5. Quod autem ait praetor, ut is eodem iure utatur, an etiam ad heredem haec poena transmittatur? Et scribit Iulianus non solum ipsi denegari actionem, sed etiam heredi eius.

§5. Mas lo que dice el pretor, 'que se le aplique el mismo derecho', ¿acaso se transmite también esta pena al heredero? Juliano escribe que no sólo a este se le niega la acción, sino también a su heredero.

§6. Illud quoque non sine ratione scribit non solum in his actionibus pati eum poenam edicti, quas tunc habuit cum incideret in edictum, verum si quae postea ei adquirentur.

§6. No sin razón también escribe que sufre la pena de este edicto no sólo en las acciones que tuvo cuando incurrió en la hipótesis del edicto, sino igualmente en las que después se adquiriesen para él.

§7. Ex hac causa solutum repeti non posse Iulianus putat: superesse enim naturalem causam, quae inhibet repetitionem.

§7. Juliano afirma que no puede repetirse como indebido lo pagado por este motivo, pues subsiste la causa natural que impide la repetición.

4. GAIUS in libro primo ad edictum provinciale. Illud eleganter praetor excipit: 'praeterquam si quis eorum contra eum fecerit, qui ipse eorum quid fecisset': et recte, ne scilicet vel magistratus, dum studet hoc edictum defendere, vel litigator, dum vult beneficio huius edicti uti, ipse in poenam ipsius edicti committat.

4. GAYO *en el libro primero de los comentarios al edicto provincial.* El pretor hizo elegantemente esta excepción: 'salvo si alguno de ellos obró contra aquel que también hizo alguna de estas cosas'; y con razón, no sea que, o bien el magistrado, mientras procura defender este edicto, o el litigante, mientras quiere usar del beneficio de este edicto, incurra él mismo en la pena del propio edicto por haber impuesto o exigido su aplicación a otro.

TITULUS III SI QUIS IUS DICENTI NON OBTEMPERAVERIT

TÍTULO III DE SI ALGUNO DESOBEDECIESE AL JUZGADOR

1. ULPIANUS *libro primo ad edictum. Omnibus magistratibus, non tamen duumviris, secundum ius potestatis suae concessum est iurisdictionem suam defendere poenali iudicio.*

1. ULPIANO *en el libro primero de los comentarios al edicto.* A todos los magistrados, pero no a los duunviros, se les concedió defender su jurisdicción en juicio penal conforme al derecho de su potestad.

§1. Is videtur ius dicenti non obtemperasse, qui quod extremum in iurisdictione est non fecit: veluti si quis rem mobilem vindicari a se passus non est, sed duci eam vel ferri passus est: ceterum si et sequentia recusavit, tunc non obtemperasse videtur.

§1. Se considera que quien no cumplió con lo que es el efecto último de la jurisdicción no obedeció al juzgador, por ejemplo, si alguno no permitió que se vindicase de él una cosa mueble, pero consintió que se la quitase o llevase el demandante; además, si se resistió también a las consecuencias, se considera entonces que no obedeció.

§2. Si procurator tuus vel tutor vel curator ius dicenti non obtemperavit, ipse punitur, non dominus vel pupillus.

§2. Se castigará a tu procurador, tutor o curador, y no al representado o al pupilo, si no obedeció al que juzga.

§3. Non solum autem reum, qui non obtemperavit, hoc edicto teneri Labeo ait, verum etiam petitorem.

§3. Pero dice Labeón que incurre en la hipótesis de este edicto no sólo el demandado que no lo obedeció, sino también el demandante.

§4. Hoc iudicium non ad id quod interest, sed quanti ea res est concluditur: et cum meram poenam contineat, neque post annum neque in heredem datur.

§4. En este juicio se condena, no según lo que interesa al actor, sino según lo que vale el asunto, y como posee exclusivo carácter penal, no se concede después del año ni contra el heredero.

TITULUS IIII DE IN IUS VOCANDO

TITULO IIII DE LA CITACIÓN A JUICIO

1. PAULUS *libro quarto ad edictum. In ius vocare est iuris experiundi causa vocare.*

1. PAULO *en el libro cuarto de los comentarios al edicto.* Llamar a juicio es citar para ejercer un derecho.

2. ULPIANUS *libro quinto ad edictum. In ius vocari non oportet neque consulem neque praefectum neque praetorem neque proconsulem neque ceteros magistratus, qui imperium habent, qui et coercere aliquem possunt et iubere in carcerem duci: nec pontificem dum sacra facit: nec eos qui propter loci religionem inde se movere non possunt: sed nec eum qui equo publico in causa publica transvehatur. Praeterea in ius vocari non debet qui uxorem ducat aut eam quae nubat: nec iudicem dum de re cognoscat: nec eum dum quis apud praetorem causam agit: neque funus ducentem familiare iustave mortuo facientem:*

2. ULPIANO *en el libro quinto de los cometnarios al edicto.* No se debe citar a juicio ni al cónsul, ni al prefecto, ni al pretor, ni al procónsul, ni a los demás magistrados que tienen imperio y que pueden castigar a alguien y ordenar que sea llevado a la cárcel; tampoco al pontífice mientras ejerce los actos sagrados, ni a aquéllos que por el carácter religioso del lugar no pueden moverse de él; ni siquiera a aquél que por motivos públicos sea llevado en caballo público. Tampoco debe ser citado a juicio el que esté tomando esposa o la que se esté casando, ni el juez mientras esté conociendo de un asunto, ni cualquiera mientras aboga en un litigio ante el pretor, ni quien preside un entierro familiar, o asiste a las exequias de un difunto,

3. CALLISTRATUS *libro primo cognitionum. … vel qui cadaver prosequuntur, quod etiam videtur ex rescripto divorum fratrum comprobatum esse:*

3. CALISTRATO *en el libro primero de las jurisdicciones.* … o los que acompañan al cadáver, lo que también parece estar admitido por respuesta escrita de los Divinos Hermanos Marco Aurelio y Vero,

4. ULPIANUS *libro quinto ad edictum. … quique litigandi causa necesse habet in iure vel certo loco sisti: nec furiosos vel infantes.*

4. ULPIANO *en el libro quinto de los comentarios al edicto.* … ni quien por causa de un litigio tiene necesidad de comparecer en juicio o en un lugar determinado; ni los dementes ni los infantes.

§1. Praetor ait: 'parentem, patronum patronam, liberos parentes patroni patronae in ius sine permissu meo ne quis vocet'.

§1. Dice el pretor: 'nadie cite a juicio sin mi permiso al ascendiente, al patrón, a la patrona, a los descendientes ni ascendientes del patrón o de la patrona'.

§2. Parentem hic utriusque sexus accipe: sed an in infinitum, quaeritur. Quidam parentem usque ad tritavum appellari aiunt, superiores maiores dici: hoc veteres existimasse Pomponius refert: sed Gaius Cassius omnes in infinitum parentes dicit, quod et honestius est et merito optinuit.

§2. En este punto entiende por 'ascendiente' a los de ambos sexos; pero se pregunta si esto es hasta el infinito. Unos dicen que se denomina 'ascendiente' hasta el quinto abuelo, y que a los anteriores a él se les llama 'antepasados'. Pomponio refiere que esto opinaron los antiguos, pero Cayo Casio llama 'ascendientes' a todos hasta el infinito, lo cual es más honorable, y con razón prevaleció dicho criterio.

§3. Parentes etiam eos accipi Labeo existimat, qui in servitute susceperunt: nec tamen, ut Severus dicebat, ad solos iustos liberos: sed et si vulgo quaesitus sit filius, matrem in ius non vocabit,

§3. Labeón estima que también son considerados como ascendientes los que tuvieron hijos hallándose en esclavitud; pero como decía Valerio Severo, no solamente alcanza la prohibición a los descendientes legítimos, sino que, aunque naciesen ilegítimamente, el hijo no citará a juicio a su madre,

5. PAULUS libro quinto ad edictum. … quia semper certa est, etiam si vulgo conceperit: pater vero is est, quem nuptiae demonstrant.

5. PAULO *en el libro quinto de los comentarios al edicto.* … porque la madre siempre es cierta, aunque concibiese ilegítimamente; pero el padre es el que demuestran las nupcias.

6. IDEM libro primo sententiarum. Parentes naturales in ius vocare nemo potest: una est enim omnibus parentibus servanda reverentia.

6. EL MISMO *en el libro primero de las sentencias.* Nadie puede citar a juicio a sus ascendientes naturales, porque a todos los ascendientes se ha de guardar la misma reverencia.

7. IDEM libro quarto ad edictum. Patris adoptivi parentes impune vocabit, quoniam hi eius parentes non sunt, cum his tantum cognatus fiat quibus et adgnatus.

7. EL MISMO *en el libro cuarto de los comentarios al edicto.* El hijo adoptivo citará impunemente a los ascendientes de su padre adoptivo, porque éstos no son ascendientes suyos; pues tan sólo se hace cognado de aquellos de quienes también se hace agnado.

8. ULPIANUS libro quinto ad edictum. Adoptivum patrem, quamdiu in potestate est, in ius vocare non potest iure magis potestatis quam praecepto praetoris, nisi sit filius qui castrense habuit peculium: tunc enim causa cognita pemittetur sed naturalem parentem ne quidem dum est in adoptiva familia in ius vocari.

8. ULPIANO *en el libro quinto de los comentarios al edicto.* Mientras alguien está bajo su potestad, no puede citar a juicio al padre adoptivo, más por razón de patria potestad que por precepto del pretor, salvo que sea un hijo que tuviese peculio castrense, porque en este caso se le permite previa cognición de causa; pero al ascendiente natural no puede citársele a juicio, mientras él se halle en la familia adoptiva.

§1. 'Patronum', inquit, 'patronam'. Patroni hic accipiendi sunt, qui ex servitute manumiserunt: vel si collusionem detexit: vel si qui praeiudicio pronuntietur esse libertus, cum alioquin non fuerit, aut si iuravi eum libertum meum esse: quemadmodum per contrarium pro patrono non habebor, si contra me iudicatum esta ut si me deferente iuraverit se libertum non esse.

§1. Dice el pretor "patrón" y "patrona". Aquí ha de entenderse por patrones, los que manumitieron de la esclavitud, o alguno que descubrió una colusión y se hizo dueño en la declaración de libertad del que era esclavo, o aquel respecto del cual se declarase en acción prejudicial que era liberto suyo, cuando de otro modo no lo fuese, o si yo juré que este era mi liberto; por el contrario, no seré tenido por patrón, si se emitió sentencia contra mí de que yo no lo era, o si, defiriendo yo el juramento, él jurase que no era mi liberto.

§2. Sed si ad iusiurandum adegi, ne uxorem ducat, ne nubat, impune in ius vocabor. Et Celsus quidem ait in tali liberto ius ad filium meum me vivo non transire: sed Iulianus contra scribit. Plerique Iuliani sententiam probant. Secundum quod eveniet,

§2. Pero si exigí jurar que él no tomaría esposa, o que ella no se casaría, impunemente seré citado a juicio. Y ciertamente dice Celso que el derecho sobre tal liberto no pasa a mi hijo mientras viva yo, pero

ut patronus quidem in ius vocetur, filius quasi innocens non vocetur.

Juliano escribe lo contrario. La mayoría aprueba la opinión de Juliano, según la cual sucederá que el patrón sea citado a juicio, mas no el hijo, como inocente.

9. PAULUS *libro quarto ad edictum. Is quoque, qui ex causa fideicommissi manumittit, non debet in ius vocari, quamvis ut manumittat, in ius vocetur.*

9. PAULO *en el libro cuarto de los comentarios al edicto.* Tampoco el que manumite por causa de un fideicomiso debe ser citado a juicio, aunque para manumitir sí debe ser llamado a juicio.

10. ULPIANUS *libro quinto ad edictum. Sed si hac lege emi ut manumittam, et ex constitutione divi Marci venit ad libertatem: cum sim patronus, in ius vocari non potero. Sed si suis nummis emi et fidem fregi, pro patrono non habebor.*

10. ULPIANO *en el libro quinto de los comentarios al edicto.* Pero si compré al esclavo bajo la condición de que lo manumita, y por virtud de la constitución del divino Marco Aurelio alcanzó la libertad, no podré ser llamado a juicio por ser su patrón; pero si lo compré con su dinero para manumitirlo, y quebranté la fe pactada, no seré considerado su patrón.

§1. Prostituta contra legem venditionis venditorem habebit patronum, si hace lege venierat, ut si prostituta esset, fieret libera. At si venditor, qui manus iniectionem excepit, ipse prostituit, quoniam et haec pervenit ad libertatem, sub illo quidem, qui vendidit, libertatem consequitur, sed honorem haberi ei aequum non est ut et Marcellus libro sexto digestorum existimat.

§1. La esclava que ha sido prostituida contra la cláusula de no prostituirla impuesta en la venta, tendrá por patrono al vendedor si la vendió bajo cláusula de hacerse libre si fuese prostituida. Pero si luego el mismo vendedor que puso la excepción de reivindicarla del comprador la prostituyó, aunque ella se haga libre, consigue ciertamente la libertad bajo aquel que la vendió, pero no es justo que a él se le guarde el respeto propio del patrón, como también opinaba Marcelo en el libro sexto de su digesto.

§2. Patronum autem accipimus etian si capite minutus sit: vel si libertus capite minutus, dum adrogetur per obreptionem.

§2. También aceptamos a cualquiera por patrón, aunque sufriese disminución de su capacidad

Cum enim hoc ipso, quo adrogatur, celat condicionem, non id actum videtur ut fieret ingenuus.

jurídica, o aunque la padeciese el liberto, siendo adrogado ocultando su condición, porque como por el hecho mismo de la arrogación oculta su condición, no pareció que se ejecutó esto para que se hiciera ingenuo.

§3. Sed si ius anulorum accepit, put eum reverentiam patrono exhibere debere, quamvis omnia ingenuitatis munia habet. Aliud si natalibus si restitutus: nam princeps ingenuum facit.

§3. Pero si recibió el derecho de usar anillo como si fuese libre, considero que debe manifestarle reverencia al patrón, aunque tiene todas las prerrogativas de la condición de ingenuo. Otra cosa será si fuese restituido a su condición de libre desde su nacimiento, porque el príncipe lo vuelve ingenuo.

§4. Qui manumittitur a corpore aliquo vel collegio vel civitate, singulos in ius vocabit: nam non est illorum libertus. Sed rei publicae honorem habere debet et si adversus rem publicam vel universitatem velit experiri, veniam edicti petere debet, quamvis actorem eorum constitutum in ius sit vocaturus.

§4. El que es manumitido por alguna corporación, asociación o ciudad, citará a juicio a cada uno en particular; porque no es liberto de ellos, sino que la reverencia la debe guardar a la república; y si quisiese litigar contra la república o la comunidad, debe pedir la venia del edicto, aunque deba citar a juicio al representante constituido como actor de ellas.

§5. Liberos parentesque patroni patronaeque utriusque sexus accipere debemus.

§5. Debemos entender como 'descendientes y ascendientes del patrón y de la patrona' los de ambos sexos.

§6. Sed si per poenam deportationis ad peregrinitatem redactus sit patronus, putat Pomponius eum amisisse honorem. Sed si fuerit restitutus, erit ei etiam huius edicti commodum salvum.

§6. Pero si el patrón se viese obligado a abandonar la ciudad por la pena de deportación, opina Pomponio que perdió el honor del patronazgo; mas si se le restituyó su derecho, le quedará también a salvo el beneficio de este edicto.

§7. Parentes patroni etiam adoptivi excipiuntur: sed tamdiu quamdiu adoptio durat.

§7. Los ascendientes del patrón, incluso los adoptivos, gozan también de la excepción, pero sólo mientras dura la adopción.

§8. Si filius meus in adoptionem datus sit, vocari a liberto meo in ius non poterit: sed nec nepos in adoptiva familia susceptus. Sed si filius meus emancipatus adoptaverit filium, hic nepos in ius vocari poterit: nam mihi alienus est.

§8. Si mi hijo fuese dado en adopción, no podrá ser citado a juicio por mi liberto, ni tampoco el nieto recibido en la familia adoptiva. Pero si mi hijo emancipado adoptase un hijo, este nieto podrá ser llamado a juicio, porque para mí es extraño.

§9. Liberos autem secundum Cassium, ut in parentibus, et ultra trinepotem accipimus.

§9. Pero según Casio, por descendientes entendemos incluso a los posteriores de los nietos quintos, como en el caso de los ascendientes.

§10. Si liberta ex patrono fuerit enixa, mutuo se ipsa et filius eius in ius non vocabunt.

§10. Si una liberta diese a luz un hijo de su patrón, la liberta y su hijo no se citarán mutuamente a juicio.

§11. Sin autem liberi patroni capitis accusaverunt libertum paternum vel in servitutem petierunt, nullus eis honor debetur.

§11. Pero si los hijos del patrón acusaron de delito capital al liberto paterno, o le demandaron para reducirle a la esclavitud, no se les debe ningún honor y pueden ser citados a juicio por aquel liberto.

§12. Praetor ait: 'in ius nisi permissu meo ne quis vocet'. Permissurus enim est, si famosa actio non sit vel pudorem non suggilat, qua patronus convenitur vel parentes. Et totum hoc causa cognita debet facere: nam interdum etiam ex causa famosa, ut Pedius putat, permittere debet patronum in ius vocari a liberto: si eum gravissima iniuria adfecti, flagellis forte cecidit.

§12. Dice el pretor: 'nadie los cite a juicio sin mi permiso'. Ciertamente ha de permitirlo si la acción por la que fuesen demandados el patrón o los ascendientes no es infamante o no ultraja al pudor. Y todo esto debe hacerlo con conocimiento de causa; porque a veces, como opina Pedio, también debe permitir que el liberto cite a juicio al patrón por causa infamante, si le infirió una injuria gravísima, por ejemplo, habiéndolo azotado.

§13. Semper autem hunc honorem patrono habendum, et si quasi tutor vel curator vel defensor vel actor interveniat patronus. Sed si patroni tutor vel curator interveniat, impune posse eos in ius vocari Pomponius scribit et verius est.

§13. Mas siempre ha de tenerse esta consideración al patrón, ya interviniendo como tutor o curador, ya como defensor o actor. Pero si interviniese el tutor o el curador del patrón, Pomponio escribe que el liberto puede citarlos impunemente a juicio; y es lo más acertado.

11. *PAULUS libro quarto ad edictum. Quamvis non adiciat praetor causa cognita se poenale iudicium daturum, tamen Labeo ait moderandam iurisdictionem: veluti si paeniteat libertum et actionem remittat: vel si patronus vocatus non venerit: aut si non invitus vocatus sit, licet edicti verba non patiantur.*

11. PAULO *en el libro cuarto de los comentarios al edicto.* Aunque el pretor no añada que deberá dar la acción penal con previo conocimiento de causa, dice Labeón que deberá moderar su jurisdicción; por ejemplo, si el liberto se arrepintiese y desistiese de la acción, o si llamado el patrón, éste no compareció, o si fue llamado con su voluntad, por más que no lo expresen las palabras del edicto.

12. *ULPIANUS libro quinquagensimo septimo ad edictum. Si libertus in ius vocaverit contra praetoris edictum filium patroni sui, quem ipse patronus in potestate habet: probandum est absente patre subveniendum esse filio qui in potestate est et ei poenalem in factum actionem, id est quinquaginta aureorum, adversus libertum competere.*

12. ULPIANO *en el libro quincuagésimo séptimo de los comentarios al edicto.* Si contraviniendo al edicto del pretor el liberto citó a juicio al hijo de su patrón, a quien éste tiene bajo su potestad, se permitirá auxiliar al hijo que está bajo potestad si el padre está ausente, teniendo contra el liberto la acción penal por el hecho, es decir, de cincuenta áureos.

13. *MODESTINUS libro decimo pandectarum. Generaliter eas personas, quibus reverentia praestanda est, sine iussu praetoris in ius vocare non possumus.*

13. MODESTINO *en el libro décimo de las pandectas.* Por regla general, sin el permiso del pretor no podemos llamar a juicio a aquellas personas a quienes se debe guardar reverencia.

14. *PAPINIANUS libro primo responsorum. Libertus a patrono reus constitutus, qui se defendere paratus pro tribunale praesidem provinciae frequenter interpellat, patronum accusatorem in ius non videtur vocare.*

14. PAPINIANO *en el libro primero de las respuestas.* El liberto demandado por su patrón que insiste ante el gobernador de provincia hallarse dispuesto a defenderse ante el tribunal, no se entiende que cita a juicio a su patrón acusador.

15. *PAULUS in libro primo quaestionum. Libertus adversus patronum dedit libellum non dissimulato se libertum esse eius: an si ad desiderium eius rescribatur, etiam edicti*

15. PAULO *en el libro primero de las cuestiones.* Un liberto presentó libelo contra su patrón, no habiendo disimulado que era su liberto; si se

poena remissa esse videtur? Respondi non puto ad hunc casum edictum praetoris pertinere. Neque enim qui libellum principi vel praesidi dat, in ius vocare patronum videtur.

accediese a su pretensión, ¿acaso se reputa que también se le ha perdonado la pena del edicto? Respondí que no considero que el edicto del pretor corresponda a este caso, porque quien presenta libelo al príncipe o al gobernador no parece que cita a juicio a su patrón.

16. *IDEM libro secundo responsorum. Quaesitum est, an tutor pupilli nomine patronam suam sine permissu praetoris vocare possit. Respondi eum, de quo quaeritur, pupilli nomine etiam in ius vocare patronam suam potuisse sine permissu praetoris.*

16. EL MISMO *en el libro segundo de las respuestas*. Se preguntó si un tutor podía, en nombre del pupilo, llamar a juicio a su patrona sin permiso del pretor. Respondí que ese mismo tutor pudo también citar a juicio a su patrona, en nombre del pupilo, sin permiso del pretor.

17. *IDEM libro primo sententiarum. Eum, pro quo quis apud officium cavit, exhibere cogitur. Item eum qui apud acta exhibiturum se esse quem promisit, et si officio non caveat, ad exhibendum tamen cogitur.*

17. EL MISMO *en el libro primero de las sentencias*. Quien dio caución ante oficial público por la presentación de otra persona, está obligado a presentarla. Igualmente, quien prometió por escrito que presentaría a alguien, aunque no brinde caución al oficial público, está, sin embargo, obligado a presentarlo.

18. *GAIUS libro primo ad legem duodecim tabularum. Plerique putaverunt nullum de domo sua in ius vocari licere, quia domus tutissimum cuique refugium atque receptaculum sit, eumque qui inde in ius vocaret, vim inferre videri.*

18. GAYO *en el libro primero de los comentarios a la Ley de las Doce Tablas*. La mayoría ha considerado lícito el que nadie sea llamado a juicio dentro de su casa, pues la casa debe ser para cada quien segurísimo refugio y asilo, y quien entra en ella para llamar a juicio, parece que lo hace con violencia.

19. *PAULUS libro primo ad edictum. Satisque poenae subire eum, si non defendatur et latitet, certum est, quod mittitur adversarius in possessionem bonorum eius. Sed si aditum ad se praestat*

19. PAULO *en el libro primero de los comentarios al edicto*. Y ciertamente alguien sufre una sanción ejemplar si no se defendiese en juicio y se ocultase en su casa, porque su

aut ex publico conspiciatur, recte in ius vocari eum Iulianus ait.

adversario es puesto en posesión de sus bienes. Pero Juliano dice que si permitiese el acceso a su casa, o fuese visto en público, puede llamársele lícitamente a juicio.

20. *GAIUS libro primo ad legem duodecim tabularum. Sed etiam ab ianua et balneo et teatro nemo dubitat in ius vocari licere.*

20. GAYO *en el libro primero de los comentarios a la Ley de las Doce Tablas.* Pero nadie duda que es lícito ser llamado a juicio incluso estando xen la puerta de la casa, en los baños termales y en el teatro.

21. *PAULUS libro primo ad edictum. Sed etsi is qui domi est interdum vocari in ius potest, tamen de domo sua nemo extrahi debet.*

21. PAULO *en el libro primero de los comentarios al edicto.* Pero aunque quien está en su casa puede a veces ser citado a juicio, nadie, sin embargo, debe ser sacado a la fuerza de su casa.

22. *GAIUS libro primo ad legem duodecim tabularum. Neque impuberes puellas, quae alieno iuri subiectate essent, in ius vocare permissum est.*

22. GAYO *en el libro primero de los comentarios a la Ley de las Doce Tablas.* Tampoco está permitido llamar a juicio a las doncellas impúberes que estuviesen sujetas a potestad paterna.

§1. Qui in ius vocatus est, duobus casibus dimittendus est: si quis eius personam defendet, et si, dum in ius venitur, de re transactum fuerit.

§1. Quien fue llamado a juicio, debe ser excusado en dos casos: si alguien defendiese su persona, y si mientras se va al juicio, se hiciese transacción sobre el asunto.

23. *MARCIANUS libro tertio institutionum. Communis libertus licet plurium sit, debet a praetore petere, ut ei liceat vel quendam ex patronis in ius vocare, ne in poenam incidat ex edicto praetoris.*

23. MARCIANO *en el libro tercero de las instituciones.* El liberto común, aunque lo sea de muchos, debe pedir al pretor que le permita llamar a juicio a cualquiera de sus patrones, para que no incurra en pena por el edicto del pretor.

24. *ULPIANUS libro quinto ad edictum. In eum, qui adversus ea fecerit, quinquaginta aureorum iudicium datur:*

24. ULPIANO *en el libro quinto de los comentarios al edicto.* Al que contraviniese esto, se da acción

quod nec heredi nec in heredem nec ultra annum datur.

penal de cincuenta áureos, la cual no se ofrece ni al heredero, ni contra el heredero, ni después del año.

25. MODESTINUS *libro primo de poenis. Si sine venia edicti impetrata libertus patronum in ius vocaverit, ex querella patroni vel supradictam poenam, id est quinquaginta aureos dat vel a praefecto urbi quasi inofficiosus castigatur, si inopia dinoscitur laborare.*

25. MODESTINO *en el libro primero de las penas.* Si un liberto llamase a juicio a su patrón sin la venia del edicto, o bien a querella del patrón paga la susodicha pena, es decir, cincuenta áureos, o bien el prefecto de la ciudad lo castiga por haber faltado a su deber, si se supiese que está oprimido por la pobreza.

TITULUS V SI QUIS IN IUS VOCATUS NON IERIT SIVE QUIS EUM VOCAVERIT, QUEM EX EDICTO NON DEBUERIT

TÍTULO V DE SI EL CITADO A JUICIO NO COMPARECIESE, O DE SI ALGUIEN CITASE A QUIEN NO DEBIESE CITAR SEGÚN EL EDICTO

1. ULPIANUS *libro primo ad edictum. Si quis in ius vocatus fideiussorem dederit in iudicio sistendi causa non suppositum iurisdictioni illius, ad quem vocatur, pro non dato fideiussor habetur, nisi suo privilegio specialiter renuntiaverit.*

1. ULPIANO *en el libro primero de los comentarios al edicto.* Si por causa de comparecencia en el juicio alguien llamado a juicio dio un fiador no sujeto a la jurisdicción de aquel ante quien es citado, se tiene por no dado el fiador, si éste no renunció especialmente a su privilegio de exención.

2. PAULUS *libro primo ad edictum. Ex quacumque causa ad praetorem vel alios, qui iurisdictioni praesunt, in ius vocatus venire debet, ut hoc ipsum sciatur, an iurisdictio eius sit.*

2. PAULO *en el libro primero de los comentarios al edicto.* El que es llamado a juicio por cualquier causa ante el pretor u otros que ejercen jurisdicción, debe comparecer para que se averigüe si es de su jurisdicción.

§1. Si quis in ius vocatus non ierit, ex causa a competenti iudice multa pro iurisdictione iudicis damnabitur: rusticitati enim hominis parcendum erit: item si nihil intersit actoris eo tempore in ius adversarium venisse, remittit praetor poenam, puta quia feriatus dies fuit.

§1. Si llamado alguien a juicio no compareció, el juez competente le condenará a una multa acorde a su jurisdicción, habiendo causa para ello, porque deberá perdonarse la rusticidad del individuo. El pretor también perdona la pena si al actor no le importa que el adversario no compareciese en juicio en la fecha señalada, por ejemplo, porque fue día feriado.

3. ULPIANUS libro quadragensimo septimo ad Sabinum. Cum quis in iudicio sisti promiserit neque adiecerit poenam, si status non esset: incerti cum eo agendum esse in id quod interest verissimum est, et ita Celsus quoque scribit.

3. ULPIANO *en el libro cuadragésimo séptimo de los comentarios a Sabino.* Cuando alguien prometiese comparecer en juicio y no añadiese pena alguna, es muy cierto que, si no se presentó, deberá ejercerse contra él la acción de cosa incierta según el monto del interés; y así también lo escribe Celso.

TITULUS VI IN IUS VOCATI UT EANT AUT SATIS VEL CAUTUM DENT

TÍTULO VI QUE LOS CITADOS A JUICIO COMPAREZCAN, O DEN FIANZA O CAUCIÓN

1. PAULUS libro primo ad edictum. Edicto cavetur, ut fideiussor iudicio sistendi causa datus pro rei qualitate locuples detur exceptis necesariis personis: ibi enim qualemcumque accipi iubet: veluti pro parente patrono,

1. PAULO *en el libro primero de los comentarios al edicto.* Se exige en el edicto que el fiador dado para presentarse a juicio, posea la solvencia adecuada a la calidad del asunto, excepto en cuanto a las personas ligadas por algún vínculo de parentesco, porque en este caso dispone que se acepte a cualquiera, por ejemplo, un fiador dado por un ascendiente o por el patrón,

2. CALLISTRATUS libro primo ad edictum monitorium. ... Item pro patrona liberisve suis vel uxore nuruve. Tunc enim qualiscumque fideiussor accipi iubetur: et in eum, qui non acceperit, cum sciret eam necessitudinem personarum, quinquaginta aureorum iudicium competit,

2. CALISTRATO *en el libro primero de los comentarios al edicto monitorio. ...* también dado por la patrona o sus hijos, por la esposa o por la nuera; pues se manda que entonces se acepte cualquier fiador. Y contra aquel que no lo admitiese tras conocerse este parentesco de las personas, compete una acción penal de cincuenta áureos,

3. PAULUS libro quarto ad edictum. ... quoniam pro locuplete accipitur fideiussor in necessariis personis.

3. PAULO *en el libro cuarto de los comentarios al edicto. ...* porque se admite como solvente el fiador respecto a las personas unidas por parentesco.

4. ULPIANUS libro quinquagensimo octavo ad edictum. Qui duos homines in iudicio sisti promisit, si alterum exhibet, alterum non, ex promissione non videtur eos stetisse, cum alter eorum non sit exhibitus.

4. ULPIANO *en el libro quincuagésimo octavo de los comentarios al edicto.* Alguien prometió presentar dos hombres en juicio; presenta a uno, pero al otro no. No se considera que los presentó según la promesa, pues uno de ellos no fue presentado.

TITULUS VII NE QUIS EUM QUI IN IUS VOCABITUR VI EXIMAT

TÍTULO VII DE QUE NADIE IMPIDA POR LA FUERZA QUE EL CITADO COMPAREZA A JUICIO

1. ULPIANUS libro quinto ad edictum. Hoc edictum praetor proposuit, ut metu poenae compesceret eos, qui in ius vocatos vi eripiunt.

1. ULPIANO *en el libro quinto de los comentarios al edicto.* El pretor dispuso este edicto para contener con el miedo de la pena a quienes secuestran con violencia a los citados a juicio.

§1. Denique Pomponius scribit servi quoque nomine noxale iudicium reddendum, nisi sciente domino id fecit: tunc enim sine noxae deditione iudicium suscipiet.

§1. Por lo demás, Pomponio escribe que debe darse el juicio noxal también a nombre del esclavo, salvo si este lo hizo sabiéndolo su dueño;

porque entonces éste aceptará el juicio sin la entrega noxal.

§2. Ofilius putat locum hoc edicto non esse, si persona, quae in ius vocari non potuit, exempta est, veluti parens et patronus ceteraeque personae: quae sententia mihi videtur verior. Et sane si deliquit qui vocat, non deliquit qui exemit.

§2. Ofilio opina que este edicto no procede si la persona que no pudo ser citada a juicio está exenta de ello, como un ascendiente, o el patrón y demás personas; cuya opinión me parece más acertada. En efecto, si delinquió quien cita, no delinquió quien exentó.

2. PAULUS libro quarto ad edictum. Nam cum uterque contra edictum faciat, et libertus qui patronum vocat, et is qui patronum vi eximat: deteriore tamen loco libertus est, qui in simili delicto petitoris partes sustinet. Eadem aequitas est in eo, qui alio quam quo debuerat in ius vocabatur: sed et fortius dicendum est non videri vi eximi eum, cui sit ius ibi non conveniri.

2. PAULO *en el libro cuarto de los comentarios al edicto*. Porque aunque obren contra el edicto tanto el liberto que cita al patrón como aquel que por la fuerza lo sustrae, está en peor condición el liberto que ante semejante delito tiene el carácter de demandante. La misma equidad hay respecto de aquel que fue citado a juicio en lugar distinto al que debió serlo. Pero aun con más razón se dirá que no parece que sea exentado por fuerza aquel que tenga derecho para no ser demandado allí.

3. ULPIANUS libro quinto ad edictum. Quod si servum quis exemit in ius vocatum, Pedius putat cessare edictum, quoniam non fuit persona, quae in ius vocari potuit. Quid ergo? Ad exhibendum erit agendum.

3. ULPIANO *en el libro quinto de los comentarios al edicto*. Pedio opina que si alguien impidió comparecer a un esclavo citado a juicio, no procede el edicto, porque no fue persona que pudiese llamarse a juicio. ¿Qué se hará en este caso? Deberá ejercerse la acción exhibitoria.

§1. Si quis ad pedaneum iudicem vocatum quem eximat, poena eius edicti cessabit.

§1. Si alguien impide a otro comparecer ante un juez de grado inferior, cesará la pena de este edicto.

§2. Quod praetor praecepit 'vi eximat': vi an et dolo malo? Sufficit vi, quamvis dolus malus cesset.

§2. Lo que el pretor prescribió así: "impida por la fuerza", ¿se entiende sólo por fuerza o también con dolo malo? Basta que sea por fuerza, aunque no haya dolo malo.

4. PAULUS *libro quarto ad edictum. Sed eximendi verbum generale est, ut Pomponius ait. Eripere enim est de manibus auferre per raptum: eximere quoquo modo auferre. Ut puta si quis non rapuerit quem, sed moram fecerit quo minus in ius veniret, ut actionis dies exiret vel res tempore amitteretur: videbitur exemisse, quamvis corpus non exemerit. Sed et si eo loci retinuerit, non abduxit, his verbis tenetur.*

4. PAULO *en el libro cuarto de los comentarios al edicto.* Pero como dice Pomponio, la palabra 'impedir' es genérica; porque 'arrebatar' es quitar de las manos por rapto, e 'impedir' es en cierto modo quitar; como, por ejemplo, si uno no arrebató a alguien, pero le demoró a fin de que no compareciese a juicio y transcurriese el plazo de la acción, o se perdiese el asunto por razón de tiempo, se entenderá que impidió, aunque no impediese en sí a la persona. Pero también si lo retuvo en algún lugar y no le dejó presentarse, está englobado en dichas palabras.

§1. Item si quis eum, qui per calumniam vocabatur, exemerit: constat eum hoc edicto teneri.

§1. También si alguien impidió al que se citó por medio de calumnia, consta que está obligado por este edicto.

§2. Praetor ait 'neve faciat dolo malo, quo magis eximeretur': nam potest sine dolo malo id fieri, veluti cum iusta causa est exemptionis.

§2. Dice el pretor: 'o que no obre con dolo malo para quedar eximido'; porque puede hacerse esto sin dolo malo, como cuando hay justa causa de impedimento.

5. ULPIANUS *libro quinto ad edictum. Si per alium quis exemerit, hac clausula tenetur, sive praesens fuit sive absens.*

5. ULPIANO *en el libro quinto de los comentarios al edicto.* Si alguien impidió la comparecencia por medio de otro, está obligado por esta cláusula edictal, ya si estuvo presente o ausente.

§1. In eum autem, qui vi exemit, in factum iudicium datur: quo non id continetur quod in veritate est, sed quanti ea res est ab actore aestimata, de qua controversia est. Hoc enim additum est, ut appareat etiam si calumniator quis sit, tamen hanc poenam eum persequi.

§1. Contra quien impidió por la fuerza comparecer se da la acción por el hecho, en la que no se contiene el valor real, sino por cuanto el actor ha estimado el asunto sobre el que versa la controversia; pues se añadió esto para que conste que, aunque alguien litigue como calumniador, esta pena le persigue.

§2. Docere autem debet quis per hanc exemptionem factum quo minus in ius produceretur. Ceterum si nihilo minus productus est, cessat poena: quoniam verba cum effectu sunt accipienda.

§2. Pero cada cual debe probar que por tal impedimento no fue presentado a juicio; por lo demás, si pese a ello fue presentado, cesa la pena, porque las palabras del edicto han de entenderse cuando hubo resultado.

§3. Hoc iudicium in factum est: et si plures deliquerint in singulos dabitur, et nihilo minus manet qui exemptus est obligatus:

§3. Esta acción es por el hecho, y si muchos delinquieron, se dará contra cada uno; no obstante, permanece obligado a comparecer quien fue impedido.

§4. Heredibus autem ita dabitur, si eorum intersit: neque autem in heredem neque post annum dabitur.

§4. Mas se dará en favor de los herederos, si les interesase; pero no se dará ni contra el heredero, ni después del año.

6. IDEM libro trigensimo quinto ad edictum. Is qui debitorem vi exemit, si solverit, reum non liberat, quia poenam suam solvit.

6. EL MISMO *en el libro trigésimo quinto de los comentarios al edicto.* Si pagó quien por la fuerza impidió comparecer al deudor, no libera al demandado, pues pagó su pena.

TITULUS VIII QUI SATISDARE COGANTUR VEL IURATO PROMITTANT VEL SUAE PROMISSIONI COMMITTANTUR

TÍTULO VIII DE LOS QUE ESTÁN OBLIGADOS A DAR FIANZA, O PROMETEN CON JURAMENTO, O SE ATIENEN A SU PROMESA

1. GAIUS libro quinto ad edictum provinciale. Satisdatio eodem modo appellata est quo satisfactio. Nam ut satisfacere dicimur ei, cuius desiderium implemus, ita satisdare dicimur adversario nostro, qui pro eo, quod a nobis petiit, ita cavit, ut eum hoc nomine securum faciamus datis fideiussoribus.

1. GAYO *en el libro quinto de los comentarios al edicto provincial.* Del mismo modo se dice 'satisdación' que 'satisfacción'. Porque así como decimos que 'satisfacemos' a aquél cuyo deseo cumplimos, del mismo modo decimos que 'satisdamos' a nuestro adversario, quien de tal modo recibió garantía por lo que

nos reclamó, y que garantizamos dicha reclamación con los fiadores dados.

2. ULPIANUS libro quinto ad edictum. Fideiussor in iudicio sistendi causa locuples videtur dari non tantum ex facultatibus, sed etiam ex conveniendi facilitate.

2. ULPIANO *en el libro quinto de los comentarios al edicto.* Se entiende que se otorga fiador que comparecerá en juicio, no tan sólo por sus bienes, sino también por la facilidad para demandarlo.

§1. Si quis his personis, quae agere non potuerunt, fideiussorem iudicio sistendi causa dederit, frustra erit datio.

§1. Si alguien dio como fiadores que comparecerán a juicio a quienes no pudieron ejercer una acción, será inútil la garantía.

§2. Praetor ait: 'Si quis parentem, patronum patronam, liberos aut parentes patroni patronae, liberosve suos eumve quem in potestate habebit, vel uxorem, vel nurum in iudicium vocabit: qualiscumque fideiussor iudicio sistendi causa accipiatur'.

§2. Dice el pretor: 'si alguien citase a juicio a su ascendiente, a su patrón, a su patrona, a los descendientes o ascendientes de su patrón o de su patrona, o a sus propios descendientes, o a aquél que tuviese bajo su potestad, o a su mujer, o a su nuera, en caso de presentarse a juicio deberá admitirse cualquier fiador que ofrezcan'.

§3. Quod ait praetor 'liberosve suos', accipiemus et ex feminino sexu descendentes liberos. Parentique dabimus hoc beneficium non solum sui iuris, sed etiam si in potestate sit alicuius: hoc enim Pomponius scribit. Et filius fideiussor pro patre fieri potest, etiam si in alterius potestate sit. Nurum etiam pronurum et deinceps accipere debemus.

§3. Cuando dice el pretor: 'o a sus propios descendientes', entenderemos también a sus descendientes por línea femenina; y daremos este beneficio no sólo al ascendiente libre de potestad, sino incluso al que esté bajo potestad de cualquier otro, y así lo escribe Pomponio. También el hijo puede volverse fiador de su padre, aunque esté bajo la potestad de otro. Debemos entender por 'nuera' también a la esposa del nieto, y así sucesivamente.

§4. Quod ait praetor 'qualiscumque fideiussor accipiatur': hoc quantum ad facultates, id est etiam non locuples.

§4. Cuando dice el pretor: 'deberá admitirse cualquier fiador', se entiende en cuanto a sus bienes, es decir, aunque no sea rico.

§5. In fideiussorem, qui aliquem iudicio sisti promiserit, tanti quanti ea res erit actionem dat praetor. Quod utrum veritatem contineat an vero quantitatem, videamus. Et melius est ut in veram quantitatem fideiussor teneatur, nisi pro certa quantitate accessit.

§5. El pretor otorga una acción por el monto del asunto contra el fiador que prometió que otro se presentaría a juicio. Veamos ahora si incluye acaso el verdadero importe, o la cantidad estimada por el demandante. Y es mejor que el fiador se obligue por la cantidad verdadera, si no se obligó por una cantidad cierta.

3. GAIUS *libro primo ad edictum provinciale. Sive in duplum est actio sive tripli aut quadrupli, tanti eundem fideiussorem omnimodo teneri dicimus, quia tanti res esse intellegitur.*

3. GAYO *en en libro primero de los comentarios al edicto provincial.* Ya sea la acción por el duplo, por el triple o por el cuádruple, diremos que el mismo fiador está obligado de todos modos, porque se entiende que el asunto es de otro tanto.

4. PAULUS *libro quarto ad edictum. Si decesserit qui fideiussorem dederit iudicio sistendi causa, non debebit praetor iubere exhibere eum. Quod si ignorans iusserit exhiberi vel post decretum eius ante diem exhibitionis decesserit, deneganda erit actio. Si autem post diem exhibitionis decesserit aut amiserit civitatem, utiliter agi potest.*

4. PAULO *en el libro cuarto de los comentarios al edicto.* Si falleció quien había dado un fiador que comparecerá a juicio, el pretor no ordenará presentarse a éste último. Pero si, ignorándolo, mandó que fuese presentado, o si después de su decreto falleció un día antes de la presentación, se deberá negar la acción contra el fiador. Mas si falleció un día después de la comparecencia, o perdió la ciudadanía, se puede ejercer legítimamente la acción.

5. GAIUS *libro primo ad edictum provinciale. Si vero pro condemnato fideiusserit et condemnatus decesserit aut civitatem Romanam amiserit, recte nihilo minus cum fiudeiussore eius agetur.*

5. GAYO *en el libro primero de los comentarios al edicto provincial.* Pero si alguien dio fianza por el condenado en juicio, y el condenado murió o perdió la ciudadanía romana, no obstante ello, se ejercerá legalmente acción contra su fiador.

§1. Qui pro rei qualitate evidentissime locupletem vel, si dubitetur, adprobatum

§1. Puede haber acción de injurias contra aquel que no aceptó un

fideiussorem iudicio sistendi causa non acceperit: iniuriarum actio adversus eum esse potest, quia sane non quaelibet iniuria est duci in ius eum, qui satis idoneum fideiussorem det. Sed et ipse fideiussor, qui non sit acceptus, tamquam de iniuria sibi facta queri poterit.

fiador evidentemente idóneo según la cuantía del asunto, o aprobado como tal, si se dudare; porque no es una injuria cualquiera que sea llevado a juicio quien ofrezca un fiador suficientemente idóneo. Pero también el mismo fiador que no fuese aceptado podrá demandar por la injuria que se le hizo.

6. PAULUS libro duodecimo ad edictum. Quotiens vitiose cautum vel satisdatum est, non videtur cautum.

6. PAULO *en el libro duodécimo de los comentarios al edicto.* Cuando se ofreció defectuosamente caución o fianza, no se considera que se ofreció caución.

7. ULPIANUS libro quarto decimo ad edictum. Si fideiussor non negetur idoneus, sed dicatur habere fori praescriptionem et metuat petitor ne iure fori utatur: videndum quid iuris sit. Et divus Pius (ut et Pomponius libro epistularum refert et Marcellus libro tertio digestorum et Papinianus libro tertio quaestionum) Cornelio Proculo rescripsit merito petitorem recusare talem fideiussorem: sed si alias caveri non possit, praedicendum ei non usurum eum privilegio, si conveniatur.

7. ULPIANO *en el libro décimo cuarto de los comentarios al edicto.* Si no se niega que el fiador sea idóneo, pero se dijese que tiene la excepción del fuero, y el actor temiese que aquél use su privilegio, deberá verse qué es lo justo. Y el Divino Antonino Pío (como también refiere Pomponio en el libro de sus epístulas, Marcelo en el libro tercero de su digesto y Papiniano en el libro tercero de las cuestiones) respondió por escrito a Cornelio Próculo que con razón el actor puede recusar a tal fiador; pero si no pudiese ofrecer caución de otro modo, se le deberá prevenir de no aprovecharse de su privilegio si fuere demandado.

§1. Si necessaria satisdatio fuerit et non facile possit reus ibi eam praestare, ubi convenitur: potest audiri, si in alia eiusdem provinciae civitate satisdationem praestare paratus sit. Si autem satisdatio voluntaria est, non in alium locum remittitur: neque enim meretur qui ipse sibi necessitatem satisdationis imposuit.

§1. Si la fianza fue necesaria, y el demandado no pudiese ofrecerla fácilmente allí donde se le demanda, el juez puede oírlo si estuviese dispuesto a ofrecer dicha fianza en otra ciudad de la misma provincia. Mas si la fianza es voluntaria, no se remite a otro lugar, porque tampoco lo merece quien se impuso a sí mismo la necesidad de dar fianza.

§2. Si satisdatum pro re mobili non sit et persona suspecta sit, ex qua satis desideratur: apud officium deponi debebit si hoc iudici sederit, donec vel satisdatio detur vel lis finem accipiat.

§2. Si no se otorgó fianza por una cosa mueble, y se sospechase de la persona de quien se desea la garantía, deberá depositarse la cosa en una oficina pública, si esto le pareciese conveniente al juez, hasta que se ofrezca fianza o se termine el pleito.

8. PAULUS libro quarto decimo ad edictum. De die ponenda in stipulatione solet inter litigatores convenire. Si non conveniat, Pedius putat in potestate stipulatoris esse moderato spatio: de hoc a iudice statuendum.

8. PAULO *en el libro décimo cuarto de los comentarios al edicto.* Suele convenirse entre litigantes sobre el término que debe fijarse en la estipulación. Si no hubiese convenio, Pedio opina que la facultad de fijar término corresponde al estipulante, debiendo señalar el juez un plazo moderado para ello.

§1. Qui mulierem adhibet at satisdandum, non videtur cavere: sed nec miles nec minor viginti quinque annis probandi sunt: nisi hae personae in rem suam fideiubeant, ut pro suo procuratore. Quidam etiam, si a marito fundus dotalis petatur, in rem suam fiudeiussuram mulierem.

§1. No se entiende que ofrece fianza quien presenta por fiador a una mujer; tampoco se admitirá al militar ni al menor de veinticinco años, salvo que ofrezcan fianza en asunto propio, como por medio de su procurador. También consideran algunos que si al marido se le reclamase un fundo dotal, la mujer será fiadora en causa propia.

§2. Si servus inveniatur, qui antequam iudicium accipiatur fideiussit iudicatum solvi: sucurrendum est actori, ut ex integro caveatur. Minori quoque viginti quinque annis sucurrendum est, fortasse et mulieri propter imperitiam.

§2. Si se descubriese que es esclavo el que, antes de aceptar el juicio, dio fianza de que se pagaría lo juzgado, deberá auxiliarse al actor, para que de nuevo se le otorgue caución. También se ha de auxiliar al menor de veinticinco años, y también a la mujer por su impericia.

§3. Si fideiussor iudicatum solvi stipulatori heres extiterit aut stipulator fideiussori, ex integro cavendum erit.

§3. Si el fiador que pagará el monto de lo juzgado llegase a ser heredero del estipulante, o éste del fiador, deberá darse fianza de nuevo.

§4. Tutor et curator, ut rem salvam fore pupillo caveant, mittendi sunt in municipium, quia necessaria est satisdatio: item de re restituenda domino proprietatis, cuius usus fructus datus est: item legatarius, ut caveat evicta hereditate legata reddi, et quod amplius per legem Falcidiam ceperit: heres quoque ut legatorum satisdet audiendus est, ut in municipium mittatur. Plane si misso iam legatario in possessionem, cum per heredem staret quominus caveret, heres postulet uti de possessione decedat paratumque se dicat in municipio cavere: impetrare non debebit. Diversum, si sine culpa aut dolo heredis missus sit in possessionem.

§4. El tutor y el curador deberán ser remitidos al municipio para garantizar que quedarán a salvo los bienes del pupilo, porque es fianza necesaria. También el usufructuario de que restituirá la cosa al dueño de la propiedad cuyo usufructo se le dio. Igualmente el legatario para que dé caución de devolver los legados si hubo evicción de la herencia, y lo que percibió de más según la ley Falcidia. También el heredero deberá ser escuchado para que otorgue fianza por los legados, con objeto de ser remitido al municipio. Pero si ya se puso al legatario en posesión de los bienes porque el heredero no dio caución, y éste pidiese que el legatario se aparte de la posesión, diciendo que está dispuesto a prestar garantía en el municipio, no deberá conseguirlo. Lo contrario sería si se le pusiese en posesión sin culpa o dolo del heredero.

§5. Iubetur iurare de calumnia, ne quis vexandi magis adversarii causa, forsitan cum Romae possit satisdare, in municipium evocet: sed quibusdam hoc iusiurandum de calumnia remittitur, velut parentibus et patronis. Sic autem iurare debet qui in municipium remittitur 'Romae se satisdare non posse et ibi posse, quo postulat remitti, idque se non calumniae causa facere': nam sic non est compellendus iurare 'alibi se quam eo loco satisdare non posse', quia si Romae non potest, pluribus autem locis possit, cogitur peierare.

§5. Respecto de la calumnia, se ordenará jurar para que nadie cite en algún municipio con objeto de vejar a su adversario, pudiendo quizá garantizar en Roma. Pero este juramento de calumnia se dispensa a ciertas personas, como a los ascendientes y a los patrones. Ahora bien, así debe jurar quien es remitido al municipio: 'que no puede dar fianza en Roma, pero que puede otorgarla allí adonde pide ser remitido, y que no hace esto por causa de calumnia'. Pues no se le ha de obligar a jurar de este modo: 'que no puede dar fianza en otra parte más que en este lugar', porque si no puede garantizar en Roma, pero pudiese en muchos otros lugares, se le obliga a jurar falsamente.

§6. Hoc autem tunc impetrabitur, cum iusta causa esse videbitur. Quid enim si, cum erat in municipio, noluit cavere? Hoc casu non debet impetrare, cum per eum steterit, quominus ibi, ubi ire desiderat, satisdaret.

§6. Pero esto se concederá cuando se valore que hay justa causa. ¿Y qué decir si, ya estando en el municipio, no quiso dar caución? En este caso no debe concedérsele que lo haga en el municipio, ya que en él habría consentido que no diese fianza allí donde desea ir.

9. *GAIUS libro quinto ad edictum provinciale. Arbritro ad fideiussores probandos constituto, si in alterutram partem iniquum arbitrium videatur, perinde ab eo atque ab iudicibus appellare licet.*

9. GAYO *en el libro quinto de los comentarios al edicto provincial.* Nombrado un árbitro para aprobar la idoneidad de los fiadores, si su arbitraje se considerase injusto contra alguna de las partes, es lícito apelar contra él, igual que contra los jueces.

10. *PAULUS libro septuagensimo quinto ad edictum. Si ab arbitro probati sunt fideiussores, pro locupletibus habendi sunt, cum potuerit querella ad competentem iudicem deferri, qui ex causa improbat ab arbitro probatos, alias improbatos probat:*

10. PAULO *en el libro septuagésimo quinto de los comentarios al edicto.* Si los fiadores fueron aprobados por el árbitro, deben ser tenidos por idóneos, pues podría presentarse querella al juez competente, quien, según la causa, desaprueba a los fiadores aprobados por el árbitro, y por otra parte aprueba a los desaprobados…

§1. … multosque magis, si sua voluntate accepit fideiussores, contentus his esse debet. Quod si medio tempore calamitas fideiussoribus insignis vel magna inopia accidit, causa cognita ex integro satisdandum erit.

§1. … Y si por voluntad admitió a los fiadores, con mayor razón debe contentarse con éstos. Pero si en el tiempo intermedio sobrevino a los fiadores una grave calamidad, o una terrible pobreza, una vez conocida la causa deberá darse fianza de nuevo.

11. *ULPIANUS libro septuagensimo quinto ad edictum. Iulianus ait, si ante, quam mandarem tibi ut fundum peteres, satis acceperis petiturus fundum et postea*

11. ULPIANO *en el libro septuagésimo quinto de los comentarios al edicto.* Dice Juliano que si antes de que yo te mandase a reivindicar un fundo

mandatu meo agere institueris, fideiussores teneri.

recibiste fianza para reclamar el fundo, y después decidiste ejercer la acción por mandato mío, los fiadores quedan obligados.

12. IDEM *libro septuagensimo septimo ad edictum. Inter omnes convenit heredem sub condicione, pendente condicione possidentem hereditatem, substituto cavere debere de hereditate, et, si defecerit condicio, adeuntem hereditatem substitutum et petere hereditatem posse et, si optinuerit, committi stipulationem. Et plerumque ipse praetor et ante condicionem existentem et ante diem petitionis venientem ex causa iubere solet stipulationem interponi.*

12. EL MISMO *en el libro septuagésimo séptimo de los comentarios al edicto.* Es criterio común que, el heredero instituido bajo condición que posea la herencia estando pendiente la condición, debe dar caución al sustituto respecto de la herencia, y si la condición se frustrase, el heredero sustituto que acepte la herencia puede pedirla también, y si además la obtuviese, que se atenga a la estipulación; y muchas veces, antes de que se verifique la condición y de que llegue el día de la reclamación, el mismo pretor suele ordenar con causa justificada que se interponga estipulación.

13. PAULUS *libro septuagensimo quinto ad edictum. Sed et si plures substituti sint, singulis cavendum est.*

13. PAULO *en el libro septuagésimo quinto de los comentarios al edicto.* Pero si fuesen varios los sustitutos, a cada uno se le ha de conceder caución.

14. IDEM *libro secundo responsorum. Filius familias defendit absentem patrem: quaero an iudicatum solvi satisdare debeat. Paulus respondit eum qui absentem defendit, etiam si filius vel pater sit, satisdare petituro ex forma edicti debere.*

14. EL MISMO *en el libro segundo de las respuestas.* Un hijo de familia defiende a su padre ausente. Pregunto: ¿acaso debe dar fianza de que pagará lo juzgado? Paulo respondió que quien defiende a un ausente, aunque sea el hijo o el padre, debe dar fianza al demandante en virtud de lo dispuesto por el edicto.

15. MACER *libro primo de appellationibus. Sciendum est possessores immobilium rerum satisdare non compelli.*

15. MÁCER *en el libro primero de las apelaciones.* Ha de saberse que a los poseedores de bienes inmuebles no se les obliga a dar fianza.

§1. Possessor autem is accipiendus est, qui in agro vel civitate rem soli possidet aut ex asse aut pro parte. Sed et qui vectigalem, id est emphyteuticum agrum possidet, possessor intellegitur. Item qui solam proprietatem habet, possessor intellegendus est. Eum vero, qui tantum usum fructum habet, possessorem non esse Ulpianus scripsit.

§1. Pero ha de considerarse poseedor a quien posee bienes raíces en el campo o en la ciudad, ya sea el total o una parte. Pero también se entiende que es poseedor el que posee un campo tributario, es decir, enfitéutico. Igualmente ha de entenderse poseedor el que tiene la sola propiedad. Pero quien tiene solamente el usufructo, escribe Ulpiano que no es poseedor.

§2. Creditor, qui pignus accepit, possessor non est, tametsi possessionem habeat aut sibi traditam aut precario debitori concessam.

§2. El acreedor que recibió una prenda no es poseedor, aunque tenga la posesión interdictal, ya sea que se le haya entregado a él, o bien se la concediese en precario al deudor.

§3. Si fundus in dotem datus sit, tam uxor quam maritus propter possessionem eius fundi possessores intelleguntur.

§3. Si un fundo fuese dado en dote, tanto la mujer como el marido se entiende que son poseedores respecto a la posesión de este fundo.

§4. Diversa causa est eius, qui fundi petitionem personalem habet.

§4. Diversa es la causa de aquel que tiene la acción personal para reclamar un fundo.

§5. Tutores, sive pupilli eorum sive ipsi possideant, possessorum loco habentur: sed et si unus ex tutoribus possessor fuit, idem dicendum erit.

§5. Los tutores son considerados en el lugar de poseedores, ya si poseen sus pupilos, ya si ellos mismos. Pero también se dirá lo mismo si uno de los tutores fue el poseedor.

§6. Si fundum, quem possidebam, a me petieris, deinde cum secundum te esset iudicatum, appellaverim: an possessor eiusdem fundi sim? Et recte dicetur possessorem me esse, quia nihilominus possideo, nec ad rem pertinet, quod evinci mihi ea possessio possit.

§6. Si me demandases el fundo que yo poseía, y después, cuando se juzgase a tu favor, yo apelé, ¿seré acaso poseedor del mismo fundo? Con razón se dirá que soy poseedor, porque no he dejado de poseer; y no importa para el caso que esta posesión pueda serme vindicada.

§7. Possessor autem quis nec ne fuerit, tempus cautionis spectandum est: nam sicuti ei, qui post cautionem possessionem vendidit, nihil obest, ita nec prodest ei, qui post cautionem possidere coepit.

§7. Para saber si uno fue o no poseedor, debe considerarse el momento de la caución; porque así como nada le obsta a quien vendió la posesión después de la caución, así tampoco le aprovecha a quien después de la caución comenzó a poseer.

16. PAULUS *libro sexto ad edictum. Qui iurato promisit iudicio sisti, non videtur peierasse, si ex concessa causa hoc deseruerit.*

16. PAULO *en el libro sexto de los comentarios al edicto.* Quien prometió presentarse a juicio bajo juramento, no se considera que actuó con perjurio si se desistió por causa admitida.

TITULUS IX SI EX NOXALI CAUSA AGATUR, QUEMADMODUM CAVEATUR

TÍTULO IX DE QUÉ MODO SE DA CAUCIÓN SI SE PROCEDIESE POR CAUSA NOXAL

1. ULPIANUS *libro septimo ad edictum. Si quis eum, de quo noxalis actio est, iudicio sisti promisit, praetor ait 'in eadem causa eum exhibere, in qua tunc est, donec iudicium accipiatur'.*

1. ULPIANO *en el libro séptimo de los comentarios al edicto.* Si alguien prometió que presentaría a juicio al que tiene acción noxal en su contra, dice el pretor: 'presentarlo en el mismo estado en que entonces se halla, hasta que sea aceptado el juicio'.

§1. 'In eadem causa' quid sit, videamus: et puto verius eum videri in eadem causa sistere, quid ad experiendum non facit ius actoris deterius. Si desinat, servus esse promissoris vel actio amissa sit, non videri in eadem causa statum Labeo ait: vel si qui pari loco erat in litigando, coepit esse in duriore, vel loco vel persona mutata: itaque si quis ei qui in foro promissoris conveniri non potest venditus aut potentiori datus sit, magis esse putat, ut non videatur in eadem causa sisti. Sed et si noxae deditus sit, Ofilius non putat in eadem causa sisti, cum noxae deditione ceteris noxalem actionem peremi putat.

§1. Veamos qué significa hallarse 'en el mismo estado'. Opino como más acertado considerar 'en el mismo estado' a quien para litigar no perjudica el derecho del actor. Si un esclavo dejase de ser del promitente, o si la acción se perdió, dice Labeón que no se entiende que se permaneció en el mismo estado; tampoco si el que estaba en igual situación para litigar, comenzó a estar en una peor, por cambio de lugar o de persona. Y así, si un esclavo fue vendido a quien no puede ser demandado en el fuero del promitente, o fue dado a otro más poderoso, el mismo Labeón considera que hay más motivo para no considerar que comparece en el mismo estado. Pero si fue entregado por delito, Ofilio no opina que se presenta en el mismo estado, pues juzga que con la entrega del delincuente se extingue la acción noxal para los demás.

2. PAULUS *libro sexto ad edictum. Sed alio iure utimur. Nam ex praecedentibus causis non liberatur noxae deditus: perinde enim noxa caput sequitur, ac si venisset.*

2. PAULO *en el libro sexto de los comentarios al edicto.* Pero aplicamos otro derecho, pues por las anteriores causas no queda libre el esclavo entregado por delito, ya que el delito persigue a quien lo comentió, del mismo modo que si se hubiese vendido.

§1. Si absens sit servus, pro quo noxalis actio alicui competit: si quidem dominus non negat in sua potestate esse, compellendum putat Vindius vel iudicio eum sisti promittere vel iudicium accipere, aut, si nolit defendere, cauturum, cum primum potuerit, se exhibiturum: sin vero falso neget in sua potestate esse, suscepturum iudicium sine noxae deditione. Idque Iulianus scribit et si dolo fecerit, quominus in eius esset potestate, sed si servus praesens est, dominus abest nec quisquam servum defendit, ducendus erit iussu praetoris: sed causa cognita domino postea dabitur defensio, ut Pomponius et Vindius scribunt, ne ei absentia sua noceat: ergo et actori actio restituenda est, perempta eo quod ductus servus in bonis eius esse coepit.

§1. Si se hallase ausente el esclavo por el cual compete a alguien la acción noxal, pero el dueño no niega que aquel esclavo se halla bajo su potestad, opina Vindio que debe ser obligado a prometer que aquél será presentado a juicio, o a aceptar el juicio; o si no quisiere defenderlo, dará caución de que lo presentará tan pronto pueda; pero si negase falsamente que esta bajo su potestad, deberá aceptar el juicio sin la posibilidad de librarse por medio de la entrega del delincuente; y Juliano escribe lo mismo para el caso de que actuase con dolo y el esclavo ya no estuviese bajo su potestad. Mas si el esclavo está presente y el amo ausente, y nadie defiende al esclavo, deberá ser entregado al actor por disposición del pretor; pero se dará después la defensa al dueño previo conocimiento de causa, según escriben Pomponio y Vindio, para que no le perjudique su ausencia. Por tanto, también se le restituirá al actor su acción extinguida por ingresar el esclavo entregado a los bienes de aquél tras autorizársele su traslado.

3. ULPIANUS libro septimo ad edictum. Si cum usufructuario noxali iudicio agetur isque servum non defenderit, denegatur ei per praetorem usus fructus persecutio.

3. ULPIANO *en el libro séptimo de los comentarios al edicto*. Si se reclamase en juicio noxal al usufructuario, y éste no defendió al esclavo, el pretor le niega la petición del usufructo.

4. GAIUS libro sexto ad edictum provinciale. Si cum uno ex dominis noxalis agetur, an pro parte socii satisdare deberet? Sabinus ait non debere: quia quodammodo totum suum hominem defenderet, cui in solidum defendendi necessitas esset, nec auditur, si pro parte paratus sit defendere.

4. GAYO *en el libro sexto de los comentarios al edicto provincial*. Si se ejercitase la acción noxal contra uno de los dueños, ¿debería dar fianza respecto a su porción como socio? Sabino dice que no debe hacerlo, porque en cierto modo quien tuviese necesidad de defenderlo solidariamente defendería la totalidad del esclavo; y no es atendido si estuviese dispuesto a defenderlo en parte.

5. ULPIANUS libro quadragensimo septimo ad Sabinum. Si servum in eadem causa sistere quidam promiserit et liber factus sistatur: si de ipso controversia est capitalium actionum iniuriarumque nomine, non recte sistitur: quia aliter de servo supplicium et verberibus de iniuria satisfit, aliter de libero vindicta sumitur vel condemnatio pecuniaria. Quod autem ad ceteras noxales causas pertinet, etiam in meliorem causam videtur pervenisse.

5. ULPIANO *en el libro cuadragésimo séptimo de los comentarios a Sabino*. Si alguien prometió presentar al esclavo en el mismo estado, y fuese presentado ya como libre, no está debidamente presentado si sobre él hay controversia pendiente por acciones capitales o acción de injurias, porque una cosa es imponer el suplicio al esclavo, y en el caso de la injuria procede la pena de azotes, y otra distinta castigar o condenar pecuniariamente al hombre libre. Pero respecto a las demás causas noxales, aún se entiende que ha llegado a mejor estado.

6. *PAULUS libro undecimo ad Sabinum. Sed si statu liberum sisti promissum sit, in eadem causa sisti videtur, quamvis liber sistatur, quod implicitus ei casus libertatis fuerit.*

6. PAULO *en el libro décimo primero de los comentarios a Sabino.* Pero si se prometió presentar un esclavo libre bajo condición, se juzga presentado en la misma condición servil aunque comparezca libre, porque su eventual libertad se halla comprendida en este caso.

TITULUS X DE EO PER QUEM FACTUM ERIT QUOMINUS QUIS IN IUDICIO SISTAT

TÍTULO X DE AQUEL QUE ACTUÓ PARA QUE OTRO NO SE PRESENTE A JUICIO

1. *ULPIANUS libro septimo ad edictum. Aequissimum putavit praetor dolum eius coercere, qui impedit aliquem iudicio sisti.*

1. ULPIANO *en el libro séptimo de los comentarios al edicto.* El pretor estimó como muy justo castigar el dolo de quien impide que otro se presente a juicio.

§1. Fecisse autem dolo malo non tantum is putatur, qui suis manibus vel per suos retinuit, verum qui alios quoque rogavit ut eum detinerent vel abducerent, ne iudicio sistat, sive scientes sive ignorantes quid esset quod comminisceretur.

§1. Pero se juzga que obró con dolo malo no sólo el que lo retuvo con sus propias manos o por medio de subordinados, sino también el que rogó a otros para que lo detuviesen o se lo llevasen por la fuerza para que no se presentase en juicio, tanto si sabían como si ignoraban qué era lo que se tramaba.

§2. Dolum autem malum sic accipimus, ut si quis venienti ad iudicium aliquid pronuntiaverit triste, propter quod is necesse habuerit ad iudicium non venire, teneatur ex hoc edicto: quamvis quidam putent sibi eum imputare, qui credulus fuit.

§2. Pero entendemos el dolo malo de modo que quede sujeto al edicto si alguien anunció cualquier desgracia a quien va a juicio, por la cual éste debió no presentarse a juicio; aunque algunos estiman que quien fue crédulo debe imputarsele la omisión.

§3. Si reus dolo actoris non steterit, non habebit reus adversus eum actionem ex hoc edicto, cum contentus esse possit exceptione, si ex stipulatu conveniatur de poena, quod ad iudicium non venerit. Aliter atque si ab

§3. Si el demandado no se presentó por dolo del actor, el primero no tendrá la acción de este edicto contra el segundo, pudiendo quedar satisfecho con la excepción, si fuera

alio sit impeditus: nam actionem propositam adversus eum exercebit.

demandado por la pena en virtud de lo estipulado, debido a no haber comparecido al juicio. Otra cosa será si otra persona se lo impidió, porque ejercerá contra él la acción propuesta.

§4. Si plures dolo fecerint, omnes tenentur: sed si unus praestiterit poenam, ceteri liberantur, cum nihil intersit.

§4. Si muchos actuaron con dolo, todos quedan obligados; pero si uno de ellos pagó la pena, los demás quedan libres pues no hay más interés.

§5. Servi nomine ex hac causa noxali iudicio agendum omnes consentiunt.

§5. Todos convienen en que por esta causa debe ejercerse la acción noxal a nombre del esclavo.

§6. Et heredi datur, sed non ultra annum. Adversus heredem autem hactenus puto dandam actionem, ut ex dolo defuncti heres non lucretur.

§6. Esta acción se otorga al heredero, pero no se concede luego de un año. Pero juzgo que ha de concederse esta acción contra el heredero sólo para que no se lucre con el dolo del difunto.

2. PAULUS libro sexto ad edictum. Si actoris servus domino sciente et cum possit non prohibente dolo fecerit, quo minus in iudicio sistam, Ofilius dandam mihi exceptionem adversus dominum ait, ne ex dolo servi dominus lucretur. Si vero sine voluntate domini servus hoc fecerit, Sabinus noxale iudicium dandum ait nec factum servi domino obesse debere nisi hactenus ut ipso careat: quando ipse nihil deliquit.

2. PAULO *en el libro sexto de los comentarios al edicto.* Si el esclavo del actor actuó con dolo para que yo no compareciese en juicio, sabiéndolo el dueño y no impidiéndolo cuando podía hacerlo, dice Ofilio que se me otorgará excepción contra el dueño para que no se lucre con el dolo del esclavo. Pero si el esclavo actuó sin la voluntad de su amo, dice Sabino que se concederá la acción noxal, y que la condcuta del esclavo perjudicará al dueño en verse privado de aquél, puesto que él mismo no delinquió.

3. IULIANUS libro secundo digestorum. Ex hoc edicto adversus eum, qui dolo fecit, quo minus quis in iudicium vocatus sistat, in factum actio competit quanti actoris interfuit eum sisti. In quo iudicio deducitur si quid amiserit actor ob eam rem: veluti si

3. JULIANO *en el libro segundo del digesto.* Por este edicto compete acción por la conducta contra quien dolosamente evitó que se presentase el citado a juicio. En dicho juicio se considera lo que tal vez perdió el

reus tempore dominium rei interim sibi adquirat aut actione liberatus fuerit.

actor por esta incomparecencia, por ejemplo, si en este intermedio el demandado adquiriese la propiedad de la cosa por el paso del tiempo, o se librase de la acción.

§1. Plane si is, qui dolo fuerit, quo minus in iudicio sistatur, solvendo non fuerit, aequum erit adversus ipsum reum restitutoriam actionem competere, ne propter dolum alienum reus lucrum faciat et actor damno adficiatur.

§1. A decir verdad, si no fuere solvente quien actuó dolosamente para que el demandado no se presentase a juicio, será justo que contra dicho demandado proceda la acción restitutoria, para que el demandado no obtenga un lucro por el dolo ajeno ni el actor se vea perjudicado.

§2. Si et stipulator dolo Titii et promissor dolo Maevi impeditus fuerit, quo minus in iudicio sistatur: uterque adversus eum, cuius dolo impeditus fuerit, actione in factum experietur.

§2. Si tanto el estipulante por dolo de Ticio como el promitente por dolo de Mevio fueron impedidos para presentarse en juicio, uno y otro reclamarán por la acción que resulta de la conducta contra aquel por cuyo dolo se les impidió comparecer.

§3. Si et stipulator dolo promissoris et promissor dolo stipulatoris impeditus fuerit quo minus ad iudicium veniret: neutri eorum praetor succurrere debebit, ab utraque parte dolo compensando.

§3. Si tanto el estipulante por dolo del promitente como el promitente por dolo del estipulante se vieron impedidos para presentarse en juicio, el pretor no deberá ayudar a ninguno de ellos, compensando el dolo de una y otra parte.

§4. Si a fideiussore quinquaginta stipulatus fuero, si in iudicium reus non venerit, petiturus a reo centum, et dolo malo Sempronii factum fuerit, ne in iudicium reus veniat: centum a Sempronio consequar. Tanti enim mea interfuisse videtur, quia, si venisset in iudicium, actio mihi centum adversus reum vel adversus heredem eius competebat, licet fideiussor minorem summam mihi promiserit.

§4. Si estipulé cincuenta sestercios con el fiador para el caso de que el demandado no compareciese en juicio, debiendo pedir yo al demandado cien sestercios, y por dolo malo de Sempronio se logró que el demandado no compareciese en juicio, conseguiré cien de Sempronio. Pues a tal cantidad parece que se eleva mi interés, porque si compareciese a juicio me competía acción por cien contra el demandado o contra su heredero, aunque el fiador me prometiese una suma menor.

TITULUS XI SI QUIS CAUTIONIBUS IN IUDICIO SISTENDI CAUSA FACTIS NON OBTEMPERABIT

TÍTULO XI DE SI ALGUIEN NO SE ATIENE A LAS CAUCIONES DE PRESENTARSE A JUICIO

1. GAIUS libro primo ad edictum provinciale. Vicena milia passum in singulos dies dinumerari praetor iubet praeter eum diem, quo cautum promittitur, et in quem sistere in iudicium oportet. Nam sane talis itineris dinumeratio neutri litigatorum onerosa est.

1. GAYO *en el libro primero de los comentarios al edicto provincial.* El pretor dispone que se cuenten veinte mil pasos por cada día, exceptuando el día en que se promete la caución y aquel en que debe uno comparecer a juicio; porque, a decir verdad, tal regulación de jornadas no es gravosa para ninguno de los litigantes.

2. ULPIANUS libro septuagensimo quarto ad edictum. Non exigimus reum iudicio sisti, si negotium, propter quod iudicio sisti promisit, fuerit transactum: sed hoc ita, si prius id negotium transactum sit, quam sisti oporteret. Ceterum si postea transactum est, exceptio doli opponi debet: quis enim de poena promissa laborat post negotium transactum? Cum etiam transacti negotii exceptionem putaverit quis nocere, quasi etiam de poena transactum sit, nisi contrarium specialiter partibus placuerit.

2. ULPIANO *en el libro septuagésimo cuarto de los comentarios al edicto.* No exigimos que el demandado se presente en juicio si el negocio por el cual prometió comparecer en juicio fue objeto de transacción; pero esto se da en el caso de que se transigiese el negocio antes de deber comparecer. Por lo demás, si se transigió después, debe oponerse la excepción de dolo. Porque ¿quién padece la pena prometida después de transigido el negocio? Más aún, cualquiera pensaría que también perjudica la excepción de negocio transigido como si también se transigiese sobre la pena, salvo que se pactase especialmente lo contrario entre las partes.

§1. Si quis municipalis muneris causa sine suo dolo malo impeditus in iudicio secundum

§1. Si alguien no se presentó en juicio según lo había prometido estando impedido por un cargo

suam promissionem non stetit, aequissimum est tribui ei exceptionem.

municipal, y no habiendo dolo malo de su parte, es muy justo que se le otorgue excepción.

§2. Simili modo et si ad testimonium desideratus ad iudicium ocurrere non potuit, erit ei subveniendum.

§2. Igualmente, si reclamado como testigo no pudo acudir al juicio, deberá auxiliársele.

§3. Si quis iudicio se sisti promiserit et valetudine vel tempestate vel vi fluminis prohibitus se sistere non possit, exceptione adiuvatur, nec immerito. Cum enim in tali promissione praesentia opus sit, quemadmodum potuit se sistere qui adversa valetudine impeditus est? Et ideo etiam lex duodecim tabularum, si iudex vel alteruter ex litigatoribus morbo sontico impediatur, iubet diem iudicii esse diffisum.

§3. Si alguno prometió presentarse en juicio y no pudo hacerlo impedido por enfermedad, tormenta o crecida del río, será auxiliado con la excepción, y no sin razón. Porque siendo necesaria su presencia debido a dicha promesa, ¿cómo podía comparecer el impedido por falta de salud? Y por esto la Ley de las Doce Tablas también manda que se aplace el día del juicio si el juez o alguno de los litigantes estuviere impedido de comparecer por enfermedad grave.

§4. Si non propter valetudinem mulier non steterit iudicio, sed quod gravida erat, exceptionem ei dandam Labeo ait: si tamen post partum decubuerit, probandum erit quasi valedutine impeditam.

§4. Si una mujer no se presentó a juicio, no por enfermedad, sino por estar embarazada, dice Labeón que debe otorgársele excepción; pero si guardó cama tras el parto, deberá probarse que estuvo impedida como si lo estuviese por enfermedad.

§5. Idem est et si quis furere coeperit: nam qui furore impeditur, valetudine impeditur.

§5. Lo mismo sucede si alguien comenzase a perder la razón; porque quien está impedido por demencia, está impedido por la enfermedad.

§6. Quod diximus succurri etiam ei, qui tempestate aut vi fluminis prohibitus non venit, tempestatem sic intellegere debemus, sive maritima sive terrestres sit. Tempestatem intellegere debemus talem, quae impedimento sit itineri vel navigationi.

§6. Respecto a lo que dijimos de que debe auxiliarse también a quien no se presentó a juicio impedido por tempestad o por crecida del río, debemos entender como tempestad la marítima o la terrestre. Y dicha tempestad debe ser tal que impida caminar o navegar.

§7. Vis fluminis etiam sine tempestate accipienda est: vim fluminis intellegimus, et

§7. Debe admitirse la crecida del río incluso sin tempestad; también entendemos que hay crecida del río

si magnitudo eius impedimento sit sive pons solutus sit vel navigium non stet.

si la magnitud de éste impide el paso, o desbarató el puente o la embarcación no resiste.

§8. Si quis tamen cum posset non incidere in tempestatem vel in fluminis vim, si ante profectus esset vel tempore opportuno navigasset, ipse se artaverit: numquid exceptio ei minime prosit? Quod quidem causa cognita erit statuendum. Nam neque sic artandus sit, ut possit ei dici, cur non multo ante profectus est quam dies promissionis veniret: neque iterum permittendum ei, si quid sit quod ei imputetur, causari tempestatem vel vim fluminis. Quid enim si quis, cum Romae esset ipso tempore promissionis sistendi, nulla necessitate urguente voluptatis causa in municipium profectus sit? Nonne indignus est, cui haec exceptio patrocinetur? Aut quid si tempestas quidem in mari fuit, terra autem iste potuit venire: vel flumen circumire? Aeque dicendum non semper ei exceptionem prodesse: nisi angustiae non patiebantur terra iter meriti vel circumire. Cum tamen vel flumen sic abundasset, ut implesset omnem locum, in quo sisti oportuit, vel aliqua fortuita calamitas eundem locum evertit vel praesentiam venienti periculosam fecit, ex bono et aequo et hic exceptio ei accommodanda est.

§8. Pero si alguien se puso en la dificultad, pudiéndose librar de la tempestad o de la crecida del río saliendo antes, o navegando con tiempo benévolo, ¿le aprovechará dicha excepción? A decir verdad, esto deberá resolverse previa cognición de causa, porque ni ha de llegarse al límite de reprochársele el no haber salido mucho tiempo antes del día de la promesa, ni tampoco se le ha de permitir que la tempestad o la crecida del río le sirva de excusa si hubiese algo que le sea imputable. ¿Qué se dirá, pues, si hallándose alguien en Roma al mismo tiempo de la promesa de presentarse, se marchó a su municipio sin necesidad urgente y sólo por gusto? ¿No es acaso indigno de que le favorezca esta excepción? ¿O qué diremos si la tempestad fue realmente en el mar, pero pudo transitar por tierra o evitar el río con rodeos? Ha de decirse igualmente que no siempre le aprovecha la excepción, salvo que la penuria del tiempo no le permitiese hacer el camino por tierra o rodear. Mas si el río creció de modo tal que inundase el lugar en que debía presentarse, o alguna calamidad fortuita asoló el mismo lugar, o hizo peligroso el acceso para el que llegaba, también en este caso debe concedérsele la excepción según bondad y equidad.

§9. Simili modo exceptio datur ei, qui cum ad iudicium venire volebat, a magistratu retentus est, et retentus sine dolo malo ipsius: nam si ipse hoc affectavit vel causam

§9. Igualmente se otorga excepción al que, queriendo ir a juicio, fue retenido por un magistrado sin dolo malo de su parte; porque si él mismo

praestitit, non ei proderit exceptio: sed ipsius quidem dolus ei oberit, ceterorum non oberit, qui dolo fecerunt ut retineretur. Sed si privatus eum detinuerit, nullo modo ei proderit haec exceptio,

lo procuró o dio motivo para ello, no le aprovechará la excepción, sino que le perjudicará efectivamente su propio dolo y no el de los demás que con dolo malo hicieron que fuese retenido. Pero si lo retuvo un particular, de ningún modo le beneficiará esta excepción,

3. PAULUS *libro sexagensimo nono ad edictum. ... sed actio ei datur adversus eum qui detinuit in id quod eius interest.*

3. PAULO *en el libro sexagésimo noveno de los comentarios al edicto. ...* pero se le concede acción contra aquel que lo detuvo, según la cuantía de su interés.

4. ULPIANUS *libro septuagensimo quarto ad edictum. Sed et si quis rei capitalis ante condemnatus iudicio sistere se non potuit, merito huic ignoscitur. Rei capitalis condemnatum accipere debemus, qui morte exiliove coercitus est. Dixerit aliquis, quo ergo haec exceptio damnato? Sed respondebitur fideiussoribus eius esse necessariam: aut si forte in exilium salva civitate abiit, ubi defensori eius exceptio ista proderit.*

4. ULPIANO *en el libro septuagésimo cuarto de los comentarios al edicto.* Pero también si alguien, condenado antes por causa capital, no pudo presentarse a juicio, con razón se le dispensa. Debemos entender por condenado en causa capital el que fue condenado a muerte o al exilio. Alguno dirá: ¿para qué, pues, esta excepción hacia el condenado? Se le responderá que es necesaria para sus fiadores, o si acaso partió al exilio conservando la ciudadanía, entonces aprovechará esta excepción a su defensor.

§1. Illud sciendum est eum, qui idcirco non stetit, quia capitis reus factus est, in ea causa esse, ut exceptione uti non possit: damnato enim datur. Plane si vinculis vel custodia militari impeditus ideo non stetit, in ea erit causa, ut exceptione utatur.

§1. Ha de saberse que quien no compareció porque está siendo procesado por pena capital, se halla en tal situación que no puede usar de la excepción, pues ésta sólo se concede a un condenado. Pero si no se presentó por estar en prisión, o bajo custodia militar, sí se hallará en condición de poder beneficarse de la excepción.

§2. Praeterea si funere quis domestico impeditus non venit, debet ei exceptio dari.

§2. Además, si alguien no se presentó por impedírselo el entierro de algún miembro de su casa, debe concedérsele la excepción.

§3. Item si quis in servitute hostium fuerit ac per hoc in iudicium non stetit, debet exceptione adiuvari.

§3. También debe auxiliarse con la excepción a quien fue hecho esclavo de los enemigos y por tal razón no compareció a juicio.

§4. Quaesitum est an possit conveniri, ne ulla exceptio in promissione deserta iudicio sistendi causa facta obiciatur: et ait Atilicinus conventionem istam non valere. Sed ego puto conventionem istam valere, si specialiter causae exceptionum expressae sint, quibus a promissore sponte renuntiatum est.

§4. Se preguntó si podría convenirse entre partes no oponer ninguna excepción si la promesa hecha con objeto de comparecer a juicio quedó sin cumplir; y dice Atilicino que dicho acuerdo no vale. Mas yo opino que sí, sobre todo si se declararon las causas de las excepciones a las que el promitente renunció espontáneamente.

§5. Item quaeritur, si quis, cum iudicio sistendi causa satisdare non deberet, satisdato promiserit, an fideiussoribus eius exceptio detur. Puto interesse, utrum per errorem satisdatio promissum est an ex conventione: si per errorem, dandam fideiussoribus exceptionem: si ex conventione, minime dandam. Nam et Iulianus scribit, si iudicio sistendi causa pluris quam statutum est per ignorantiam promissum fuerit, exceptionem dari debere: si autem ex conventione tantae summae promissio facta sit, exceptionem pacti conventi replicatione infirmandam Iulianus ait.

§5. También se pregunta: si alguien que no debía dar caución para presentarse a juicio, lo hiciese con promesas, ¿se dará la excepción a sus fiadores? Juzgo que debe saberse si por error o por convenio se prometió en garantía. Si fue por error, ha de concederse la excepción a los fiadores; si fue por convenio, de ninguna manera se les debe dar. Porque también escribe Juliano que si por ignorancia se prometió más de lo que se estableció para presentarse a juicio, se debe conceder la excepción; pero si se prometió una gran suma por convenio, dice Juliano que la excepción deberá rechazarse con la réplica del pacto convenido.

***5.** PAULUS libro sexagensimo nono ad edictum. Si duo rei stipulandi sint et uni debitor iudicio se sisti cum poena promiserit, alter autem impedierit: ita demum exceptio adversus alterum danda est, si socii sint: ne prosit ei dolus propter societatem.*

5. PAULO *en el libro sexagésimo noveno de los comentarios al edicto.* Si dos acreedores se obligaron solidariamente por estipulación, y el deudor prometió a uno bajo estipulación penal presentarse a juicio, y el otro se lo impidió, se dará la excepción contra el otro sólo si fueron socios, para que por razón de la sociedad no le aproveche el dolo al que impidió la comparecencia.

§1. Item si duo rei promittendi sint et unus ad iudicium non venerit contempta sua promissione iudicio sistendi causa facta, actor autem ab altero rem petat, ab altero poenam desertionis: petendo poenam exceptione summovebitur.

§1. Asimismo, si dos deudores solidarios prometieron, y uno no compareció en juicio, menospreciando así la promesa de presentarse en él, pero el actor reclamase a uno la cosa y al otro la pena de deserción, si pide la pena será repelido con la excepción para reclamar la cosa.

§2. Aeque si a patre facta fuerit promisio iudicio sistendi gratia ex filii contractu, deinde de re actor egerit cum filio, exceptione summovebitur, si cum patre ex eius promissione agat. Et contra idem erit, si filius promiserit et actor egerit cum patre de peculio.

§2. Igualmente, si el padre prometió presentarse en juicio debido a un contrato del hijo, y después el actor procedió contra el hijo por la deuda, será repelido con excepción si demandase al padre por su promesa de comparecer; y viceversa, se dirá lo mismo si el hijo prometió comparecer y el actor demandase al padre por la acción de peculio.

6. GAIUS libro primo ad legem duodecim tabularum. Si is qui fideiussorem dedit ideo non steterit, quod rei publicae causa afuit: iniquum est fideiussorem ob alium necessitate sistendi obligatum esse, cum ipsi liberum esset non sistere.

6. GAYO *en el libro primero de los comentarios a la Ley de las Doce Tablas.* Si quien dio fiador no se presentó por ausentarse debido a asuntos de la república, es injusto que el fiador se obligue por otro a comparecer, teniendo éste libertad para no comparecer.

7. PAULUS libro sexagensimo nono ad edictum. Si quis servum in iudici sisti promiserit vel alium qui in aliena potestate est, isdem exceptionibus utitur, quibus si pro libero vel patre familias fideiussit, praeterquam si rei publicae causa abesse diceretur servus: nam servus rei publicae causa abesse non potest. Praeter hanc autem exceptionem ceterae, quia comunes sunt, tam

7. PAULO *en el libro sexagésimo noveno de los comentarios al edicto.* Si alguien prometido presentar en juicio al esclavo o a otro que esté bajo potestad ajena, usa de las mismas excepciones que si fuese fiador de un libre o de un padre de familia; salvo si se dijese que el esclavo se ausentó por motivos de la república, porque el esclavo no puede estar

in libero homine quam in servo locum habent.

ausente por dichos motivos. Pero fuera de esta excepción proceden las demás tanto para un libre como para un esclavo, por ser comunes.

8. GAIUS *libro vicensimo nono ad edictum provinciale. Et si post tres aut quinque pluresve dies, quam iudicio sisti se reus promisit, secum agendi potestatem fecerit nec actoris ius ex mora deterius factum sit, consequens est dici defendi eum debere per exceptionem.*

8. GAYO *en el libro vigésimo noveno de los comentarios al edicto.* Y si después de tres, cinco o más días de la fecha en que el demandado prometió presentarse a juicio, éste dio motivo de que se litigase contra él, y el derecho del actor no empeoró por el retraso del demandado, es consecuente decir que éste debe defenderse con la excepción.

9. ULPIANUS *libro septuagensimo septimo ad edictum. Si servus iudicio se sisti promittat, non comittitur stipulatio neque in eum neque in fideiussores eius.*

§1. Si plurium servorum nomine iudicio sistendi causa una stipulatione promittatur, poenam quidem integram committi, licet unus status non sit, Labeo ait, quia verum sit omnes statos non esse: verum si pro rata unius offeratur poena, exceptione doli usurum eum, qui ex hac stipulatione convenitur.

9. ULPIANO *en el libro septuagésimo séptimo de los comentarios al edicto.* Si un esclavo prometiese comparecer en juicio, no se verifica la estipulación ni contra él ni contra sus fiadores.

§1. Si en una sola estipulación se prometiese presentarse a juicio en representación de muchos esclavos, dice Labeón que sin duda se incurre en la pena íntegra, aunque sólo uno de ellos no compareciese, pues es verdad que no se han presentado todos. Pero si se ofreciese la pena proporcional a cada uno, deberá usar la excepción de dolo quien es demandado por dicha estipulación.

10. PAULUS *libro primo ad Plautium. Si eum iudicio sisti promisero, qui iam tempore liberatus esse dicebatur, quia iam actione forte non tenebatur: actio in me danda est, ut vel exhibeam eum vel defendam, ut veritas inquiratur.*

10. PAULO *en el libro primero de los comentarios a Plaucio.* Si yo hubiere prometido que sería presentado en juicio aquel que decía haberse ya liberado por el paso del tiempo, porque quizá ya no estaba obligado por la acción, ha de darse acción contra mí para que lo presente o lo defienda, a fin de que se aclare la verdad.

§1. Homo sisti promissus ante diem dolo promissoris periit: certo iure utimur non ante poenam peti posse, quam dies venerit: tota enim stipulatio in diem collata videtur.

§1. El esclavo que alguien prometió presentar en juicio falleció por el dolo del promitente antes del plazo señalado. Usamos este derecho cierto: no puede pedirse la pena antes de haberse vencido el plazo, porque toda la estipulación se considera referida a aquel término.

§2. Qui iniuriarum acturus est, stipulatus erat ante litem contestatam ut adversarius suus iudicio sistat: commissa stipulatione mortuus est. Non competere heredi eius ex stipulatu actionem placuit, quia tales stipulationes propter rem ipsam darentur, iniuriarum autem actio heredi non competit. Quamvis enim haec stipulatio iudicio sistendi causa facta ad heredem transeat, tamen in hac causa danda non est: nam et defunctus si vellet omissa iniuriarum actione ex stipulatu agere, non permitteretur ei. Idem dicendum esse et si is, cum quo iniuriarum agere volebam, stipulatione tali commissa decesserit: nam non competit mihi adversus heredem eius ex stipulatu actio, et hoc Iulianus scribit. Secundum quod et si fideiussores dati erant, minime dabitur in eos actio mortuo reo. Idem Pomponius, si non post longum tempus decesserit: quia si ad iudicium venisset, litem cum eo contestari actor potuisset.

§2. Uno que iba a demandar por injurias estipuló que su adversario se presentase a juicio; antes de contestarse la demanda, y verificada la estipulación por falta de comparecencia, murió. Se determinó que no compete a su heredero acción por lo estipulado, porque tales estipulaciones se darían por la misma cosa. Mas la acción de injurias no compete al heredero, pues aunque dicha estipulación de comparecer en juicio pase al heredero, no debe darse en este caso, porque no se le permitiría al difunto querer reclamar por lo estipulado habiendo renunciado a la acción de injurias. Y lo mismo se dirá si aquel con quien yo quería litigar por la acción de injurias falleció tras incurrir en la estipulación, pues no me compete contra su heredero la acción por lo estipulado, y así lo escribe Juliano. Por tanto, aunque se ofreciesen fiadores, de ninguna manera se dará acción contra ellos tras haber muerto el demandado. Lo mismo escribe Pomponio si no falleciese mucho tiempo después de la fecha que se debe, porque si compareciese antes a juicio, el actor habría podido contestar el litigio con él y entonces la acción pasaría al heredero.

11. *ULPIANUS libro quadragensimo septimo ad Sabinum. Si quis quendam in iudicio sisti promisit, in eadem causa eum debet sistere. In eadem autem causa sistere hoc est ita sistere, ut actori persecutio loco deteriori non sit, quamvis exactio rei possit esse difficilior. Licet enim difficilior exactio sit, tamen dicendum est videri in eadem causa eum stetisse: nam et si novum aes alienum contraxisset vel pecuniam perdidisset, videtur tamen in eadem causa stetisse: ergo et qui alii iudicatus sistitur in eadem causa stare videtur.*

11. ULPIANO *en el libro cuadragésimo séptimo de los comentarios al edicto.* Si alguien prometió que otro sería presentado en juicio, debe presentarlo en el mismo estado. Pero presentar en el mismo estado es hacerlo de modo que la persecución no agrave la condición del actor, aunque la obtención de la cosa pueda ser más difícil. Porque aunque esto sea más difícil, ha de decirse que se considera que el demandante permaneció en el mismo estado, pues aun cuando contrajese nueva deuda o perdiese el dinero, se entiende, sin embargo, que siguió en el mismo estado. Por tanto, también quien se presenta habiendo sido ya condenado en favor de un tercero se considera que permanece en el mismo estado.

12. *PAULUS libro undecimo ad Sabinum. Qui autem novo privilegio utitur, non videtur in eadem causa sisti.*

12. PAULO *en el libro décimo primero de los comentarios a Sabino.* Pero quien disfruta de un nuevo privilegio no se considera que comparece en el mismo estado.

§1. Illud tenendum est, quod aestimationem eius quod intersit agentis ad illud tempus referendum est, quo sisti debuit, non ad id, quo agitur, quamvis desierit eius interesse.

§1. Respecto a la estimación de lo que interesa al actor, debe considerarse el momento en que el demandado debió presentarse, no aquel en que se le demanda, aunque dejase de importarle tal comparecencia al actor.

13. *IULIANUS libro quinquagensimo quinto digestorum. Quotiens servus iudicio sistendi causa ut ipse litigaturus vel ab alio stipulatur vel ipse promittit: nec committitur stipulatio nec fideiussores tenentur, quia servus conveniri vel convenire non potest.*

13. JULIANO *en el libro quincuagésimo quinto del digesto.* Siempre que, por causa de presentación en juicio, un esclavo estipule la comparecencia de otro o prometa que él mismo habrá de litigar, no se verifica la estipulación ni los fiadores quedan obligados, porque el esclavo no puede ser demandado ni demandar.

14. NERATIUS *libro secundo membranarum. Si procurator ita stipulatus est, ut sistat dumtaxat eum quem stipularetur, non etiam poenam si status non esset stipularetur: propemodum nullius momenti est ea stipulatio, quia procuratoris, quod ad ipsius utilitatem pertinet, nihil interest sisti. Sed cum alienum negotium in stipulando egerit, potest defendi non procuratoris, sed eius cuius negotium gesserit utilitatem in ea re spectandam esse: ut quantum domini litis interfuit sisti, tantum ex ea stipulatione non stato reo procuratori debeatur. Eadem et fortius adhuc dici possunt, si procurator ita stipulatus esset 'quanti ea res erit': ut hanc conceptionem verborun non ad ipsius, sed ad domini utilitatem relatam interpretemur.*

14. NERACIO *en el libro segundo de los pergaminos.* Si un procurador estipuló que presentaría únicamente a aquel a quien estipulase, y no estipulase también una pena en caso de no comparecer, tal estipulación carece prácticamente de valor, porque el procurador, respecto de su propia utilidad, no tiene interés en esa comparecencia. Pero cuando al estipular gestionase un negocio ajeno, puede decirse que en este caso no debe considerarse la utilidad del procurador, sino de aquel cuyo negocio gestionó, para que se pague por aquella estipulación al procurador cuanto interesó al titular del litigio por no haberse presentado el demandado. Lo mismo y con mayor razón puede decirse si el procurador estipuló así: "por cuanto sea el valor de la cosa", para que interpretemos el sentido de estas palabras como refiriéndose no a la utilidad del procurador, sino a la del representado.

15. PAPINIANUS *libro secundo quaestionum. Si tutor iudicio sisti promiserit et stipulationi non obtemperaverit, et interea pupillus adoleverit aut mortem obierit aut etiam abstentus sit hereditate: denegabitur ex stipulatu actio. Nam et ipsius rei quae petebatur, si tutor iudicatus fuerit et eorum quid acciderit, non esse dandam in eum actionem iudicati probatum est.*

15. PAPINIANO *en el libro segundo de las cuestiones.* Si un tutor prometió presentarse en juicio y no cumplió la estipulación, y entre tanto el pupilo se hizo púbero, o falleció, o se abstuvo de la herencia, se negará la acción por lo estipulado. Porque si se condena al tutor y ocurriese alguno de estos supuestos, se acepta que no procede contra él la acción de cosa juzgada, ni aun por el mismo objeto reclamado.

TITULUS XII
DE FERIIS ET DILATIONIBUS ET DIVERSIS TEMPORIBUS

1. ULPIANUS *libro quarto de omnibus tribunalibus. Ne quis messium vindemiarumque tempore adversarium cogat ad iudicium venire, oratione divi Marci exprimitur, quia occupati circa rem rusticam in forum compellendi non sunt.*

§1. Sed si praetor aut per ignorantiam vel socordiam evocare eos perseveraverit hique sponte venerint: si quidem sententiam dixerit praesentibus illis et sponte litigantibus, sententia valebit, tametsi non recte fecerit qui eos evocaverit: sin vero, cum abesse perseveraverint, sententiam protulerit etiam absentibus illis, consequens erit dicere sententiam nullius esse momenti (neque enim praetoris factum iuri derogare oportet): et citra appellationem igitur sententia infirmabitur.

§2. Sed excipiuntur certae causae, ex quibus cogi poterimus et per id temporis, cum messes vindemiaeque sunt, ad praetorem venire: scilicet si res tempore peritura sit, hoc est si dilatio actionem sit peremptura. Sane quotiens res urguet, cogendi quidem sumus ad praetorem venire, verum ad hoc tantum

TÍTULO XII
DE LOS DÍAS FESTIVOS, DE LOS APLAZAMIENTOS Y DE LOS DIVERSOS PLAZOS

1. ULPIANO *en el libro cuarto de todos los tribunales.* En un discurso del divino Marco Aurelio ante el Senado se declara que nadie debe obligar a comparecer en juicio a su contraparte durante la época de las mieses, ni durante la de las vendimias, porque quienes están ocupados en las faenas del campo no deben ser forzados a presentarse en un tribunal.

§1. Pero si por ignorancia o negligencia el pretor insistió en llamarlos, y ellos acudieron espontáneamente, se pronunció sentencia hallándose ellos presentes y litigando voluntariamente, la sentencia será válida aunque quien los citó no obrase correctamente. Mas si emitió sentencia por la ausencia de aquéllos que persistieron en no comparecer, será correcto decir que la sentencia carece de valor alguno (porque no conviene que la conducta del pretor derogue el derecho). Y por ello se anulará la sentencia sin necesidad de apelación.

§2. Pero se exceptúan ciertas causas por las que podemos ser forzados a comparecer ante los pretores incluso durante la temporada de las mieses y de las vendimias; a saber, si el litigio hubiere de perecer por el tiempo, es decir, si la dilación llegase

cogi aequum est ut lis contestetur, et ita ipsis verbis orationis exprimitur: denique alterutro recusante post litem contestatam litigare dilationem oratio concessit.

a extinguir la acción. En efecto, siempre que el asunto apremie, debemos ser obligados a comparecer ante el pretor, pero es justo que se nos obligue tan sólo a contestar la demanda; y así se expresa en las mismas palabras del discurso ante el Senado. Finalmente, cuando una de las partes se niega a litigar después de contestada la demanda, el discurso concedió la dilación.

2. IDEM libro quinto ad edictum. Eadem oratione divus Marcus in senatu recitata effecit de aliis speciebus praetorem adiri etiam diebus feriaticis: ut puta ut tutores aut curatores dentur: ut officii admoneantur cessantes: excusationes allegentur: alimenta constituantur: aetates probentur: ventris nomine in possessionem mittatur, vel rei servandae causa, vel legatorum fideive commissorum, vel damni infecti: item de testamentis exhibendis: ut curator detur bonorum eius, cui an heres exstaturus sit incertum est: aut de alendis liberis parentibus patronis: aut de adeunda suspecta hereditate: aut ut aspecto atrox iniuria aestimetur: vel fideicommissaria libertas praestanda.

2. EL MISMO *en el libro quinto de los comentarios al edicto.* En el mismo discurso recitado ante el Senado, el divino Marco Aurelio estableció que incluso en días festivos se debe comparecer ante el pretor por otras causas: por ejemplo, para que se otorguen tutores o curadores, sean amonestados los tutores que abandonan el cargo, se aleguen excusas que exoneren de la tutela, se consignen alimentos, se demuestren edades, se entre en posesión de los bienes en interés del hijo que aún está en el vientre o por causa de conservar una cosa, de garantizar legados o fideicomisos, o por el daño que amenaza lo ruinoso; también para que se exhiban testamentos, para que se ofrezca curador de los bienes de aquel difunto que es incierto si habrá de tener heredero; o sobre cuestiones de alimentos a descendientes, ascendientes o patrones; o para aceptar una herencia sospechosa; o para que se estime por el aspecto una injuria atroz, o si se ha de conceder a algún esclavo la libertad dejada por fideicomiso.

3. IDEM libro secundo ad edictum. Solet etiam messis vindemiarumque tempore ius dici de rebus quae tempore vel morte periturae sunt. Morte: veluti furti: damni iniuriae: iniuriarum atrocium: qui de incendio ruina naufragio rate nave expugnata rapuisse dicuntur: et si quae similes sunt. Item si res tempore periturae sunt aut actionis dies exiturus est.

3. EL MISMO *en el libro segundo de los comentarios al edicto.* También suele juzgarse en la época de la recolección de las mieses y en la de vendimia respecto de causas que han de perecer por el transcurso del tiempo o por muerte de los interesados. Por muerte, como en casos de hurto, de daño injustamente causado, de injurias atroces, de acusados de haber arrebatado algo por causa de incendio, derrumbe, naufragio, apresamiento de balsa o nave, y otras acciones similares. Igualmente, si las causas han de perecer por el transcurrir del tiempo, o ha de pasarse el plazo de la acción.

§1. Liberalia quoque iudicia omni tempore finiuntur.

§1. También los juicios sobre libertad se pueden concluir en cualquier momento.

§2. Item in eum, qui quid nundinarum nomine adversus communem utilitatem acceperit, omni tempore ius dicitur.

§2. Asimismo, se juzga en todo momento al que realizase algo contra la utilidad común con motivo de mercado.

4. PAULUS libro primo ad edictum. Praesides provinciarum ex consuetudine cuiusque loci solent messis vindemiarumque causa tempus statuere.

4. PAULO *en el libro primero de los comentarios al edicto.* Los gobernadores de provincias suelen señalar un plazo para la recolección de las mieses y para las vendimias, tomando en cuenta la costumbre de cada lugar.

5. ULPIANUS libro sexagensimo secundo ad edictum. Pridie kalendas Ianuarias magistratus neque ius dicere, sed nec sui potestatem facere consuerunt.

5. ULPIANO *en el libro sexagésimo segundo de los comentarios al edicto.* Los magistrados acostumbraron no administrar justicia ni tampoco dar audiencias en la víspera de las calendas de enero (último día del año).

6. IDEM libro septuagensimo septimo ad edictum. Si feriatis diebus fuerit iudicatum, lege cautum est, ne his diebus iudicium sit nisi ex voluntate partium, et quod aliter adversus ea iudicatum erit ne quis iudicatum facere neve solvere debeat, neve quis ad quem de ea re in ius aditum erit iudicatum facere cogat.

6. EL MISMO *en el libro septuagésimo séptimo de los comentarios al edicto*. Si se juzgase en días festivos, se dispuso por ley que en tales días no hubiese juicio sino bajo voluntad de las partes, y que nadie debe acatar ni pagar como cosa juzgada lo juzgado contra estas disposiciones, ni se obligue a ejecutar sentencia al juez ante el cual se acudiese para reclamar justicia.

7. IDEM libro primo de officio consulis. Oratione quidem divi Marci amplius quam semel non esse dandam instrumentorum dilationem expressum est: sed utilitatis litigantium gratia causa cognita et iterum dilatio tam ex eadem quam ex alia provincia secundum moderamen locorum impertiri solet, et maxime si aliquid inopinatum emergat. Illud videndum, si defunctus acceperit aliquam dilationem propter instrumenta, an successori quoque eius dari debeat, an vero, quia iam data est, amplius dari non possit? Et magis est, ut et hic causa cognita dari debeat.

7. EL MISMO *en el libro primero del cargo de cónsul*. En el discurso del divino Marco Aurelio se declara con certeza que no debe concederse más de una vez dilación para exhibir documentos; pero en atención a la utilidad de los litigantes, y previo conocimiento de causa, suele concederse dilación hasta por una segunda vez, tanto a los de una misma provincia como a los de otra, según la distancia de los lugares y especialmente si surgiese alguna emergencia. Ahora consideremos esto: si el ya difunto obtuviese alguna dilación para presentar documentos, ¿acaso debe concederse también a su sucesor, o como ya se concedió, no puede concederse una vez más? Y es mejor que también a éste debe concedérsele, previo conocimiento de causa.

8. PAULUS libro tertio decimo ad Sabinum. More Romano dies a media nocte incipit et sequentis noctis media parte finitur. Itaque quidquid in his viginti quattuor horis, id est duabus dimidiatis noctibus et luce media, actum est, perinde est, quasi quavis hora lucis actum esset.

8. PAULO *en el libro décimo tercero de los comentarios a Sabino*. Según la costumbre romana, el día comienza a partir de la media noche y acaba a la media noche siguiente. Y así, todo lo actuado en estas veinticuatro horas, es decir, entre las dos medias noches y en el día intermedio, es lo mismo que si se hiciese en cualquiera hora del día.

9. ULPIANUS *libro septimo de officio proconsulis. Divus Traianus Minicio Natali rescripsit ferias a forensibus tantum negotiis dare vacationem, ea autem, quae ad disciplinam militarem pertinent, etiam feriatis diebus peragenda: inter quae custodiarum quoque cognitionem esse.*

9. ULPIANO *en el libro séptimo del cargo de procónsul.* El divino Trajano respondió por escrito a Minicio Natal que las ferias daban vacaciones tan sólo para los asuntos forenses, pero que los asuntos del ámbito militar debían proseguirse incluso en los días festivos, entre los cuales se incluye el conocimiento de las causas del arresto de presos.

10. PAULUS *libro quinto sententiarum. In pecuniariis causis omnibus dilatio singulis causis plus semel tribui non potest: in capitalibus autem reo tres dilationes, accusatori duae dari possunt: sed utrumque causa cognita.*

10. PAULO *en el libro quinto de las sentencias.* En las causas pecuniarias no puede concederse la dilación más que una sola vez en cada causa, pero en las causas capitales pueden darse al demandado tres dilaciones y al acusador dos; pero en ambos casos será con previo conocimiento de causa.

TITULUS XIII
DE EDENDO

TITULO XIII
DE LA COMUNICACIÓN DE LA DEMANDA

1. ULPIANUS *libro quarto ad edictum. Qua quisque actione agere volet, eam edere debet: nam aequissimum videtur eum qui acturus est edere actionem, ut proinde sciat reus, utrum cedere an contendere ultra debeat, et, si contendendum putat, veniat instructus ad agendum cognita actione qua conveniatur.*

1. ULPIANO *en el libro cuarto de los comentarios al edicto.* Quien desee ejercer una acción debe comunicársela al demandado, porque parece muy justo que quien demande notifique la acción para que así sepa el demandado si debe ceder o seguir el litigio, y si considera que debe litigar lo haga preparado para defenderse, con conocimiento de la acción por la cual fue demandado.

§1. Edere est etiam copiam describendi facere: vel in libello complecti et dare: vel dictare. Eum quoque edere Labeo ait, qui producat adversarium suum ad album et demonstret quod dictaturus est vel id dicendo, quo uti velit.

§1. Comunicar una acción es también permitir que se saque una copia o redactar en un libelo la demanda y remitirlo o dictarlo. Labeón dice que también comunica la acción quien lleve a su adversario ante el álbum edictal y le señale la acción que dictará, o le dijese la acción que pretende ejercer.

§2. Editiones sine die et consule fieri debent, ne quid excogitetur edito die et consule et praelato die fiat. Diem autem et consulem excepit praetor quo instrumentum conscriptum est, non in quem solutio concepta est: nam dies solutionis sicuti summa pars est stipulationis. Rationes tamen cum die et consule edi debent, quoniam accepta et data non alias possunt apparere, nisi dies et consul fuerit editus.

§2. La acción debe comunicarse sin expresar día del mes ni cónsul en funciones, para que no se maquine algo por la manifestación del día y del cónsul, y se haga antes de dicho día. Pero el pretor exceptuó en donde se escribió el documento la fecha del documento y el cónsul, no la fecha para la cual se fijó el pago, porque el día del pago es también parte de la estipulación, como lo es la cantidad. Pero las cuentas deben presentarse expresando el día del mes y el cónsul en funciones, porque el adeudo y el deber de pago no pueden expresarse de otro modo si no lo es con el día y el cónsul.

§3. Edenda sunt omnia, quae quis apud iudicem editurus est: non tamen ut et instrumenta, quibus quis usurus non est, compellatur edere.

§3. Debe comunicarse todo aquello que ha de ser comunicado ante el juez; pero no de modo tal que se vea obligado a exhibir aquellos documentos que no ha de usar.

§4. Edere non videtur qui stipulationem totam non edidit.

§4. No se considera que comunica debidamente quien no presenta toda la estipulación.

§5. Eis, qui ob aetatem vel rusticitatem vel ob sexum lapsi non ediderunt vel ex alia iusta causa, subvenietur.

§5. Se deberá auxiliar a quienes no comunicaron nada inducidos a error por razones de edad, rusticidad o por su sexo.

2. PAULUS *libro tertio ad edictum. Si legatum petatur, non iubet praetor verba testamenti edere: ideo fortasse, quia heredes solent habere exemplum testamenti.*

2. PAULO *en el libro tercero de los comentarios al edicto.* Si se reclamase un legado, el pretor no ordena que se indiquen las palabras del testamento, y esto tal vez porque los herederos suelen tener ya copia del testamento.

3. MAURICIANUS libro secundo de poenis. Senatus censuit, ne quisquam eorum, a quibus quid fisco petetur, alia instrumenta delatori cogatur edere, quam quae ad eam causam pertinerent, ex qua se deferre professsus est.

3. MAURICIANO *en el libro segundo de las penas.* El Senado ordenó que ninguno de aquellos de quienes se reclamase algo para el fisco, esté obligado a exhibir otros documentos al delator que los que perteneciesen a la misma causa por la que manifestó que denunciaba.

4. ULPIANUS libro quarto ad edictum. Praetor ait: 'argentariae mensae exercitores rationem, quae ad se pertinet, edent adiecto die et consule'.

4. ULPIANO *en el libro cuarto de los comentarios al edicto.* El pretor dice: "los empresarios de bancos de cambio deberán exhibir la cuenta que les pertenecen, expresando el día del mes y el cónsul en funciones".

§1. Huius edicti ratio aequissima est: nam cum singulorum rationes argentarii conficiant, aequum fuit id quod mei causa confecit meum quodammodo instrumentum mihi edi.

§1. Justísima es la razón de este edicto, porque al hacer los cambistas las cuentas de cada cual, fue justo que se me exhiba el documento, en cierto modo mío, que alguien redactó por mi causa.

§2. Sed et filius familias continetur his verbis, ut vel ipse cogatur edere: an et pater, quaeritur. Labeo scribit patrem non cogendum, nisi sciente eo argentaria exercetur: sed recte Sabinus respondit tunc id admittendum, cum patri quaestum refert.

§2. Pero también el hijo de familia está incluido en estas palabras, modo que también él se obliga a exhibir la cuenta; pero se pregunta si el padre también se obliga. Labeón escribe que no debe obligarse al padre a hacerlo salvo que el hijo ejerciese el oficio de cambista sabiéndolo aquél; pero Sabino respondió adecuadamente que ello debe admitirse cuando el padre obtiene una ganancia.

§3. Sed si servus argentariam faciat (potest enim), si quidem voluntate domini fecerit, compellendum dominum edere ac perinde in eum dandum est iudicium, ac si ipse fecisset. Sed si inscio domino fecit, satis esse

§3. Pero si un esclavo ejerciese el oficio de banquero (como puede suceder), y lo hiciese con permiso de su dueño, éste se obliga a exhibir la cuenta y se ejercerá acción contra él,

dominum iurare eas se rationes non habere. Si servus peculiarem faciat argentariam, dominus de peculio vel de in rem verso tenetur: sed si dominus habet rationes nec edit, in solidum tenetur.

como si fuese el banquero; pero si el esclavo obró ignorándolo su dueño, basta con que éste jure que no tiene tales cuentas. Si el esclavo ejerciese dicho oficio con su peculio, el dueño se obliga por la acción de peculio o de ganancia obtenida; pero si el dueño tiene las cuentas en su poder y no las presenta, queda obligado solidariamente.

§4. Etiam si qui desiit argentariam facere, ad editionem compellitur.

§4. También quien dejó el oficio de banquero sigue obligado a exhibir las cuentas.

§5. Sed ibi quis compellitur edere, ubi argentariam exercuit, et hoc est constitutum. Quod si instrumentum argentariae in alia provincia habeat, in alia administraverit, ibi puto cogendum edere, ubi argentariam exercuit: hoc enim primum deliquit, quod alio instrumentum transtulit. Quod si in alio loco argentariam exercet, alibi autem ad editionem compelletur, minime hoc facere cogitur: nisi descriptum velis ubi de ea re agitur eum tibi dare, tuis videlicet sumptibus:

§5. Pero cualquiera se obliga a exhibir las cuentas en el lugar donde ejerció de banquero, y así está dispuesto por ley. Mas si los documentos del banco los tuviese en una provincia y ejerciese en otra, considero que se le obligará a exhibir las cuentas allí donde ejerció como banquero, porque su primera falta fue trasladar la documentación a otra parte. Pero si ejerce de banquero en un lugar y se le obligase a exhibir cuentas en otro, de ningún modo está obligado a hacerlo, salvo si quisieses que te diese una copia en el lugar donde se litiga el asunto, a costa tuya, por supuesto,

5. PAULUS libro tertio ad edictum. … spatiumque ad preferendas eas tribuendum est.

5. PAULO *en el libro tercero de los comentarios al edicto*. … y debe otorgarse un plazo para llevarlas.

6. ULPIANUS libro quarto ad edictum. Si quis ex argentariis, ut plerique eorum, in villa habeat instrumentum vel in horreo: aut ad locum te perducet aut descriptas rationes dabit.

6. ULPIANO *en el libro cuarto de los comentarios al edicto*. Si algún banquero tuviese la documentación en su casa de campo o en un almacén, como hace la mayoría de ellos, o te llevará a ese lugar o te dará copia de las cuentas.

§1. Cogentur et successores argentarii edere rationes. Quod si plures sunt heredes et unus habeant, solus ad editionem compelletur: sed si omnes habeant et unus ediderit, omnes ad editionem compellendi sunt. Quid enim si humilis et deploratus unus edidit, ut dubitare quis merito de fide editionis possit? Ut igitur comparari rationes possint, etiam ceteri edere debent aut certe unius editioni subscribere. Hoc idem erit et si plures fuerint argentarii, a quibus editio desideratur. Nam et si plures tutores tutelam administraverunt simul, aut omnes edere debent aut unius editioni subscribere.

§1. Los sucesores del banquero también se obligan a exhibir las cuentas. Pero si son muchos los herederos y uno las tuviese, solo éste se obligar´s a exhibirlas; pero si las tuviesen todos y sólo uno las presentase, todos se obligan a exhibirlas. ¿Pero qué se dirá si las exhibió alguien de condición tan baja y desdichada como para dudar con razón de la autenticidad de dicha exhibición? En tal caso, para poder comparar las cuentas, deben exhibirlas también los demás o bien ratificfar la exhibición de aquel otro. Lo mismo procede si se pide la exhibición a muchos banqueros. Porque también cuando muchos tutores administraron al mismo tiempo la tutela, o bien todos deben exhibir las cuentas o bien deben ratificar la exhibición de uno solo.

§2. Exigitur autem ab adversario argentarii iusiurandum non calumniae causa postulare edi sibi: ne forte vel supervacuas rationes vel quas habet edi sibi postulet vexandi argentarii causa.

§2. Pero del adversario del banquero se exige juramento de que no reclamará la exhibición de cuentas por causa de calumnia, para que así no pida ver cuentas que no interesan o que ya tiene, con objeto de vejar al banquero.

§3. Rationem autem esse Labeo ait ultro citro dandi accipiendi, credendi, obligandi solvendi sui causa negotiationem: nec ullam rationem nuda dumtaxat solutione debiti incipere. Nec si pignus acceperit aut mandatum, compellendum edere: hoc enim extra rationem esse. Sed et quod solvi constituit, argentarius edere debet: nam et hoc ex argentaria venit.

§3. Pero Labeón dice que la cuenta es una negociación de lo que las partes deben darse y recibir recíprocamente por causa de prestar, obligar y pagar lo propio; y que ninguna cuenta empieza tan sólo por el simple pago de lo debido, ni ha de obligarse a nadie a manifestar si recibió prenda o mandato de garantía, porque esto cae fuera de la cuenta. Pero el cambista también debe exhibir el pago establecido, porque también esto es propio del oficio de banquero.

§4. Ex hoc edicto in id quod interfuit actio competit:

§4. En virtud de este edicto compete acción respecto a la cuantía del interés,

§5. … unde apparet ita demum tenere hoc edictum, si ad eum pertineat. Pertinere autem videtur ad me ratio, si modo eam tractaveris me mandante. Sed si procurator meus absente me mandaverit, an mihi edenda sit, quasi ad me pertineat? Et magis est ut edatur. Procuratori quoque meo edendam rationem, quam mecum habet, non dubito, quasi ad eum pertineat: et cauturum de rato, si mandatum ei non sit.

§5. … de ahí que este edicto sólo obliga si a alguien le correspondiese la cuenta. Pero se juzga que la cuenta me corresponde si la llevas al mandártelo yo; pero si te lo mandó mi procurador por estar yo ausente, ¿acaso se me exhibirá a mí, como si a mí me perteneciese? Y mayor razón existe para que sí se me exhiba. No dudo que también debe exhibírsele a mi procurador la cuenta que tiene conmigo, como si le correspondiese, y que deberá garantizar la ratificación si no tuviese mandato.

§6. Si initium tabularum habet diem, in quibus Titii ratio scripta est, postmodum mea sine die et consule, etiam mihi edendus est dies et consul: communis enim omnis rationis est praepositio diei et consulis.

§6. Si el inicio del libro de cuentas tiene el día en que se anotó la cuenta de Ticio, y después está la mía sin día del mes ni cónsul en funciones, también deben exhibílrseme el día y el cónsul, pues es común a todas las cuentas la consignación previa de día del mes y del cónsul en funciones.

§7. Edi autem est vel dictare vel tradere libellum vel codicem proferre.

§7. Pero comunicar es dictar o entregar el libelo, o presentar el libro de cuentas.

§8. Praetor ait: 'Argentario eive, qui iterum edi postulabit, causa cognita edi iubebo'.

§8. Dice el pretor: "con previo conocimiento de causa dispondré que se exhiban las cuentas al banquero o a aquél que reclamase de nuevo su exhibición".

§9. Prohibet argentario edi illa ratione, quod etiam ipse instructus esse potest instrumento suae professionis: et absurdum est, cum ipse in ea sit causa, ut edere debeat, ipsum petere ut edatur ei. An nec heredi argentarii edi ratio debeat, videndum: et si

§9. Prohíbe que se exhiba una cuenta al banquero porque también él puede estar informado por los documentos de su profesión, siendo absurdo que reclame la exhibición debiendo él exhibir. Veamos si al

quidem instrumentum argentariae ad eum pervenit, non debet ei edi, si minus, edenda est ex causa. Nam et ipsi argentario ex causa ratio edenda est: si naufragio vel ruina vel incendio vel alio simili casu rationes perdidisse probet aut in longinquo habere, veluti trans mare.

heredero de un banquero tampoco se le debe exhibir una cuenta. Y si la documentación del cambio llegó a su poder, no debe exhibírsela; pero si no fue así, sí se le exhibirá, habiendo causa para hacerlo; porque también al mismo cambista se le exhibirá una cuenta habiendo causa para ello, por ejemplo, si probase que perdió las cuentas en un naufragio, derrumbe, incendio o cualquier otro accidente semejante, o que las tiene en lugar muy lejano, por ejemplo, al otro lado del mar.

§10. Nec iterum postulanti edi praetor iubet, nisi ex causa:

§10. Y el pretor tampoco dispone que se haga por segunda vez exhibición al que la reclama sin mediar causa para ello,

7. PAULUS libro tertio ad edictum. … Veluti si peregre habere quod primum editum est doceat: vel minus plene editum: vel eas rationes, quas casu maiore, non vero neglegentia perdiderit. Nam si eo casu amisit, cui ignosci debeat, ex integro edi iubebit.

7. PAULO *en el libro tercero de los comentarios al edicto*. … por ejemplo, si probase que tiene lejos lo que se le exhibió la primera vez, que se le exhibió incompletamente o se reclamasen las cuentas que perdió por fuerza mayor, no por negligencia; porque si las perdió por un accidente que se le deba perdonar, dispondrá que se le exhiban las cuentas de nuevo.

§1. Haec vox 'iterum' duas res significat: alteram, qua demonstraretur tempus secundum, quod Graeci 'deuteron' dicunt: alteram, quae ad insequentia quoque tempora pertinet, quae Graece dicitur 'palin', quod ita accipitur 'quotiens opus erit'. Nam potest fieri ut bis editam sibi rationem quis perdiderit: ut verbum iterum pro saepius accipiatur.

§1. Esta frase, "de nuevo", significa dos cosas: una significaría por segunda vez, que los griegos llaman *deuteron* (segundo); la otra, que se refiere también a ocasiones subsiguientes, y que en griego se denomina *palin* (reiteradamente), entendiéndose como "cuantas veces sea necesario". Porque puede suceder que alguien perdiese dos veces la cuenta que se le exhibió, y aquí se entiende la frase "de nuevo" como "muchas veces".

8. ULPIANUS *libro quarto ad edictum. Ubi exigitur argentarius rationes edere, tunc punitur, cum dolo malo non exhibet: sed culpam non praestabit nisi dolo proximam. Dolo malo autem non edidit et qui malitiose edidit et qui in totum non edidit.*

8. ULPIANO *en el libro cuarto de los comentarios al edicto.* Cuando se exige al banquero que exhiba las cuentas, sólo se le castiga si no las exhibe mediando dolo malo; pero no responderá por culpa salvo que se acerque al dolo. Pero quien exhibió maliciosamente o no exhibió por completo, no exhibe las cuentas por dolo malo.

§1. Is autem, qui in hoc edictum incidit, id praestat, quod interfuit mea rationes edi, cum decerneretur a praetore, non quod hodie interest: et ideo licet interesse desiit vel minoris vel pluris interesse coepit, locum actio non habebit neque augmentum neque deminutionem.

§1. Pero quien incurre en este edicto se obliga en la medida que me interesó que se exhibiesen las cuentas cuando el pretor lo determinase, no en la medida de lo que ahora me interesa; por tanto, aunque dejase de interesarme, o ahora me interesase menos o más, no procederá ni aumento ni disminución de la acción.

9. PAULUS *libro tertio ad edictum. Quaedam sunt personae, quas rationes nobis edere oportet nec tamen a praetore per hoc edictum compelletur. Veluti cum procurator res rationesve nostras administravit, non cogitur a praetore per metum in factum actionis rationes edere: scilicet quia id consequi possumus per mandati actionem. Et cum dolo malo socius negotia gessit, praetor per hanc clausulam non intervenit: est enim pro socio actio. Sed nec tutorem cogit praetor pupillo edere rationes: sed iudicio tutelae solet cogi edere.*

9. PAULO *en el libro tercero de los comentarios al edicto.* Conviene que ciertas personas nos exhiban las cuentas, pero el pretor no las obliga en razón de este edicto. Por ejemplo, cuando un mandatario administró nuestras cosas o cuentas, el pretor no lo obliga a presentar las cuentas con amenaza de la acción por el hecho, pues podemos lograr esto con la acción de mandato. Y cuando el socio administró los negocios con dolo malo, el pretor no interviene en virtud de esta cláusula, pues está la acción de sociedad. Mas ni siquiera el pretor obliga al tutor a presentar cuentas al pupilo, sino que suele obligársele a exhibirlas en el juicio de tutela.

§1. Nihil interest, si successores aut pater aut dominus argentarii eiusdem fuerunt

§1. Nada importa si los sucesores, el padre o el dueño del banquero

professionis: quia cum in locum et in ius succedat argentarii, partibus eius fungi debent. Is autem, cui argentarius rationes suas legavit, non videbitur contineri, quia iuris successor his verbis signifcatur: non magis, quam si ei vivus eas donasset. Sed nec heres tenebitur, cum nec possideat nec dolo malo fecerit: sed si ei, antequam eas legatario traderet, renuntiatum fuerit, ne ante eas tradat, tenebitur quasi dolo fecerit: item antequam eas tradat, tenebitur. Quod si nihil dolo fecerit, causa cognita legatarius cogendus est edere.

fueron del mismo oficio, porque como sucede en lugar y por derecho del banquero, deben subrogarse a la posición de aquél. Mas aquel a quien el cambista legó sus cuentas no parecerá estar incluido en el edicto, porque con estas palabras se da a entender al sucesor del derecho, como tampoco si se las donase en vida. Pero el heredero ni siquiera se obligará cuando no posea las cuentas ni obrase con dolo malo. Pero si antes de entregarlas al legatario se le notificó que todavía no las entregase, se obligará como si obrase con dolo. También se obligará antes de entregarlas. Mas si no actuó con dolo, se obligará a exhibir al legatario, previo conocimiento de causa.

§2. Nummularios quoque non esse iniquum cogi rationes edere Pomponius scribit: quia et hi nummularii sicut argentarii rationes conficiunt, quia et accipiunt pecuniam et erogant per partes, quarum probatio scriptura codicibusque eorum maxime continetur: et frequentissime ad fidem eorum decurritur.

§2. Pomponio escribe que también es justo obligar a los cambistas de cobre a exhibir las cuentas, porque al igual que los de plata, realizan sus cuentas, en parte recibiendo dinero y en parte distribuyéndolo, cuya prueba se contiene principalmente en la escritura y en los libros de ellos; y muy frecuentemente se recurre a la fe de éstos.

§3. Ceterum omnibus postulantibus et iurantibus non calumniae causa petere rationes, quae ad se pertineant, edi iubet.

§3. Además de esto, el pretor ordena exhibir las cuentas que les pertenezcan a todos los que lo reclamen y juren no reclamarlas por causa de calumnia.

§4. Ad nos enim pertinet non tantum cum ipsi contraximus vel successimus ei qui contraxit, sed etiam si is qui in nostra potestate est contraxit.

§4. Porque nos pertenecen las cuentas, no sólo cuando nosotros contratamos o heredeamos al que contrató, sino también cuando contrató el que está bajo nuestra potestad.

***10.** GAIUS libro primo ad edictum provinciale. Argentarius rationes edere iubetur: nec interest cum ipso argentario controversia sit an cum alio.*

10. GAYO *en el libro primero de los comentarios al edicto provincial.* En el edicto se dispone que el banquero exhiba las cuentas, sin importar que la controversia sea con el mismo banquero o con otro.

§1. Ideo autem argentarios tantum neque alios ullos absimiles eis edere rationes cogit, quia officium eorum atque ministerium publicam habet causam et haec principales eorum opera est, ut actus sui rationes diligenter conficiant.

§1. Y así, obliga tan sólo a los banqueros a exhibir las cuentas, y no a otros diferentes a ellos, porque el oficio y servicio de ellos tiene algo de interés público; y su principal deber es formalizar con diligencia las cuentas de su oficio.

§2. Edi autem ratio ita intellegitur, si a capite edatur, nam ratio nisi a capite inspiciatur, intellegi non potest: scilicet ut non totum cuique codicem rationum totasque membranas inspiciendi describendique potestas fiat, sed ut ea sola pars rationum, quae ad instruendum aliquem pertineat, inspiciatur et describatur.

§2. Pero se entiende que se exhibe una cuenta si se exhibe desde el principio, porque una cuenta no puede entenderse si no se inspecciona desde el principio; pero, por supuesto, sin que se otorgue a cada persona facultad para inspeccionar y copiar todo el libro de cuentas con todas sus páginas, sino tan sólo esa parte de las cuentas que interesa para que alguien se informe.

§3. Cum autem in id actio competit, quanti agentis intersit editas sibi rationes esse: eveniet, ut, sive quis condemnatus sit sive quod petierit non optinuerit eo, quod non habuerit rationes ex quibus causam suam tueri possit, id ipsum, quo dita perdiderit, hac actione consequatur. Sed an hoc procedat videamus: nam si apud hunc iudicem, qui inter eum et argentarium iudicat, potest probare se illo iudicio, quo victus est, vincere potuisse, poterat et tunc probare: et si non probavit aut probantem iudex non curavit, de se ipso aut de iudice queri debet. Sed non ita est. Fieri enim potest, et nunc, rationes vel ipso edente vel alio modo nanctus, aut aliis instrumentis vel testibus, quibus illo tempore aliqua ex causa uti non potuit, possit probare potuisse se vincere. Sic enim et

§3. Mas cuando compete acción al actor que se le exhibieron las cuentas por la cuantía del interés, sucederá que, tanto si fuese condenado por carecer de las cuentas para defenderse, como si no obtuvo lo pedido por no tener las cuentas con las cuales defender su causa, obtendrá con esta acción lo mismo que perdió por no tener las cuentas. Veamos ahora si esto es procedente, porque si ante el juez que juzga entre él y el banquero puede probar que pudo vencer en el juicio en que fue vencido, también lo podrá probar entonces; y si no lo probase, o si probándolo, el juez no hizo caso, debe quejarse de sí mismo

de cautione subrepta aut corrupta competit condictio et damni iniuriae actio: quia quod ante non potuimus intercepta cautione probare et ob id amisimus, hoc nunc aliis instrumentis aut testibus, quibus tum uti non potuimus, probare possumus.

o del juez. Pero no es así, porque puede suceder que habiendo conseguido ahora las cuentas, ya porque aquel las exhiba, o de otro modo pueda probar, o por medio de otros documentos o testigos, que en en el litigio anterior no pudo valerse y que por alguna causa él pudo vencer entonces, del mismo modo le compete la acción ejecutiva por el documento de caución hurtado o falsificado y la acción de daño injustamente causado, porque lo que antes no pudimos probar al sernos interceptado el documento de la caución, y por ello perdimos el juicio, podemos probarlo ahora con otros documentos o testigos, de los que entonces no pudimos valernos.

11. *MODESTINUS libro tertio regularum. Exempla instrumentorum etiam sine subscriptione edentis edi posse receptum est.*

11. MODESTINO *en el libro tercero de las reglas.* Está admitido que los ejemplares de los documentos puedan ser exhibidos incluso sin la suscripción (firma) de quien los exhibe.

12. *CALLISTRATUS libro primo edicti monitorii. Feminae remotae videntur ab officio argentarii, cum ea opera virilis sit.*

12. CALISTRATO *en el libro primero del edicto monitorio.* A las mujeres se les considera excluidas del oficio de banquero, porque tal oficio es propio de hombres.

13. *ULPIANUS libro quarto ad edictum. Haec actio neque post annum neque in heredem nisi ex suo facto dabitur. Heredi autem dabitur.*

13. ULPIANO *en el libro cuarto de los comentarios al edicto.* Esta acción no se concederá ni después del año, ni contra el heredero, salvo por hecho doloso propio del heredero. Pero sí se concederá en favor de éste.

TITULUS XIIII DE PACTIS

1. ULPIANUS *libro quarto ad edictum. Huius edicti aequitas naturalis est. Quid enim tam congruum fidei humanae, qua mea quae inter eos placuerunt servare?*

§1. Pactum autem a pactione dicitur (inde etiam pacis nomen appellatum est)…

§2. … et est pactio duorum pluriumve in idem placitum et consensus.

§3. Conventionis verbum generale est ad omnia pertinens, de quibus negotii contrahendi transigendique causa consentiunt qui inter se agunt: nam sicuti convenire dicuntur qui ex diversis locis in unum locum colliguntur et veniunt, ita et qui ex diversis animi motibus in unum consentiunt, id est in unam sententiam decurrunt. Adeo autem conventionis nomen generale est, ut eleganter dicat Pedius nullum esse contractum, nullam obligationem, quae non habeat in se conventionem, sive re sive verbis fiat: nam et stipulatio quae verbis fit, nisi habeat consensum, nulla est.

§4. Sed conventionem pleraeque in aliud nomen transeunt: veluti in emptionem, in locationem, in pignus vel in stipulationem.

TÍTULO XIIII DE LOS PACTOS

1. ULPIANO *en el libro cuarto de los comentarios al edicto.* La equidad de este edicto es natural. Porque, ¿qué cosa hay tan conforme a la lealtad humana como que los hombres respeten lo pactado entre ellos?

§1. Mas ‘pacto’ viene de *pactio* (pacción) (de donde también procede el vocablo ‘paz’)…

§2. … y pacto es el consentimiento de dos o más personas sobre una misma cosa convenida.

§3. La palabra ‘convención’ es genérica, refiriéndose a todo lo que consienten los que entre sí tratan un negocio, sea contratando o transigiendo; porque así como se dice que ‘convergen’ los que de diversos puntos se reúnen y van a un mismo lugar, así también sucede con quienes consienten en una misma cosa por diversos movimientos del ánimo y se encaminan a un mismo parecer. Pero de tal manera es genérica la palabra ‘convención’ que, como señala elegantemente Pedio, no hay ningún contrato ni obligación que en sí misma no encierre una convención, ya se haga de obra, ya de palabra. Porque incluso la estipulación, que se hace con palabras, es nula si no encierra el consentimiento.

§4. Pero la mayor parte de las convenciones reciben otro nombre más específico, por ejemplo ‘compra’, ‘arrendamiento’, ‘prenda’ o ‘estipulación’.

2. PAULUS *libro tertio ad edictum. Labeo ait convenire posse vel re: vel per epistulam vel per nuntium inter absentes quoque posse. Sed etiam tacite consensu convenire intellegitur:*

2. PAULO *en el libro tercero de los comentarios al edicto.* Dice Labeón que se puede convenir entregando la cosa, por medio de carta o también, entre ausentes, por mensajero. Pero también se entiende que se conviene tácitamente con el simple consentimiento.

§1. Et ideo si debitori meo reddiderim cautionem, videtur inter nos convenisse ne peterem, profuturamque ei conventionis exceptionem placuit.

§1. Y por tanto, si yo devolviese la caución a mi deudor, se entiende que entre nosotros se convino que yo no reclamaría, y se consideró que le beneficiará la excepción surgida de la convención.

3. MODESTINUS *libro tertio regularum. Postquam pignus vero debitori reddatur, si pecunia soluta non fuerit, debitum peti posse dubium non est, nisi specialiter contrarium actum esse probetur.*

3. MODESTINO *en el libro tercero de las reglas.* Pero después de restituirle al deudor la prenda, si no se pagó la deuda, sin duda puede pedirse el monto adeudado, salvo si se probase que se acordó específicamente lo contrario.

4. PAULUS *libro tertio ad edictum. Item quia conventiones etiam tacite valent, placet in urbanis habitationibus locandis invecta illata pignori esse locatori, etiamsi nihil nominatim convenerit.*

4. PAULO *en el libro tercero de los comentarios al edicto.* Igualmente, como también valen las convenciones tácitas, se considera que en los arrendamientos de viviendas urbanas las cosas muebles llevadas e introducidas en ellas sirvan de prenda al arrendador, aunque nada se conviniese expresamente.

§1. Secundum haec et mutus pacisci potest.

§1. Según esto, incluso el mudo puede pactar.

§2. Huius rei argumentum etiam stipulatio dotis causa facta est: nam ante nuptias male petitur, quasi si hoc expressum fuisset, et nuptiis non secutis ipso iure evanescit stipulatio. Idem Iuliano placet.

§2. También es prueba de esto la estipulación hecha por causa de dote, porque se reclama indebidamente antes de las nupcias, como si esto se hubiese expresado, y en caso de no ocurrir las nupcias, se invalida la estipulación de propio derecho. Lo mismo aprueba Juliano.

§3. Ex facto etiam consultus, cum convenisset, ut donec usurae solverentur sors non peteretur, et stipulatio pure concepta fuisset, condicionem inesse stipulationi, atque si hoc expressum fuisset.

§3. Consultado también sobre el hecho de haberse convenido que mientras se pagasen los intereses no se pediría el capital, aunque la estipulación se concibió puramente, respondí que la condición iba implícita en la misma estipulación, como si esto se hubiese declarado expresamente.

5. ULPIANUS *libro quarto ad edictum. Conventionum autem tres sunt species. Aut enim ex publica causa fiunt aut ex privata: privata aut legitima aut iuris gentium. Publica conventio est, quae fit per pacem, quotiens inter se duces belli quaedam paciscuntur.*

5. ULPIANO *en el libro cuarto de los comentarios al edicto.* Pero existen tres tipos de convenciones: o se realizan por causa pública o por causa privada; y la privada o bien es por ley o bien por derecho de gentes. Convención pública es la que se hace por la paz, cuando pactan algo entre sí los jefes militares.

6. PAULUS *libro tertio ad edictum. Legitima conventio est quae lege aliqua confirmatur. Et ideo interdum ex pacto actio nascitur vel tollitur, quotiens lege vel senatus consulto adiuvatur.*

6. PAULO *en el libro tercero de los comentarios al edicto.* Convención legítima es la que alguna ley confirma. Por tanto, a veces una acción nace o se pierde en virtud del pacto, siempre que se apoye en una ley o un senadoconsulto.

7. ULPIANUS *libro quarto ad edictum. Iuris gentium conventiones quaedam actiones pariunt, quaedam exceptiones.*

7. ULPIANO *en el libro cuarto de los comentarios al edicto.* Algunas convenciones del derecho de gentes generan acciones, otras generan excepciones.

§1. Quae pariunt actiones, in suo nomine non stant, sed transeunt in proprium nomen contractus: ut emptio venditio, locatio conductio, societas, commodatum, depositum et ceteri similes contractus.

§1. Las que producen acciones no subsisten con su nombre, sino que pasan a tener el nombre de un contrato, como compraventa, arrendamiento, sociedad, comodato, depósito y demás contratos semejantes.

§2. Sed et si in alium contractum res non transeat, subsit tamen causa, eleganter Aristo Celso respondit esse obligationem. Ut puta dedi tibi rem ut mihi aliam dares, dedi ut aliquid facias: hoc sunallagma esse et hinc nasci civilem obligationem. Et ideo puto recte Iulianum a Mauriciano reprehensum in hoc: dedi tibi Stichum ut Pamphilum manumittas: manumisisti: evictus est Stichus. Iulianus scribit in factum actionem a praetore dandam: ille ait civilem incerti actionem, id est praescriptis verbis sufficere: esse enim contractum, quod Aristo sunallagma dicit, unde haec nascitur actio.

§2. Aristón respondió acertadamente a Celso que, si la cosa no adquiriese el nombre de otro contrato y, sin embargo, subsistiese la causa, sí había obligación; por ejemplo, te di una cosa para que me dieses otra, o te la di para que hicieses algo, esto se llama en griego *synallagma* (contrato), y de aquí nace obligación civil. Y por ello opino que con razón Juliano fue reprendido por Mauriciano en el siguiente caso: te di al esclavo Estico para que manumitieses al esclavo Pánfilo; lo manumitiste, y luego Estico fue objeto de evicción. Juliano escribe que el pretor ha de conceder la acción por el hecho; Mauriciano dice que basta la acción civil de cosa incierta, esto es, la de palabras prescritas, pues hay un contrato, que Aristón llama *synallagma*, de donde nace esta acción.

§3. Si ob maleficium ne fiat promissum sit, nulla est obligatio ex hac conventione.

§3. Si por causa de delito se prometió no hacer algo, de dicha convención no nace obligación alguna.

§4. Sed cum nulla subest causa, propter conventionem hic constat non posse constitui obligationem: igitur nuda pactio obligationem non parit, sed parit exceptionem.

§4. En cambio, cuando no existe ninguna causa, es sabido que no puede constituirse obligación con base en la convención. Por consiguiente, el simple pacto no produce obligación, sino excepción.

§5. Quin immo interdum format ipsam actionem, ut in bonae fidei iudiciis: solemus enim dicere pacta conventa inesse bonae fidei iudiciis. Sed hoc sic accipiendum est, ut si quidem ex continenti pacta subsecuta sunt, etiam ex parte actoris insint: si ex intervallo, non inerunt, nec valebunt, si agat, ne ex pacto actio nascatur. Ut puta post divortium convenit, ne tempore statuto dilationis dos

§5. Antes bien, a veces forma parte de la misma acción, como en los juicios de buena fe; porque solemos decir que los pactos convenidos se engloban en los juicios de buena fe. Pero debe entenderse esto si los pactos ocurrieron inmediatamente y se comprendieron también en favor del actor; si medió intervalo, no se

reddatur, sed statim: hoc non valebit, ne ex pacto actio nascatur: idem Marcellus scribit, et si in tutelae actione convenit, ut maiores quam statutae sunt usurae praestentur, locum non habebit, ne ex pacto nascatur actio: ea enim pacta insunt, quae legem contractui dant, id est quae in ingressu contractus facta sunt. Idem responsum scio a Papiniano, et si post emptionem ex intervallo aliquid extra naturam contractus conveniat, ob hanc causam agi ex empto non posse propter eandem regulam, ne ex pacto actio nascatur. Quod et in omnibus bonae fidei iudiciis erit dicendum. Sed ex parte rei locum habebit pactum, quia solent et ea pacta, quae postea interponuntur, parere exceptiones.

comprenderán ni valdrán si el actor demandase, a fin de que no nazca acción del pacto. Por ejemplo, tras el divorcio se convino no devolve la dote en el plazo de dilación establecido, sino inmediatamente; esto no valdrá, para que así no nazca acción del pacto. Lo mismo escribe Marcelo. Y si en la acción de tutela se convino pagst intereses mayores a los establecidos, esto no valdrá, para que del pacto no nazca acción; porque se engloban los pactos que dan legalidad al contrato, es decir, los hechos al comienzo del contrato. Sé que Papiniano respondió lo mismo, y que si, mediando intervalo después de la compra, se conviniese alguna cosa extraña a la naturaleza del contrato, no se puede ejercer acción de compra por esta causa, conforme a la misma regla: para que no nazca acción del pacto; lo que también se dirá en todos los juicios de buena fe. Pero por parte del demandado valdrá el pacto, porque también suelen producir excepciones aquellos pactos que se agregan posteriormente.

§6. Adeo autem bonae fidei iudiciis exceptiones postea factae, quae ex eodem sunt contractu, insunt, ut constet in emptione ceterisque bonae fide iudiciis re nondum secuta posse abiri ab emptione. Si igitur in totum potest, cur non et pars eius pactione mutari potest? Et haec ita Pomponius libro sexto ad edictum scribit. Quod cum est, etiam ex parte agentis pactio locum habet, ut et ad actionem proficiat nondum re secuta, eadem ratione. Nam si potest tota res tolli, cur non et reformari? Ut quodammodo quasi renovatus contractus videatur. Quod non insuptiliter dici potest. Unde illud aeque non

§6. Mas a tal grado están incluidas en los juicios de buena fe las excepciones hechas posteriormente, que forman parte del mismo contrato, sabiéndose que en la compra y en los demás juicios de buena fe, no habiéndose cumplido todavía el negocio, puede uno desistirse de la compra. Pues si por un pacto puede modificarse el todo, ¿por qué no también una parte del mismo? Y así lo escribe Pomponio en el libro sexto de sus comentarios al edicto; y siendo esto así, también

reprobo, quod Pomponius libris lectionum probat, posse in parte recedi pacto ab emptione, quasi repetita partis emptione. Sed cum duo heredes emptori exstiterunt, venditor cum altero pactus est, ut ab emptione recederetur: ait Iulianus valere pactionem et dissolvi pro parte emptionem: quoniam et ex alio contractu paciscendo alter ex heredibus adquirere sibi potuit exceptionem. Utrumque itaque recte placet, et quod Iulianus et quod Pomponius.

procede el pacto por parte del actor, y que así le aproveche también para la acción si todavía no se ha cumplido el negocio, y esto por la misma razón; porque si puede desistirse de todo el negocio, ¿por qué no también reformarlo para que en cierto modo se considere renovado el contrato? Lo que no puede decirse indiscretamente. Por lo cual, con razón no rechazo lo sostenido por Pomponio en sus libros de las lecciones, que por razón del pacto uno puede separarse en parte de la compra, como habiéndose renovado una parte de la compra. Pero cuando quedaron dos herederos al comprador, y el vendedor pactó con uno de ellos para que se desistiese de la compra, dice Juliano que es válido el pacto y que se disuelve la compra en aquella parte; porque pactando también en virtud de otro contrato, el otro heredero puede adquirir para sí la excepción. Así, pues, se admite con razón una y otra opinión, tanto lo dicho por Juliano como por Pomponio.

§7. Ait praetor: 'Pacta conventa, quae neque dolo malo, neque adversus leges plebis scita senatus consulta decreta edicta principum, neque quo fraus cui eorum fiat, facta erunt, servabo'.

§7. Dice el pretor: "mantendré los pactos convenidos que se hiciesen sin dolo malo y no contravengan las leyes, los plebiscitos, los senadoconsultos, los edictos de los príncipes y por los cuales no se cometa fraude contra cualquiera de tales disposiciones".

§8. Pactorum quaedam in rem sunt, quaedam in personam: in rem sunt, quotiens generaliter paciscor ne petam: in personam, quotiens ne a persona petam, id est ne a Lucio Titio petam. Utrum autem in rem an in personam pactum factum est, non minus

§8. Unos pactos se refieren a la cosa, otros a la persona. Afectan a la cosa cuando en general pacto no demandar; a la persona, cuando pacto no demandar a una persona, por ejemplo, que no demandaré a

ex verbis quam ex mente convenientium aestimandum est: plerumque enim, ut Pedius ait, persona pacto inseritur, non ut personale pactum fiat, sed ut demostretur, cum quo pactum factum est.

Lucio Ticio. Pero debe verse si el pacto afecta a una cosa o a una persona por la intención de quienes convienen, no tanto por las palabras; porque las más de las veces, como dice también Pedio, se menciona una persona en el pacto no para que dicho pacto se vuelva personal, sino para demostrar con quién se hizo el pacto.

§9. Dolo malo ait praetor pactum se non servaturum. Dolus malus fit calliditate et fallacia: et ut ait Paedius, dolo malo pactum fit, quotiens circumscribendi alterius causa aliud agitur et aliud agi simulatur.

§9. Dice el pretor que no mantendrá el pacto hecho con "dolo malo". El dolo malo se comete con malicia y engaño, y como dice Pedio, se hace un pacto con dolo malo siempre que se conviene una cosa y se simula realizar otra con objeto de engañar a otro.

§10. Sed si fraudandi causa pactum factum dicatur, nihil praetor adicit: sed eleganter Labeo ait hoc aut iniquum esse, aut supervacuum. Iniquum, si quod semel remisit creditor debitori suo bona fide, iterum hoc conetur destruere: supervacuum, si deceptus hoc fecerit, inest enim dolo et fraus.

§10. Mas nada añade el pretor si se dijese que el pacto se hizo con ánimo de engañar a alguien. Pero Labeón dice elegantemente que tal pacto es injusto o inútil. Es injusto si lo que una vez perdonó el acreedor a su deudor de buena fe, intentase posteriormente deshacerlo; es inútil si hizo esto engañado, porque el fraude también se incluye en el dolo.

§11. Sive autem ab initio dolo malo pactum factum est sive post factum dolo malo aliquid factum est, nocebit exceptio propter haec verba edicti 'neque fiat'.

§11. Pero tanto si se hizo el pacto desde el principio con dolo malo, como si después del pacto se hiciera algo también con dolo malo, le perjudicará la excepción por estas palabras del edicto: "no se cometa".

§12. Quod fere novissima parte pactorum ita solet inseri 'rogavit Titius, spopondit Maevius', haec verba non tantum pactionis loco accipiuntur, sed etiam stipulationis: ideoque ex stipulatu nascitur actio, nisi contrarium specialiter adprobetur, quod non animo stipulantium hoc factum est, sed tantum paciscientium.

§12. Las palabras que casi siempre suelen ponerse en la última parte de los pactos de este modo: "preguntó Ticio, prometió Mevio", no tan sólo valen como pacto, sino también como estipulación; y por ello nace acción de lo estipulado, salvo que se probarse lo contrario, que esto no se hizo con intención de estipular, sino tan sólo de pactar.

§13. Si paciscar, ne pro iudicati vel incensarum aedium agatur, hoc pactum valet.

§13. Si yo pacté que no se demande por la acción de cosa juzgada o por la de edificios incendiados, dicho pacto es válido.

§14. Si paciscar, ne operis novi nuntiationem exsequar, quidam putant non valere pactionem, quasi in ea re praetoris imperium versetur: Labeo autem distinguit, ut, si ex re familiari operis novi nuntiatio sit facta, liceat pacisci, si de re publica, non liceat: quae distinctio vera est. Et in ceteris igitur omnibus ad edictum praetoris pertinentibus, quae non ad publicam laesionem, sed ad rem familiarem respiciunt, pacisci licet: nam et de furto pacisci lex permittit.

§14. Si yo pactase que no denunciaré obra nueva, algunos estiman que no es válido dicho pacto, porque en esta materia interviene el imperio del pretor; pero Labeón distingue que si se denuncia obra nueva sobre cosa privada, es lícito pactar, pero si se denuncia sobre cosa pública, no debe ser lícito, cuya distinción es acertada. Así pues, también sobre todas las demás cosas pertenecientes al edicto del pretor que no se refieren al perjuicio de una cosa pública, sino al interés particular, es lícito pactar, porque incluso la Ley de las Doce Tablas permite pactar sobre el robo.

§15. Sed et si quis paciscatur, ne depositi agat, secundum Pomponium valet pactum. Item si quis pactus sit, ut ex causa depositi omne periculum praestet, Pomponius ait pactionem valere nec quasi contra iuris formam factam non esse servandam.

§15. Pero también si alguien pactase para no ejercitar la acción de depósito, según Pomponio el pacto es válido. Igualmente, dice Pomponio que si alguien pactase responder de todo riesgo por causa de un depósito, el pacto vale y no dejará de observarse como si se hiciese contra la formalidad del derecho.

§16. Et generaliter quotiens pactum a iure communi remotum est, servari hoc non oportet: nec legari, nec iusiurandum de hoc adactum ne quis agat servandum Marcellus libro secundo digestorum scribit: et si stipulatio sit interposita de his, pro quibus pacisci non licet, servanda non est, sed omnimodo rescindenda.

§16. En general, cuando un pacto es contrario al derecho común, no debe ser observado; y Marcelo escribe en el libro segundo de su Digesto que ni debe legarse el objeto pactado ni debe cumplirse el juramento añadido para que alguien no reclame. Y si se interpusiese estipulación sobre lo que no es lícito pactar, no ha de observarse sino que ha de rescindirse por completo.

§17. Si ante aditam hereditatem paciscatur quis cum creditoribus ut minus solvatur, pactum valiturum est.

§17. Si antes de aceptada la herencia alguien pactase con los acreedores para pagar menos de lo debido, el pacto será válido.

§18. Sed si servus sit, qui paciscitur, priusquam libertatem et hereditatem apiscatur, quia sub condicione heres scritptus fuerat, non profuturum pactum Vindius scribit: Marcellus autem libro octavo decimo digestorum et suum heredem et servum necessarium pure scriptos, paciscentes priusquam se immisceant putant recte pacisci, quod verum est. Idem et in extraneo herede: qui si mandatu creditorum adierit, etiam mandati putat eum habere actionem. Sed si quis, ut supra rettulimus, in servitute pactus est, negat Marcellus, quoniam non solet ei proficere, si quid in servitute egit, post libertatem: quod in pacti exceptione admittendum est. Sed an vel doli ei prosit exceptio, quaeritur. Marcellus in similibus speciebus licet antea dubitavit, tamen admisit: ut puta filius familias heres institutus pactus est cum creditoribus et emancipatus adiit hereditatem: et dicit doli eum posse uti exceptione. Idem probat, et si filius vivo patre cum creditoribus paternis pactus sit: nam et hic doli exceptionem profuturam. Immo et in servo doli exceptio non est respuenda.

§18. Mas si un esclavo pacta antes de que adquiera la libertad y la herencia, por haber sido instituido heredero bajo condición, escribe Vindio que no le habrá de aprovechar el pacto; pero Marcelo opina en el libro décimo octavo de su Digesto que tanto el heredero como el esclavo que es heredero necesario, instituidos puramente, al pactar antes de que se inmiscuyan en la herencia, pactan válidamente; lo cual es correcto. Lo mismo también respecto al herdero extraño, el cual, si aceptó la herencia por mandato de los acreedores, juzga que además tiene la acción de mandato. Pero si alguien, como dijimos anteriormente, pactó siendo esclavo, se lo niega Marcelo, porque si algo hizo durante la esclavitud no suele favorecerle después de concedida la libertad, lo que se admitirá como excepción del pacto. Mas se pregunta si le aprovecha la excepción de dolo. Marcelo, aunque previamente dudó, lo admitió, sin embargo, en casos semejantes; por ejemplo, si un hijo de familia, instituido heredero, pactó con los acreedores, y ya emancipado aceptó la herencia, afirmando que puede usar la excepción de dolo. Y lo mismo sostiene, aunque el hijo pactase en vida del padre con los acreedores paternos, porque también a él le favoreceá la excepción de dolo. Así pues, tampoco ha de desecharse la excepción de dolo aun tratándose del esclavo.

§19. Hodie tamen ita demum pactio huiusmodi creditoribus obest, si convenerint in unum et communi consensu declaraverint, quota parte debiti contenti sint: si vero dissentiant, tunc praetoris partes necessariae sunt, qui decreto suo sequetur maioris partis voluntatem.

§19. Pero hoy un pacto de esta naturaleza tan sólo perjudica a los acreedores si todos conveniesen en una misma cosa, y se declarase de común consentimiento con qué parte de la deuda se contentaron; pero si disintiesen, entonces es necesaria la intervención del pretor, quien en su decreto seguirá la voluntad de la mayoría.

8. PAPINIANUS libro decimo responsorum. Maiorem esse partem pro modo debiti, non pro numero personarum placuit. Quod si aequales sint in cumulo debiti, tunc plurium numerus creditorum praeferendus est. In numero autem pari creditorum auctoritatem eius sequetur praetor, qui dignitate inter eos praecellit. Si autem omnia undique in unam aequalitatem concurrant, humanior sententia a praetore eligenda est. Hoc enim ex divi Marci rescripto colligi potest.

8. PAPINIANO *en el libro décimo de las respuestas.* Se estableció que la mayoría lo fuese en relación a la cuantía de la deuda, no al número de personas acreedoras. Pero si fuesen iguales en el monto de la deuda, entonces se preferirá el número mayor de acreedores; mas habiendo igual cantidad de acreedores, el pretor seguirá la autoridad del que entre ellos destaque en dignidad. Pero si todas las condiciones resultasen iguales, el pretor elegirá el parecer más humano, el más favorable al deudor; porque esto es lo que puede interpretarse de la respuesta escrita del Divino Marco Aurelio.

9. PAULUS libro sexagensimo secundo ad edictum. Si plures sint qui eandem actionem habent, unius loco habentur. Ut puta plures sunt rei stipulandi vel plures argentarii, quorum nomina simul facta sunt: unius loco numerabuntur, quia unum debitum est. Et cum tutores pupilli creditoris plures convenissent, unius loco numerantur, quia unius pupilli nomine convenerant. Nec non

9. PAULO *en el libro sexagésimo segundo de los comentarios al edicto.* Si muchos tienen una misma acción, son considerados como uno solo. Por ejemplo, si son muchos los obligados por una estipulación, o muchos los cambistas, cuyos créditos se constituyeron conjuntamente, serán vistos como

et unus tutor plurium pupillorum nomine unum debitum praetendentium si convenerit, placuit unius loco esse. Nam difficile est, ut unus homo duorum vicem sustineant. Nam nec is, qui plures actiones habet, adversus eum, qui unam actionem habet, plurium personarum loco accipitur.

uno solo, pues una sola es la deuda. Y cuando muchos tutores de un pupilo acreedor realizasen un acuerdo, se contarán como uno solo, porque convinieron a nombre de un solo pupilo. Asimismo, si un solo tutor convino a nombre de muchos pupilos que pretenden una sola deuda, se estableció considerársele como uno solo, porque es difícil que un hombre haga las veces de dos, pues ni aun quien tiene muchas acciones es considerado en lugar de muchas personas frente al que tiene una sola acción.

§1. Cumulum debiti et ad plures summas referemus, si uni forte minutae summae aureorum quinquaginta: nam in hunc casum spectabimus summas plures, quia illae excedunt in unam summam coadunatae.

§1. El monto de una deuda lo referiremos también a varias sumas; si por caso a uno se debieran cien áureos en pequeñas cantidades, y a otro cincuenta áureos en una sola, en este caso atenderemos al mayor número de sumas, porque reunidas en una hacen un total mayor.

§2. Summae autem applicare debemus etiam usuras.

§2. A la suma debemos añadir también los intereses devengados.

10. ULPIANUS *libro quarto ad edictum. Rescriptum autem divi Marci sic loquitur, quasi omnes creditores debeant convenire. Quid ergo si quidam absentes sint? Num exemplum praesentium absentes sequi debeant? Sed an et privilegiariis absentibus haec pactio noceat, eleganter tractatur: si modo valet pactio et contra absentes. Et repeto ante formam a divo Marco datam divum Pium rescripsisse fiscum quoque in his casibus, in quibus hypothecas non habet, et ceteros privilegiarios exemplum creditorum sequi oportere. Haec enim omnia in his creditoribus, qui hypothecas non habent, conservanda sunt.*

10. ULPIANO *en el libro cuarto de los comentarios al edicto.* Mas la respuesta escrita del divino Marco Aurelio habla como si todos los acreedores deban consentir. ¿Y si algunos estuviesen ausentes? ¿Deberán seguir el ejemplo de los presentes? Pero se debate elegantemente sobre si este pacto perjudica también a los ausentes con créditos privilegiados, en el caso de que el pacto valga también contra los ausentes. Y recuerdo que el divino Antonino Pío, antes de la fórmula establecida por el divino Marco, declaró por respuesta escrita que convenía que también el fisco, en los casos en que no tiene hipotecas, así como los demás acreedores privilegiados, siguiesen el ejemplo de los acreedores presentes. Todas estas cosas deben observarse respecto de los acreedores que no tienen hipotecas.

§1. Si pacto subiecta sit poenae stipulatio, quaeritur, utrum pacti exceptio locum habeat an ex stipulatu actio. Sabinus putat, quod est verius, utraque via uti posse prout elegerit qui stipulatus est: si tamen ex causa pacti exceptione utatur, aequum erit accepto eum stipulationem ferre.

§1. Si al pacto se añade una estipulación penal, se pregunta, ¿tiene acaso lugar la excepción del pacto o la acción de lo estipulado? Sabino opina, siendo el parecer más acertado, que quien estipuló puede seguir una y otra vía, según elegiese el estipulante; no obstante, si usare por alguna causa la excepción del pacto, será justo que dé por recibido (por acceptilación) lo estipulado.

§2. Plerumque solemus dicere doli exceptionem subsidium esse pacti exceptionis: quosdam denique, qui exceptione pacti uti non possunt, doli exceptione usuros et Iulianus scribit et alii plerique consentiunt. Ut puta si procurator meus paciscatur, exceptio doli mihi proderit, ut Trebatio videtur, qui putat, sicuti pactum procuratoris mihi nocet, ita est prodesse,

§2. La mayoría de veces solemos decir que la excepción del dolo es subsidiaria de la excepción del pacto; en efecto, Juliano escribe que quienes no pueden usar la excepción del pacto se valdrán de la excepción de dolo, y otros muchos coinciden con él; por ejemplo, si pactase mi procurador, me favorecerá la excepción de dolo, según opina Trebacio, quien afirma que así como me perjudica el pacto del procurador, así también debe aprovecharme,

11. *PAULUS libro tertio ad edictum. … quia et solvi ei potest.*

11. PAULO *en el libro tercero de los comentarios al edicto.* … porque también puede pagarse a él.

12. *ULPIANUS libro quarto ad edictum. Nam et nocere constat, sive ei mandavi ut pacisceretur, sive omnium rerum mearum procurator fuit: ut et Puteolanus libro primo*

12. ULPIANO *en el libro cuarto de los comentarios al edicto.* Pues es sabido que también le perjudica tanto si le mandé que pactase como que fuese procurador de todos mis negocios, y

adsessoriorum scribit: cum placuit eum etiam rem in iudicium deducere.

así escribe también Puteolano en el libro primero de los asesoramientos, ya que se estableció que también él puede deducir la cosa en juicio.

13. PAULUS *libro tertio ad edictum. Sed si tantum ad actionem procurator factus sit, conventio facta domino non nocet, quia nec solvi ei possit.*

13. PAULO *en el libro tercero de los comentarios al edicto.* Pero si se nombró procurador sólo para ejercer acción, la convención hecha no perjudica al dueño del negocio, porque tampoco podría pagársele a él.

§1. Sed si in rem suam datus sit procurator, loco domini habetur: et ideo servandum erit pactum conventum.

§1. Mas si el procurador fue nombrado en interés propio, se le considera en lugar del dueño del negocio, y por ende deberá mantenerse el pacto convenido.

14. ULPIANUS *libro quarto ad edictum. Item magistri societatium pactum et prodesse et obesse constat.*

14. ULPIANO *en el libro cuarto de los comentarios al edicto.* También es cierto que el pacto del gerente de sociedades aprovecha y perjudica a los socios.

15. PAULUS *libro tertio ad edictum. Tutoris quoque, ut scribit Iulianus, pactum pupillo prodest.*

15. PAULO *en el libro tercero de los comentarios al edicto.* También el pacto del tutor aprovecha al pupilo, como escribe Juliano.

16. ULPIANUS *libro quarto ad edictum. Si cum emptore hereditatis pactum sit factum et venditor hereditatis petat, doli exceptio nocet. Nam ex quo rescriptum est a divo Pio utiles actiones emptori hereditatis exceptione doli debitor hereditarius uti potest.*

16. ULPIANO *en el libro cuarto de los comentarios al edicto.* Si se pactase entre los deudores de una herencia y el comprador de la herencia, y el vendedor de la herencia demandase a los deudores, le perjudica el oponerle la excepción del dolo; porque desde que por respuesta escrita del divino Antonino Pío se estableció que deben darse al comprador de la herencia las acciones útiles, por la misma razón el deudor hereditario puede oponer la excepción de dolo al vendedor de la herencia.

§1. Sed et si inter dominum rei venditae et emptorem convenisset, ut homo qui emptus erat redderetur, ei qui pro domino rem vendidit petenti pretium doli exceptio nocebit.

§1. Pero si entre el dueño que vende y el comprador se conviene que se restituya el esclavo vendido, se opondrá la excepción de dolo al representante del dueño que vendió si reclama el precio.

17. PAULUS *libro tertio ad edictum. Si tibi decem dem et paciscar, ut viginti mihi debeantur, non nascitur obligatio ultra decem: re enim non potest obligatio contrahi, nisi quatenus datum sit.*

17. PAULO *en el libro tercero de los comentarios al edicto.* Si yo te diese diez y pactase que se me deban veinte, no nace obligación más que por los diez, porque no puede contraerse una obligación real sino por cuanto se dio.

§1. Quaedam actiones per pactum ipso iure tolluntur: ut iniuriarum, item furti.

§1. Ciertas acciones se extinguen de propio derecho por medio de un pacto, como la de injurias y la de robo.

§2. De pignore iure honorario nascitur ex pacto actio: tollitur autem per exceptionem, quotiens paciscor ne petam.

§2. Por derecho honorario, la acción de prenda nace de un pacto, pero se extingue por la excepción cuando yo pacto que no reclamaré.

§3. Si quis paciscatur, ne a se petatur, sed ut ab herede petatur, heredi exceptio non proderit.

§3. Si alguien pactase que no se le reclame a él, sino a su heredero, la excepción no beneficiará al heredero.

§4. Si pactus sim, ne a me neve a Titio petatur, non proderit Titio, etiamsi heres extiterit, quia ex post facto id confirmari non potest. Hoc Iulianus scribit in patre, qui pactus erat, ne a se neve a filia peteretur, cum filia patri heres extitisset.

§4. Si yo pactase que no se me reclame ni a mí ni a Ticio, la excepción no beneficiará a Ticio aunque fuese mi heredero, porque tal pacto a favor de tercero no puede confirmarse por un hecho posterior. Esto lo escribe Juliano respecto de un padre que había pactado que no se le reclamase ni a él ni a su hija, siendo que la hija era heredera de su padre.

§5. Pactum conventum cum venditore factum si in rem constituatur, secundum plurium sententiam et emptori prodest, et hoc iure non uti Pomponius scribit: secundum Sabini

§5. Según la opinión mayoritaria, si el pacto hecho con el vendedor se constituyese sobre una cosa, aprovecha también al comprador. Y

autem sententiam etiam si in personam conceptum est, et in emptorem valet: qui hoc esse existimat et si per donationem successio facta sit.

Pomponio señala que venimos aplicando este derecho; mas aunque se pactase respecto a la persona, vale también para el comprador, según el parecer de Sabino, quien opina que esto es así, aunque la sucesión se realizase por donación.

§6. Cum possessor alienae hereditatis pactus est, heredi, si evicerit, neque nocere neque prodesse plerique putant.

§6. Cuando el poseedor de una herencia ajena ha hecho un pacto, la mayoría opina que ni perjudica ni beneficia al heredero, si éste la reclamase como suya.

§7. Filius servusve si paciscantur, ne a patre dominove petatur,

§7. Si un hijo o un esclavo pactare que no se reclame a su padre o a su dueño,

***18**. GAIUS libro primo ad edictum provinciale. … sive de eo paciscantur, quod cum ipsis, sive de eo, quod cum patre dominove contractum est,*

18. GAYO *en el libro primero de los comentarios al edicto provincial.* … ya pactasen con ellos, ya con su padre o su dueño,

***19**. PAULUS libro tertio ad edictum. … adquirent exceptionem. Idem est et in his, qui bona fide serviunt.*

19. PAULO *en el libro tercero de los comentarios al edicto.* … obtendrán la excepción. Lo mismo sucede también respecto de los libres que de buena fe sirven como esclavos.

§1. Item si filius familias pactus fuerit ne a se petatur, proderit ei, et patri quoque, si de peculio conveniatur,

§1. Igualmente, si un hijo de familia pactase que no se le reclame a él, la excepción le beneficiará a él y también a su padre si le demandasen con la acción de peculio,

***20**. GAIUS libro primo ad edictum provinciale. … vel de in rem verso, vel si quasi defensor filii, si hoc maluerit, conveniatur,*

20. GAYO *en el libro primero de los comentarios al edicto provincial.* … o de ganancia obtenida, o si fuere demandado como representante de su hijo si así lo prefiriese,

***21**. PAULUS libro tertio ad edictum. … et heredi patris vivo filio: post mortem vero filii nec patri nec heredi eius, quia personale pactum est.*

21. PAULO *en el libro tercero de los comentarios al edicto.* … y también al heredero del padre en vida del hijo; pero tras la muerte del hijo, ni al padre ni a su heredero, porque es un pacto personal.

§1. Quod si servus, ne a se peteretur, pactus fuerit, nihil valebit pactum: de doli exceptione videamus. Et si in rem paciscatur, proderit domino et heredi eius pacti conventi exceptio: quod si in personam pactum conceptum est, tunc domino doli superest exceptio.

§1. Pero si un esclavo pactase que no se le reclamase a él, no valdrá el pacto. Veamos ahora respecto a la excepción de dolo. Si se pactase sobre una cosa, la excepción del pacto convenido beneficiará al señor y a su heredero; pero si se hizo el pacto respecto de una persona, entonces al dueño le queda la excepción de dolo.

§2. Nos autem his, qui in nostra potestate sunt, paciscendo prodesse non possumus: sed nobis id profuturum, si nomine eorum conveniamur, Proculus ait: quod ita recte dicitur, si in paciscendo id actum sit. Ceterum si paciscar, ne a Titio petas, deinde actionem adversus me nomine eius instituas, non est danda pacti conventi exceptio: nam quod ipsi inutile est, nec defensori competit. Iulianus quoque scribit, si pater pactus sit ne a se neve a filio petatur, magis est ut pacti exceptio filio familias danda non sit, sed doli prosit.

§2. Al pactar nosotros no podemos favorecer con la excepción a quienes están bajo nuestra potestad; pero Próculo dice que nos beneficiará si fuésemos demandados a causa de ellos. Esto se afirma correctamente si tal cosa se conveniese al pactar. Por lo demás, si yo pactare que no reclames a Ticio, y después intentares por causa suya la acción contra mí, no se concederá la excepción del pacto convenido, porque lo que es inútil para él mismo también lo es para el defensor. También escribe Juliano que si un padre pactó que no se reclame a él ni a su hijo, es más cierto que no debe concederse al hijo de familia la excepción del pacto, pero que sí le beneficie la de dolo.

§3. Filia familias pacisci potest, ne de dote agat, cum sui iuris esse coeperit.

§3. A partir de que sea jurídicamente independiente, una hija de familia puede pactar que no ejercerá la acción de dote.

§4. Item filius familias de eo, quod sub condicione legatum est, recte paciscetur.

§4. El hijo de familia también pactará válidamente sobre lo que se le legó bajo la condición de su futura autonomía.

§5. In his, qui eiusdem pecuniae exactionem habent in solidum vel qui eiusdem pecuniae

§5. Respecto de quienes tienen solidariamente derecho a reclamar

debitores sunt, quatenus alii quoque prosit vel noceat pacti exceptio, quaeritur. Et in rem pacta omnibus prosunt, quorum obligationem dissolutam esse eius qui paciscebatur interfuit. Itaque debitoris conventio fideiussoribus proficiet,

una misma cantidad o que son deudores del mismo monto, se pregunta hasta dónde aprovecha o perjudica a alguno de ellos la excepción del pacto hecho por otro. Los pactos sobre un bien benefician a todos aquello a quienes interesó que se disolviese la obligación del que pactaba. Y así, el pacto del deudor beneficiará a los fiadores,

22. ULPIANUS *libro quarto ad edictum. … nisi hoc actum est, ut dumtaxat a reo non petatur, a fideiussore petatur: tunc enim fideiussor exceptione non utetur.*

22. ULPIANO *en el libro cuarto de los comentarios al edicto. …* salvo si se pactó que para no pedir al deudor se pida al fiador; porque entonces el fiador no se servirá de la excepción.

23. PAULUS *libro tertio ad edictum. Fideiussoris autem conventio nihil proderit reo, quia nihil eius interest a debitore pecuniam non peti. Immo nec confideiussoribus proderit. Neque enim quoquo modo cuiusque interest, cum alii conventio facta prodest, sed tunc demum, cum per eum, cui exceptio datur, principaliter ei qui pactus est proficiat: sicut in reo promittendi et his qui pro reo obligati sunt.*

23. PAULO *en el libro tercero de los comentarios al edicto.* Pero el convenio del fiador en nada beneficiará al demandado, porque al fiador no le importa que no se reclame al deudor el dinero. Ni tampoco beneficiará a los cofiadores, porque de ningún modo interesa a cada uno. El convenio realizado con otro aprovecha principalmente al que pactó, pero solo por el hecho de conceder la excepción a otro, como sucede respecto del deudor solidario y de los fiadores, que liberan al deudor que pactó cuando hacen uso de la excepción.

24. IDEM *libro tertio ad Plautium. Sed si fideiussor in rem suam spopondit, hoc casu fideiussor pro reo accipiendus est et pactum cum eo factum cum reo factum esse videtur.*

24. EL MISMO *en el libro tercero de los comentarios a Plaucio.* Pero si el fiador prometió sobre una cosa propia, en este caso el fiador debe ser considerado como deudor solidario, y el pacto hecho con él se entiende como hecho con el deudor principal.

25. IDEM *libro tertio ad edictum. Idem in duobus reis promittendi et duobus argentariis sociis.*

25. EL MISMO *en el libro tercero de los comentarios al edicto.* Lo mismo es respecto de dos deudores solidarios y de dos socios banqueros.

§1. Personale pactum ad alium non pertinere, quemadmodum nec ad heredem, Labeo ait.

§1. Dice Labeón que el pacto personal no concierne a otro, ni tampoco al heredero.

§2. Sed quamvis fideiussoris pactum reo non prosit, plerumque tamen doli exceptionem reo profuturam Iulianus scribit,

§2. Juliano escribe que, aunque el pacto del fiador no beneficie al deudor, la mayor parte de las veces ha de aprovechar al deudor la excepción de dolo,

26. ULPIANUS *libro quarto ad edictum. … videlicet si hoc actum sit, ne a reo quoque petatur. Idem et in confideiussoribus est.*

26. ULPIANO *en el libro cuarto de los comentarios al edicto.* … esto es, si se pactase que tampoco se reclame al deudor. Lo mismo ocurre con los cofiadores.

27. PAULUS *libro tertio ad edictum. Si unus ex argentariis sociis cum debitore pactus sit, an etiam alteri noceat exceptio? Neratius Atilicinus Proculus, nec si in rem pactus sit, alteri nocere: tantum enim constitutum, ut solidum alter petere possit. Idem Labeo: nam nec novare alium posse, quamvis ei recte solvatur: sic enim et his, qui in nostra potestate sunt, recte solvi quod crediderint, licet novare non possint. Quod est verum. Idemque in duobus reis stipulandi dicendum est.*

27. PAULO *en el libro tercero de los comentarios al edicto.* Si uno de los socios banqueros pactase con un deudor, ¿perjudicará también al otro la excepción? Neracio, Atilicinio y Próculo dicen que ni aunque se pactase sobre una cosa se perjudica al otro, pues tan sólo se pactó para que el primer banquero pueda reclamar el total. Lo mismo dice Labeón, porque el otro ni siquiera puede hacer novación, aunque válidamente se le pague a él, porque así se paga válidamente lo que prestaron también a aquellos que están bajo nuestra potestad, aun cuando no pueda hacer novación, lo cual es correcto. Y lo mismo se dirá sobre dos deudores solidarios.

§1. Si cum reo ad certus tempus pactio facta sit, ultra neque reo neque fideiussori prodest. Quod si sine persona sua reus pepigerit, ne a fideiussore petatur, nihil id prodesse fideiussori quidam putant, quamquam id rei

§1. Si se pactó con el deudor de no reclamarle durante cierto tiempo, pasado éste, el convenio no le servirá ni al deudor ni al fiador. Pero si el deudor pactó sin mencionar a

intersit: quia ea demum competere ei debeat exceptio, quae et reo. Ego didici prodesse fideiussori exceptionem: non sic enim illi per liberam personam adquiri, quam ipsi, qui pactus sit, consuli videmur: quo iure utimur.

su persona que no se reclame al fiador, algunos opinan que esto en nada beneficia al fiador, aun cuando interese al deudor, porque él sólo debe tener la misma excepción que el deudor. Yo aprendí que la excepción favorecía al fiador, porque no es se adquiera la excepción por medio de una persona libre, sino que más bien velamos por el interés del mismo que pactó; y ese derecho aplicamos.

§2. Pactus, ne peteret, postea convenit ut peteret: prius pactum per posterius elidetur, non quidem ipso iure, sicut tollitur stipulatio per stipulationem, si hoc actum est, quia in stipulationibus ius continetur, in pactis factum versatur: et ideo replicatione exceptio elidetur. Eadem ratione contingit, ne fideiussoribus prius pactum prosit. Sed si pactum conventum tale fuit, quod actionem quoque tolleret, velut iniuriarum, non poterit postea paciscendo ut agere possit: quia et prima actio sublata est et posterius pactum ad actionem parandam inefficax est: non enim ex pacto iniuriarum actio nascitur, sed ex contumelia. Idem dicemus et in bonae fidei contractibus, si pactum conventum totam obligationem sustulerit, veluti empti: non enim ex novo pacto prior obligatio resuscitatur, sed proficiet pactum ad novum contractum. Quod si non ut totum contractum tolleret, pactum conventum intercessit, sed ut imminueret, posterius pactum potest renovare primum contractum. Quod et in specie dotis actionis procedere potest. Puta pactam mulierem, ut praesenti die dos redderetur, deinde pacisci, ut tempore ei legibus dato dos reddatur: incipiet dos redire ad ius suum. Nec dicendum est deteriorem condicionem dotis fieri per pactum: quotiens enim ad ius, quod lex naturae eius tribuit, de dote actio redit, non

§2. Habiendo pactado uno que no reclamaría, después pactó que sí lo haría; el pacto anterior se anula por el posterior, no ciertamente de propio derecho, como se extingue una estipulación por otra si esto se convino, porque las estipulaciones se fundan en el derecho, y los pactos se fundan en el hecho; por ello la excepción se anula por la replica. Por dicha razón resulta que el primer pacto no debe beneficiar a los fiadores. Pero si el pacto fue de los que también extinguen la acción, como la de injurias, no podrá demandar con un pacto posterior; porque la primera acción se extinguió, y el pacto posterior es ineficaz para producir acción, pues la acción de injurias no nace de pacto, sino de una ofensa a la dignidad. Lo mismo diremos también en los contratos de buena fe si el pacto anulase toda la obligación, como en la de compra; porque la anterior obligación no se resucita con un nuevo pacto, pero sí servirá este pacto para el nuevo contrato. Pero si medió pacto convenido no para anular todo el contrato, sino para reducirlo, el

fit causa dotis deterior, sed formae suae redditur. Haec et Scevolae nostro placuerunt.

pacto posterior puede renovar el primer contrato. Lo que también puede proceder para la acción de dote; por ejemplo, si la mujer pactó que se le devolviese la dote sin mediar plazo, y después pactare que se le devuelva la dote en el plazo fijado por las leyes; la dote volverá a regirse por propio derecho, y no se dirá que la condición de la dote empeora por el pacto; porque siempre que la acción de dote vuelve al régimen que le atribuye la ley natural, no empeora la condición de la dote, sino que se vuelve a su propia forma. Todo esto también pareció correcto a nuestro Escévola.

§3. Illud nulla pactione effici potest, ne dolus praestetur: quamvis si quis paciscatur ne depositi agat, vi ipsa id pactus videatur, ne de dolo agat: quod pactum proderit.

§3. No puede lograrse que se garantice el dolo con ningún pacto, aunque si alguien pactase no ejercer la acción de depósito, se entiende que por la fuerza misma del pacto acuerda no demandar por dolo; cuyo pacto sí servirá.

§4. Pacta, quae turpem causam continent, non sunt observanda: veluti si paciscar ne furti agam vel iniuriarum, si feceris: expedit enim timere furti vel iniuriarum poenam: sed post admissa haec pacisci possumus. Item ne experiar interdicto unde vi, quatenus publicam causam contingit, pacisci non possumus. Et in summa, si pactum conventum a re privata remotum sit, non est servandum: ante omnia enim animadvertendum est, ne conventio in alia re facta aut cum alia persona in alia re aliave persona noceat.

§4. Los pactos con causa inmoral no deben observarse; por ejemplo, si yo pactare que no ejerceré la acción de hurto o de injurias si cometieses tales ilícitos; porque conviene temer las penas de estos delitos. Pero después de cometidos estos, podemos pactar. Asimismo, tampoco podemos pactar que no reclamaré por el interdicto *unde vi* ('de donde con violencia'), ya que afecta al interés común. En resumen, si el pacto convenido es ajeno a la cosa privada no debe observarse; porque ante todo debe advertirse que el convenio hecho sobre una cosa o con una persona no debe perjudicar a otra cosa o a otra persona.

§5. Si cum decem mihi deberes, pepigero, ne a te viginti petam: in decem prodesse tibi pacti conventi vel doli exceptionem placet. Item si cum viginti deberes, pepigerim, ne decem petam: efficeretur per exceptionem mihi opponendam, ut tantum reliqua decem exigere debeam.

§5. Si me debieres diez, y yo pactase que no te reclamaré veinte, se establece que la excepción de pacto convenido o la de dolo te beneficia por diez. Igualmente, si me debieres veinte y yo pactase que no reclamaré diez, por la excepción se logrará oponer que tan solo deba yo exigir los diez restantes.

§6. Sed si stipulatus decem aut Stichum de decem pactus sim et petam Stichum aut decem: exceptionem pacti conventi in totum obstaturam: nam ut solutione et petitione et acceptilatione unius rei tota obligatio solveretur, ita pacto quoque convento de una re non petenda interposito totam obligationem summoveri. Sed si id actum inter nos sit, ne decem mihi, sed Stichus praestetur: possum efficaciter de Sticho agere, nulla exceptione opponenda. Idem est et si de Sticho non petendo convenerit.

§6. Pero si estipulé diez, o el esclavo Estico pactó por los diez y reclamase yo al esclavo Estico o los diez, me perjudicará por el todo la excepción de pacto convenido; porque así como el pago, la petición procesal y la aceptilación de una cosa disolvería toda la obligación, así también se extingue toda la obligación tras interponer el pacto convenido de no exigir una sola de las cosas debidas alternativamente. Pero si entre nosotros se convino que no se me dé diez, sino el esclavo Estico, puedo reclamar eficazmente a Estico, sin que pueda oponérseme ninguna excepción. Lo mismo procede si se convino no reclamar respecto de Estico.

§7. Sed si generaliter mihi hominem debeas et paciscar, ne Stichum petam: Stichum quidem petendo pacti exceptio mihi opponetur, alium autem hominem si petam, recte agam.

§7. Pero si me debes un esclavo genérico, y yo pacto que no reclamaré a Estico, al exigirlo se me opondrá la excepción del pacto, pero demandaré rectamente si pidiese otro esclavo.

§8. Item si pactus, ne hereditatem peterem, singulas res ut heres petam: ex eo, quod pactum erit, pacti conventi exceptio aptanda erit, quemadmodum si convenerit ne fundum peterem et usum fructum petam, aut ne navem aedificiumve peterem et dissolutis his singulas res petam: nisi specialiter aliud actum est.

§8. Igualmente, si yo pacto que no reclamaré la herencia y luego demando como heredero cada cosa por separado, se concederá la excepción del pacto convenido según lo pactado; igual que si se pactase que yo no reclame un fundo y luego pida el usufructo, o que no pediría un barco o un edificio, y tras deshacerse de estas cosas, reclamo cada parte por separado, salvo si se convino especialmente otra cosa.

§9. Si acceptilatio inutilis fuit, tacita pactione id actum videtur, ne peteretur.

§9. Si la aceptilación fue inválida, se entiende que por pacto tácito se acordó no reclamar la deuda.

§10. Servus hereditarius heredi post adituro nominatim pacisci non potest, quia nondum is dominus sit: sed si in rem pactum conventum factum sit, heredi adquiri potest.

§10. Un esclavo hereditario no puede pactar en nombre del heredero que después aceptará la herencia, porque este heredero aún no es su dueño; pero si el pacto se hiciese sobre una cosa, puede adquirirse la excepción para el futuro heredero.

***28.** GAIUS libro primo ad edictum provinciale. Contra iuris civilis regulas pacta conventa rata non habentur: veluti si pupillus sine tutoris auctoritate pactus sit ne a debitore suo peteret, aut ne intra certum tempus veluti quinquennium peteret: nam nec solvi ei sine tutoris auctoritate potest. Ex diverso autem si pupillus paciscatur, ne quod debeat a se peteretur, ratum habetur pactum conventum: quia meliorem condicionem suam facere ei etiam sine tutoris auctoritate concessum est.*

28. GAYO *en el libro primero de los comentarios al edicto provincial.* Los pactos convenidos contra las reglas del derecho civil son considerados inválidos, por ejemplo, si un pupilo pactase sin la autorización del tutor que no se reclame a su deudor, o que no reclamará durante cierto plazo, por ejemplo, un quinquenio, porque ni siquiera puede pagársele sin la autoridad del tutor. Por el contrario, si el pupilo pactare que no se le reclamase lo debido, el pacto se considera válido, porque se le permite mejorar su condición incluso sin la autorización del tutor.

§1. Si curator furiosi aut prodigi pactus sit, ne a furioso aut prodigo peteretur, longe utile est curatoris recipi pactiones: sed non contra.

§1. Si el curador de un demente o de un pródigo pactase que no se reclamará al demente o al pródigo, es muy conveniente que se admitan los pactos del curador, pero no al contrario.

§2. Si filius aut servus pactus sit, ne ipse peteret, inutile est pactum. Si vero in rem pacti sunt, id est ne ea pecunia peteretur, ita pactio eorum rata habenda erit adversus patrem dominumve, si liberam peculii administrationem habent et ea res, de qua

§2. Si un hijo o un esclavo pactase no reclamar, el pacto es inútil. Pero si pactaron sobre una cosa, esto es, que no se reclamaría la cantidad adeudada, tal pacto se considerará válido contra el padre o el dueño,

pacti sint, peculiaris sit. Quod et ipsum non est expeditum: nam cum verum est, quod Iulianus placet, etiamsi maxime quis administrationem peculii habeat concessam, donandi ius eum non habere: sequitur ut, si donandi causa de non petenda pecunia pactus sit, non debeat ratum haberi pactum conventum. Quod si pro eo ut ita pacisceretur aliquid, in quo non minus vel etiam amplius esset, consecutus fuerit, rata habenda est pactio.

sólo si tuvieran la libre administración del peculio y las cosas sobre las que pactasen sean del propio peculio. Lo que, sin embargo, no es del todo claro; porque siendo verdad, lo cual estima correcto Juliano, que aunque alguno tenga concedida ampliamente la administración de un peculio, no tiene el derecho de donar, se sigue que, si se pactase no pedir una cantidad de dinero por causa de donación, no deba considerarse válido el pacto convenido. Mas si por pactar así obtuviese alguna cosa que no valiera menos o incluso más, el pacto debe considerarse válido.

29. ULPIANUS *libro quarto ad edictum. Sin autem dominicam pecuniam crediderit, quod credendi tempore pactus est valere Celsus ait.*

29. ULPIANO *en el libro cuarto de los comentarios al edicto.* Pero si el esclavo prestase dinero de su amo, dice Celso que es válido lo que pactó al momento de prestarlo.

30. GAIUS *libro primo ad edictum provinciale. In persona tamen filii familias videndum est, ne aliquando et si pactus sit ne ageret, valeat pactio: quia aliquando filius familias habet actionem, veluti iniuriarum. Sed cum propter iniuriam filio factam habeat et pater actionem, quin pactio filii nocitura non sit patri agere volenti, dubitari non oportet.*

30. GAYO *en el libro primero de los comentarios al edicto provincial.* Pero sobre la persona del hijo de familia ha de verse si, aunque pactase no reclamar, no valdrá alguna vez el pacto, porque a veces el hijo de familia tiene acción, como la de injurias. Mas como el padre también tiene acción debido a la injuria hecha al hijo, no debe dudarse que el pacto de éste no perrjudicará al padre que quiera ejercer la acción.

§1. Qui pecuniam a servo stipulatus est, quam sibi Titius debebat, si a Titio petat, an exceptione pacti conventi summoveri et possit et debeat, quia pactus videatur, ne a Titio petat, quaesitum est. Iulianus ita summovendum putat, si stipulatori in dominum istius servi de peculio actio danda

§1. Se preguntó si podría y debería rechazarse con la excepción del pacto convenido al que estipuló de un esclavo una cantidad que Ticio le debía a él y luego la reclama a Ticio, pues parecía haber pactado no reclamar a Ticio. Juliano opina que

est, id est si iustam causam intercedendi servus habuit, quia forte tantandem pecuniam Titio debuit: quod si quasi fideiussor intervenit, ex qua causa in peculium actio non daretur, non esse inhibendum creditorem, quo minus a Titio petat: aeque nullo modo prohiberi eum debere, si eum servum liberum esse credidisset.

en este caso el estipulante será rechazado si se le concede la acción de peculio contra el dueño de este esclavo, es decir, si el esclavo tuvo justa causa para interceder, por ejemplo, si debía otra cantidad similar a Ticio; pero si intervino como fiador, por cuya causa no se daría acción contra el peculio, no debe impedirse al acreedor que reclame a Ticio. Igualmente, de ningún modo debe prohibírsele si creyó que el esclavo era libre.

§2. Si sub condicione stipulatus fuerim a te quod Titius mihi pure deberet: an deficiente condicione si a Titio petam, exceptione pacti conventi et possim et debeam summoveri? Et magis est exceptionem non esse opponendam.

§2. Si bajo condición yo estipulé de ti lo que Ticio me debía puramente, faltando la condición, si yo pidiera a Ticio, ¿podré y deberé ser rechazado con la excepción del pacto convenido? Y lo más correcto es que no se oponga la excepción.

31. *ULPIANUS libro primo ad edictum aedilium curulium. Pacisci contra edictum aedilium omnimodo licet, sive in ipso negotio venditionis gerendo convenisset sive postea.*

31. ULPIANO *en el libro primero de los comentarios al edicto de los ediles curules.* Es completamente lícito pactar contra el edicto de los ediles, tanto si se acordó realizar el mismo negocio de la venta como después.

32. *PAULUS libro tertio ad Plautium. Quod dictum est, si cum reo pactum sit, ut non petatur, fideiussori quoque competere exceptionem: propter rei personam placuit, ne mandati iudicio conveniatur. Igitur si mandati actio nulla sit, forte si donandi animo fideiusserit, dicendum est non prodesse exceptionem fideiussori.*

32. PAULO *en el libro tercero de los comentarios a Plaucio.* Lo que se ha dicho, que si se pactase con el demandado que no se reclamaría compete también excepción al fiador, se admitió respecto a la persona del deudor, para que no sea llamado a juicio por la acción de mandato de su fiador. Así pues, si la acción de mandato fuese nula, por ejemplo, si garantizó con ánimo de donar, se dirá que no aprovecha al fiador la excepción de pacto.

33. *CELSUS libro primo digestorum. Avus neptis nomine, quam ex filio habebat, dotem promisit et pactus est, ne a se neve a filio suo dos peteretur. Si a coherede filii dos petatur, ipse quidem exceptione conventionis tuendus non erit, filius vero exceptione conventionis recte utetur. Quippe heredi consuli concessum est nec quicquam obstat uni tantum ex heredibus providere si heres factus sit, ceteris autem non consuli.*

33. CELSO *en el libro primero del digesto*. Un abuelo prometió una dote en nombre de la nieta que tenía de un hijo, y pactó que ni a él ni a su hijo se reclamase entregar la dote. Si se reclamase la dote al coheredero del hijo, ciertamente éste no quedará protegido por la excepción del pacto, pero el hijo sí usará válidamente la excepción, porque está permitido velar por los intereses del heredero. Y nada obsta que esto se realice en favor de uno solo de los herederos, si llegase a ser instituido, y no en favor de los demás.

34. *MODESTINUS libro quinto regularum. Ius adgnationis non posse pacto repudiari, non magis quam ut quis dicat nolle suum esse, Iuliani sententia est.*

34. MODESTINO *en el libro quinto de las reglas*. Juliano opina que el derecho de agnación no puede repudiarse por pacto, como si alguien dijese que no quiere ser heredero de propio derecho.

35. *IDEM libro secundo responsorum. Tres fratres Titius et Maevius et Seia communem hereditatem inter se diviserunt instrumentis interpositis, quibus divisisse maternam hereditatem dixerunt nihilque sibi commune remansisse caverunt. Sed postea duo de fratribus, id est Maevius et Seia, qui absentes erant tempore mortis matris suae, cognoverunt pecuniam auream a fratre suo esse subtractam, cuius nulla mentio instrumento divisiones continebatur. Quaero an post pactum divisiones de subrepta pecunia fratribus adversus fratrem competit actio. Modestinus respondit, si agentibus ob portionem eius, quod subreptum a Titio dicitur, generalis pacti conventi exceptio his, qui fraudem a Titio commissam ignorantes transegerunt, obiciatur, de dolo utiliter replicari posse.*

35. EL MISMO *en el libro segundo de las respuestas*. Tres hermanos, Ticio, Mevio y Seya, dividieron entre sí la herencia común, habiendo formalizado documentos en los que dijeron haber dividido la herencia materna, y asegurando que no les había quedado ninguna cosa en común; pero después, dos de los hermanos, Mevio y Seya, que estaban ausentes al momento de la muerte de su madre, supieron que su hermano había sustraído una cantidad de monedas de oro, y de lo cual no se mencionaba nada en el documento de división. Pregunto: ¿compete a los dos hermanos alguna acción por el dinero hurtado contra el otro hermano tras el pacto divisorio? Modestino respondió que, si a quienes reclaman por la porción que se dice robó Ticio se les opusiese la excepción del pacto, quienes transigieron ignorando el fraude cometido por Ticio pueden replicar útilmente por el dolo.

36. *PROCULUS libro quinto epistularum. Si cum fundum meum possides, convenisset mihi tecum, ut eius possessionem Attio traderes: vindicantem eum fundum a te non aliter me conventionis exceptione excludi debere, quam si aut iam tradidisse, aut si tua causa id inter nos convenisset et per te non staret quo minus traderes.*

36. PRÓCULO *en el libro quinto de las epístolas.* Si poseyendo tú un fundo mío, yo acordase contigo que transmitas la posesión del mismo a Atio, al reivindicar este fundo de ti no debo ser excluido con la excepción de lo pactado, más que si ya lo hubieses entregado o si por tu causa se hubiese pactado esto entre nosotros y no dependiese de ti que no se entregase.

37. *PAPIRIUS IUSTUS libro secundo de constitutionibus. Imperatores Antoninus et Verus rescripserunt debitori rei publicae a curatore permitti pecunias non posse et, cum Philippensibus remissae essent, revocandas.*

37. PAPIRIO JUSTO *en el libro segundo de las constituciones.* Los emperadores Marco Aurelio Antonino y Vero resolvieron por escrito que el procurador no puede remitir deudas a un deudor de la república, y que las condonaciones hechas a los filipenses deben ser revocadas.

38. *PAPINIANUS libro secundo quaestionum. Ius publicum privatorum pactis mutari non potest.*

38. PAPINIANO *en el libro segundo de las cuestiones.* Los pactos de los particulares no pueden alterar el derecho público.

39. *IDEM libro quinto quaestionum. Veteribus placet pactionem obscuram vel ambiguam venditori et qui locavit nocere, in quorum fuit potestate legem apertius conscribere.*

39. EL MISMO *en el libro quinto de las cuestiones.* Los antiguos admiten que un pacto oscuro o ambiguo perjudica al vendedor y al arrendatario, en cuya potestad se halló establecer más claramente la cláusula del contrato.

40. *IDEM libro primo responsorum. Tale pactum 'profiteor te non teneri' non in personam dirigitur, sed cum generale sit, locum inter heredes quoque litigantes habebit.*

40. EL MISMO *en el libro primero de las respuestas.* Un pacto como este: 'confieso que no estás obligado', no se refiere a la persona, sino que al ser general, tendrá lugar también entre los herederos que litiguen.

§1. Qui provocavit, pactus est intra diem certum pecunia, qua transegerat, non soluta iudicatis se satisfacturum: iudex appellationis nullo alio de principali causa discusso iustam conventionem velut confessi sequetur.

§1. El apelante pactó que, si no pagaba la cantidad acordada dentro de cierto plazo, cumpliría con la condena; el juez de la apelación, sin mayor discusión respecto al fondo del asunto, se atendrá al justo acuerdo, como tratándose de un confeso.

§2. Post divisionem bonorum et aeris alieni singuli creditores a singulis heredibus non interpositis delegationibus in solidum, ut convenerat, usuras acceptaverunt: actiones, quas adversus omnes pro partibus habent, impediendae non erunt, si non singuli pro fide rei gestae totum debitum singulis offerant.

§2. Tras la división de los bienes y de las deudas, cada acreedor de la herencia cobró de cada heredero los intereses por el total, según se convino y sin delegar deudas; en este caso no deberán impedirse las acciones que los herederos tienen contra todos por sus partes, si no ofreciese cada uno la totalidad de la deuda a cada acreedor, según el convenio realizado.

§3. Pater, qui dotem promisit, pactus est, ut post mortem suam in matrimonio sine liberis defuncta filia portio dotis apud heredem suum fratrem remaneret. Ea conventio liberis a socero postea susceptis et heredibus testamento relictis per exceptionem doli proderit, cum inter contrahentes id actum sit, ut heredibus consulatur et illo tempore, quo pater alios filios non habuit, in fratrem suum iudicium supremum contulisse videatur.

§3. Un padre prometió una dote y pactó que si después de su muerte falleciese su hija casada sin hijos, una porción de la dote pasaría a un hermano y heredero suyo. Este pacto beneficiará mediante la excepción de dolo a los hijos que el suegro tuviese después y dejase como herederos en su testamento, pues entre los contratantes se acordó velar por el interés de los herederos, y en el momento en que el padre no tuvo otros hijos se entendía que confirió su última voluntad en favor de su hermano por no haber otros herederos.

41. *IDEM libro undecimo responsorum. 'Intra illum diem debiti partem mihi si solveris, acceptum tibi residuum feram et te liberabo'. Licet actionem non habet, pacti tamen exceptionem competere debitori consistit.*

41. EL MISMO *en el libro décimo primero de las respuestas.* Este pacto no produce acción: 'si para tal día me pagases parte de la deuda, tendré por recibido el resto y te liberaré de tu obligación'; sin embargo, es cierto que compete al deudor la excepción del pacto.

42. *IDEM libro septimo decimo responsorum. Inter debitorem et creditorem convenerat, ut creditor onus tributi praedii pignerati non adgnosceret, sed eius solvendi necessitas debitorem spectaret. Talem conventionem quantum ad fisci rationem non esse servandam respondi: pactis etenim privatorum formam iuris fiscalis convelli non placuit.*

42. EL MISMO *en el libro décimo séptimo de las respuestas.* Un deudor y un acreedor acordaron que el segundo no pagase el gravamen del tributo del predio dado en prenda, sino que el deber de pagarlo incumbía al deudor; respondí que tal pacto no debe observarse en cuanto a la recaudación del fisco, porque no se admitió que se destruyan las formas del derecho fiscal por pactos de particulares.

43. *PAULUS libro quinto quaestionum. In emptionibus scimus, quid praestare debitor debeat quidque ex contrario emptor: quod si in contrahendo aliquid exceptum fuerit, id servari debebit.*

43. PAULO *en el libro quinto de las cuestiones.* En las compras sabemos de qué debe responder el vendedor y de qué el comprador; pero si se exceptuase algo en el contrato, eso deberá observarse.

44. *SCAEVOLA libro quinto responsorum. Cum in eo esset pupillus, ut ab hereditate patris abstineretur, tutor cum plerisque creditoribus decidit, ut certam portionem acciperent: idem curatores cum aliis fecerunt. Quaero, an et tutor idemque creditor patris eandem portionem retinere debeat. Respondi eum tutorem, qui ceteros ad portionem vocaret, eadem parte contentum esse debere.*

44. ESCÉVOLA *en el libro quinto de las respuestas.* Estando el pupilo por abstenerse de la herencia del padre, el tutor decidió con la mayoría de acreedores que cobrasen una parte proporcional de sus créditos; lo mismo hicieron los curadores del patrimonio del pupilo con otros acreedores. Pregunto: ¿debe también recibir la misma parte el tutor, siendo al mismo tiempo acreedor del padre? Respondí que aquel tutor que ofreció a los demás acreedores cobrar una parte debe

contentarse con cobrar la misma parte de su crédito.

45. HERMOGENIANUS libro secundo iuris epitomarum. Divisiones placitum nisi traditione vel stipulatione sumat effectum, ad actionem, ut nudum pactum, nulli prodesse poterit.

45. HERMOGENIANO *en el libro segundo del epitome del derecho*. El pacto de división, salvo que tuviese efecto por la entrega o la estipulación, no proporcionará a nadie acción, por ser un simple pacto.

46. *TRYPHONINUS libro secundo disputationum. Pactum inter heredem et legatarium factum, ne ab eo satis accipiatur, cum in semestribus relata est constitutio divi Marci servari in hoc quoque defuncti voluntatem, validum esse constat. Nec a legatario remissa heredi satisdatio per pactionem ex paenitentia revocari debet, cum liceat sui iuris persecutionem aut spem futurae perceptionis deteriorem constituere.*

46. TRIFONINO *en el libro segundo de las disputas*. Se sabe que es válido el pacto entre un heredero y un legatario de que aquél no otorgue fianza, ya que en la colección de constituciones llamadas Semestres se incluyó una constitución del divino Marco Aurelio, la cual dispone que en esto se respete la voluntad del difunto; y la fianza que el legatario dispensó por pacto al heredero no debe revocarse por arrepentimiento, pues es lícito hacer más difícil la reclamación de su derecho o la esperanza de futuro cobro.

47. SCAEVOLA libro primo digestorum. Emptor praedii viginti caverat se soluturum et stipulanti spoponderat: postea venditor cavit sibi convenisse, ut contentus esset tredecim et ut ea intra praefinita tempora acciperet: debitor ad eorum solutionem conventus pactus est, si ea soluta intra praefinitum tempus non essent, ut ex prima cautione ab eo petitio esset. Quaesitum est an, cum posteriore pacto satisfactum non sit, omne debitum ex prima cautione peti potest. Respondi secundum ea, quae proponerentur, posse.

47. ESCÉVOLA *en el libro primero del digesto*. El comprador de un predio otorgó fianza y prometió al vendedor estipulante que pagaría veinte; después el vendedor dio caución de haber acordado contentarse con trece y que los cobraría dentro del plazo fijado; demandado el deudor por el pago, pactó que si no pagaba dentro del plazo fijado, se le reclamase por la primera caución. Se preguntó si no habiéndose satisfecho el pacto posterior, puede pedirse todo el adeudo conforme a la primera

caución. Respondí que sí se podía, según el caso planteado.

§1. Lucius Titius Gaium Seium mensularium, cum quo rationem implicitam habebat propter accepta et data, debitorem sibi constituit et ab eo epistulam accepit in haec verba: 'ex ratione mensae, quam mecum habuisti, in hunc diem ex contractibus plurimis remanserunt apud me ad mensam meam trecenta octaginta sex et usurae quae competierint. Summam aureorum, quam apud me tacitam habes, refundam tibi. Si quod instrumentum a te emissum, id est scriptum, cuiuscumque summae ex quacumque causa apud me remansit, vanum et pro cancellato habebitur'. Quaesitum est, cum Lucius Titius ante hoc chirographum Seio nummulario mandaverat, uti patrono eius trecenta redderet, an propter illa verba epistulae, quibus omnes cautiones ex quocumque contractu vanae et pro cancellato ut haberentur cautum est, neque ipse neque filii eius eo nomine conveniri possunt. Respondi, si tantum ratio accepti atque expensi esset computata, ceteras obligationes manere in sua causa.

§1. Lucio Ticio volvió deudor suyo al banquero Cayo Seyo, con quien tenía cuenta sin liquidar por haber y deber, y recibió de él una carta en estos términos: 'por cuenta del cambio que conmigo tuviste pendiente hasta este día, de muchísimos contratos quedaron en mi poder para mi mesa de cambio trescientos ochenta y seis, más los intereses correspondientes; cuya suma de áureos, que sin resguardo tienes en mi poder, te reembolsaré. Cualquier documento librado, esto es, escrito por ti, de cualquier cantidad, que por cualquier causa quedó en mi poder, téngase por nulo y cancelado'. Habiendo Lucio Ticio ordenado antes de este escrito al banquero Seyo que entregase trescientos a su patrón, se preguntó si por las palabras de la carta, en donde se aseguró que todas las obligaciones procedentes de cualquier contrato se tendrían por nulas y canceladas, no pueden ni el mismo Lucio Ticio ni sus hijos ser demandados por este título. Respondí que si tan sólo se hacía la cuenta de lo recibido y lo entregado, las demás obligaciones seguían en vigor.

***48.** GAIUS libro tertio ad legem duodecim tabularum. In traditionibus rerum quodcumque pactum sit, id valere manifestissimum est.*

48. GAYO *en el libro tercero de los comentarios a la Ley de las Doce Tablas.* Todo lo pactado al momento de entregarse las cosas es sin duda válido.

***49.** ULPIANUS libro trigensimo sexto ad Sabinum. Si quis crediderit pecuniam et*

49. ULPIANO *en el libro trigésimo sexto de los comentarios al edicto.* Si

pactus sit ut, quatenus facere possit debitor, eatenus agat: an pactum valeat? Et magis est hoc pactum valere. Nec enim improbum est, si quis hactenus desideret conveniri, quatenus facultates patiuntur.

alguien prestase una cantidad de dinero y pactó demandar al deudor tan sólo por aquello que el deudor pueda pagar, ¿valdrá el pacto? Es más cierto que sí vale. Porque no es inmoral que alguien desee ser demandado sólo hasta donde alcance su capacidad de pago.

50. IDEM *libro quadragensimo secundo ad Sabinum. Non impossibile puto in contractibus depositi, commodati et locati et ceteris similibus hoc pactum: 'ne facias furem vel fugitivum servum meum', hoc est: ne sollicites ut fur fiat, ut fugitivus fiat: ne ita neglegas servum, ut fur efficiatur. Sicut enim servi corrupti actio locum habet, ita potest etiam haec pactio locum habere, quae ad non corrumpendos servos pertinet.*

50. EL MISMO *en el libro cuadragésimo segundo de los comentarios al edicto.* No considero imposible en los contratos de depósito, comodato, arrendamiento y otros semejantes incluir este pacto: 'no hagas ladrón o fugitivo a mi esclavo', es decir, no induzcas al esclavo a que se vuelva ladrón o fugitivo, ni lo desatiendas de tal modo que se convierta en ladrón. Porque así como es procedente la acción de esclavo ajeno corrompido, así también puede proceder este pacto dirigido a no corromper a los esclavos.

51. IDEM *libro vicensimo sexto ad edictum. Si cum te ex causa legati debere pacisci debitori tuo existimas, pactus sit ne ab eo peteres: neque iure ipso liberatur debitor neque potentem summovebit exceptione conventionis, ut Celsus libro vicensimo scribit.*

51. EL MISMO *en el libro vigésimo sexto de los comentarios al edicto.* Si por error creyeres que debes pactar con tu deudor por un legado de liberación, y pactaste con él que no le reclamarías, ni el deudor se libra de propio derecho, ni rechazará al demandante con la excepción de pacto, según lo escribe Celso en su libro vigésimo.

§1. Idem eodem loco scribit, si debitorem tuum iussisti solvere Titio, cui legatum falso debere existimas, et debitor pactus sit cum Titio suo debitore constituto: neque tibi adversus tuum debitorem neque ipsi adversus suum actionem peremptam.

§1. Igualmente escribe en ese libro que si mandaste a tu deudor para que pagase a Ticio, a quien erróneamente crees deber un legado, y el deudor pactó con Ticio que, a su vez, se había constituido en deudor de aquél, no se extingue tu acción contra tu deudor, ni la de tu deudor contra el suyo.

52. IDEM *libro primo opinionum. Epistula, qua quis coheredem sibi aliquem esse cavit, petitionem nullam adversus possessores rerum hereditariarum dabit.*

52. EL MISMO *en el libro primero de las opiniones.* La carta en la que alguien declaró que otro era su coheredero no otorgará ningún derecho de petición de herencia contra los poseedores de los bienes de la herencia.

§1. Si inter debitorem et eum, qui fundum pigneratum a creditore quasi debitoris negotium gereret emerit, placuit ut habita compensatione fructuum solutoque, quod reliquum deberetur, fundus debitori restitueretur: etiam heres pacto, quod defunctus fecit, fidem praestare debet.

§1. Si entre un deudor y el comprador de un fundo pignorado, vendido por el acreedor como gestionando un negocio del deudor, se pactó que tras compensar los frutos y quedar pagado el resto del adeudo, el fundo se restituyese al deudor, también el heredero debe prestar cumplimiento al pacto que hizo el difunto.

§2. Pactum, ut, si quas summas propter tributiones praedii pignori nexi factas creditor solvisset, a debitore reciperet, et ut tributa eiusdem praedii debitor penderet, iustum ideoque servandum est.

§2. El pacto de que el acreedor cobraría del deudor algunas cantidades por los tributos impuestos al predio dado en prenda que el acreedor pagó, y que el deudor pagaría los tributos posteriores del mismo predio, es justo, y por lo tanto debe observarse.

§3. De inofficioso patris testamento acturis, ut eis certa quantitas, quoad viveret heres, praestaretur, pactus est: produci ad perpetuam praestationem id pactum postulabatur: rescriptum est neque iure ullo neque aequitate tale desiderium admitti.

§3. El heredero pactó con quienes iban a querellarse contra el testamento inoficioso del padre que se les daría cierta cantidad mientras él viviese; se pedía que dicho pacto se extendiese a una prestación perpetua. Se resolvió por escrito imperial que tal deseo no era admisible ni por derecho alguno ni por equidad.

53. IDEM *libro quarto opinionum. Sumptus quidem prorogare litiganti honestum est: pacisci autem, ut non*

53. EL MISMO *en el libro cuarto de las opiniones.* Es ciertamente lícito dar prórroga al litigante para el pago de

quantitas eo nomine expensa cum usuris licitis restituatur, sed pars dimidia eius, quod ex ea lite datum erit, non licet.

gastos; mas no es lícito pactar que no se restituya la cantidad gastada con los intereses permitidos por tal motivo, sino la mitad de lo que se entregase a consecuencia del pleito.

54. *SCAEVOLA apud IULIANUM libro vicensimo secundo digestorum notat. Si pactus sim, ne Stichum, qui mihi debebatur, petam: non intellegitur mora mihi fieri mortuoque Sticho puto non teneri reum, qui ante pactum moram non fecerat.*

54. ESCÉVOLA *destaca en el libro vigésimo segundo del digesto de Juliano.* Si yo pactase que no reclamaré el esclavo Estico que se me debía, no se entiende que con dicho pacto incurra en mora; y juzgo que, muerto Estico, el deudor que antes del pacto no había incurrido en mora no está obligado.

55. *IULIANUS libro trigensimo quinto digestorum. Si debitor sit fructuarius et paciscatur servus, in quo usum fructum habet, ne ab eo petatur: paciscendo meliorem condicionem eius facit. Item si creditor esset fructuarius et pactus esset, ne peteret, servus autem fructuarius pacisceretur, ut peteret: beneficio pacti, quod servus interposuisset, utiliter ad petitionem admittetur.*

55. JULIANO *en el libro trigésimo quinto del digesto.* Si un deudor fuese usufructuario, y el esclavo sobre el que tiene el usufructo pactare que no se reclame a su dueño, al pactar mejora la condición de éste. Igualmente, si el acreedor fuese usufructuario y pactase que no reclamaría, pero el esclavo del usufructuario pactase que sí, será admitida útilmente la reclamación por la ventaja del pacto que el esclavo interpuso.

56. *IDEM libro sexto ad Minicium. Si convenerit, ne dominus a colono quid peterit, et iusta causa conventionis fuerit: nihilo minus colonus a domino petere potest.*

56. EL MISMO *en el libro sexto de los comentarios a Minicio.* Si se pactase que el dueño no pediría algo al colono y fuese justa la causa del convenio, pese a ello el colono puede reclamar del dueño.

57. *FLORENTINUS libro octavo institutionum. Qui in futurum usuras a debitore acceperat, tacite pactus videtur, ne intra id tempus sortem petat.*

57. FLORENTINO *en el libro octavo de las instituciones.* Quien cobró del deudor intereses por adelantado se entiende que pactó tácitamente no pedir el capital durante aquel tiempo.

§1. Si ex altera parte in rem, ex altera parte in personam pactum conceptum fuerit, veluti ne ego petam vel ne a te petatur: heres meus ab omnibus vobis petitionem habebit et ab herede tuo omnes petere poterimus.

§1. Si el pacto se formuló por una parte referente a una cosa y por otra referente a una persona, como por ejemplo, que yo no reclame, o que no se te reclame, mi heredero tendrá derecho para reclamar de todos ustedes, y todos podremos reclamar de tu heredero.

***58.** NERATIUS libro tertio membranarum. Ab emptione venditione, locatione conductione ceterisque similibus obligationibus quin integris omnibus consensu eorum, qui inter se obligati sint, recedi possit, dubium non est. Aristoni hoc amplius videbatur, si ea, quae me ex empto praestare tibi oporteret, praestitissem et cum tu mihi pretium deberes, convenisset mihi tecum, ut rursus praestitis mihi a te in re vendita omnibus, quae ergo tibi praestitissem, pretium mihi non dares tuque mihi ea praestitisses: pretium te debere desinere, quia bonae fidei, ad quam omnia haec rediguntur, interpretatio hanc quoque conventionem admittit. Nec quicquam interest, utrum integris omnibus, in quae obligati essemus, conveniret, ut ab eo negotio discederetur, an in integrum restitutis his, quae ego tibi praestitissem, consentiremus, ne quid tu mihi eo nomine praestares. Illud plane conventione, quae pertinet ad resolvendum id quod actum est, perfici non potest, ut tu quod iam ego tibi praestiti contra praestare mihi cogaris: quia eo modo non tam hoc agitur ut a pristino negotio discedamus, quam ut novae quaedam obligationes inter nos constituantur.*

58. NERACIO *en el libro tercero de los pergaminos.* No se duda que sea posible desistirse de una compra, una venta, un arrendamiento y demás obligaciones semejantes por medio del consentimiento de todos los que entre sí se obligaron, en tanto no se haya hecho nada. Aristón admitía también que si yo te entregase lo que debía darte por causa de compra, y debiéndome tú el precio, acordase contigo que me reintegres todo lo que yo te entregué por causa de venta, y no me dieses el precio sino que me devolvieses lo entregado, dejarás de deber el precio, porque la interpretación de la buena fe, de la que todo depende, admite también este acuerdo. Y nada importa convenir el desistirse del negocio sin haber hecho las cosas a las que nos habíamos obligado, o que restituidas por entero las que yo te entregué, acordásemos que tú no me pagarías nada por dicho negocio. Sin duda, en virtud del convenio dirigido a revocar lo efectuado, no se te puede obligar a devolverme lo que yo ya te entregué; porque de este modo no se trata de desistirnos del anterior negocio, sino de que se constituyan nuevas obligaciones entre nosotros.

59. *PAULUS libro tertio regularum. Per quos adquiri nobis stipulatione potest, per eosdem etiam pactis conventis meliorem condicionem nostram fieri posse placet.*

59. PAULO *en el libro tercero de las reglas.* Se admite que los mismos sujetos que pueden adquirir para nosotros un crédito por medio de estipulación, también puedan mejorar nuestra condición mediante pactos convenidos.

60. *PAPIRIUS IUSTUS libro octavo constitutionum. Imperator Antoninus Avidio Cassio rescripsit, si creditores parati sint partem ex bonis licet ab extraneo consequi, rationem habendam prius necessariarum personarum, si idoneae sint.*

60. PAPIRIO JUSTO *en el libro octavo de las constituciones.* El emperador Marco Aurelio Antonino respondió por escrito a Avidio Casio que si los acreedores estuviesen dispuestos a recibir una parte de los bienes de su deudor, aunque fuese un tercero, han de tenerse en cuenta primero a los parientes, si fueren personas solventes.

61. *POMPONIUS libro nono ad Sabinum. Nemo paciscendo efficere potest, ne sibi locum suum dedicare liceat aut ne sibi in suo sepelire mortuum liceat aut ne vicino invito praedium alienet.*

61. POMPONIO *en el libro noveno de los comentarios a Sabino.* Nadie puede hacer mediante pacto que no le sea lícito consagrar un lugar de su propiedad, o que no le sea permitido sepultar a un muerto en terreno propio, o no enajenar su predio contra la voluntad del vecino.

62. *FURIUS ANTHIANUS libro primo ad edictum. Si reus, postquam pactus sit a se non peti pecuniam ideoque coepit id pactum fideiussori quoque prodesse, pactus sit ut a se peti liceat: an utilitas prioris pacti sublata sit fideiussori, quaesitum est. Sed verius est semel adquisitam fideiussori pacti exceptionem ulterius ei invito extorqueri non posse.*

62. FURIO ANTIANO *en el libro primero de los comentarios al edicto.* Si el deudor pactase nuevamente que sea lícito reclamarle tras haber pactado que no se le exija el dinero debido, y por tal motivo dicho pacto benefició también al fiador, se preguntó si el beneficio del primer pacto desparece también para al fiador. Y es más cierto que una vez adquirida la excepción del pacto para el fiador, no puede arrebatársele después contra su voluntad.

TITULUS XV DE TRANSACTIONIBUS

TÍTULO XV DE LAS TRANSACCIONES

1. ULPIANUS *libro quinquagensimo ad edictum. Qui transigit, quasi de re dubia et lite incerta neque finita transigit. Qui vero paciscitur, donationis causa rem certam et indubitatam liberalitate remittit.*

1. ULPIANO *en el libro quincuagésimo de los comentarios al edicto.* El que transige lo hace como sobre una cosa dudosa y un litigio incierto y no acabado, pero el que pacta concede una cosa cierta e indiscutible por causa de donación y por liberalidad.

2. IDEM *libro septuagensimo quarto ad edictum.* T*ransactum accipere quis potest non solum, si Aquiliana stipulatio fuerit subiecta, sed et si pactum conventum fuerit factum.*

2. EL MISMO *en el libro septuagésimo cuarto de los comentarios al edicto.* Cualquiera puede aceptar lo transigido, no sólo si se agregase la estipulación aquiliana para cancelar deudas pendientes, sino también si se conviniese simplemente un pacto.

3. SCAEVOLA *libro primo digestorum. Imperatores Antoninus et Verus ita rescripserunt: 'privatis pactionibus non dubium est non laedi ius ceterorum. Quare transactione, quae inter heredem et matrem defuncti facta est, neque testamentum rescissum videri posse neque manumissis vel legatariis actiones suae ademptae. Quare quidquid ex testamento petunt, scriptum heredem convenire debent: qui in transactione hereditatis aut cavit sibi pro oneribus hereditatis, aut si non cavit, non debet neglegentiam suam ad alienam iniuriam referre'.*

3. ESCÉVOLA *en el libro primero del digesto.* Los emperadores Antonino Pío y Vero respondieron así por escrito: 'no hay duda de que los pactos privados no lesionan el derecho de los demás. Por lo que, en la transacción hecha entre el heredero y la madre del difunto, ni puede considerarse invalidado el testamento ni extinguidas las acciones de los manumitidos por testamento o de los legatarios. Por tanto, todo lo que reclamasen por la acción del testamento deben reclamarlo al heredero instituido, quien en la transacción de la herencia o se hizo dar garantías ante las cargas de la herencia, o si no lo hizo, no debe hacer recaer su negligencia en perjuicio de otro'.

§1. Cum transactio propter fideicommissum facta esset et postea codicilli reperti sunt:

§1. Habiéndose hecho una transacción por causa de

quaero, an quanto minus ex transactione consecuta mater defuncti fuerit quam pro parte sua est, id ex fideicommissi causa consequi debeat. Respondit debere.

fideicomiso, y habiéndose hallado después los codicilos, pregunto si acaso la madre del difunto deberá recibir por razón del fideicomiso cuanto cobró de menos debido a la transacción de lo que le corresponde como su parte. Respondió que sí debía.

§2. Debitor, cuius pignus creditoris heredem esse iactabat, minimo transegit: postea testamento prolato Septicium heredem esse apparuit. Quaesitum est, si agat pigneraticia debitor cum Septicio, an is uti possit exceptione transactionis factae cum Maevio, qui heres eo tempore non fuerit: possitque Septicius pecuniam, quae Maevio ut heredi a debitore numerata est, condictione repetere, quasi sub praetextu hereditatis acceptam. Respondit secundum ea quae proponerentur non posse, quia neque cum eo ipse transegit nec negotium Septicii Maevius gerens accepit.

§2. Un deudor, cuya prenda ajena vendió al acreedor, transigió por una cantidad menor con Mevio, quien pretendía ser el heredero legítimo del acreedor; después, presentado el testamento, resultó que Septicio era el heredero; se preguntó si el deudor que entablase la acción pignoraticia contra Septicio podría usar la excepción de transacción hecha con Mevio, quien en aquel tiempo no había sido heredero, y si podrá Septicio reclamar mediante la acción ejecutiva la cantidad que se pagó a Mevio como heredero del deudor, como si la recibiese a cuenta de la herencia. Respondió que según el caso expuesto, no podía, porque ni aquél transigió con éste ni Mevio cobró como si realizase un negocio de Septicio.

4. ULPIANUS libro quadragensimo sexto ad Sabinum. Aquiliana stipulatio omnimodo omnes praecedentes obligationes novat et peremit ipsaque peremitur per acceptilationem: et hoc iure utimur. Ideoque etiam legata sub condicione relicta in stipulationem Aquilianam deducuntur.

4. ULPIANO *en el libro cuadragésimo sexto de los comentarios a Sabino*. La estipulación aquiliana provoca novación de todas las obligaciones anteriores y las extingue, y a su vez se extingue por aceptilación; y este derecho aplicamos. Por tanto, también los legados dejados bajo condición se sujetan a la estipulación aquiliana.

5. PAPINIANUS libro primo definitionum. Cum Aquiliana stipulatio

5. PAPINIANO *en el libro primero de las definiciones*. Cuando se interpone

interponitur, quae ex consensu redditur, lites, de quibus non est cogitatum, in suo statu retinentur. Liberalitatem enim captiosam interpretatio prudentium fregit.

la estipulación aquiliana, la cual se realiza por el consentimiento, se mantienen en su mismo estado los litigios que no se mencionaron; porque la interpretación de los jurisconsultos impidió la liberalidad capciosa.

6. GAIUS libro septimo decimo ad edictum provinciale. De his controversiis, quae ex testamento proficiscuntur, neque transigi neque exquiri veritas aliter potest quam inspectis cognitisque verbis testamenti.

6. GAYO *en el libro décimo séptimo de los comentarios al edicto provincial.* En las controversias surgidas de un testamento, no puede transigirse ni indagarse la verdad más que habiéndose inspeccionado y conocido claramente las palabras del testamento.

7. ULPIANUS libro septimo disputationum. Et post rem iudicatam transactio valet, si vel appellatio intercesserit vel appellare potueris.

7. ULPIANO *en el libro séptimo de las discusiones.* Aun después de juzgado el litigio vale la transacción, ya mediando apelación, ya si pudiste apelar.

§1. Si fideiussor conventus et condemnatus fuisset, mox reus transegisset cum eo, cui erat fideiussor condemnatus: an transactio valeat quaeritur: et puto valere, quasi omni causa et adversus reum et adversus fideiussorem dissoluta. Si tamen ipse fideiussor condemnatus transegit, etsi transactio non peremit rem iudicatam, tamen eo quod datum est relevari rem iudicatam oportet.

§1. Si se demandó y condenó el fiador, y después el deudor transigió con aquél en favor de quien el fiador fue condenado, se pregunta si vale dicha transacción. Y opino que sí, como si se disolviese toda obligación contra el deudor y contra el fiador. Sin embargo, si el mismo fiador transigió al ser condenado, con dicha transacción no destruye la cosa juzgada, pero de la cosa juzgada debe deducirse lo que se dio.

§2. Usque adeo autem quod datum est etiamsi non proficit ad transactionem, extenuat tamen rem iudicatam, ut inde sit et dictum et rescriptum circa alimentorum transactionem citra praetoris auctoritatem factam, ut quod datum est proficiat ad alimenta: ita ut, si quid amplius ex causa alimentorum deberi potest, id praestetur, quod autem datum est, imputetur.

§2. Hasta tal punto lo dado reduce la cosa juzgada, aunque no sirva para la transacción, que por esto se determinó y resolvió por respuesta escrita sobre una transacción de alimentos hecha sin la autoridad del pretor, que lo dado sirva para pagar los alimentos, a fin de que si puede deberse algo más por causa de alimentos, se pague esto, pero se compute lo ya dado.

8. IDEM libro quinto de omnibus tribunalibus. Cum hi, quibus alimenta relicta erant, facile transigerent contenti modico praesenti: divus Marcus oratione in senatu recitata effecit, ne aliter alimentorum transactio rata esset, quam si auctore praetore facta. Solet igitur praetor intervenire et inter consentientes arbitrari, an transactio vel quae admitti debeat.

8. EL MISMO *en el libro quinto de todos los tribunales*. Unos legatarios a quienes se dejaron alimentos transigieran fácilmente contentándose con una módica compensación inmediata; el divino Marco Aurelio emitió un discurso leído ante el Senado declarando que no fuese válida la transacción de alimentos sino cuando se hiciese con la autoridad del pretor. Así pues, el pretor suele intervenir y arbitrar entre las partes si debe admitirse la transacción o qué otra cosa procede.

§1. Eiusdem praetoris notio ob transactionem erit, sive habitatio sive vestiarum sive de praediis alimentum legabitur.

§1. El mismo pretor conocerá la transacción relativa a un legado de vivienda, de vestido o de alimentos que deba extraerse de unos predios.

§2. Haec oratio pertinet ad alimenta, quae testamento vel codicillis fuerint relicta sive ad testamentum factis sive ab intestato. Idem erit dicendum et si mortis causa donata sunt, relicta. Sed et si condicionis implendae gratia relicta sunt, adhuc idem dicemus. Plane de alimentis, quae non mortis causa donata sunt, licebit et sine praetore auctore transigi.

§2. Este discurso imperial se refiere a alimentos no dejados en testamento o bien en codicilos, sean complementarios de un testamento o *ab intestato*. Lo mismo deberá decirse también si se dejaron alimentos donados por causa de muerte o los dejase aquel a quien se donaron los bienes por causa de muerte. También diremos lo mismo si se dejaron para cumplir una condición. Sin duda que sobre alimentos no donados por causa de muerte será licito transigir incluso sin la autoridad del pretor.

§3. Sive igitur in menses singulos sive in dies sive in annos fuerint relicta, oratio locum habet. Sed et si non fuerint perpetuo relicta, sed usque ad annos certos, idem est.

§3. Así pues, este discurso se aplica tanto si se dejaron por meses, por días o por años. Pero será lo mismo aunque no se dejasen perpetuamente, sino hasta cierto número de años.

§4. Si integra quantitas alicui fuerit legata, ut ex usuris eius se alat et mortis tempore pecunias restituat: non cessabit oratio, licet non in annos singulos videatur id relictum.

§4. Si a alguien se le legase una cantidad total para que se alimente de sus intereses y restituya el capital a su muerte, será aplicable el discurso imperial, aunque no parezca que se dejó esto para cada año.

§5. Sed et si sit certa quantitas relicta Titio vel res ita, ut inde alimenta Seio praestentur: magis est ut transigere Titius possit, nec enim transactione Titii minuuntur alimenta Seii. Idemque est et si per fideicommissum alimenta ad hoc legatario fuerint relicta.

§5. Si se dejó cierta cantidad o una cosa a Ticio para que de ella garantice alimentos a Seyo, es lo más adecuado que Ticio pueda transigir, porque no se disminuyen los alimentos de Seyo por la transacción de Ticio. Y lo mismo sucede cuando se dejasen alimentos gravando al legatario con un fideicomiso para este objeto.

§6. Eam transactionem oratio improbat, quae idcirco fuit, ut quis repraesentatam pecuniam consumat. Quid ergo si quis citra praetoris auctoritatem transegerit, ut quod per singulos annos erat ei relictum, consequeretur per singulos menses? Aut quid si, quod per singulos menses ei relictum erat, consequeretur per singulos dies? Quid deinde si, quod consummato anno ut acciperet, initio anni consequatur? Et puto eam transactionem valere, quia meliorem condicionem suam alimentarius tali transactione facit: noluit enim oratio alimenta per transactionem intercipi.

§6. El discurso imperial desaprueba la transacción hecha con ánimo de que alguien consuma el dinero anticipado para dar los alimentos. ¿Qué diremos si alguien hubiere transigido sin la autoridad del pretor para que lo que se le había dejado para cada año lo reciba cada mes? ¿O lo que se le había dejado para cada mes lo obtuviese cada día? ¿O bien que lo que recibiría al terminar el año lo reciba al inicio de año? Considero válida esta transacción, porque con ella mejora su condición el acreedor alimentario, ya que lo que el discurso imperial no deseó fue que se entorpecieran los alimentos por una transacción.

§7. Nihil autem interest, utrum libertini sint quibus alimenta relicta sunt an ingenui, satis locupletes an minus.

§7. Nada importa que aquellos a quienes se dejaron alimentos sean libertos o ingenuos, más o menos ricos.

§8. Vult igitur oratio apud praetorem de istis quaeri: in primis de causa transactionibus, deinde modo, tertio de persona transigentium.

§8. Así pues, el discurso imperial desea que se conozca de estos asuntos ante el pretor: en primer lugar, la causa de la transacción;

después, el valor; y en tercer lugar, la personalidad de los que transigen.

§9. In causa hoc erit requirendum, quae causa sit transigendi: sine causa enim neminem transigentem audiet praetor. Causae fere huiusmodi solent allegari: si alibi domicilium heres, alibi alimentarius habeat: aut si destinet domicilium transferre alter eorum: aut si causa aliqua urgueat praesentis pecuniae: aut si a pluribus ei alimenta relicta sint et minutatim singulos convenire difficile ei sit: aut si qua alia causa fuit, ut plures solent incidere, quae praetori suadeant transactionem admittere.

§9. Respecto a la causa deberá investigarse cuál es la razón de transigir, porque el pretor no atenderá a nadie que transija sin alguna causa. Comúnmente se alegan causas de esta naturaleza: si el heredero tiene el domicilio en un lugar y el alimentario en otro; o si uno de ellos decide trasladar su domicilio; si algún motivo urge a tener dinero inmediatamente; si muchos le dejasen alimentos y le sea difícil demandar separadamente a cada uno; o si hubo alguna otra causa, de muchas que puede haber, que motiven al pretor a admitir la transacción.

§10. Modus quoque pecuniae, quae in transactionem venit, aestimandus est: ut puta quantitas transactionis, nam etiam ex modo fides transactionis aestimabitur. Modus autem pro aetate eius, qui transigit, arbitrandus est et valetudine: nam alias cum puero, alias cum iuvene, alias cum sene transigi palam est: constat enim alimenta cum vita finiri.

§10. Ha de estimarse también el valor que interviene en la transacción, por ejemplo, la cuantía de la transacción, porque también por el valor se estimará la idoneidad de la transacción. Mas el valor ha de estimarse con respecto a la edad y a la salud de quien transige; porque es claro que se transige de un modo con un niño, de otro con un joven y de otro con un anciano; pues es sabido que los alimentos se acaban con la vida.

§11. Sed et personarum contemplatio habenda est, hoc est, cuius vitae sint hi, quibus alimenta relicta sunt: utrum frugi vitae hi sint, qui alias sufficere sibi possint, an sequioris, qui de alimentis pendeant. In persona eius, a quo alimenta relicta sunt, haec erunt specienda: in quibus sunt facultatibus, cuius propositi, cuius opiniones. Tunc enim apparebit, numquid circumvenire velit eum, cum quo transigit.

§11. Pero también se debe considerar a las personas, es decir, qué estilo de vida llevan aquellos a quienes se dejaron alimentos; si son de vida frugal como para bastarse a sí mismos, o bien de un nivel inferior que dependan de los alimentos. Respecto a aquel a cuyo cargo se dejaron los alimentos, se deberán considerar estos aspectos: qué medios dispone, cuál es su propósito y cuál su reputación; porque así se podrá saber si quiere engañar a aquel con quien transige.

§12. Qui transigit de alimentis, non videbitur neque de habitatione neque de vestiario transegisse, cum divus Marcus specialiter etiam de istis transigi voluerit.

§12. Quien transige sobre alimentos no se considerará que transigió ni sobre la vivienda ni sobre el vestido, porque el divino Marco Aurelio quiso que sobre estas cosas se transigiese de forma especial.

§13. Sed et si quis de alimentis transigerit, non habebit necesse etiam de habitatione vel ceteris invitus transigere: poterit igitur vel de omnibus simul vel de quibusdam facere transactionem.

§13. Pero si alguno transigió sobre los alimentos, no necesitará transigir también sobre la vivienda o sobre lo demás contra su voluntad; así pues, podrá transigir simultáneamente sobre todas las cosas o sobre algunas.

§14. De calciario quoque arbitrio praetoris transigendum est.

§14. Sobre el legado de calzado también se ha de transigir según el arbitrio del pretor.

§15. Si uni pluribusve fundus ad alimenta fuerit relictus velintque eum distrahere: necesse est praetorem de distractione eius et transactione arbitrari. Sed si pluribus fundus ad alimenta fuerit relictus et hi inter se transigant: sine praetoris auctoritate facta transactio rata esse non debet. Idem est et si ager fuerit in alimenta obligatus: nam nec pignus ad hoc datum inconsulto praetore poterit liberari.

§15. Si se dejase un fundo para alimentos a uno o a varios y quisiesen venderlo, es necesario que el pretor intervenga en su venta y transacción. Si el fundo se dejó para alimentos de varios y estos transigiesen entre sí, la transacción hecha sin la autoridad del pretor no valdrá. Lo mismo sucede si se hipotecase un campo como garantía de los alimentos, pues la prenda dada para dicho fin tampoco podrá extinguirse sin el consentimiento del pretor.

§16. Arbitratu praetoris vel de universis alimentis vel de parte eorum transigi oportere plus quam manifestum est.

§16. Es más que manifiesto que debe transigirse sobre todos los alimentos o sobre una parte de ellos con la autoridad del pretor.

§17. Si praetor aditus citra causae cognitionem transigi permiserit, transactio nullius erit momenti: praetori enim ea res quaerenda commissa est, non neglegenda nec donanda. Sed et si non de omnibus inquisierit, quae oratio mandat, hoc est de

§17. Si tras acudir al pretor éste permitió que se transija sin conocer de la causa, la transacción será inválida, porque al pretor se le encomendó este asunto para que lo examine, no para que lo descuide ni

causa de modo de personis transigentium, dicendum est, quamvis de quibusdam quaesierit, transactionem esse irritam.

lo confíe a otro. Y si no investigó todos los aspectos que ordena el discurso imperial, es decir, la causa, el valor y la personalidad de los que transigen, debe señalarse que la transacción es nula aunque indagase alguno de ellos.

§18. Sed nec mandare ex hac causa iurisdictionem vel praeses provinciae vel praetor poterit.

§18. El gobernador de provincia o el pretor no pueden delegar su jurisdicción para esta causa.

§19. Transactiones alimentorum etiam apud procuratorem Caesaris fieri possunt: scilicet si a fisco petantur alimenta. Secundum quae et apud praefectos aerarii transigi poterit.

§19. Las transacciones de alimentos también pueden hacerse ante el procurador del César, por ejemplo, si se reclamasen alimentos al fisco; por tanto, también podrá transigirse ante los prefectos del erario.

§20. Si cum lis quidem esset de alimentis, transactum autem de lite fuisset: transactio valere inconsulto praetore non potest, ne curcumveniatur oratio. Fingi enim lites poterunt, ut transactio etiam citra praetoris fiat auctoritatem.

§20. Si se transigiese sobre alimentos en un pleito, la transacción no puede valer sin la anuencia del pretor, para no ignorar el discurso imperial, porque podrán fingirse litigios para transigir incluso sin la autoridad del pretor.

§21. Si eidem alimenta et praeterea legatum praesenti die datum sit, et transactum fuerit citra praetoris auctoritatem: id quod datum est imputabitur prius in legatum quod praesenti die datum est, superfluum in alimentariam causam.

§21. Si a un mismo sujeto se dejaron alimentos y además un legado para entregar inmediatamente, y se transigiese sin la autoridad del pretor, lo dado se imputará primeramente para el legado de entrega inmediata y el excedente para los alimentos.

§22. Si quis de alimentis transegerit sine praetoris auctoritate, id quod datum est in praeterita alimenta cedet. Nec interest tantum in quantitate sit debita, quantum datum est, an minus, an plus: nam et si minus sit, adhuc tamen id quod in solutum datum est in praeterita alimenta imputabitur. Sane si is, qui de alimentis transegit, locupletior factus sit ea solutione: in quod factus sit locupletior aequissimum erit in eum dari repetitionem: nec enim debet ex alieno damno esse locuples.

§22. Si alguien transigiese sobre alimentos sin la autoridad del pretor, se aplicará lo que se dio a los alimentos ya devengados; y no importa que la cantidad debida sea más o menos igual a la que se dio, pues aunque sea menos, no obstante se computará lo que se dio en pago para los alimentos ya vencidos. Con todo, si quien transigió sobre los alimentos se hizo más rico con tal pago, será muy justo que se reclame contra él por aquello en que se enriqueció, porque no debe enriquecerse con perjuicio de otro.

§23. Si in annos singulos certa quantitas alicui fuerit relicta homini honestioris loci veluti salarium annum vel usus fructus, transactio et sine praetore fieri poterit: ceterum si usus fructus modicus alimentorum vice sit relictus, dico transactionem citra praetorem factam nullius esse momenti.

§23. Si se le dejase a algún hombre de posición elevada una cantidad cierta para cada año como salario anual o usufructo, podrá hacerse la transacción incluso sin el pretor. Pero si se dejase un módico usufructo haciendo las veces de alimentos, considero que esa transacción carece de valor sin la anuencia el pretor.

§24. Si cui non nummus ad alimenta, sed frumentum atque oleum et cetera, quae ad victum necessaria sunt, fuerint relicta: non poterit de his transigere, sive annua sive menstrua ei relinquantur. Si tamen ita sine praetore transegerit, ut in vicem eorum nummum quotannis vel quotmensibus acciperet et neque diem neque modum permutavit, sed tantum genus: vel ex contrario si pactus fuerit, ut in generibus alimenta acciperet, quae in nummis ei relicta fuissent: vel si vinum pro oleo vel oleum pro vino vel quid aliud commutavit: vel locum permutavit, ut quae erant ei Romae alimenta relicta, in municipio vel in provincia acciperet vel contra: vel personam commutavit, ut quod a pluribus erat accepturus, ab uno acciperet: vel alium pro alio debitorem acceperit: haec omnia habent disceptationem praetoris et pro utilitate alimentarii recipienda sunt.

§24. Si a alguien le dejaron para alimentos no dinero, sino trigo, aceite y otras cosas necesarias para el sustento, no podrá transigir sobre ellas, ya si se le dejaren por años, ya por mensualidades. Pero si transigió sin el pretor para recibir en vez de aquello una cantidad de dinero cada año o cada mes, y no cambió ni el plazo ni el valor, sino tan solo el género, o por el contrario, si pactó para recibir genéricamente los alimentos que le dejasen en dinero, o si permutó el vino por aceite, o el aceite por vino u otra cosa cualquiera, o si cambió el lugar de pago, para que los alimentos que le habían dejado en Roma los recibiese en su municipio o en su provincia, o al contrario, o si cambió la persona, de forma que lo que debía recibir de muchos lo recibiese de uno solo, o si aceptase un deudor en lugar de otro, todas estas cosas requieren el juicio del pretor y deben ser admitidas en interés del alimentario.

§25. Si ad habitationem certa quantitas sit annua relicta et ita sit transactum sine praetore, ut habitatio praestetur, valet transactio, quia fructus habitationis

§25. Si se dejó cierta cantidad anual para vivienda, y se transigió sin el pretor con objeto de otorgar la vivienda, la transacción vale; porque

praestatur, licet ruinae vel incendio subiecta transactio est. Per contrarium quoque si pro habitatione, quae erat relicta, placuerit certam quantitatem praestari, transactio rata est et citra praetorem.

se entrega el disfrute de una habitación, aunque la transacción está sujeta al riesgo de derrumbe o incendio. Por el contrario, si en vez de la habitación que se dejó se convino el pago de cierta cantidad, la transacción es válida aun sin el pretor.

9. IDEM *libro primo opinionum. Qui cum tutoribus suis de sola portione administratae tutelae suae egerat et transegerat, adversus eosdem tutores ex persona fratris sui, cui heres extiterat, agens praescriptione factae transactionis non summovetur.*

9. EL MISMO *en el libro primero de las opiniones*. Quien litigó con sus tutores y transigió sólo sobre la parte de su tutela administrada, reclamando luego a los mismos tutores en representación de su hermano, de quien quedó heredero, no es rechazado por la excepción de la transacción hecha.

§1. Transactio quaecumque fit, de his tantum, de quibus inter convenientes placuit, interposita creditur.

§1. Cualquier transacción hecha se considera interpuesta tan sólo para aquellas cosas sobre las que se convino entre contratantes.

§2. Qui per fallaciam coheredis ignorans universa, quae in vero erant, instrumentum transactionis sine Aquiliana stipulatione interposuit, non tam paciscitur quam decipitur.

§2. Quien por engaño de su coheredero ignoró todo lo que en realidad había en la herencia y otorgó un documento de transacción sin la estipulación aquiliana, no pacta, sino que es engañado.

§3. Ei qui, nondum certus ad se querellam contra patris testamentum pertinere, de aliis causis cum adversariis pacto transegit, tantum in his interpositum pactum nocebit, de quibus inter eos actum esse probatur. His tantum transactio obest, quamvis maior annis viginti quinque eam interposuit, de quibus actum probatur. Nam ea, quorum actiones competere ei postea conpertum est, iniquum est perenni pacto. Id de quo cogitatum non docetur.

§3. Aquel que, no estando seguro todavía de que le competía una querella para impugnar el testamento de su padre, transigió mediante pacto con los adversarios por otras causas, tan sólo le perjudicará el pacto interpuesto respecto a las cosas sobre las que se pruebe la existencia de un pacto. La transacción sólo perjudica sobre aquello que se prueba haber pactado, incluso siendo mayor de veinticinco años quien la interpuso, pues es injusto que se invaliden por un pacto las cosas cuyas acciones se descubrió más tarde que le competían, y de las que no se justifica haberse tratado.

10. *IDEM libro primo responsorum. De re filiorum, quos in potestate non habuit, transigentem patrem minime eis obesse placet.*

10. EL MISMO *en el libro primero de las respuestas.* Está admitido que el padre que transige sobre cosas de los hijos fuera de su potestad no les perjudica a éstos en manera alguna.

11. *IDEM libro quarto ad edictum. Post rem iudicatam etiamsi provocatio non est interposita, tamen si negetur iudicatum esse vel ignorari potest an iudicatum sit: quia adhuc lis subesse possit, transactio fieri potest.*

11. EL MISMO *en el libro cuarto de los comentarios al edicto.* Después de juzgado un asunto puede pactarse, aunque no se haya apelado, si no obstante se negare haberse juzgado o si se puede ignorar que se haya juzgado, porque todavía puede subsistir el litigio.

12. *CELSUS libro tertio digestorum. Non est ferendus qui generaliter in his, quae testamento ei relicta sunt, transegerit, si postea causetur de eo solo se cogitasse, quod prima parte testamenti ac non etiam quod posteriore legatum sit. Si tamen postea codicilli proferuntur, non improbe mihi dicturus videtur de eo dumtaxat se cogitasse, quod illarum tabularum, quas tunc noverat, scriptura contineretur.*

12. CELSO *en el libro tercero del digesto.* No debe ser atendido quien transigió genéricamente sobre lo que se le dejó en el testamento, si después alegase haber pensado sólo en aquello que se le legó en la primera parte del testamento, pero no en la segunda. Sin embargo, si después de hecho el testamento aparecen codicilos, me parece que justamente podrá decirse que pensó tan sólo en lo que encerraba la escritura de las tablillas que entonces había conocido.

13. *AEMILIUS MACER libro primo ad legem vicensimam hereditatium. Nulli procuratorum principis inconsulto principe transigere licet.*

13. EMILIO MÁCER *en el libro primero de los comentarios a la ley vigésima de las herencias.* A ninguno de los procuradores del príncipe le es lícito transigir sin consentimiento de éste.

14. *SCAEVOLA libro secundo responsorum. Controversia inter legitimum*

14. ESCÉVOLA *en el libro segundo de las respuestas.* Se suscitó una

et scriptum heredem orta est eaque transactione facta certa lege finita est: quaero creditores quem convenire possunt? Respondit, si idem creditores essent, qui transactionem fecissent, id observandum de aere alieno, quod inter eos convenisset: si alii creditores essent, propter incertum successionis pro parte hereditatis, quam uterque in transactione expresserit, utilibus actionibus conveniendus est.

controversia entre el heredero legítimo y el instituido, y luego de transigir, se concluyó con un pacto cierto; pregunto: ¿a quién pueden demandar los acreedores? Respondió que si los acreedores hicieron la transacción, debe observarse respecto de las deudas lo que entre ellos se convino; y si otros fuesen los acreedores, debido a lo incierto de la sucesión ambos herederos deben ser demandados con las acciones útiles, según la parte de herencia que ambos expresaron en la transacción.

15. PAULUS *libro primo sententiarum. Pacto convento Aquiliana quidem stipulatio subici solet: sed consultius est huic poenalem quoque stipulationem subingere, quia rescisso forte pacto poena ex stipulatu peti potest.*

15. PAULO *en el libro primero de las sentencias.* Suele agregarse al pacto convenido una estipulación aquiliana; pero es más prudente añadirle también una estipulación penal, porque si se rescinde el pacto, puede pedirse la pena en virtud de lo estipulado.

16. HERMOGENIANUS *libro primo iuris epitomarum. Qui fidem licitae transactionis rupit, non exceptione tantum summovebitur, sed et poenam, quam, si contra placitum fecerit rato manente pacto, stipulanti recte promisserat, praestare cogetur.*

16. HERMOGENIANO *en el libro primero del epítome del derecho.* Quien quebranta la fe de una transacción lícita, no tan sólo será rechazado por la excepción, sino que también será obligado a pagar la pena que prometió lícitamente al estipulante, siempre que sea válido el pacto y si obrase contra lo pactado.

17. PAPINIANUS *libro secundo quaestionum. Venditor hereditatis emptori mandatis actionibus cum debitore hereditario, qui ignorabat venditam esse hereditatem, transegit: si emptor hereditatis hoc debitum ab eo exigere velit, exceptio transacti negotii debitori propter ignorantiam suam accommodanda est. Idem*

17. PAPINIANO *en el libro segundo de las cuestiones.* Luego de transferidas las acciones al comprador, el vendedor de una herencia transigió con un deudor hereditario que ignoraba la venta de la herencia; si el comprador de la herencia quisiese exigir de él la deuda, ha de

respondendum est et in eo, qui fideicommissam recepit hereditatem, si heres cum ignorante debitore transegit.

concederse al deudor la excepción de negocio transigido por razón de su ignorancia. Lo mismo se dirá respecto de quien recibió una herencia fideicomisaria, si el heredero transigió con un deudor que ignoraba el fideicomiso.

LIBER III

TITULUS I
DE POSTULANDO

1. ULPIANUS *libro sexto ad edictum. Hunc titulum praetor proposuit habendae rationis causa suaeque dignitatis tuendae et decoris sui causa, ne sine delectu passim apud se postuletur.*

§1. Eapropter tres fecit ordines: nam quosdam in totum prohibuit postulare, quibusdam vel pro se permisit, quibusdam et pro certis dumtaxat personis et pro se permisit.

§2. Postulare autem est desiderium suum vel amici sui in iure apud eum, qui iurisdictioni praeest, exponere: vel alterius desiderio contradicere.

§3. Initium autem fecit praetor ab his, qui in totum prohibentur postulare. In quo edicto aut pueritiam aut casum excusavit. Pueritiam: dum minorem annis decem et septem, qui eos non in totum complevit, prohibit postulare, quia moderatam hanc aetatem ratus est ad procedendum in publicum, qua aetate aut Paulo maiore fertur Nerva filius et publice de iure responsitasse. Propter casum surdum qui prorsus non audit prohibit apud se postulare: nec enim erat permittendum ei postulare, qui decretum praetoris exaudire non poterat, quod etiam ipsi erat periculosum futurum: nam non exaudito

LIBRO III

TÍTULO I
DE LA DEFENSA EN JUICIO

1. ULPIANO *en el libro sexto de los comentarios al edicto.* El pretor propuso este título para hacer valer la dignidad de su cargo y velar por su decoro, evitando así que cualquiera abogase ante él sin mediar especial motivo.

§1. Por tal motivo fijó tres tipos de prohibiciones: a unos les prohibió abogar absolutamente, a otros se los permitió tan sólo en un juicio propio y a otros se los permitió únicamente en favor de personas específicas y en un juicio propio.

§2. Postular en juicio ("abogar") es exponer en términos legales la pretensión propia ante el que ejerce jurisdicción, o la de su amigo, o bien oponerse a la pretensión de otro.

§3. El pretor comenzó por aquellos a quienes se les prohíbe absolutamente postular en juicio. En su edicto excluyó a los infantes y a los impedidos por algún defecto. Por razón de edad prohíbe postular en juicio al menor que no ha cumplido totalmente diez y siete años, porque estimó que esta edad era adecuada para comparecer públicamente; de esta edad, o poco mayor, se dice que Nerva hijo brindó públicamente respuestas sobre aspectos de derecho. Por razón de un defecto prohíbe abogar ante él al sordo, al que no oye

decreto praetoris, quasi non obtemperasset, poena et contumax plecteretur.

absolutamente, pues no debía permitirse abogar al que no podía oír el decreto del pretor; lo que incluso para el que abogase debía ser peligroso, porque si por no escuchar el decreto del pretor no lo acató, sería castigado como contumaz con una sanción.

§4. Ait praetor: 'Si non habebunt advocatum, ego dabo'. Nec solum his personis hanc humanitatem praetor solet exhibere, verum et si quis alius sit, qui certis ex causis vel ambitione adversarii vel metu patronum non invenit.

§4. Dice el pretor: "si no tuvieran abogado, yo se los otorgaré". Y el pretor no sólo suele mostrar tal humanidad con estas personas, sino también con cualquier otra que por determinadas causas, o por excesiva influencia de su adversario, o por intimidación, no encuentra quien abogue en su nombre.

§5. Secundo loco edictum proponitur in eos, qui pro aliis ne postulent: in quo edicto excepit praetor sexum et casum, item notavit personas in turpitudine notabiles. Sexum: dum feminas prohibit pro aliis postulare. Et ratio quidem prohibendi, ne contra pudicitiam sexui congruentem alienis causis se immisceant, ne virilibus officiis fungantur mulieres: origo vero introducta est a Carfania improbissima femina, quae inverecunde postulans et magistratum inquietans causam dedit edicto. Casum: dum caecum utrisque luminibus orbatum praetor repellit: videlicet quod insignia magistratus videre et reveveri non possit. Refert etiam Labeo Publilium caecum Asprenatis Noni patrem aversa sella a Bruto destitutum, cum vellet postulare. Quamvis autem caecus pro alio postulare non possit, tamen et sanatorium ordinem retinet et iudicandi officio fungitur. Numquid ergo et magistratus gerere possit? Sed de hoc deliberabimus. Exstat quidem exemplum eius, qui gessit: Appius denique Claudius caecus consiliis publicis intererat et in senatu severissimam dixit sententiam de

§5. En segundo lugar el edicto se dirige contra aquellos a los que se prohíbe abogar por otros, excluyendo por razones de sexo y por algún defecto, además de designar a las personas señaladas con nota de infamia. Por razón del sexo prohíbe que las mujeres aboguen por otro; y la razón de tal prohibición es sin duda para que las mujeres no se mezclen en causas ajenas ni desempeñen oficios propios de varones, contraviniendo al pudor característico de su sexo. El origen de la prohibición se debe a Carfania, mujer totalmente descarada, que al abogar sin pudor alguno ante el magistrado e importunándolo, dio motivo a este edicto. Por razón de defecto el pretor prohíbe postular en juicio al ciego, al que no ve absolutamente, pues no puede ver ni respetar las insignias del magistrado. Labeón también refiere que deseando abogar el ciego Publilio, padre de

Pyrrhi captivis. Sed melius est ut dicamus retinere quidem iam coeptum magistratum posse, adspirare autem ad novum penitus prohiberi: idque multis comprobatur exemplis.

Nono Asprenate, Bruto lo desairó volteando la silla de espaldas. Pero aunque el ciego no pueda abogar por otro, conserva sin embargo la dignidad de senador y puede desempeñar el cargo de juez. ¿Podrá acaso también ejercer la magistratura? Sobre esto deliberaremos. Hay, en efecto, uno que sí la ejerció; Apio Claudio, estando ya ciego, asistía a las reuniones públicas, y emitió ante el Senado un severísimo juicio sobre los prisioneros capturados a Pirro. Pero es mejor decir que sí puede conservar la magistratura ya obtenida, aunque se le prohíbe aspirar definitivamente a otra nueva; y esto se comprueba con muchos ejemplos.

§6. Removet autem a postulando pro aliis et eum, qui corpore suo muliebria passus est. Si quis tamen vi praedonum vel hostium stupratus est, non debet notari, ut et Pomponius ait. Et qui capitali crimine damnatus est, non debet por alio postulare. Item senatus consulto etiam apud iudices pedaneos postulare prohibetur calumniae publici iudicii damnatus. Et qui operas suas, ut cum bestiis depugnaret, locaverit. Bestias autem accipere debemus ex feritate magis, quam ex animalis genere: nam quid si leo sit, sed mansuetus, vel alia dentata mansueta? Ergo qui locavit solus notatur, sive depugnaverit sive non: quod si depugnarevit, cum non locasset operas suas, non tenebitur: non enim qui cum bestiis depugnavit, tenebitur, sed qui operas suas in hoc locavit. Denique eos, qui virtutis ostendendae causa hoc faciunt sine mercede, non teneri aiunt veteres, nisi in harena passi sunt se honorari: eos enim puto notam non evadere. Sed si quis operas suas locaverit, ut

§6. También prohíbe abogar por otros al que permitió hacer de mujer con su cuerpo. Pero como también afirma Pomponio, si añguien fue estuprado con violencia por ladrones o enemigos, no debe ser tachado de infame. Tampoco debe abogar por otro quien fue condenado a pena capital. Igualmente, un senadoconsulto prohíbe que abogue ante los jueces pedáneos el condenado en juicio público por calumnia. También quien se contrató para luchar con fieras. Pero debemos considerar a las fieras más por su fiereza que por la especie del animal; porque, ¿qué diríamos si fuera un león, pero manso, u otra fiera con colmillos pero domesticada? Así pues, sólo es tachado de infamia el que se contrató, haya luchado o no. Por tanto, si luchó sin haberse

feras venetur, vel ut depugnaret feram quae regioni nocet, extra harenam: non est notatus. His igitur personis, quae non virtutis causa cum bestiis pugnaverunt, pro se praetor permittit allegare, pro alio prohibet. Sed est aequissimum, si tutelam vel curam huiusmodi personae administrent, postulare eis pro his, quorum curam gerunt, concedi. Qui adversus ea fecisse monstretur, et pro aliis interdicta postulatione repellitur et pro aestimatione iudicis extra ordinem pecuniaria poena multabitur.

contratado no será considerado infame, porque no se acusará a quien luchó con las fieras, sino a quien se alquiló para esto. Finalmente, dicen los antiguos que quienes luchan para demostrar su valor pero sin retribución alguna no incurren en nota de infamia, salvo si aceptaron ser premiados en la arena, pues considero que estos no evaden la infamia. Pero si alguien se contrató para cazar fieras, o para abatir fuera del circo a alguna que devasta una región, no queda tachado de infamia. Así pues, a los que lucharon con las fieras a cambio de retribución, no para demostrar su valor, el pretor les permite postular por sí mismos, aunque les prohíbe abogar por otro. Pero es muy justo que si tales personas administran alguna tutela o curatela, se les autorice abogar en nombre de aquellos que tienen bajo su cuidado. A quien se le probare haber contravenido esta disposición, es rechazado de la defensa que le está prohibida, y además será castigado de forma extraordinaria con pena pecuniaria al arbitrio del juez.

§7. Ut initio huius tituli diximus, tres ordines praetor fecit non postulantium: quorum hic tertius est, quibus non in totum denegat postulandi facultatem, sed ne pro omnibus postularent: quasi minus deliquerint quam hi qui superioribus capitibus notantur.

§7. Como dijimos al principio de este título, el pretor designó a tres tipos de personas que no pueden abogar en juicio; el tercero es el de aquellos a quienes no se les niega totalmente la facultad de abogar, pero no pueden abogar por todos, como los mencionados en los capítulos anteriores que son menos dignos de censura.

§8. Ait praetor: 'Qui lege, plebis cito, senatus consulto, edicto, decreto principum nisi pro certis personis postulare prohibentur:

§8. Dice el pretor: 'Los que por ley, plebiscito, senadoconsulto, edicto o decreto del los príncipes tienen

hi pro alio, quam pro quo licebit, in iure apud me ne postulent'. Hoc edicto continentur etiam alii omnes, qui edicto praetoris ut infames notantur, qui omnes nisi pro se et certis personis ne postulent.

prohibición de abogar, salvo que sea en favor de ciertas personas, no deben postura en juicio ante mí sino a través de quien les fuere lícito'. En este edicto se incluyen también todos los demás que en el edicto del pretor son señalados como infames, para que ninguno de ellos abogue más que por sí y por determinadas personas.

§9. Deinde adicit praetor: 'Qui ex his omnibus, qui supra scripti sunt, in integrum restitutus non erit'. Eum 'qui ex his, qui supra scripti sunt' sic accipe: si fuerit inter eos, qui tertio edicto continentur et nisi pro certis personis postulare prohibentur: ceterum si ex superioribus, difficile in integrum restitutio impetrabitur.

§9. Luego añade el pretor: 'el que de todos los anteriormente mencionados no obtuviese la total restitución'. 'El que de todos los anteriormente mencionados' se entiende de este modo: si estuviere entre los comprendidos en el tercer edicto que tienen prohibición de abogar, salvo en favor de ciertas personas; de lo contrario, si fuere de los mencionados más arriba, difícilmente logrará obtener la restitución total.

§10. De qua autem restitutione praetor loquitur? Utrum de ea quae a principe vel a senatu? Pomponius quaerit: et putat de ea restitutione sensum, quam princeps vel senatus indulsit. An autem et praetor restituere possit, quaeritur: et mihi videtur talia praetorum decreta non esse servanda, nisi sicubi ex officio iurisdictionis suae subvenerunt: ut in aetate observatur, si quis deceptus sit, ceterisque speciebus quas sub titulo de in integrum restitutione exsequemur. Pro qua sententia est, quod si quis famoso iudicio condemnatus per in integrum restitutionem fuerit absolutus, Pomponius putat hunc infamia eximi.

§10. Pomponio pregunta: ¿pero de qué restitución habla el pretor? ¿De la que concede el príncipe o el senado? Y considera que se ha tratado de la restitución que concedió uno u otro. Pero se pregunta si también puede restituir el pretor; y me parece que tales decretos del pretor no deben observarse, salvo cuando se concedieron por ministerio de su propia jurisdicción, como en el caso de la edad, si alguno fue engañado por su minoría de edad, y en otros casos que expondremos en el título de la restitución total[82]. Según este parecer, si alguien fue condenado en un juicio que implica infamia y luego

[82] *Vid.* D. 4, 1.

fue absuelto a través la restitutición total, Pomponio opina que se libera de la infamia.

§11. Deinde adicit praetor: 'Pro alio ne postulent praeterquam pro parente, patrono patrona, liberis parentibusque patroni patronae': de quibus personis sub titulo de in ius vocando plenius diximus. Item adicit: 'liberisve suis, fratre sorore, uxore, socero socru, genero nuru, vitrico noverca, privigno privigna, pupillo pupilla, furioso furiosa',

§11. Después agrega el pretor: 'no aboguen por nadie más que los ascendientes, el patrón y la patrona, los hijos y los ascendientes del patrón y la patrona'; de estas personas hablamos con mayor amplitud en el título dedicado a la citación a juicio[83]. El mismo añade: 'o por sus hijos, hermano o hermana, esposa, suegro o suegra, yerno o nuera, padrastro o madrastra, hijastro o hijastra, pupilo o pupila, hombre o mujer demente',

2. GAIUS libro primo ad edictum provinciale. … 'fatuo fatua': cum istis quoque personis curator detur.

2. GAYO *en el libro primero de los comentarios al edicto provincial.* … 'el vanidoso o la vanidosa', porque también a estas personas se les designa curador.

3. ULPIANUS libro sexto ad edictum. 'Cui eorum a parente, aut de maioris partis tutorum sententia, aut ab eo cuius de ea re iurisdictioni fuit ea tutela curatiove data erit'.

3. ULPIANO *en el libro sexto de los comentarios al edicto.* 'A los que por testamento del padre se les designó tutela o curatela, o por dictamen de la mayoría de tutores, o por aquel que tuvo jurisdicción en el asunto'.

§1. Adfinitates non eas accipere debemus, quae quondam fuerunt, sed praesentes.

§1. No debemos admitir los parientes afines que existieron en otro tiempo, sino los actuales.

§2. Item Pomponius nurus et generi appellatione et soceri et socrus et ulteriores, quibus pro praepositio solet accedere, contineri ait.

§2. También señala Pomponio que en la denominación de nuera y yerno, así como de suegro y suegra, se incluyen igualmente los ulteriores, a quienes suele añadírseles la preposición 'con'.

§3. In curatoribus debuisse eum adicere: muti ceterorumque, quibus dare solent, id est surdo prodigo et adulescenti:

§3. Y que respecto de los curadores se debió añadir: 'el del mudo y de los demás a quienes se les suele dar', es

[83] *Vid.* D. 2, 1, 4 y ss.

decir, al sordo, al pródigo y al adolescente menor de veinticinco años;

4. PAULUS libro quinto ad edictum. … item quibus propter infirmitatem curatorem praetor dare solet,

4. PAULO *en el libro quinto de los comentarios al edicto. …* también a aquellos a quienes el pretor suele otorgarles curador por razón de enfermedad,

5. ULPIANUS libro nono ad edictum. … et qui negotiis suis aliquo perpetuo morbo superesse non possunt.

5. ULPIANO *en el libro noveno de los comentarios al edicto. …* y a los que por alguna enfermedad crónica no pueden atender sus negocios.

6. IDEM libro sexto ad edictum. Puto autem omnes, qui non sponte, sed necessario officio funguntur, posse sine ofensa edicti postulare, etiamsi hi sint, qui non nisi pro se postulare possunt.

6. EL MISMO *en el libro sexto de los comentarios al edicto.* Sin embargo, opino que pueden abogar sin contravenir al edicto todos los que lo hacen por necesidad de su cargo, aunque sean aquellos que tan sólo pueden abogar por sí mismos.

§1. Si quis advocationem praestare fuerit prohibitus, si quidem apud se, ut solent facere, tempore magistratus sui, puto eum postea apud successorem eius adesse posse.

§1. Si determinado magistrado le prohibió a alguien ejercer como abogado ante él durante el periodo de su magistratura, como suele hacerse, opino que puede abogar después ante el sucesor de ese magistrado.

7. GAIUS libro tertio ad edictum provinciale. Quos prohibet praetor apud se postulare, omnimodo prohibet, etiamsi adversarius eos patiatur postulare.

7. GAYO *en el libro tercero de los comentarios al edicto provincial.* A los que el pretor prohíbe abogar ante él, se los prohíbe en absoluto, aunque el adversario consienta en que aboguen.

8. PAPINIANUS libro secundo quaestionum. Imperator Titus Antoninus rescripsit eum, cui advocationibus in quinquenio interdictum esset, post quinquennium pro omnibus postulare non prohiberi. Divus quoque Hadrianus

8. PAPINIANO *en el libro segundo de las cuestiones.* El emperador Tito Antonino Caracala resolvió por respuesta escrita que aquel a quien se prohibió ejercer la abogacía por un quinquenio, no se le prohíbe

rescripserat de exilio reversum postulare posse. Nec adhibetur distinctio, quo crimine silentium vel exilium sit irrogatum, ne scilicet poena tempore determinata contra sententiae fidem ulterius porrigatur.

abogar por cualquier persona después del quinquenio. El divino Adriano también había resuelto por respuesta escrita que quien volviese del destierro podía abogar; y no se distingue el delito por el cual se le impuso el silencio o el destierro, para que la pena limitada a determinado tiempo no se extienda más allá de lo prescrito en la sentencia.

9. IDEM *libro primo responsorum. Ex ea causa prohibitus pro alio postulare, quae infamiam non irrogat ideoque ius pro omnibus postulandi non aufert, in ea tantum provincia pro aliis non recte postulat, in qua praeses fuit qui sententiam dixit, in alia vero non prohibetur, licet eiusdem nominis sit.*

9. EL MISMO *en el libro primero de las respuestas.* Aquel a quien se le prohibió abogar por otro debido a causa que no produce infamia, y que por tanto no quita el derecho de abogar por los demás, no debe abogar por otros tan sólo en aquella provincia en que fuera gobernador quien emitió dicha sentencia; pero no se le prohíbe hacerlo en otra, aunque sea del mismo nombre.

10. PAULUS *libro singulari regularum. Hi qui fisci causas agunt suam vel filiorum et parentium suorum vel pupillorum quorum tutelas gerunt causam et adversus fiscum agere non prohibentur.*

10. PAULO *en el libro único de las reglas.* A quienes ejercen acciones del fisco no se les prohíbe abogar en causa propia, aunque sea contra el propio fisco, o en la de sus hijos, de sus padres o de los pupilos cuyas tutelas administran.

§1. Decuriones quoque contra patriam suam causas agere prohibentur, praeter superiores personas.

§1. También a los decuriones les está prohibido ejercitar acciones contra su patria, a no ser en favor de las personas antes mencionadas.

11. TRYPHONINUS *libro quinto disputationum. A principe nostro rescriptum est non prohiberi tutorem adesse pupillo in negotio, in quo advocatus contra patrem eius fuisset. Sed et illud permissum ab eo est agere tutorem pupilli causam adversus fiscum, in*

11. TRIFONINO *en el libro quinto de las disputas.* Por respuesta escrita de nuestro príncipe Septimio Severo se decidió que no se prohiba al tutor asistir al pupilo en el mismo asunto en que fue abogado contra el padre del pupilo. También se permitió en

qua adversus patrem pupilli antea advocatus fisci fuisset.

dicha respuesta que el tutor abogase contra el fisco en la causa del pupilo en la que antes actuó como abogado del fisco contra el padre del pupilo.

§1. Qui autem inter infames sunt, sequenti titulo explanabitur.

§1. En el título siguiente se expondrá quienes son considerados infames.

TITULUS II DE HIS QUI NOTANTUR INFAMIA

TÍTULO II DE LOS QUE SON TACHADOS DE INFAMIA

1. IULIANUS libro primo ad edictum. Praetoris verba dicunt: 'Infamia notantur qui ab exercitu ignominiae causa ab imperatore eove, cui de ea re statuendi potestas fuerit, dimissus erit: qui artis ludicrae pronuntiandive causa in scaenam prodierit: qui lenocinium fecerit: qui in iudicio publico calumniae praevaricationisve causa quid fecisse iudicatus erit: qui pro socio, tutelae, mandati, depositi suo nomine non contrario iudicio damnatus erit: qui eam, quae in potestate eius esset, genero mortuo, cum eum mortuum esse sciret, intra id tempus, quo elugere virum mortis est, antequam virum elugeret, in matrimonium collocaverit: eamve sciens quis uxorem duxerit non iussu eius, in cuius potestate est: et qui eum, quem in potestate haberet, eam, de qua supra comprehensum est, uxorem ducere passus fuerit: quive suo nomine non iussu eius in cuius potestate esset, eiusve nomine quem quamve in potestate haberet bina sponsalia binasve nuptias in eodem tempore constitutas habuerit'.

1. JULIANO *en el libro primero de los comentarios al edicto.* Dicen las palabras del pretor: 'es tachado de infamia el que deshonrosamente fuese expulsado del ejército por el emperador, o por aquel que tuviese facultad para ello; el que saliese al escenario para actuar o para declamar; el que cometiese lenocinio; el que en juicio público fuese condenado por haber calumniado o prevaricado contra alguien; el que en su propio nombre fuese condenado o pactase sobre hurto, robo con violencia, injuria, dolo malo y fraude; el que fuese condenado en nombre propio, y no por la acción contraria, en juicio de sociedad, tutela, mandato o depósito; el que sabiendo que su yerno había fallecido, diese en matrimonio a la hija viuda que tuviese en su potestad, antes de concluirse el luto y dentro del plazo en que es costumbre llorar al marido, o el que sabiendo esto la tomase por esposa sin permiso de aquel bajo cuya potestad está; y quien permitiese que el hijo bajo su potestad se case con la antes mencionada; y el que en su nombre, no por autorización del padre bajo cuya potestad estuviese, o en nombre de aquel o de aquella a quien tuviese en su potestad, contrajese esponsales o nupcias con dos personas a un mismo tiempo'.

2. ULPIANUS *libro sexto ad edictum. Quod ait praetor: 'qui ab exercitu dimissus erit': dimissum accipere debemus militem caligatum, vel si quis alius usque ad centurionem, vel praefectum cohortis vel alae vel legionis, vel tribunum sive cohortis sive legionis dimissus est. Hoc amplius Pomponius ait etiam eum, qui exercitui praeest, licet consularibus insignibus utitur, ignominiae causa ab imperatore missum hac nota laborare: ergo et si dux cum exercitui praeest dimissus erit, notatur, si princeps dimiserit et adiecerit ignominiae causa se mittere, ut plerumque facit, non dubitabis et ex edicto praetoris eum infamia esse notatum: non tamen si citra indignationem principis successor ei datus est.*

2. ULPIANO *en el libro sexto de los comentarios al edicto.* Cuando dice el pretor 'quien fuese expulsado del ejército', debemos entender como tal desde el soldado raso u otro cualquiera hasta el centurión o el prefecto de cohorte, ala o legión, o hasta el tribuno de una cohorte o legión que ha sido despedido. Pomponio dice que también se le impone la misma nota a quien comanda un ejército, aunque use las insignias consulares, si el emperador lo expulsó por motivos deshonrosos. Por ello, si el general que manda un ejército fuese expulsado, incurre en infamia. Y si el príncipe lo expulsó añadiendo que lo hacía por causa deshonrosa, como hace la mayoría de veces, no se dudará que, en virtud del edicto del pretor, también queda tachado de infamia; pero no se le considera infame si no incurrió en la indignación del príncipe y se le otorgó sucesor.

§1. Exercitum autem non unam cohortem neque unam alam dicimus, sed numeros multos militum: nam exercitui praeesse dicimus eum, qui legionem vel legiones cum suis auxiliis ab imperatore commissas administrat: sed hic etiam eum, qui ab aliquo numero militum missus est, quasi ab exercitu missum sic accipiemus.

§1. No sólo denominamos ejército a una cohorte o a un ala, sino a un conjunto de muchos elementos militares; porque decimos que es jefe de un ejército quien comanda una o varias legiones confiadas por el emperador, incluidas sus tropas auxiliares. Y aquí entenderemos como expulsado del ejército incluso a quien lo fue de una unidad.

§2. 'Ignominiae causa missum': hoc ideo adiectum est, quoniam multa genera sunt missionum. Est honesta, quae emeritis stipendiis vel ante ab imperatore indulgetur est: est causaria, quae propter valetudinem laboribus militiae solvit: est ignominiosa. Ignominiosa autem missio totiens est, quotiens is qui mittit addidit nominatim ignominiae causa se mittere. Semper enim debet addere, cur miles mittatur. Sed et si eum exauctoraverit, id est insignia militaria dextraxerit, inter infames efficit, licet non addidisset ignominiae causa se eum exauctorasse. Est et quartum genus missionis, si quis evitandorum munerum causa militam subisset: haec autem missio existimationem non laedit, ut est saepissime rescriptum.

§2. Se añadió 'expulsado deshonrosamente', pues hay muchas clases de baja militar. Hay una honrosa, que concede indulgentemente el emperador, una vez cumplido el periodo de servicio o antes, y otra que exenta de los deberes militares motivada por la falta de salud. Existe la deshonrosa, siempre que quien despide añada expresamente que lo hace por motivos deshonrosos, pues siempre debe añadir por qué es dado de baja el militar. Pero también si lo degradó, es decir, si le arrancase las insignias militares, lo vuelve infame, aunque no añada que lo degradó por motivos deshonrosos. Además, hay una cuarta forma de baja militar: cuando alguien ingresó en la milicia para evitar desempeñar ciertos cargos públicos; esta baja no perjudica la fama pública, como se ha declarado por respuesta escrita innumerables veces.

§3. Miles, qui lege Iulia de adulteriis fuerit damnatus, ita infamis est, ut etiam ipsa sententia eum sacramento ignominiae causa solvat.

§3. El militar condenado por la Ley Julia de adulterios es de tal modo infame que hasta la sentencia misma le revoca su juramento militar por causa de la deshonra.

§4. Ignominia autem missis neque in urbe neque alibi, ubi imperator est, morari licet.

§4. A los expulsados deshonrosamente no les es lícito habitar en Roma ni en parte alguna donde radique el emperador.

§5. Ait praetor: 'Qui in scaenam prodierit, infamis est'. Scaena est, ut Labeo definit, quae ludorum faciendorum causa quolibet loco, ubi quis consistat moveaturque spectaculum sui praebiturus, posita sit in publico privatove vel in vico, quo tamen loco passim homines spectaculi causa

§5. Dice el pretor: 'el que saliese al escenario es infame'. Según define Labeón, escenario es cualquier lugar destinado para ofrecer espectáculos donde alguien se presenta y se mueve para exhibir su persona, habiéndose colocado dicho

admittantur. Eos enim, qui quaestus causa in certamina descendunt et omnes propter praemium in scaenam prodeuntes famosos esse Pegasus et Nerva filius responderunt.

escenario en terreno público o privado, o en una aldea, y en cuyo lugar se admiten indistintamente las personas para presenciar un espectáculo. Porque Pegaso y Nerva hijo respondieron que eran infames los que por lucro descienden a los certámenes, y todos los que por un pago se presentan en un escenario.

3. GAIUS libro primo ad edictum provinciale. Qui autem operas suas locavit, ut prodiret artis ludicrae causa neque prodit, non notatur: quia non est ea res adeo turpis, ut etiam consilium puniri debeat.

3. GAYO *en el libro primero de los comentarios al edicto provincial.* Quien se contrató para salir a ofrecer espectáculo y finalmente no salió, no es tachado de infamia, porque no se trata de algo tan inmoral que incluso la simple intención deba ser castigada.

4. ULPIANUS libro sexto ad edictum. Athletas autem Sabinus et Cassius responderunt omnino artem ludicram non facere: virtutis enim gratia hoc facere. Et generaliter ita omnes opinantur et utile videtur, ut neque thymelici neque xystici neque agitatores nec qui aquam equis spargunt ceteraque eorum ministeria, qui certaminibus sacris deserviunt, ignominiosi habeantur.

4. ULPIANO *en el libro sexto de los comentarios al edicto.* Sabino y Casio respondieron que los atletas o deportistas de ningún modo salen a ofrecer espectáculo, pues lo hacen para mostrar su valor. Y generalmente todos opinan así, y parece adecuado que ni músicos, ni cantantes de orquesta, ni atletas luchadores, ni conductores de carros en el circo, ni los que ofrecen agua a los caballos, ni los que brindan servicios en los certámenes sagrados sean considerados infames.

§1. Designatores autem, quos Graeci βραβευτὰς appellant, artem ludicram non facere Celsus probat, quia ministerium, non artem ludicram exerceant. Et sane locus iste hodie a principe non pro modico beneficio datur.

§1. Celso aprueba la idea de que los jueces en los certámenes sagrados o árbitros, a quienes los griegos llaman *brabeutas*, no salen a ofrecer espectáculo, porque ejercen un cargo, no el oficio de exhibirse. Ciertamente este cargo lo da hoy el príncipe como un privilegio de alta estimación.

§2. Ait praetor: 'qui lenocinium fecerit'. Lenocinium facit qui quaestuaria mancipia habuerit: sed et qui in liberis hunc quaestum exercet, in eadem causa est. Sive autem principaliter hoc negotium gerat sive alterius negotiationis accessione utatur (ut puta si caupo fuit vel stabularius et mancipia talia habuit ministrantia et occasione ministerii quaestum facientia: sive balneator fuerit, velut in quibusdam provinciis fit, in balineis ad custodienda vestimenta conducta habens mancipia hoc genus observantia in officina), lenocinii poena tenebitur.

§2. El pretor dice: 'quien cometiese lenocinio'. Ejecuta lenocinio quien tuviere esclavos para obtener lucro prostituyéndolos, y en igual condición se halla quien ejerce este comercio con personas libres. Y ya sea que realice este negocio directamente, o se valga para ello del ejercicio de otra actividad (por ejemplo, posadero o establero, y tuviese esclavos para el servicio del local que hiciesen dicho comercio con motivo del mismo, o siendo empresario de baños públicos, y como sucede en algunas provincias, tuviese en el establecimiento esclavos alquilados para la custodia de los vestidos que se dedicasen a ese tipo de negocio), estará sujeto a la pena de lenocinio.

§3. Pomponius et eum, qui in servitute peculiaria mancipia prostituta habuit, notari post libertatem ait.

§3. Pomponio también dice que quien estando sometido a la esclavitud tuvo en su peculio esclavos que prostituía, es tachado de infamia tras adquirir la libertad.

§4. Calumniator ita demum notatur, si fuerit calumniae causa damnatus: neque enim sufficit calumniatum: item praevaricator. Praevaricator autem est quasi varicator, qui diversam partem adiuvat prodita causa sua: quod nomen Labeo a varia certatione tractum ait, nam qui praevaricatur, ex utraque parte consistit, quin immo ex adversa.

§4. El calumniador tan sólo es tachado de infamia si hubiere sido condenado por la calumnia proferida, pues no basta que haya calumniado. También el prevaricador o quien se confabula en una acusación ayudando a la parte contraria luego de haber traicionado la suya, como aquel que camina con las piernas separadas (*varicator*). Este vocablo, dice Labeón, se derivó de *varia certatio* (contienda incierta), pues quien prevarica se apoya en ambas partes, o más bien, en la contraria.

§5. Item 'si qui furti, vi bonorum raptorum, iniuriarum, de dolo malo suo nomine

§5. Igualmente dice el edicto: 'si alguno en fuese condenado su propio nombre o pactase sobre

damnatus pactusve erit' simili modo infames sunt,

hurto, robo con violencia, injuria, dolo malo' es infame,

5. PAULUS *libro quinto ad edictum. … quoniam intellegitur confiteri crimen qui paciscitur.*

5. PAULO *en el libro quinto de los comentarios al edicto. …* porque se entiende que quien pacta confiesa el delito.

6. ULPIANUS *libro sexto ad edictum. 'Furti' accipe sive manifesti sive nec manifesti.*

6. ULPIANO *en el libro sexto de los comentarios al edicto*. Por 'hurto' debe entenderse tanto el manifiesto como el no manifiesto.

§1. Sed si furti vel aliis famosis actionibus quis condemnatus provocavit, pendente iudicio nondum inter famosos habetur: si autem omnia tempora provocationis lapsa sunt, retro infamis est: quamvis si iniusta appellatio eius visa sit, hodie notari puto, non retro notatur.

§1. Si el condenado por hurto o por otras acciones infamantes apeló, no se reputa todavía infame si está pendiente el juicio, pero si ya transcurrieron todos los plazos de la apelación se entiende infame desde la condena; pero si su apelación fuese desechada, opino que es tachado de infamia desde este momento, no desde antes.

§2. Si quis alieno nomine condemnatus fuerit, non laborat infamia: et ideo nec procurator meus vel defensor vel tutor vel curator vel heres furti vel ex alia simili specie condemnatus infamia notabuntur, nec ego, si ab initio per procuratorem causa agitata est.

§2. Si alguien fuese condenado en nombre de otro no sufre la nota de infamia, y por ello ni mi procurador, defensor, tutor o curador, ni mi heredero condenado por hurto o por otro delito semejante, serán tachados de infamia; ni tampoco yo si desde el principio se ha seguido la causa por medio de un procurador.

§3. 'Pactusve' inquit 'erit': pactum sic accipimus, si cum pretio quantocumque pactus est: alioquin et qui precibus inpetravit ne secum ageretur erit notatus nec erit veniae ulla ratio, quod est inhumanum. Qui iussu praetoris pretio dato pactus est, non notatur.

§3. Dice 'o pactase'; lo de "pactar" lo entendemos si pactó mediante un precio determinado; de lo contrario, también el que logró con ruegos que no se siguiese juicio contra él, quedaría tachado de infamia y no habría razón alguna para el perdón, lo que es inhumano. El que pactó un precio por mandato del pretor, no incurre en la nota de infamia.

§4. Sed et si iureiurando delato iuraverit quis se non deliquisse, non erit notatus: nam

§4. Pero si alguien juró no haber delinquido habiéndosele ofrecido

quodammodo innocentiam suam iureiurando adprobavit.

juramento, no quedará tachado de infamia, porque en cierto modo probó su inocencia con el juramento.

§5. 'Mandati condemnatus': verbis edicti notatur non solum qui mandatum suscepit, sed et is, qui fidem, quam adversarius secutus est, non praestat. Ut puta fideiussi pro te et solvi: mandati te si condemnavero, famosum facio.

§5. 'El condenado por la acción de mandato': según las palabras del edicto incurre en nota de infamia no sólo quien aceptó el mandato, sino también el que no guarda la fidelidad que esperaba el contrario y pudiera ser demandado por la acción de mandato; por ejemplo, salí fiador por ti y pagué; si yo te condenase por la acción de mandato, te hago infame.

§6. Illud plane addendum est, quod interdum et heres suo nomine damnatur et ideo infamis fit, si in deposito vel in mandato male versatus sit: non tamen in tutela vel pro socio heres suo nomine damnari potest, quia heres neque in tutelam neque in societatem succedit, sed tantum in aes alienum defuncti.

§6. También debe añadirse que a veces el heredero es condenado en su nombre y por tanto incurre en infamia, por ejemplo, si malversase el depósito o el mandato. Sin embargo, el heredero no puede ser condenado en nombre propio en acción de tutela o de sociedad, porque el heredero no sucede ni en la tutela ni en la sociedad, sino solamente en las deudas del difunto.

§7. Contrario iudicio damnatus non erit infamis: nec immerito. Nam in contrariis non de perfidia agitur, sed de calculo, qui fere iudicio solet dirimi.

§7. El condenado por acción contraria no será considerado infame; y no sin razón, pues en las acciones contrarias no se trata de malicia, sino que ordinariamente suele determinarse en juicio el cálculo compensatorio de obligaciones recíprocas.

7. PAULUS libro quinto ad edictum. In actionibus, quae ex contractu proficiscuntur, licet famosae sint et damnati notantur, attamen pactus non notatur, merito: quoniam ex his causis non tam turpis est pactio quam ex superioribus.

7. PAULO *en el libro quinto de los comentarios al edicto.* En las acciones originadas de contrato, aunque sean ignominiosas y los condenados incurran por ellas en nota de infamia, quien pactó no queda infamado; y con razón, porque el

pacto sobre estas cosas no es tan inmoral como por las antedichas.

8. ULPIANUS libro sexto ad edictum. 'Genero' inquit 'mortuo': merito adiecit praetor: 'cum eum mortuum esse sciret', ne ignorantia puniatur. Sed cum tempus luctus continuum est, merito et ignoranti cedit ex die mortis mariti: et ideo si post legitimum tempos cognovit, Labeo ait ipsa die et sumere eam lugubria et deponere.

8. ULPIANO *en el libro sexto de los comentarios al edicto*. Dice 'habiendo fallecido el yerno'. Y con razón añade el pretor: 'sabiendo que su yerno había fallecido', a fin de que no se castigue la ignorancia; pero ya que el tiempo del luto es continuo, lógicamente corre también desde el día de la muerte del marido para aquella que lo ignoraba. Y por tanto, si se enteró después de trasncurrido el tiempo legalmente establecido, dice Labeón que en el mismo día comienza y acaba para ella el luto.

9. PAULUS libro quinto ad edictum. Uxores viri lugere non compelluntur.

9. PAULO *en el libro quinto de los comentarios al edicto*. Los maridos no están obligados a guardar luto por sus mujeres.

§1. Sponsi nullus luctus est.

§1. No hay luto para quien ofreció esponsales.

10. IDEM libro octavo ad edictum. Solet a principe impetrari, ut intra legitimum tempus mulieri nubere liceat.

10. EL MISMO *en el libro octavo de los comentarios al edicto*. Suele obtenerse del príncipe la autorización para que la mujer se case dentro del plazo legal del luto.

§1. Quae virum eluget, intra id tempus sponsam fuisse non nocet.

§1. A la viuda que guarda luto por su marido no le perjudica el haber contraído esponsales dentro de este plazo.

11. ULPIANUS libro sexto ad edictum. Liberorum autem et parentium luctus impedimento nuptiis non est.

11. ULPIANO *en el libro sexton de los comentarios al edicto*. Pero el luto de los descendientes y de los ascendientes no es obstáculo para contraer nupcias.

§1. Etsi talis sit maritus, quem morem maiorum lugeri non oportet, non posse eam nuptum intra legitimum tempus collocari:

§1. Según la costumbre de los antepasados, aunque el marido sea de aquellos por quien no debe

praetor enim ad id tempus se rettulit, quo vir elugeretur: qui solet elugeri propter turbationem sanguinis.

guardarse luto, con todo la mujer no puede casarse dentro del plazo legal del luto, pues el pretor decretó que es costumbre guardar dicho plazo para evitar la confusión de paternidad.

§2. Pomponius eam, quae intra legitimum tempus partum ediderit, putat statim posse nuptiis se collocare: quod verum puto.

§2. Pomponio opina que la mujer que dio a luz dentro del plazo legal de luto sin duda puede casarse, lo que estimo correcto.

§3. Non solent autem lugeri, ut Neratius ait, hostes vel perduellionis damnati nec suspendiosi nec qui manus sibi intulerunt non taedio vitae, sed mala conscientia: si quis ergo post huiusmodi exitum mariti nuptum se collocaverit, infamia notabitur.

§3. Según Neracio, no suele guardarse luto por los enemigos, los condenados por crimen de lesa majestad, los ahorcados y los que se quitaron la vida no por fastidio de vivir, sino por conciencia de su propia maldad. Por consiguiente, si la viuda se hubiere dado en matrimonio después de muerto el marido bajo alguna de estas formas, será tachada de infamia.

§4. Notatur etiam 'qui eam dixit', sed si sciens: ignorantia enim excusatur non iuris, sed facti. Excusatur qui iussu eius, in cuius potestate erat, duxerit, et ipse, qui passus est ducere, notatur, utrumque recte: nam et qui obtemperavit, venia dignus est et qui passus est ducere, notari ignominia.

§4. También queda tachado de infamia quien se casó con ella sabiéndolo, porque se excusa la ignorancia del hecho, no del derecho. Se excusa a quien se casase mandado por aquel bajo cuya potestad estaba, pero se tacha de infamia a quien consintió que se casase. Las dos cosas se hacen con razón, porque tan digno de perdón es el que obedeció, como merecedor de ser tachado de infame quien consintió que se casase.

12. PAULUS *libro quinto ad edictum. Qui iussu patris duxit, quamvis liberatus potestate patria eam retinuit, non notatur.*

12. PAULO *en el libro quinto de los comentarios al edicto.* Quien se casó por orden de su padre no es tachado de infamia, aunque después de liberarse de la patria potestad siga con su esposa.

13. ULPIANUS *libro sexto ad edictum. Quid ergo si non ducere sit passus, sed posteaquam duxit ratum habuerit? Ut puta initio ignoravit talem esse, postea scit?* Non *notabitur: praetor enim ad initium nuptiarum se rettulit.*

13. ULPIANO *en el libro sexto de los comentarios al edicto.* ¿Qué diremos si no consintió que se casase, sino que después de haber contraído matrimonio lo ratificase? ¿Por ejemplo, si al principio ignoró que existía causa para la infamia, y ya lo supo hasta después? No se le considerará infame, pues el pretor se refirió al comienzo de las nupcias.

§1. Si quis alieno nomine bina sponsalia constituerit, non notatur, nisi eius nomine constituat, quem quamve in potestate haberet: certe qui filium vel filiam constituere patitur, quodammodo ipse videtur constituisse.

§1. Si alguien contrajese dos esponsales en nombre de otro, no es tachado de infamia, salvo que lo haga en nombre de aquél o de aquella que estuviese bajo su potestad; de hecho, quien consiente que su hijo o hija los contraiga, en cierto modo parece que él mismo los contrajo.

§2. Quod ait praetor 'eodem tempore', non initium sposaliorum eodem tempore factum accipiendum est, sed si in idem tempus concurrant.

§2. Cuando dice el pretor "al mismo tiempo", no debe entenderse por los esponsales contraídos simultáneamente, sino si concurriesen al mismo tiempo.

§3. Item si alteri sponsa, alteri nupta sit, ex sententia edicti punitur.

§3. También es castigada con la pena del edicto la mujer que, habiendo contraído esponsales con uno, se casase con otro.

§4. Cum autem factum notetur, etiamsi cum ea quis nuptias vel sponsalia constituat, quam uxorem ducere vel non potest vel fas non est, erit notatus.

§4. Como se incurre en infamia por el hecho, si alguien contrae nupcias o esponsales con aquella con la que no puede o no le es lícito casarse, también será tachado de infamia.

§5. Ex compromisso arbiter infamiam non facit, quia non per omnia sententia est.

§5. El árbitro designado por compromiso no tacha de infamia, porque su sentencia no aplica para todos los asuntos.

§6. Quantum ad infamiam pertinet, multum interest, in causa quae agebatur causa cognita aliquid pronuntiatum sit an quaedam extrinsecus sunt elocuta: nam ex his infamia non inrogatur.

§6. Respecto de la infamia, es muy distinto que en el juicio actuado se haya sentenciado algo con conocimiento de causa o que se hayan hecho algunas declaraciones irrelevantes para el caso, porque en este caso no se produce infamia.

§7. Poena gravior ultra legem imposita existimationem conservat, ut et constitutum est et responsum. Ut puta si eum, qui parte bonorum multari debuit, praeses relegaverit: dicendum erit duriori sententia cum eo transactum de existimatione eius idcircoque non esse infamem. Sed si in causa furti nec manifesti in quadruplum iudex condemnavit, oneratum quidem reum poena aucta, nam ex furto non manifesto in duplum conveniri debuit: verum hanc rem existimationem ei non conservasse, quamvis, si in poena non pecuniaria eum onorasset, transactum cum eo videtur.

§7. Según se ha establecido por constitución imperial y respondido el príncipe por escrito, al imponerse una pena más grave de lo que previene la ley, se conserva la estima pública; por ejemplo, si el gobernador de la provincia desterró al que debió confiscársele parte de sus bienes, se deberá responder que se transigió con él por una sentencia más severa a cambio de conservar su estima pública, y que por tanto no es infame. Pero si en un juicio por robo no manifiesto el juez le condenó al cuádruplo, ciertamente el demandado se vio perjudicado con el aumento de pena porque por hurto no manifiesto debió ser demandado por el duplo, pero esto no le conservó su estima, aunque si le castigase con pena no pecuniaria, sí se juzga que transigió con él.

§8. Crimen stellionatus infamiam irrogat damnato, quamvis publicum non est iudicium.

§8. El crimen de estelionato irroga infamia al condenado, aunque no sea juicio público.

14. PAULUS *libro quinto ad edictum. Servus, cuius nomine noxale iudicium dominus acceperit, deinde eundem liberum et heredem instituerit, ex eodem iudicio damnatus non est famosus, quia non suo nomine condemnatur: quippe cum initio lis in eum contestata non sit.*

14. PAULO *en el libro quinto de los comentarios al edicto*. El esclavo por el que su dueño aceptase un juicio noxal, y a quien después en el testamento del dueño se le declarase libre e instituyese heredero, si fuse condenado por aquel mismo juicio, no es infame, porque no es condenado en nombre propio, ya que inicialmente no se contestó contra él la demanda.

15. ULPIANUS *libro octavo ad edictum. Notatur quae per calumniam ventris nomine*

15. ULPIANO *en el libro octavo de los comentarios al edicto*. Es tachada de infamia la mujer que fue puesta en

in possessionem missa est, dum se adseverat praegnatem,

posesión de bienes en favor de un hijo esperado, aseverando falsamente que estaba embarazada,

16. *PAULUS libro octavo ad edictum. … cum non praegnas esset vel ex alio concepisset:*

16. PAULO *en el libro octavo de los comentarios al edicto. …* no estándolo, o habiendo concebido de otro varón que no fuese su marido;

17. *ULPIANUS libro octavo ad edictum. … debuit enim coerceri quae praetorem decepit. Sed ea notatur, quae cum suae potestatis esset hoc facit.*

17. ULPIANO *en el libro octavo de los comentarios al edicto. …* porque debiera ser castigada la que engañó al pretor. Sin embargo, la que hace esto siendo persona jurídicamente independiente es tachada de infamia.

18. *GAIUS libro tertio ad edictum provinciale. Ea, quae falsa existimatione decepta est, non potest videri per calumniam in possessione fuisse.*

18. GAYO *en el libro tercero de los comentarios al edicto provincial.* La mujer que se engañó de su estado por falsa apreciación no puede reputarse que estuvo en posesión de los bienes hereditarios por su impostura.

19. *ULPIANUS libro octavo ad edictum. Non alia autem notatur quam ea, de qua pronuntiatum est calumniae causa eam fuisse in possessionem missam. Idque et in patre erit servandum, qui calumniate causa passus est filiam, quam in potestate habebat, in possessionem ventris nomine mitti.*

19. ULPIANO *en el libro octavo de los comentarios al edicto.* Únicamente es tachada de infamia aquella mujer respecto de la que se declaró que fue puesta en posesión de los bienes hereditarios debido a una falsa declaración. Y lo mismo deberá observarse respecto del padre que maliciosamente consintió que la hija bajo su potestad fuese puesta en posesión de dichos bienes en favor del supuesto hijo.

20. *PAPINIANUS libro primo responsorum. Ob haec verba sententiae praesidis provincia 'callido commento videris accusationis instigator fuisse' pudor potius oneratur, quam ignominia videtur irrogari:*

20. PAPINIANO *en el libro primero de las respuestas.* Por estas palabras de una sentencia del gobernador de provincia: 'resulta que con astuta maquinación fuiste el instigador de la acusación', parece que se cubre de

non enim qui exhortatur mandatoris opera fungitur.

vergüenza el acusado más que verse tachado de infamia, porque quien exhorta no adquiere el papel de mandante.

21. PAULUS *libro secundo responsorum. Lucius Titius crimen intendit Gaio Seio quasi iniuriam passus atque in eam rem testationem apud praefectum praetorio recitavit: praefectus fide non habita testationis nullam iniuriam Lucium Titium passum esse a Gaio Seio pronuntiavit. Quaero, an testes, quorum testimonium reprobatum est, quasi ex falso testimonio inter infames habentur. Paulus respondit nihil proponi, cur hi, de quibus quaeritur, infamium loco haberi debeant, cum non oportet ex sententia sive iusta sive iniusta pro alio habita alium praegravari.*

21. PAULO *en el libro segundo de las respuestas.* Lucio Ticio se querelló criminalmente contra Cayo Seyo, acusándole de injurias, y reforzó dicha acusación testimoniando ante el prefecto del pretorio, el cual, al no considerar fidedigna la declaración de los testigos, sentenció que Lucio Ticio no había recibido injurias de Cayo Seyo. Pregunto: ¿acaso los testigos, cuyo testimonio fue desechado, son considerados infames como autores de un falso testimonio? Paulo respondió que nada se asevera para que tales testigos deban ser tenidos por infames, pues no procede que por la sentencia, justa o injusta, pronunciada contra uno, otro distinto se vea perjudicado.

22. MARCELLUS *libro secundo publicorum. Ictus festium infamiam non importat, sed causa, propter quam id pati meruit, si ea fuit, quae infamiam damnato irrogat. In ceteris quoque generibus poenarum eadem forma statuta est.*

22. MARCELO *en el libro segundo de los juicios públicos.* La pena de apaleamiento no provoca infamia por sí misma, sino que la motiva la causa por la que alguien mereció sufrirla, si fue tal que irroga infamia al condenado. Lo mismo se establece respecto de las otras formas de castigo.

23. ULPIANUS *libro octavo ad edictum. Parentes et liberi utriusque sexus nec non et celeri adgnati vel cognati secundum pietatis rationem et animi sui patientiam, prout quisque voluerit, lugendi sunt: qui autem eos non eluxit, non notatur infamia.*

23. ULPIANO *en el libro octavo de los comentarios al edicto.* Debe llevarse luto por los ascendientes y descendientes de ambos sexos, así como por los demás agnados o cognados, según cada quien sienta la obligación y pueda sobrellevarlo su ánimo; pero quien no guardó luto por ellos no es tachado de infamia.

24. IDEM *libro sexto ad edictum. Imperator Severus rescripsit non offuisse mulieris famae quaestum eius in servitute factum.*

24. EL MISMO *en el libro sexto de los comentarios al edicto.* El emperador Severo resolvió por respuesta escrita que a una mujer no le provocaba infamia el haberse prostituido mientras duró su esclavitud.

25. PAPINIANUS *libro secundo quaestionum. Exheredatum quoque filium luctum habere patris memoriae placuit, idemque et in matre iuris est, cuius hereditas ad filium non pertinet.*

25. PAPINIANO *en el libro segundo de las cuestiones.* Se juzgó adecuado que el hijo desheredado también guardase luto a la memoria de su padre; e idéntico derecho rige también para la madre cuya herencia no pertenece la hijo.

§1. Si quis in bello ceciderit, etsi corpus eius non conpareat, lugebitur.

§1. Si alguien murió en guerra, se guardará luto por él aunque no se halle su cuerpo.

TITULUS III DE PROCURATORIBUS ET DEFENSORIBUS

TÍTULO III DE LOS PROCURADORES Y LOS DEFENSORES

1. ULPIANUS *libro nono ad edictum. Procurator est qui aliena negotia mandatu domini administrat.*

1. ULPIANO *en el libro noveno de los comentarios al edicto.* El procurador es quien administra asuntos ajenos por mandato del titular.

§1. Procurator autem vel omnium rerum vel unius rei esse potest constitutus vel coram vel per nuntium vel per epistulam: quamvis quidam, ut Pomponius libro vicensimo quarto scribit, non putent unius rei mandatum suscipientem procuratorem esse: sicuti ne is quidem, qui rem perferendam vel epistulam vel nuntium perferendum suscepit, proprie procuratorem esse qui ad unam rem datus sit.

§1. El procurador puede ser nombrado para todos los asuntos o sólo para uno, ya estando presente, ya por medio de mensajero, ya por carta, aunque algunos, según escribe Pomponio en su libro vigésimo cuarto de los comentarios al edicto, no consideren procurador al que acepta mandato para un solo asunto; como sin duda tampoco se llama con propiedad procurador al que se encargó de llevar una cosa, una carta o un aviso. Pero es más cierto que también es procurador el que fue nombrado para un solo asunto.

§2. Usus autem procuratoris perquam necessarius est, ut qui rebus suis ipsi superesse vel nolunt vel non possunt, per alios possint vel agree vel conveniri.

§2. Es muy necesario valerse de procurador, pues aquellos que no quieren o no pueden atender sus asuntos por sí mismos, podrán ejercitar acciones o ser demandados por medio de otros.

§3. Dari autem procurator et absens potest,

§3. Un ausente también puede ser nombrado procurador,

2. PAULUS libro octavo ad edictum. … dummodo certus sit qui datus intellegetur et is ratum habuerit.

2. PAULO *en el libro octavo de los comentarios al edicto. …* con tal que sea enterado de ello el así nombrado, y éste lo ratificase.

§1. Furiosus non est habendus absentis loco, quia in eo animus deest, ut ratum habere non possit.

§1. El demente no ha de considerarse ausente, pues carece de juicio para poder ratificar.

3. ULPIANUS libro nono ad edictum. Item et ad litem futuram et in diem et sub condiciones et usque ad diem dari potest…

3. ULPIANO *en el libro noveno de los comentarios al edicto.* También puede nombrarse procurador para un pleito futuro, a partir de plazo cierto, bajo condición, y hasta cierto plazo…

4. PAULUS libro octavo ad edictum. … et in perpetuum.

4. PAULO *en el libro octavo de los comentarios al edicto. …* y para siempre.

5. ULPIANUS libro septimo ad edictum. Praesens habetur et qui in hortis est,

5. ULPIANO *en el libro séptimo de los comentarios al edicto.* Se considera presente también a quien está en su casa de campo,

6. PAULUS libro sexto ad edictum. … et qui in foro et qui in urbe et in continentibus aedificiis:

6. PAULO *en el libro sexto de los comentarios al edicto. …* y a quien está en el foro, en la ciudad y en los edificios contiguos;

7. ULPIANUS *libro septimo ad edictum. … et ideo procurator eius praesentis esse videtur.*

7. ULPIANO *en el libro séptimo de los comentarios al edicto. …* y por ello se entiende que el procurador de éste lo es de una persona presente.

8. IDEM *libro octavo ad edictum. Filius familias et ad agendum dare procuratorem potest, si qua sit actio, qua ipse experiri potest: non solum si castrense peculium habeat, sed et quivis filius familias: ut puta iniuriam passus dabit ad iniuriarum actionem, si forte neque pater praesens sit nec patris procurator velit experiri, et erit iure ab ipso filio familias procurator datus. Hoc amplius Iulianus scribit et si filio familias patri per filium eius in eadem potestate manentem fiat iniuria neque avus praesens sit, posse patrem procuratorem dare ad ulciscendam iniuriam, quam nepos absentis passus est. Ad defendendum quoque poterit filius familias procuratorem dare. Sed et filia familias poterit dare procuratorem ad iniuriam actionem. Nam quod ad dotis exactionem cum patre dat procuratorem, supervacuum esse Valerius Severus scribit, cum sufficiat patrem dare ex filiae voluntate. Sed puto, si forse pater absens sit vel suspectae vitae, quo casu solet filiae competere de dote actio, posse eam procuratorem dare. Ipse quoque filius procurator dari poterit et ad agendum et ad defendendum.*

8. EL MISMO *en el libro octavo de los comentarios al edicto.* El hijo de familia también puede nombrar procurador para demandar si él mismo tuviese alguna acción por la cual pueda demandar, y no solo si tuviera peculio castrense, sino cualquier hijo de familia. Por ejemplo, quien ha sufrido una injuria nombrará procurador para la acción de injurias; si su padre no estuviese presente y no quisiese ejercitar la acción el procurador de su padre, el procurador nombrado por el hijo de familia será legítimo. Además, Juliano escribe que si se injuriase a un hijo de familia, que es también padre, a través de un hijo suyo que esté bajo su potestad, y el abuelo no estuviese presente, puede el padre nombrar procurador para vengar la vejación que sufrió el nieto del ausente. El hijo de familia también podrá nombrar procurador para defenderse en un litigio. Incluso la hija de familia podrá nombrar procurador para la acción de injurias, porque Valerio Severo escribe que para la exacción de la dote no necesita nombrar procurador junto con su padre, pues basta que el padre lo nombre a voluntad de la hija. Pero opino que si acaso el padre estuviere ausente, o tuviera un estilo de vida dudoso, en cuyo caso la acción de dote suele competer a la hija, puede ésta nombrar procurador. También el

hijo de familia podrá ser nombrado procurador para demandar y para defender.

§1. Invitus procurator non solet dari. Invitum accipere debemus non eum tantum qui contradicit, verum eum quoque qui consensisse non probatur.

§1. No se acostumbra que alguien sea nombrado procurador si no quiere serlo. Debemos entender que no quiere no solo quien se opone, sino también aquel que no se demuestra que lo haya consentido.

§2. Veterani procuratores fieri possunt: milites autem nec si velit adversarius procuratores dari possunt, nisi hoc tempore litis contestatae quocumque casu praetermissum est: excepto eo qui in rem suam procurator datus est, vel qui communem causam omnis sui numeri persequatur vel suscipit, quibus talis procuratio concessa est.

§2. Los veteranos pueden ser nombrados procuradores, pero los soldados en servicio activo no, aunque lo consintiere la contraparte, salvo si por alguna circunstancia no se destacó su condición al momento de contestar la demanda, exceptuándose quien fue nombrado procurador en interés propio, o el que demanda, o el que es demandado en un juicio que afecta a su unidad militar, en cuyo caso se les permite dicha procuración.

§3. 'Procuratorem ad litem suscipiendam datum, pro quo consentiente dominus iudicatum solvi exposuit', praetor ait, 'iudicium accipere cogam'. Verum ex causa non debebit compelli. Ut puta inimicitiae capitales intervenerunt inter ipsum procuratorem et dominum: scribit Iulianus debere in procuratorem denegari actionem. Item si dignitas accesserit procuratori: vel rei publicae causa afuturus sit:

§3. Dice el pretor: 'obligaré a aceptar el juicio al procurador designado para encargarse de un litigio por el cual, en virtud de su consentimiento, el dueño del negocio declaró que pagaría la condena'. Mas existiendo algún motivo, no deberá ser obligado; por ejemplo, si medió enemistad mortal entre el procurador y el dueño del negocio, escribe Juliano que debe negarse la acción contra el procurador. Lo mismo ocurrirá si se otorgase algún cargo al procurador, o si debiera ausentarse por causa de la república,

9. GAIUS libro tertio ad edictum provinciale. … aut si valetudinem aut si necessariam peregrinationem alleget:

9. GAYO *en el libro tercero de los comentarios al edicto provincial.* … o si alegase una salud débil o un viaje obligatorio,

10. *ULPIANUS libro octavo ad edictum. … vel heredita superveniens eum occupet: vel ex alia iusta causa. Hoc amplius et si habeant praesentem dominum, non debere compelli procuratorem,*

10. ULPIANO *en el libro octavo de los comentarios al edicto.* … o le ocupe herencia sobrevenida, o por otra causa justa. Además, tampoco debe ser obligado el procurador si el dueño del negocio estuviere presente,

11. *PAULUS libro octavo ad edictum. … si tamen dominus cogi possit.*

11. PAULO *en el libro octavo de los comentarios al edicto.* … siempre y cuando el dueño del negocio pueda ser obligado a defenderse.

12. *GAIUS libro tertio ad edictum provinciale. Sed etiam ex his causis dicitur aliquando cogendum procuratorem iudicium accipere: veluti si dominus praesens non sit et actor adfirmet tractu temporis futurum ut res pereat.*

12. GAYO *en el libro tercero de los comentarios al edicto provincial.* Mas también se dice que, aun en tales casos, a veces debe obligarse al procurador a que acepte el juicio, por ejemplo, si el dueño del negocio no estuviera presente y el actor afirmara que la cosa podría perderse por el transcurso del tiempo.

13. *ULPIANUS libro octavo ad edictum. Sed haec neque passim admittenda sunt neque destricte deneganda, sed a praetore causa cognita temperanda.*

13. ULPIANO *en el libro octavo de los comentarios al edicto.* Pero esto ni se ha de admitir ni rechazar sin más, sino que el pretor deberá moderarlo por con previo conocimiento de causa.

14. *PAULUS libro octavo ad edictum. Si post datum procuratorem capitales inimicitiae intercesserunt, non cogendum accipere iudicium nec stipulationem ob rem non defensam committi, quoniam nova causa sit.*

14. PAULO *en el libro octavo de los comentarios al edicto.* Si después de nombrado procurador sobrevino enemistad mortal, no se le debe obligar a aceptar el juicio, ni se incurre por falta de defensa en la estipulación que obliga a defenderse, pues hay nueva causa.

15. *ULPIANUS libro octavo ad edictum. Si defunctus sit dominus ante litem contestatam, iudicatum solvi stipulatione pro suo procuratore data, procurator*

15. ULPIANO *en el libro octavo de los comentarios al edicto.* Si falleciese el dueño del negocio antes de contestarse la demanda, habiendo

compellendus est ad iudicium accipiendum: ita tamen si hoc dominus sciente procuratore et non contradicente fecit. Quod si aliter actum est, inscium quidem procuratorem teneri satis incivile est, committitur autem ob rem non defensam stipulationis clausula.

otorgado por medio de su procurador la estipulación de pagar la condena, se obligará a éste a aceptar el juicio, pero solo si el dueño del negocio lo hizo sabiéndolo el procurador y no contradiciéndolo. Porque si se obró de otro modo, es muy contrario al derecho civil que se obligue al procurador que ciertamente no lo sabía, pero se incurre en la cláusula de la estipulación por la indefensión de la cosa.

§1. Qui ad communi dividundo iudicium datus est, ad agendum item et ad defendendum videbitur datus duplici cautela interponenda.

§1. Quien fue nombrado para demandar en el jucio de division de copropiedad, se entenderá nombrado también para defender, debiéndose prestar doble caución de futura ratificación y de pagar la condena.

***16.** PAULUS libro octavo ad edictum. Ante litem contestatam libera potestas est vel mutandi procuratoris vel ipsi domino iudicium accipiendi.*

16. PAULO *en el libro octavo de los comentarios al edicto.* Antes de haberse contestado la demanda hay libre potestad tanto para cambiar de procurador como para que el dueño del negocio acepte el juicio.

***17.** ULPIANUS libro nono ad edictum. Post litem autem contestatam reus qui procuratorem dedit mutare quidem eum vel in se litem transferre a vivo procuratore vel in civitate manente potest, causa tamen prius cognita.*

17. ULPIANO *en el libro noveno de los comentarios al edicto.* Luego de contestada la demanda, el demandado que nombró procurador puede cambiarlo o asumir personalmente el pleito del procurador que aún viva, o del que siga viviendo en la ciudad, siempre con previo conocimiento de causa.

§1. Non solum autem ipsi qui dedit procuratorem hoc permittitur, sed etiam heredi eius et ceteris successoribus.

§1. Esto se permite no solamente al que nombró procurador, sino también a su heredero y demás sucesores.

§2. In causae autem cognitione non solum haec versantur, quae supra diximus in

§2. En el conocimiento de la causa no solo se examinan los motivos

procuratore non compellendo suscipere iudicium, verum et aetas…	expuestos para no obligar al procurador a tomar a su cargo el juicio que anteriormente expusimos, sino también la edad,
18. *MODESTINUS libro decimo pandectarum. …aut religionis beneficium.*	**18.** MODESTINO *en el libro décimo de las pandectas.* … o el beneficio de la religión.
19. *ULPIANUS libro nono ad edictum. Item si suspectus sit procurator aut in vinculis aut in hostium praedonumve potestate,*	**19.** ULPIANO *en el libro noveno de los comentarios al edicto.* Igualmente si el procurador fuere sospechoso o estuviera preso, o en poder de enemigos o de salteadores,
20. *PAULUS libro octavo ad edicum. … vel iudicio publico privatove vel valetudine vel maiore re sua distringatur…*	**20.** PAULO *en el libro octavo de los comentarios al edicto.* … o se hallase impedido por juicio público o privado, o por enfermedad, u ocupado por un negocio propio más grave,
21. *GAIUS libro tertio ad edictum provinciale. … vel exilio, vel si latitet, vel inimicus postea fiat,*	**21.** GAYO *en el libro tercero de los comentarios al edicto provincial.* … o si fuese desterrado, o si se ocultase, o si después se hiciese enemigo,
22. *PAULUS libro octavo ad edictum. … aut adfinitate aliqua adversario iungatur, vel heres ei existat,*	**22.** PAULO *en el libro octavo de los comentarios al edicto.* … o si por alguna afinidad emparentase con la contraparte, o llegase a ser su heredero,
23. *ULPIANUS libro nono ad edictum. … aut longa peregrinatio et aliae similes causae impedimento sint,*	**23.** ULPIANO *en el libro noveno de los comentarios al edicto.* … o le fueron impedimento un largo viaje y otras causas semejantes,
24. *PAULUS libro octavo ad edictum. … mutari debebit vel ipso procuratore postulante.*	**24.** PAULO *en el libro octavo de los comentarios al edicto.* … se deberá cambiar de procurador, pidiéndolo incluso él mismo.

25. ULPIANUS *libro nono ad edictum. Quae omnia non solum ex parte rei, sed etiam in persona actoris observabuntur. Sed si adversarius vel ipse procurator dicat dominum mentiri, apud praetorem haec finiri oportet. Nec ferendus est procurator qui sibi adserit procurationem: nam hoc ipso suspectus est qui operam suam ingerit invito. Nisi forte purgare magis convicium quam procurationem exsequi maluit. Et hactenus erit audiendus, si dicat se procuratione quiden carere velle, sed si id inlaesa existimatione sua fiat: ceterum ferendus erit pudorem suum purgans. Plane si dicat in rem suam se procuratorem datum et hoc probaverit, non debet carere propria lite. Item si retentio aliqua procurator uti velit, non facile ab eo lis erit transferenda,*

25. ULPIANO *en el libro noveno de los comentarios al edicto.* Todo lo cual deberá observarse no solo respecto al demandado, sino también a la persona del actor. Pero si la contraparte o el procurador mismo dijera que el dueño del negocio miente, esto debe resolverse ante el pretor. No debe tolerarse que el procurador se resista a dejar la representación, porque por esto mismo se hace sospechoso el que presta sus servicios al que no los quiere prorrogar, salvo si buscó defenderse de una calumnia y no continuar la procuración. Y solo deberá oírsele si dijera que verdaderamente quiere abandonar la procuración, pero dejando ilesa su reputación; por lo demás, deberá tolerarse al que defiende su pundonor. Pero si dijera que fue nombrado procurador en interés propio, y lo probase, no debe apartarse de su propio pleito. Igualmente si el procurador quisiera usar alguna retención, difícilmente podrá retirarse del litigio,

26. PAULUS *libro octavo ad edictum. … nisi dominus ei solvere paratus sit.*

26. PAULO *en el libro octavo de los comentarios al edicto.* … a menos que el dueño del negocio esté dispuesto a pagarle.

27. ULPIANUS *libro nono ad edictum. In causae cognitione etiam hoc versabitur, ut ita demum transferri a procuratore iudicium permittatur, si quis omnia iudicii ab eo transferre paratus sit. Ceterum si velit quaedam transferre, quaedam relinquere, iuste procurator hanc inconstantiam recusabit. Sed haec ita, si mandato domini procurator egit. Ceterum si mandatum non*

27. ULPIANO *en el libro noveno de los comentarios al edicto.* Al conocer una causa también deberá considerarse que sólo se permite retirar al procurador de un juicio si se estuviese dispuesto a retirarlo de todo el juicio; pero si quisiera retirarle de algunas cosas y dejarle en otras, el procurador rechazará

est, cum neque in iudicium quicquam deduxerit, nec tu ea comprobasti: quae invito te acta sunt tibi non praeiudicant ideoque translatio earum litium non est tibi necessaria, ne alieno facto onereris. Haec autem cognitio procuratoris mutandi praetoris est.

justamente tal inconstancia. Mas esto es así si el procurador actuó en juicio por mandato del dueño del negocio, pero si no hay mandato ni se dedujese cosa alguna en juicio, ni tú aprobaste lo que se hizo contra tu voluntad, ello no te perjudica; y por ende no necesitas transferir dichos litigios para no verte perjudicado con lo hecho por otro. El conocimiento de cambio de procurador corresponde al pretor.

§1. Si ex parte actoris litis translatio fiat, dicimus committi iudicatum solvi stipulationem a reo factam, idque et Neratius probat et Iulianus et hoc iure utimur: scilicet si dominus satis accepit. Sed et si procurator satis accepit et transferatur iudicium in dominum: verius est committi et ex stipulatu actionem a procuratore in dominum transferri. Sed et si a domino vel a procuratore in procuratorem iudicium transferatur, non dubitat Marcellus, quin committatur stipulatio. Et haec vera sunt. Et licet procuratori commissa sit stipulatio, tamen domino erit danda utilis ex stipulatu actio, directa penitus tollenda.

§1. Si se hiciera la traslación del pleito por parte del actor, decimos que se incurre en la estipulación hecha por el demandado de pagarse lo juzgado, y así lo aprueban Neracio y Juliano. Y sin duda usamos este derecho si el dueño del negocio recibió la fianza. Pero si la recibió el procurador y el juicio se transfirió al dueño del negocio, es más verdadero que se incurre en la estipulación y que la acción por lo estipulado se transfiere del procurador al dueño del negocio. Pero si se transfiriese el juicio del dueño del negocio, o del procurador, a otro procurador, Marcelo no duda que se incurre en la estipulación, y esto es verdad. Aunque se haya transmitido la estipulación al procurador, se habrá de conceder al dueño del negocio la acción útil por lo estipulado, debiendo extinguirse por completo la directa.

28. IDEM *libro primo disputationum. Si procurator meus iudicatum solvi satis acceperit, mihi ex stipulatu actio utilis est, sicuti iudicati actio mihi indulgetur. Sed et si egit procurator meus ex ea stipulatione me*

28. EL MISMO *en el libro primero de las disputas.* Si mi procurador recibiese fianza de que el demandado pagase lo juzgado, me corresponde una acción útil por lo

invito, nihilo minus tamen mihi ex stipulatu actio tribuetur. Quae res facit ut procurator meus ex stipulatu actio tribuetur. Quae res facit ut procurator meus ex stipulatu agendo exceptione debeat repelli: sicuti cum agit iudicati non in rem suam datum nec ad eam procurator factus. Per contrarium autem si procurator meus iudicatum solvi satisdederit, in me ex stipulatu action non datur. Sed et si defensor meus satisdederit, in me ex stipulatu actio non datur, quia nec iudicati mecum agi potest.

estipulado, del mismo modo que se me concede la acción de lo juzgado. Pero aunque mi procurador demandase por causa de aquella estipulación contra mi voluntad, no obstante ello se me concederá la acción por lo estipulado; por lo anterior, si mi procurador demanda con la acción de lo estipulado, deberá ser repelido mediante excepción, igual que cuando demanda por la cosa juzgada, y no habiendo sido nombrado procurador para causa propia ni constituido tal para aquel asunto. Por el contrario, si mi procurador ofreciese caución de pagarse lo juzgado, no se da contra mí la acción por lo estipulado. Y si mi defensor diese la fianza, no se da contra mí la acción por lo estipulado porque tampoco puede reclamarse contra mí la acción por lo juzgado.

29. *IDEM libro nono ad edictum. Si acto malit dominum potius convenire quam eum qui in rem suam procurator est, dicendum est ei licere.*

29. EL MISMO *en el libro noveno de los comentarios al edicto*. Si el actor prefiriese demandar al dueño del negocio y no al que es procurador en interés propio, se dirá que le es lícito.

30. *PAULUS libro primo sententiarum. Actoris procurator non in rem suam datus propter inpensas quas in litem fecit potest desiderare, ut sibi ex iudicatione satisfiat, si dominus litis solvendo non sit.*

30. PAULO *en el libro primero de las sentencias*. El procurador del actor que no es nombrado en interés propio, puede pedir con la acción de lo juzgado que se le paguen los gastos que realizó durante el juicio si el dueño del litigio no fuere solvente.

31. *ULPIANUS libro nono ad edictum. Si quis, cum procuratorio nomine condemnatus esset, heres extiterit domino*

31. ULPIANO *en el libro noveno de los comentarios al edicto*. Si habiendo sido condenado alguien en calidad de

litis: iudicati actionem non recte recusabit. Hoc si ex asse. Sin autem ex parte heres extiterit et totum solverit, si quidem ei mandatum est hoc quoque ut solvat, mandati actionem adversus coheredes habebit: si non sit mandatum, negotiorum gestorum actio datur. Quod est et si heres procurator non exstiterit et solverit.

procurador, llegase a ser heredero del dueño del pleito, no rechazará la acción de lo juzgado. Esto procede si fue heredero de toda la herencia; pero si llegase a ser heredero parcial, y pagase la totalidad de la condena, tendrá contra sus coherederos la acción de mandato si se le mandó que pagara; y si no se le mandase, se le concede la acción de negocios gestionados; lo mismo sucede aunque el procurador pagase sin llegar a ser heredero.

§1. Unius litis plurium personarum plures dari procuratores non est prohibitum.

§1. No está prohibido que se nombren varios procuradores para un solo litigio que pertenece a muchas personas.

§2. Iulianus ait eum, qui dedit diversis temporibus procuratores duos, posteriorem dando priorem prohibuisse videri.

§2. Dice Juliano que quien nombró dos procuradores en distintos momentos, se entiende que al nombrar al posterior revocó al primero.

32. *PAULUS libro octavo ad edictum. Pluribus procuratoribus in solidum simul datis occupantis melior condicio erit, ut posterior non sit in eo quod prior petit procurator.*

32. PAULO *en el libro octavo de los comentarios al edicto.* Nombrados al mismo tiempo muchos procuradores de manera solidaria, será preferido el primero que intervino en el litigio, de modo que el posterior no será procurador en lo que demandó el primero.

33. *ULPIANUS libro nono ad edictum. Servum quoque et filium familias procuratorem posse habere aiunt. Et quantum ad filium familias verum est: in servo subsistimus. Et negotia quidem peculiaria servi posse admittimus, quod et Labeoni videtur: actionem autem intendere vetamus.*

33. ULPIANO *en el libro noveno de los comentarios al edicto.* Se dice que el esclavo y el hijo de familia también pueden tener procurador. En cuanto al hijo de familia es verdad; respecto al esclavo debemos meditarlo. Admitimos que cualquiera puede administrar el peculio del esclavo, y en este caso admitimos que sea su procurador, lo que también le parece correcto a

Labeón; pero no consideramos posible que un esclavo intente acción alguna.

§1. Eum vero qui de statu suo litigat procuratorem habere posse non dubitamus non solum in administratione rerum, sed etiam in actionibus, quae ei vel adversus eum competant, ex possessione sive servitutis sive libertatis de suo statu litigat. Ex contrario quoque eum procuratorem dari posse manifestum est.

§1. No dudamos que quien litiga sobre su estado pueda tener procurador, no sólo para la administración de sus bienes, sino también para las acciones que competan en su favor o en su contra, ya litigue sobre su estado hallándose en calidad de esclavo, ya en la de libre. Por el contrario, es evidente que también él puede ser nombrado procurador.

§2. Publice utile est absente a quibuscumque defendi: nam et in capitalibus iudiciis defensio datur. Ubicumque itaque absens quis damnari potest, ibi quemvis verba pro eo facientem et innocentiam excusantem audiri aequum est et ordinarium admittere: quod et ex rescripto imperatoris nostri apparet.

§2. Es de utilidad pública que los ausentes sean defendidos por quien sea, pues hasta en los juicios capitales se concede la defensa. Así pues, siempre que un ausente pueda ser condenado, es justo que se oiga al que hable por él y defienda su inocencia, y lo ordinario es admitirlo; lo que también consta en una respuesta escrita de nuestro emperador Caracala.

§3. Ait praetor: 'Cuius nomine quis actionem dari sibi postulabit, is eum viri boni arbitratu defendat: et ei quo nomine aget id ratum habere eum ad quem ea res pertinet, boni viri arbitratu satisdet'.

§3. Dice el pretor: 'quien en nombre de otro pida que se le conceda una acción, deberá defenderlo según arbitrio de varón recto, y ofrezca a aquél contra quien litigare fianza, según el arbitrio de varón recto, de que aquél a quien pertenece el asunto ratificará su gestión.

§4. Aequum praetori visum est eum, qui alicuius nomine procurator experitur, eundem etiam defensionem suscipere.

§4. Pareció equitativo al pretor que aquel que demanda en nombre de otro como procurador también tome a su cargo la defensa.

§5. Si quis in rem suam procurator interveniat, adhuc erit dicendum debere eum defendere: nisi forte ex necessitate fuerit factus.

§5. Si alguien actuase como procurador en interés propio, ha de señalarse también que debe asumir la defensa del que lo nombró, a no ser que hubiere sido nombrado por necesidad de derecho.

34. *GAIUS libro tertio ad edictum provinciale. Si quis in rem suam procuratorio nomine agit, veluti emptor hereditatis: an debeat invicem venditorem defendere? Et placet, si bona fide et non in fraudem eorum qui invicem agere vellent gestum sit negotium, non oportere eum invicem defendere.*

34. GAYO *en el libro tercero de los comentarios al edicto provincial.* Si alguien ejercita una acción como procurador en interés propio, por ejemplo, el comprador de la herencia, ¿deberá defender a su vez al vendedor? Y se ha resuelto que si el negocio se hizo de buena fe y no en fraude de aquellos que quisieron demandarse entre sí, no debe asumir a su vez la defensa del vendedor.

35. *ULPIANUS libro nono ad edictum. Sed et hae personae procuratorum debebunt defendere, quibus sine mandate agere licet: ut puta liberi, licet sint in potestate, item parentes et fratres et adfines et liberti.*

35. ULPIANO *en el libro noveno de los comentarios al edicto.* Pero también esos procuradores a quienes les es lícito ejercitar una acción sin mandato, deberán asumir la defensa; como en el caso de los hijos, aunque estén bajo potestad, y también los ascendientes, los hermanos, los afines y los libertos.

§1. Patronus libertum et per procuratorem ut ingratum accusare potest et libertus per procuratorem respondere.

§1. El patrón puede acusar a un liberto de ingrato por medio de procurador, y el liberto responder por medio también de procurador.

§2. Non solum autem si actio postuletur a procuratore, sed et si praeiudicium vel interdictum, vel si stipulatione legatorum vel damni infecti velit caveri: debebit absentem defendere in competenti tribunali et eadem provincia. Ceterum cogi eum etiam in provincia de Roma abire vel e contrario vel a provincia in aliam provinciam et defendere durum est.

§2. Mas no sólo si por medio del procurador se pidiese una acción, sino también una cuestión prejudicial, o un interdicto, o si quisiese que se otorgue caución de la estipulación de cumplir los legados, o del daño temido, deberá defender al ausente ante el tribunal competente y en la misma provincia. Por lo demás, es duro que se le obligue también a ir de Roma a una provincia, o al contrario, o de una a otra provincia para defender un litigio.

§3. Defendere autem est id facere quod dominus in litem faceret, et cavere idonee: nec debebit durior condicio procuratoris fieri

§3. Defender es hacer lo que el dueño del negocio haría en el pleito y dar caución idónea, y no deberá

quam est domini, praeterquam in satisdando. Praeter satisdationem procurator ita defendere videtur, si iudicium accipiat. Unde quaesitum est apud Iulianum, an compellatur, an vero sufficiat ob rem non defensam stipulationem committi. Et Iulianus scribit libro tertio digestorum compellendum accipere iudicium: nisi et agendum causa cognita recusaverit vel ex iusta causa remotus fuerit. Defendere videtur procurator et si in possessionem venire patiatur, cum quis damni infecti satis vel legatorum desideret,

hacerse la condición del procurador más gravosa que la del dueño, salvo en lo de dar garantía. Aparte de la caución, se entiende que el procurador defiende si acepta el juicio. Por ello se preguntó a Juliano si se obligará al procurador a que acepte el juicio o si bastará que incurra en la estipulación por no defender el negocio; y en el libro tercero del Digesto Juliano escribe que ha de ser obligado a aceptar el juicio, a menos que con previo conocimiento de causa rehusase también ser actor, o por causa justificada se le removiese del mandato. Se considera que el procurador defiende, aunque permita que uno entre en posesión, cuando éste pidiere fianza por daño temido o por los legados…

36. *PAULUS libro octavo ad edictum. … vel in operis novi nuntiatione. Sed et si servum ex causa noxali patiatur duci, defendere videtur: ita tamen, ut in his ómnibus ratam rem dominum habiturum caveat.*

36. PAULO *en el libro octavo de los comentarios al edicto.* … o por denunciar obra nueva. También se entiende que defiende si consiente que se entregue el esclavo por causa del daño que provocó; siempre, sin embargo, que en todos estos casos el procurador otorgue caución de que el dueño del negocio habrá de ratificar lo hecho.

37. *ULPIANUS libro nono ad edictum. Omnium autem actionem nomine debet defendere, etiam earum quae in heredem non dantur.*

37. ULPIANO *en el libro noveno de los comentarios al edicto.* Debe defender de todas las acciones, incluso de aquellas que no se dan contra el heredero.

§1. Unde est quaesitum: si adversaries plures intendat actiones et in singulas singuli existant defensores suscipere parati, videri eum recte defendi Iulianus ait. Quo iure nos uti Pomponius scribit.

§1. Por lo cual se preguntó: qué pasaría si el adversario intentase muchas acciones, y en cada una estuviese dispuesto un defensor a aceptar la defensa. Dice Juliano que se considera que el dueño del negocio está bien defendido; derecho que usamos, como escribe Pomponio.

38. *IDEM libro quadragensimo ad edictum. Non tamen eo usque procedendum erit, ut, si decem milia petantur et exstant duo defensores parati in quina defendere, audiantur.*

38. EL MISMO *en el libro cuadragésimo de los comentarios al edicto*. Pero en esto no ha de llegarse al extremo de que si se demandasen diez mil sestercios y hubiera dos defensores dispuestos a defender por cinco mil, se les oiga.

39. *IDEM libro nono ad edictum. Non solum autem in actionibus et interdictis et in stipulationibus debet dominum defendere, verum in interrogationibus quoque, ut in iure interrogatus ex omnibus causis respondeat, ex quibus dominus. An igitur heres sit absens, respondere debebit et si responderit vel tacuerit, tenebitur.*

39. EL MISMO *en el libro noveno de los comentarios al edicto*. Pero el procurador no solo debe defender al dueño del negocio en las acciones, en los interdictos y en las estipulaciones, sino también en los interrogatorios ante el magistrado, de modo que, al ser interrogado en juicio, responda sobre todas las cosas por las que respondería el dueño. Así pues, el procurador deberá responder si el heredero estuviere ausente, y ya si respondiese o callase, quedará obligado.

§1. Qui alieno nomine agit quamcumque actionem, id ratum habiturum eum ad quem ea res pertinebit cavere debet. Sed interdum licet suo nomine procurator experiatur, tamen de rato debebit cavere, ut Pomponius libro vicensimo quarto scribit. Ut puta iusiurandum procuratori rettulit, iuravit absenti dari oportere: agit hoc iudicio suo nomine propter suum iusiurandum (neque enim haec actio domino competere potuit): sed debebit de rato cavere. Sed et si procuratori constitutum est et ex ea causa agat: dubitandum non est quin locus sit de rato cautioni, idque Pomponius scribit.

§1. Quien en nombre de otro ejercita una acción cualquiera, debe dar caución de que quien sea dueño del negocio lo ratificará. Pero a veces, aunque el procurador demande en nombre propio, deberá, sin embargo, dar fianza de ratificación, según escribe Pomponio en el libro vigésimo cuarto; por ejemplo, si el demandado devolvió la decisión por juramento al procurador, y éste juró que debía darse al ausente en este juicio demanda en nombre propio por razón de su juramento, porque esta acción no pudo competer al principal, pero deberá dar caución de ratificación. Pero si se obligó a pagar al procurador una deuda en un plazo determinado, y por esta causa demandase, indudablemente procede la caución de ratificación, y así lo declara Pomponio.

§2. Quaeritur apud Iulianum: utrum dominum solum ratam rem habere debet satisdare an etiam ceteros creditores? Et ait dumtaxat de domino cavendum nec illis verbis 'ad quem ea res pertinet' creditores contineri: nam nec ipsi domino haec incumbebat cautio.

§2. Juliano se pregunta si debe dar fianza de que sólo el dueño del negocio ratificará lo hecho o si también la ratificarán los demás acreedores; y dice que únicamente se ha de dar caución respecto del dueño, y que en las palabras 'a quien pertenece el negocio' no se incluyen a los acreedores; pues ni siquiera incumbía esta caución al dueño del negocio mismo.

§3. Si de dote agat pater, cavere debet ratam rem filiam habituram: sed et defendere eam debet, ut et Marcellus scribit.

§3. Si el padre demandase por la acción de dote, debe dar garantía de que la hija lo ratificará, e igualmente debe defender a ésta, como también lo escribe Marcelo.

§4. Si pater filii nomine iniuriarum agat, cum duae sint actiones una patris altera filii, cessat de rato cautio.

§4. Si el padre se querellase por injurias en representación del hijo, ya que hay dos acciones, una del padre y otra del hijo, no procede la caución de ratificación.

§5. Si status controversiam cui faciat procurator, sive ex servitute in libertatem adversus eum quis litiget sive ipse ex libertate in servitutem petat, debet cavere ratam rem dominum habiturum. Et ita edicto scriptum est, ut ex utroque latere quasi actor habeatur.

§5. Si debido a su estado el procurador promoviera un litigio contra alguien, ya sea para que de ser esclavo pase a ser libre, o que pida pasar de libre a esclavo, debe dar caución de que el dueño del negocio lo ratificará; y así consta escrito en el edicto, de modo que de una y otra parte sea considerado parte actora.

§6. Est es casus, quo quis eiusdem actionis nomine et de rato caveat et iudicatum solvi. Ut puta postulata est cognitio de in integrum restitutione, cum minor circumscriptus in venditione diceretur: alterius procurator et ratam rem dominum habiturum, ne forte dominus reversus velit quid petere, item

§6. También se da el caso de que por razón de la propia acción se otorgue caución de ratificación y de pagar lo juzgado. Por ejemplo, si se pidió conocer sobre la restitución total, alegando que el menor fue engañado en una venta y hay procurador de la

iudicatum solvi. Ut puta postulata est cognitio de in integrum restitutione, cum minor circumscriptus in venditione diceretur: alterius procurator existit: debet cavere hic procurator et ratam rem dominum habiturum, ne forte dominus reversus velit quid petere, item iudicatum solvi, ut si quid forte propter hanc restitutionem in integrum praestari adulescenti debeat, hoc praestetur. Et haec ita Pomponius libro vicensimo quinto ad edictum scribit.

§7. Item ait, si suspectus tutor postuletur, defensorem eius oportere etiam de rato cavere, ne reversus ille velit retractare quod actum est. Sed non facile per procuratorem quis suspectus accusabitur, quoniam famae causa est, nisi constet ei a tutore mandatum nominatim, aut si etiam absente tutore, quasi non defenderetur, praetor erat cogniturus.

otra parte: éste debe también dar caución de que el dueño del negocio ratificará lo actuado, no sea que tras volver quiera demandar alguna cosa; y también debe dar caución de que pagará lo juzgado, para que si por razón de dicha restitución total debiera darse algo al adolescente, se le dé. Así lo escribe Pomponio en el libro vigésimo quinto de sus comentarios al edicto.

§7. También dice que si un tutor fuere acusado de sospechoso, su defensor debe dar también caución de ratificación, no sea que al volver quiera revocar lo actuado. Pero difícilmente se podrá acusar a un tutor de sospechoso por medio de procurador, porque es causa de infamia para el condenado, a no ser que conste expresamente que le mandó el tutor la representación, o que, incluso estando ausente el tutor, hubiera de conocer de ello el pretor, como tratándose de uno que no quiere defenderse.

40. *IDEM libro nono ad edictum. Pomponius scribit non omnes actiones per procuratorem posse quem instituere. Denique ut liberi, qui in potestate absentis dicuntur, ducantur, interdictum non posse desiderare ait nisi, ut Iulianus ait, causa cognita, id est si et nominatim ei mandatum sit et pater valetudine vel alia iusta causa impediatur.*

40. EL MISMO *en el libro noveno de los comentarios al edicto.* Pomponio escribe que no todas las acciones pueden intentarse por medio de procurador. Añade que para recuperar los hijos que se alegase se hallan bajo la potestad de un ausente, el procurador puede intentar el interdicto sólo con previo conocimiento de causa, como dice Juliano, es decir, si especialmente también se le mandase hacerlo y el padre estuviera impedido por enfermedad o por otra causa justificada.

§1. Si stipuletur procurator damni infecti vel legatorum, debebit de rato cavere.

§1. Si un procurador estipulase sobre la indemnización por daño temido o sobre el cumplimiento de los legados, deberá dar caución de que se ratificará lo que hizo.

§2. Sed et is, qui quasi defensor in rem actione convenitur, praeter solitam satisdationem iudicatum solvi etiam de rato debet cavere. Quid enim si in hoc iudicio rem meam esse pronuntietur, reversus ille, cuius defensor extiterat, velit fundum vindicare: nonne ratum non videbitur habere quod iudicatum est? Denique si verus procurator extitisset vel ipse praesens causam suam egisset et victus esset: si a me vindicaret, exceptione rei iudicatae summoveretur, et ita Iulianus libro quinquagensimo digestorum scribit: nam cum iudicatur rem meam esse, simul iudicatur illius non esse.

§2. También el que como defensor es demandado por una acción real, además de la fianza acostumbrada de pagar el monto de lo juzgado, debe también dar caución de que se ratificará lo que hizo. ¿Y qué se dirá si en este juicio se sentenciase que la cosa es mía, y tras regresar aquel que había tenido defensor quisiera reivindicar el fundo? ¿Acaso no parecerá que no ratifica lo que se juzgó? Finalmente, si interveniese un verdadero procurador con mandato, o él mismo estando presente llevase su propio litigio y fuese vencido, si vindicase de mí la cosa sería rechazado con la excepción de cosa juzgada. Y así lo escribe Juliano en el libro quincuagésimo del Digesto, porque cuando se juzga que la cosa es mía, al mismo tiempo se declara que no es de él.

§3. Ratihabitionis autem satisdatio ante litis contestationem a procuratore exigitur: ceterum semel lite contestata non compelletur ad cautionem.

§3. Pero la fianza de ratificación se exige del procurador antes de la contestación de demanda; pero una vez contestada, no será obligado a dar caución.

§4. In his autem personis, in quibus mandatum non exigimus, dicendum est, si forte evidens sit contra voluntatem eos experiri eorum pro quibus interveniunt, debere eos repelli. Ergo non exigimus ut habeant voluntatem vel mandatum, sed ne contraria voluntas probetur: quamvis de rato offerant cautionem.

§4. Respecto de aquellas personas para las que no exigimos mandato, debe decirse que serán rechazadas si resulta evidente que litigan contra la voluntad de aquellos por quienes intervienen. No exigimos, pues, que tengan el consentimiento o mandato, sino que no se pruebe una voluntad contraria, aunque ofrezcan la fianza de ratificación.

41. PAULUS *libro nono ad edictum. Feminas pro parentibus agere interdum permittetur causa cognita, si forte parentes morbus aut aetas impediat, nec quemquam qui agat habeant.*

41. PAULO *en el libro noveno de los comentarios al edicto.* Algunas veces se permitirá a las mujeres, previo conocimiento de causa, ejercitar una acción en representación de sus padres, como cuando una enfermedad o la edad tuviese impedidos a sus padres, y éstos no tuviesen quién litigase por ellos.

42. IDEM *libro octavo ad edictum. Licet in popularibus actionibus procurator dari non possit, tamen dictum est merito eum qui de via publica agit et privato damno ex prohibitione adficitur, quasi privatae actionis dare posse procuratorem. Multo magis dabit ad sepulchri violati actionem is ad quem ea res pertinet.*

42. EL MISMO *en el libro octavo de los comentarios al edicto.* Aunque en las acciones populares no pueda nombrarse procurador, se ha dicho sin embargo que sí puede hacerlo con perfecto derecho quien ejercita la acción de vía pública, y sufre un perjuicio debido a la prohibición del pretor, Y con mucha más razón el dueño del negocio lo nombrará para la acción de sepulcro violado.

§1. Ad actionem iniuriarum ex lege Cornelia procurator dari potest: nam etsi pro publica utilitate exercetur, privata tamen est.

§1. Puede nombrarse procurador para la acción de injurias surgida de la Ley Cornelia, pues aunque se ejerce por utilidad pública, es sin embargo privada.

§2. Ea obligatio, quae inter dominum et procuratorem consistere solet, mandati actionem parit. Aliquando tamen non contrahitur obligatio mandati: sicut evenit, cum in rem suam procuratorem praestamus eoque nomine iudicatum solvi promittimus: nam si ex ea promissione aliquid praestiterimus, non mandati, sed ex vendito (si hereditatem vendidimus) vel ex pristina causa mandati agere debemus: ut fit cum fideiussor reum procuratorem dedit.

§2. La obligación que suele mediar entre el dueño del negocio y su procurador crea la acción de mandato. Pero en ocasiones no se contrae la obligación de mandato, como sucede cuando nombramos procurador en interés propio y en su nombre prometemos que se pagará lo juzgado; porque si debido a esta promesa pagásemos algo, no debemos reclamarlo por la acción de mandato, sino por la de venta (si vendimos la herencia) o por la causa originaria del mandato, como sucede cuando un fiador nombró procurador al deudor principal, contra el que antes tenía acción de mandato.

§3. Is cui hereditas ex Trebelliano senatus consulto restituta est heredem iure dabit procuratorem.

§3. Aquel a quien se entregó la herencia en virtud de lo dispuesto por el senadoconsulto Trebeliano, nombrará procurador al heredero con apego a derecho.

§4. Sed et dominum pignoris creditor recte dabit procuratorem ad Servianam.

§4. Pero también el acreedor pignoraticio nombrará procurador al propietario de la prenda válidamente para ejercitar la acción Serviana.

§5. Porro si uni ex reis credendi constitutum sit isque alium in constitutam pecuniam det, non negabimus posse dare. Sed et ex duobus reis promittendi alter alterum ad defendendum procuratorem dabit.

§5. Además, si se designase un deudor para pagar a uno de los acreedores solidarios y éste nombrase procurador al otro acreedor para ejercitar la acción de compromiso del pago a plazo, no negaremos que puede nombrarlo. Igualmente uno de los deudores solidarios que prometieron pagar podrá nombrar procurador al otro deudor para que le defienda.

§6. Si plures heredes sint et familiae erciscundae aut communi dividundo agatur, pluribus eundem procuratorem non est permittendum dare, quoniam res expediri non potest circa adiudicationes et condemnationes: plane permittendum dare, si uni coheredi plures heredes existant.

§6. Si fuesen varios los herederos y se ejercitase la acción de división de herencia o de división de bienes comunes, no debe permitirse a todos ellos que nombren un mismo procurador, porque no pueden realizarse las adjudicaciones y las condenas entre ellos; pero se permitirá nombrarlo si hubiere muchos herederos de uno solo de los coherederos.

§7. Reo latitante post litem contestatam ita demum fideiussores eum defendere videbuntur, si vel unus ex his eum pro solido defendat, vel omnes vel qui ex his unum dederint in quem iudicium transferetur.

§7. Si el demandado se ocultase tras contestar la demanda, sólo se entenderá que sus fiadores lo defienden si uno de estos lo defendiera por el total, o si lo defendieran todos, o aquéllos que nombrasen un mismo procurador a quien se transferirá el juicio.

43. *IDEM libro nono ad edictum. Mutus et surdus per eum modum qui procedure potest procuratorem dare non prohibentur: forsitan et ipsi dantur non quidem ad agendum, sed ad administrandum.*

43. EL MISMO *en el libro noveno de los comentarios al edicto.* El mudo y el sordo no tienen prohibido nombrar procurador del modo en que pueda ser procedente hacerlo; a veces son también nombrados ellos mismos, pero no tanto para litigar, sino para administrar.

§1. Cum quaeretur, an alicui procuratorem habere liceat, inspiciendum erit, an non prohibeatur procuratorem dare, quia hoc edictum prohibitorium est.

§1. Cuando se pregunte si es lícito que alguien tenga procurador, habrá de considerarse si no le está prohibido nombrarlo, pues este edicto es prohibitivo.

§2. In popularibus actionibus, ubi quis quasi unus ex populo agit, defensionem ut procurator praestare cogendus non est.

§2. Respecto a las acciones populares en las que alguien comparece en representación del pueblo, nadie debe ser obligado a defender al demandado como procurador.

§3. Is, qui curatorem alicui praesenti petat, non aliter audietur nisi adulto consentiente: quod si absenti, ratam rem eum habiturum necesse habet dare.

§3. El que pidiere curador para un menor que está presente no será oído en juicio si no lo consiente el menor; pero si es para un ausente, tiene necesidad de garantizar que ratificará lo actuado.

§4. Poena non defendentis procuratoris haec est, ut denegetur ei actio.

§4. La pena del procurador que no defiende consiste en que se le niegue la acción.

§5. Si procurator agat et praesens sit absentis servus, Atilicinus ait servo cavendum, non procuratori.

§5. Si un procurador demandase y estuviere presente un esclavo del ausente, dice Atilicino que se ha de garantizar el pago de la condena al esclavo, no al procurador.

§6. Qui non cogitur defendere absentem, tamen si iudicatum solvi satisdedit defendendi absentis gratia, cogendun procuratorem iudicium accipere, ne decipiatur is qui satis accepit: nam eos, qui non coguntur rem defendere, post satisdationem cogi. Labeo causa cognita temperandum, et si captio actoris sit propter temporis tractum, iudicium eum accipere cogendum: quod si aut adfinitas dirempta sit

§6. Si quien no está obligado a defender a un ausente, pese a ello dio fianza de que se pagaría lo juzgado con objeto de defender al ausente, debe ser obligado a aceptar el juicio como procurador para que no resulte defraudado el que recibió la fianza; porque quienes no están obligados a defender una causa son obligados a ello después de haber

aut inimicitiae intercesserint aut bona absentis possideri coeperint…

prestado la fianza. Labeón dice que esto debe regularse con previo conocimiento de causa, y que si hubiere perjuicio para el actor por el transcurso del tiempo, debe obligarse a aquel a aceptar el juicio; pero si la afinidad se disolviese, o sobreveniesen enemistades, o se empezase a poseer los bienes del ausente…

44. ULPIANUS *libro septimo disputationum. … vel si longinquo sit afuturus vel alia iusta causa intervenerit,*

44. ULPIANO *en el libro séptimo de las disputas. …* o debiese estar ausente muy lejos, o mediase otra causa justificada,

45. PAULUS *libro nono ad edictum. … non cogendum. Sabinus autem nullas praetoris partes esse ad compellendum defendere, sed ex stipulatu ob rem non defensam agi posse: at si iustas causas habeat, cur iudicium accipere nolit, fideiussores non teneri, quia vir bonus arbitraturus non fuerit, ut qui iustam excusationem adferret, defendere cogeretur. Sed et si satis non dedit, se repromittendi ei creditum est, idem statuendum est.*

45. PAULO *en el libro noveno de los comentarios al edicto. …* no se le obligarpa. Pero Sabino dice que el pretor no tiene ninguna autoridad para obligarle a que actúe como defensor, mas en virtud de lo estipulado puede reclamarse por la indefensión de la causa, y que si tuviese causas justificadas para no querer aceptar el juicio, no quedan obligados los fiadores; porque un varón recto no debería resolver que se obligase a quien presentase una excusa justificada para no hacerlo a actuar como defensor. Pero aunque no haya dado fianza, sino que se le prestó crédito con la simple promesa, se ha de resolver lo mismo.

§1. Qui ita de publico agunt, ut et privatum commodum defendant, causa cognita permittuntur procuratorem dare, et postea alius agens exceptione repelletur.

§1. A los que litigan en juicio público pero al mismo tiempo defienden su particular interés, se les permite nombrar procurador con previo conocimiento de causa; y otro procurador que después ejerciese la acción será rechazado con la excepción.

§2. Si procuratori opus novum nuntiatum sit isque interdicto utatur 'ne ei vis fiat aedificanti', defensoris partes eum sustinere nec compelli cavere ratam rem dominum habiturum Iulianus ait, et si satisdederit, non animadverto, inquit Iulianus, quo casu stipulatio committatur.

§2. Si se denunciase al procurador una obra nueva, y éste usase el interdicto 'de no provocar violencia al que edifica', dice Juliano que actúa como defensor, y que no se le obligará a dar garantía de que el dueño del negocio deberá ratificar lo actuado. Y si diese fianza, añade Juliano, no considero que en este caso tenga lugar la estipulación.

***46.** GAIUS libro tertio ad edictum provinciale. Qui proprio nomine iudicium accepisset, si vellet procuratorem dare, in quem actor transferat iudicium, audiri debet sollemniterque pro iudicatum solvi satisdatione cavere.*

46. GAYO *en el libro tercero de los comentarios al edicto provincial.* Quien aceptase un juicio en nombre propio, y quisiese nombrar procurador contra quien el actor transfiera el pleito, debe ser oído en juicio y dar solemnemente garantía de que él pagará lo juzgado.

§1. Ei qui defendit eum, cuius nomine ipse non agat, liberum est vel in unam rem defendere.

§1. Quien defiende a otro sin que demande en su nombre es libre para defenderlo en un solo asunto.

§2. Qui alium defendit, satisdare cogitur: nemo enim alienae litis idoneus defensor sine satisdatione intellegitur.

§2. Quien defiende a otro está obligado a prestar fianza; porque sin ella nadie es considerado defensor idóneo en litigio ajeno.

§3. Item quaeritur, si iudicium acceperit defensor et actor in integrum restitutus sit, an cogendus sit restitutorium iudicium accipere: et magis placet cogendum.

§3. También se pregunta: si el defensor aceptase el juicio y el actor se beneficiase con una restitución total, ¿acaso debe obligársele a aceptar el juicio restitutorio? Y parece más adecuado que debe obligársele a ello.

§4. Procurator ut in ceteris quoque negotiis gerendis, ita et in litibus ex bona fide rationem reddere debet. Itaque quod ex lite consecutus erit sive principaliter ipsius rei nomine sive extrinsecus usque adeo, ut et si per errorem aut iniuriam iudicis non debitum consecutus fuerit, id quoque reddere debet.

§4. El procurador debe rendir cuentas con apego a la buena fe tanto en los litigios como en la administración de los demás asuntos. Y así debe restituir en virtud de la acción de mandato cuanto obtuviese en el litigio, ya sea como resultado directo del mismo o con motivo del mismo asunto, de modo que aunque obtuviese algo no debido por error o por injusticia del juez, deba también entregarlo.

§5. Item contra quod ob rem iudicatam procurator solverit, contrario mandati iudicio reciperare debet: poenam autem, quam ex suo delicto praestitit, reciperare non debet.

§5. Del mismo modo, lo que pagase el procurador en virtud de la sentencia debe recuperarlo por la acción contraria de mandato; mas no debe recuperar la pena que pagó por su propio delito.

§6. Litis impendia bona fide facta vel ab actoris procuratore vel a rei debere ei restitui aequitas suadet.

§6. La equidad aconseja que los gastos del litigio hechos de buena fe por el procurador del actor o por el del demandado deben serle reembolsados.

§7. Si duobus mandata sit administratio negotiorum, quorum alter debitor sit mandatoris, an alter cum eo recte acturus sit? Et utique recte: non enim ob id minus procurator intellegitur, quod is quoque cum quo agitur procurator sit.

§7. Si la administración de los negocios se encomendase a dos procuradores, uno de los cuales fuera deudor del mandante, ¿demandará el otro justamente contra él? Sin duda que sí, porque no se entiende que sea menos procurador quien demanda por la circunstancia de que el demandado también sea procurador.

***47.** IULIANUS libro quarto ad Urseium Ferocem. Qui duos procuratores omnium rerum suarum reliquit, nisi nominatim praecepit ut alter ab altero pecuniam petat, non videtur mandatum utrilibet eorum dedisse.*

47. JULIANO *en el libro cuarto de los comentarios a Urseyo Feroz*. Quien dejó dos procuradores para vigilar todos sus asuntos, no se entiende que otorgó mandato a cada uno para reclamar al otro cantidades, si no lo dispuso expresamente así.

***48.** GAIUS libro tertio ad edictum provinciale. Itaque, si hoc specialiter mandatum est, tunc excipiente eo cum quo agitur 'si non mihi mandatum sit, ut a debitoribus peterem' actorem ita debere replicare 'aut si mihi mandatum est, ut a te peterem'.*

48. GAYO *en el libro tercero de los comentarios al edicto provincial.* Si de manera expresa se dispuso hacer esto, entonces oponiendo el demandado esta excepción: 'si no se me diese mandato para que yo reclamase de los deudores', el actor debe responder así: 'o si se me diese mandato para que demande de ti'.

49. *PAULUS libro quinquagensimo quarto ad edictum. Ignorantis domini conditio deterior per procuratorem fieri non debet.*

49. PAULO *en el libro quincuagésimo cuarto de los comentarios al edicto.* No debe empeorarse por medio del procurador la situación del titular que lo ignora.

50. *GAIUS libro vicensimo secundo ad edictum provinciale. Quacumque ratione procurator tuus a me liberatus est, id tibi prodesse debet.*

50. GAYO *en el libro vigésimo segundo de los comentarios al edicto.* Sea cual sea la razón por la que tu procurador fue liberado por mí de su deuda, esto debe beneficiarte a ti.

51. *ULPIANUS libro sexagensimo ad edictum. Minor viginti quinque annis si defensor existat, ex quibus causis in integrum restitui possit, defensor idoneus non est, quia et ipsi et fideiussoribus eius per in integrum restitutionem succurritur.*

51. ULPIANO *en el libro sexagésimo de los comentarios al edicto.* Si un menor de veinticinco años fuese defensor en aquellas causas en que puede dársele la restitución total, no es defensor idóneo, porque tanto a él como a sus fiadores se les socorre de oficio con el beneficio de la restitución total.

§1. Quoniam tamen defendere est eandem vicem quam reus subire, defensor mariti in amplius quam maritus facere possit non est condemnandus.

§1. Como defender es ponerse en el lugar del demandado, el defensor del marido no ha de ser condenado a más de lo que pueda pagar el marido.

§2. Is qui suscepit defensionem, etsi locupletissimus sit,

§2. El que tomó bajo su cargo una defensa, aunque sea muy rico,

52. *PAULUS libro quinquagensimo septimo ad edictum. … etsi consularis sit,*

52. PAULO en el libro quincuagésimo séptimo de los comentarios al edicto. … y aunque sea varón de rango consular,

53. *ULPIANUS libro sexagensimo ad edictum. … non videtur defendere, nisi satisdare fuerit paratus.*

53. ULPIANO *en el libro sexagésimo de los comentarios al edicto.* … no se considera que defiende, si no estuviese dispuesto a otorgar fianza.

54. *PAULUS libro quinquagensimo ad edictum. Neque femina neque miles neque qui rei publicae causa afuturus est aut morbo perpetuo tenetur aut magistratus initurus est*

54. PAULO *en el libro quincuagésimo de los comentarios al edicto.* Ni la mujer, ni el militar, ni quien debe ausentarse por causa de la república, o está gravemente enfermo, o quien

aut invitus iudicium pati non potest, idoneus defensor intelligitur.

§1. Tutores, qui in aliquo loco administraverunt, eodem loco et defendi debent.

ascenderá a magistrado, o no puede aceptar un juicio contra su voluntad, se entiende que es defensor idóneo.

§1. Los tutores que administraron en un lugar determinado, deben ser también defendidos en dicho lugar.

55. *ULPIANUS libro sexagensimo quinto ad edictum. Procuratore in rem suam dato praeferendus non est dominus procuratori in litem movendam vel pecuniam suscipiendam: qui enim suo nomine utiles actiones habet, rite eas intendit.*

55. ULPIANO *en el libro sexagésimo quinto de los comentarios al edicto.* Habiéndose nombrado procurador para asunto propio, no debe ser preferido el titular para promover un pleito o para cobrar una cantidad de dinero, porque quien tiene en su propio nombre las acciones útiles las ejercita justamente.

56. *IDEM libro sexagensimo sexto ad edictum. Ad rem mobilem petendam datus procurator ad exhibendum recte aget.*

56. EL MISMO *en el libro sexagésimo sexton de los comentarios al edicto.* El procurador nombrado para reclamar una cosa mueble reclamará justamente con la acción exhibitoria.

57. *IDEM libro septuagensimo quarto ad edictum. Qui procuratorem dat, ut confestim agat, is intellegendus est permittere procuratori et postea litem peragere.*

§1. Si quis remisit exceptionem procuratoriam, non poterit ex paenitentia eam opponere.

57. EL MISMO *en el libro septuagésimo cuarto de los comentarios al edicto.* Quien nombra procurador para que inmediatamente demande, se entiende que después le permite proseguir el pleito.

§1. Si alguien dejó de oponer la excepción procuratoria, no podrá oponerla si se arrepintiese después.

58. *PAULUS libro septuagensimo primo ad edictum. Procurator, cui generaliter libera administatio rerum commissa est, potest exigere, novare, aliud pro alio permutare.*

58. PAULO *en el libro septuagésimo primero de los comentarios al edicto.* El procurador al que se le encomendó en general la libre administración de los bienes, puede exigir, novar y permutar una cosa por otra.

59. *IDEM libro decimo ad Plautium. Sed et id quoque ei mandari videtur, ut solvat creditoribus.*

59. EL MISMO *en el libro décimo de los comentarios a Plaucio.* También se entiende que se le manda que pague a los acreedores.

60. *IDEM libro quarto responsorum. Mandato generali non contineri etiam transactionem decidendi causa interpositam: et ideo si postea is qui mandavit transactionem ratam non habuit, non posse eum repelli ab actionibus exercendis.*

60. EL MISMO *en el libro cuarto de las respuestas.* En el mandato general no se contiene la transacción interpuesta para decidir una controversia; y por ende, si quien otorgó el mandato no ratificó la transación, no puede ser rechazado en el ejercicio de sus acciones.

61. *IDEM libro primo ad Plautium. Plautius ait: procuratorem damnatum non debere conveniri, nisi aut in rem suam datus esset aut optulisset se, cum sciret cautum non esse, omnibus placuit. Idem erit observandum et si defensoris loco cum satisdatione se liti optulerit.*

61. EL MISMO *en el libro primero de los comentarios a Plaucio.* Dice Plaucio: fue opinión unánime que no debe ser demandado en ejecución el procurador que fue condenado, a no ser que fuese nombrado en interés propio o que se ofreciese sabiendo que no se había dado caución. Lo mismo deberá observarse aunque se ofreciese como defensor en el pleito con fianza.

62. *POMPONIUS libro secundo ex Plautio. Ad legatum petendum procurator datus si interdicto utatur adversus heredem de tabulis exhibendis, procuratoria exceptio, quasi non et hoc esset ei mandatum, non obstat.*

62. POMPONIO *en el libro segundo de la obra de Plaucio.* Si el procurador nombrado para pedir un legado utilizase contra el heredero el interdicto para exhibir testamento, no puede oponérsele la excepción procuratoria, como si no se le mandase realizar tal cosa.

63. *MODESTINUS libro sexto differentiarum. Procurator totorum bonorum, cui res administrandae mandatae sunt, res domini neque mobiles vel immobiles neque servos sine speciali domini mandatu alienare potest, nisi fructus aut alias res, quae facile corrumpi possunt.*

63. MODESTINO *en el libro sexto de las diferencias.* El procurador de todos los bienes, a quien se encomendaron los bienes para administrarlos, no puede enajenar bienes muebles o inmuebles ni esclavos sin especial mandato del dueño del negocio, excepto los frutos u otros bienes que pueden deteriorarse fácilmente.

64. *IDEM libro tertio regularum. Is, cuius nomine defensor exstitit, si ante litem contestatam in praesentia fuerit et postulet suo nomine litem suscipere, causa cognita audiendus est.*

64. EL MISMO *en el libro tercero de las reglas.* Si compareciese antes de contestada la demanda aquél en cuyo nombre alguien se presentó defensor, y pidiese encargarse del litigio en nombre propio, ha de ser atendido con previo conocimiento de causa.

65. *IDEM libro singulari de heurematicis. Si procuratorem absentem dominus satisdatione relevare velit, litteras suas ad adversarium derigere debebit, quibus significet, quem adversus eum procuratorem et in qua causa fecerit, ratumque se habiturum quod cum eo actum sit: hoc enim casu litteris eius adprobatis velut praesentis procuratorem intervenire intellegendum est. Itaque estsi postea mutata voluntate procuratorem esse noluerit, tamen iudicium, quo quasi procurator expertus est, ratum esse debet.*

65. EL MISMO *en el libro único de las cuestiones nuevas.* Si el dueño del negocio quisiere relevar de la fianza al procurador ausente, deberá dirigir una carta a su adversario en donde le diga a quién y en qué asunto había nombrado procurador contra él, y que ratificará lo que con él se actuase. Porque en este caso, una vez aprobada su carta, se ha de entender que actúa como procurador de quien está presente. Y así, aunque después, cambiada la voluntad, no quisiese que fuera su procurador, debe ser válido, no obstante, el juicio en donde intervino como procurador.

66. *PAPINIANUS libro nono quaestionum. Si is qui Stichum vel Damam, utrum eorum ipse vellet, stipulatus est et ratum habeat, quod alterum procuratorio nomine Titius petit: facit, ut res in iudicium deducta videatur, et stipulationem consumit.*

66. PAPINIANO *en el libro noveno de las cuestiones.* Si aquél que estipuló al esclavo Estico o al esclavo Damas, al que de ellos él quisiese, ratificase la reclamación judicial que de uno de ellos hizo Ticio como procurador, hace que la pretensión se considere deducida en juicio, y consume la estipulación.

67. *IDEM libro secundo responsorum. Procurator, qui pro evictione praediorum quae vendidit fidem suam adstrinxit, etsi negotia gerere desierit, obligationis tamen onere praetoris auxilio non levabitur: nam procurator, qui pro domino vinculum*

67. EL MISMO *en el libro segundo de las respuestas.* El procurador de un ausente que empeñó su palabra de responder por la evicción de los predios vendidos, aunque dejase de gestionar tales asuntos, no será sin

obligationis suscepit, onus eius frustra recusat.

embargo relevado de la obligación asumida por la intervención del pretor, porque el procurador que aceptó por medio de su representado el vínculo de una obligación, en vano rechaza la carga.

68. *IDEM libro tertio responsorum. Quod procurator ex re domini mandato non refragante stipulatur, invito procuratore dominus petere non potest.*

68. EL MISMO *en el libro tercero de las respuestas.* Lo que el procurador estipula respecto de los bienes del dueño del negocio sin oponerse al mandato, no puede reclamarlo el titular sin tomar en cuenta al procurador.

69. *PAULUS libro tertio responsorum. Paulus respondit etiam eum, qui ad litem suscipiendam procuratorem dedit, causae suae adesse non prohiberi.*

69. PAULO *en el libro tercero de las respuestas.* Paulo respondió que tampoco se le prohíbe estar presente en su juicio a qiuien nombró procurador para encargarse de un litigio.

70. *SCEVOLA libro primo responsorum. Pater filio suo pupillo tutorem dedit Sempronium creditorem suum: is administrata tutela reliquit fratrem suum heredem, qui et ipse decessit et per fideicommissum nomen debitores Titio reliquit eique mandatae sunt actiones ab heredibus: quaero, cum tam tutelae actio quam pecuniae creditae ex hereditate Sempronii descendant, an non aliter mandata actio ei detur, quam si defendat heredes, a quibus ei actiones mandatae sunt. Respondi debere defendere.*

70. ESCÉVOLA *en el libro primero de las respuestas.* Un padre nombró como tutor de su hijo impúbero a su acreedor Sempronio, quien tras administrar la tutela dejó por heredero a su hermano, el cual también murió y dejó la deuda por fideicomiso de Sempronio a Ticio, a quien asimismo los herederos cedieron las acciones; pregunto, procediendo de la herencia de Sempronio la acción de tutela y la de cantidad prestada, ¿no debe dársele la acción de mandato que le fue cedida más que si defendiese a los herederos que le encomendaron sus acciones? Respondí que sí debía defenderlos.

71. *PAULUS libro primo sententiarum. Absens reus causas absentiae per procuratorem reddere potest.*

71. PAULO *en el libro primero de las sentencias.* El demandado ausente puede hacer valer por medio de un procurador las razones de su ausencia.

72. *IDEM libro primo manualium. Per procuratorem non semper adquirimus actiones, sed retinemus: veluti si reum conveniat intra legitimum tempus: vel si prohibeat opus novum fieri, ut interdictum nobis utile sit quod vi aut clam, nam et hic pristinum ius nobis conservat.*

72. EL MISMO *en el libro primero de los manuales.* No siempre adquirimos acciones por medio de procurador, aunque sí las retenemos, como cuando se demanda al deudor dentro del plazo legal, o se prohibiese una obra nueva para que nos beneficie el interdicto de lo que se hace por violencia o clandestinamente; porque también aquí se nos conserva nuestro primitivo derecho.

73. *IDEM libro singulari de officio adsessorum. Si reus paratus sit ante litem contestatam pecuniam solvere, procuratore agente quid fieri oportet? Nam iniquum est cogi eum iudicium accipere. Propter quod suspectus videri potest, qui praesente domino non optulit pecuniam? Quid si tunc facultatem pecuniae non habuit, numquid cogi debeat iudicium accipere? Quid enim si et famosa sit actio? Sed hoc constat, ut ante litem contestatam praeses iubeat in aede sacra pecuniam deponi: hoc enim fit et in pupillaribus pecuniis. Quod si lis contestata est, hoc omne officio iudicis dirimendum est.*

73. EL MISMO *en el libro único del cargo de asesor.* Si estuviese dispuesto el deudor a pagar la cantidad antes de contestada la demanda, y demanda el procurador, ¿qué debe hacerse? Pues es injusto que sea obligado a aceptar el jucio. ¿Acaso puede parecer sospechoso el que no ofreció la cantidad debida estando presente el acreedor? ¿Y si en ese momento no tuvo con qué pagar? ¿Deberá acaso obligársele a que acepte el juicio? ¿Y qué se hará si la acción fuese infamante? Mas no hay duda de que el gobernador debe mandar que se deposite el dinero debido en el edificio a ello consagrado antes de ser contestada la demanda; porque también se hace esto con el pago de deudas a menores. Pero si ya se ha contestado la demanda, ha de resolverse todo esto por ministerio del juez.

74. *ULPIANUS libro quarto opinionum. Nec civitatis actor negotium publicum per procuratorem agere potest.*

74. ULPIANO *en el libro cuarto de las opiniones.* El síndico de la ciudad tampoco puede llevar un negocio público por medio de procurador.

75. *IULIANUS libro tertio digestorum. Qui absentem emptorem eundemque possessorem fundi defendebat et iudicium nomine eius accipiebat, postulabat a venditore fundi, ut ab eo defenderetur: venditor desiderabat caveri sibi ratam rem emptorem habiturum: puto eum venditori de rato satisdare debere, quia si fundum agenti restituerit, nihil prohibet dominum rem petere et cogi venditorem rursus defendere.*

75. JULIANO *en el libro tercero del digesto.* El que defendía al comprador y al mismo tiempo poseedor de un fundo que estaba ausente, y aceptó en su nombre el juicio, pedía al vendedor del fundo que le defendiese; el vendedor deseaba que se le diese caución de que el comprador ratificaría lo actuado. Juzgo que el defensor debe dar al vendedor dicha caución, porque si se devolviese el fundo al demandante, nada impide que el dueño reclame la cosa y que el vendedor se vea obligado a defenderlo otra vez.

76. *IDEM libro quinto ad Minicium. Titius cum absentem defenderet, satisdedit et prius quam iudicium acciperet desiit reus solvendo esse: quam ob causam defensor recusabat iudicium in se reddi oportere. Quaero, an id ei concedi oporteat. Iulianus respondit: defensor cum satisdedit, domini loco habendus est. Nec multum ei praestaturus est praetor, si eum non coegerit iudicium accipere, cum ad fideiussores eius iri possit et hi quidquid praestiterint a defensore consecuturi sint.*

76. EL MISMO *en el libro quinto de los comentarios a Minicio.* Ticio otorgó fianza defendiendo a un ausente, y antes de aceptar el juicio el demandado dejó de ser solvente, por cuya causa el defensor negaba que debiera pronunciarse sentencia contra él. Pregunto: ¿se le deberá conceder esto? Juliano respondió que cuando el defensor otorgó fianza debe considerársele en lugar del titular; y el pretor no le favorecería mucho si no le obligare a aceptar el juicio, toda vez que el demandante puede dirigirse contra los fiadores del defensor, y éstos obtendrían del defensor todo lo que por él pagasen.

77. PAULUS *libro quinquagensimo septimo ad edictum. Omnis qui defenditur boni viri arbitratu defendendus est.*

77. PAULO *en el libro quincuagésimo séptimo de los comentarios al edicto.* Quien es defendido debe serlo bajo el arbitrio de varón recto.

78. AFRICANUS *libro sexto quaestionum. Et ideo non potest videri boni viri arbitratu litem defendere is, qui actorem frustrando efficiat, ne ad exitum controversia deducatur.*

78. AFRICANO *en el libro sexto de las cuestiones.* En consecuencia, no puede considerarse que defiende un litigio bajo el arbitrio de varón recto quien, engañando al actor, lograse que no se lleve a término la controversia.

§1. Ad duas res petendas procurator datus si unam rem petat, exceptione non excluditur et rem in iudicium deducit.

§1. El procurador nombrado para reclamar dos cosas, si hiciere valer una, puede litigar sobre el asunto y no ser rechazado con la excepción procuratoria.

TITULUS IIII QUOD CUIUSCUMQUE UNIVERSITATIS NOMINE VEL CONTRA EAM AGATUR

TÍTULO IIII DE CUANDO SE DEMANDA EN NOMBRE DE UNA CORPORACIÓN O CONTRA ELLA

1. GAIUS *libro tertio ad edictum provinciale. Neque societas neque collegium neque huiusmodi corpus passim omnibus habere conceditur: nam et legibus et senatus consultis et principalibus constitutionibus ea res coercetur. Paucis admodum in causis concessa sunt huiusmodi corpora: ut ecce vectigalium publicorum sociis permissum est corpus habere vel aurifodinarum vel argentifodinarum et salinarum. Item collegia Romae certa sunt, quorum corpus senatus consultis atque constitutionibus principalibus confirmatum est, veluti pistorum et quorundam aliorum, et naviculariorum, qui et in provinciis sunt.*

1. GAYO *en el libro tercero de los comentarios al edicto provincial.* No se concede indistintamente a todos el poder constituir una sociedad, un colegio u otra corporación semejante, porque ello está prohibido por leyes, senadoconsultos y constituciones de los príncipes. Se han permitido en muy pocos casos semejantes corporaciones, por ejemplo, se permitió formar cuerpo a los socios arrendatarios de la recaudación de las contribuciones públicas, o de las minas de oro o de plata, o de las salinas. También existen en Roma ciertos colegios, cuya corporación

fue confirmada por senadoconsultos y por constituciones de los príncipes, como el de los panaderos y otros varios, y los de los navieros que también existen en las provincias.

§1. Quibus autem permissum est corpus habere collegii societatis sive cuiusque alterius eorum nomine, proprium est ad exemplum rei publicae habere res communes, arcam communem et actorem sive syndicum, per quem tamquam in re publica, quod communiter agi fierique oporteat, agatur fiat.

§1. A quienes se permitió constituirse en colegio, sociedad u otra corporación cualquiera con este nombre, les es propio tener, al igual que la República, bienes comunes, caja común y un apoderado o síndico por medio de quien, como en la República, se trate y haga lo que deba tratarse y hacerse en común.

§2. Quod si nemo eos defendat, quod eorum commune erit possideri et, si admoniti non excitentur ad sui defensionem, venire se iussurum proconsul ait. Et quidem non esse actorem vel syndicum tunc quoque intellegimus, cum is absit aut valetudine impedietur aut inhabilis sit ad agendum.

§2. Pero si nadie los defendiese en un litigio, dice el procónsul que autorizará otorgar la posesión al demandante de lo que fuere común a ellos, y que se venda, aunque al ser citados no salieran en su defensa. Y a decir verdad, entendemos también que no hay apoderado o síndico cuando éste se ausentase, o estuviere impedido por enfermedad, o fuese inhábil para ejercer una acción.

§3. Et si extraneus defendere velit universitatem, permitti proconsul, sicut in privatorum defensionibus observatur, quia eo modo melior condicio universitatis fit.

§3. Si algún extraño quisiese defender a una corporación, el procónsul lo permite, como sucede en las defensas de los particulares, porque de este modo se favorece a la corporación.

2. ULPIANUS libro octavo ad edictum. Si municipes vel aliqua universitas ad agendum det actorem, non erit dicendum quasi a pluribus datum sic haberi: hic enim pro re publica vel universitate intervenit, non pro singulis.

2. ULPIANO *en el libro octavo de los comentarios al edicto*. Si los miembros de un municipio o de alguna corporación nombrasen representante para ejercer una acción, no se dirá que se le tenga como nombrado por muchas personas, porque el representante actúa por la comunidad o la corporación, no por cada uno de los miembros.

3. IDEM libro nono ad edictum. Nulli permittitur nomine civitatis vel curiae experiri nisi ei, cui lex permittit, aut lege cessante ordo dedit, cum duae partes adessent aut amplius quam duae.

3. EL MISMO *en el libro noveno de los comentarios al edicto.* Se le permitirá litigar en nombre de una ciudad o de una curia únicamente a aquel a quien la ley se lo permite, o a quien en defecto de la ley nombró la corporación, hallándose presentes dos o más partes de sus miembros.

4. PAULUS libro nono ad edictum. Plane ut duae partes decurionum adfuerint, is quoque quem decernent numerari potest.

4. PAULO *en el libro noveno de los comentarios al edicto.* Es evidente que para considerar presentes a dos partes de los decuriones puede contarse también a aquel a quien designaron.

5. ULPIANUS libro octavo ad edictum. Illud notandum Pomponius ait, quod et patris suffragium filio proderit et filii patri,

5. ULPIANO *en el libro octavo de los comentarios al edicto.* Dice Pomponio que ha de advertirse que también el voto del padre en favor del hijo vale, y el del hijo en favor del padre,

6. PAULUS libro nono ad edictum. … item eorum, qui in eiusdem potestate sunt: quasi decurio enim hoc dedit, non quasi domestica persona. Quod et in honorum petitione erit servandum, nisi lex municipii vel perpetua consuetudo prohibeat.

6. PAULO *en el libro novena de los comentarios al edicto.* … así como el de aquellos que están bajo su potestad; porque lo otorgó como decurión, no como familiar. Lo que también deberá observarse en la elección de magistrados, a no ser que lo prohíba alguna ley del municipio o la costumbre constante.

§1. Si decuriones decreverunt actionem per eum movendam quem duumviri elegerint, is videtur ab ordine electus et ideo experiri potest: parvi enim refert, ipse ordo elegerit an is cui ordo negotium dedit. Sed si ita decreverint, ut quaecumque incidisset controversia, eius petendae negotium Titius haberet, ipso iure id decretum nullius momenti esse, quia non possit videri de ea re,

§1. Si los decuriones decretaron que se ejerciese una acción por medio de aquél a quien los duunviros elegieron, a éste se le considera elegido por la corporación y por tanto puede litigar; porque poco importa que lo elegiese la misma corporación o aquél a quien la corporación dio el encargo. Pero si

quae adhuc in controversia non sit, decreto datam persecutionem. Sed hodie haec omnia per syndicos solent secundum locorum consuetudinem explicari.

determinasen que cualquiera que fuese la controversia surgida, Ticio tuviese el encargo de reclamar en ella, esta resolución carece de todo valor por derecho, pues no puede entenderse que se haya conferido por decreto una reclamació sobre una materia que aún no está en litigio. Pero hoy se suelen gestionar todas estas actuaciones por medio de los síndicos, según la costumbre de las localidades.

§2. Quid si actor datus postea decreto decurionum prohibitus sit, an exceptio ei noceat? Et puto sic hoc accipiendum, ut ei permissa videatur, cui et permissa durat.

§2. ¿Qué se dirá si el apoderado nombrado fuese revocado después por decreto de los decuriones? ¿Acaso les perjudicará esta excepción? Opino que esto debe entenderse así: considéresele permitido aquello para lo que le otorgue el permiso.

§3. Actor universitatis si agat, compellitur etiam defendere, non autem compellitur cavere de rato. Sed interdum si de decreto dubitetur, puto interponendam et de rato cautionem. Actor itaque iste procuratoris partibus fungitur et iudicati actio ei ex edicto non datur nisi in rem suam datus sit. Et constitui ei potest. Ex iisdem causis mutandi actoris potestas erit, ex quibus etiam procuratoris. Actor etiam filius familias dari potest.

§3. Si el apoderado de una corporación demandase, se le obliga también a defender, mas no se le apremia a dar caución de ratificación. Pero a veces, si se dudare respecto al tenor del decreto, juzgo que también ha de interponerse la caución. Y así, este apoderado hace las veces de procurador, y no se le da por el edicto la acción de cosa juzgada, a no ser que fuese designado en interés propio. Puede también aceptar plazo del deudor. Habrá facultad de cambiar de apoderado por las mismas causas que se cambia de procurador. El hijo de familia también puede ser nombrado apoderado.

7. ULPIANUS *libro decimo ad edictum. Sicut municipum nomine actionem praetor dedit, ita et adversos eos iustissime*

7. ULPIANO *en el libro décimo de los comentarios al edicto.* Así como el pretor concedió acción en nombre

edicendum putavit. Sed et legato, qui in negotium publicum sumptum fecit, puto dandam actionem in municipes.

de los miembros de un municipio, así también juzgó que debe concederla contra ellos. Opino que debe itirgarse acción contra los miembros del municipio incluso al legado que sufragó gastos por una gestión pública.

§1. Si quid universitati debetur, singulis non debetur; nec quod debet universitas singuli debent.

§1. Si se debiere algo a una corporación, no se debe a cada uno de sus miembros, ni lo que debe la corporación lo adeuda cada uno de ellos.

§2. In decurionibus vel aliis universitatibus nihil refert, utrum omnes idem maneant an pars maneat vel omnes immutati sint. Sed si universitas ad unum redit, magis admittitur posse eum convenire et conveniri, cum ius omniun in unum recciderit et stet nomen universitatis.

§2. Tratándose de decuriones o de otras coporaciones, nada importa que permanezcan los mismos, que queden algunos o que todos hayan cambiado. Pero si la corporación se redujo a un solo miembro, lo más aceptado es que puede demandar y ser demandado, puesto que el derecho de todos ha recaído en uno solo y subsiste el nombre de la corporación.

8. IAVOLENUS libro quinto decimo ex Cassio. Civitates si per eos qui res earum administrant non defenduntur nec quicquam est corporale rei publicae quod possideatur, per actiones debitorum civitatis agentibus satisfieri oportet.

8. JAVOLENO *en el libro décimo quinto de la obra de Casio.* Si las ciudades no son defendidas por aquellos que administran sus bienes, y la entidad no posee cosa corporal alguna, debe satisfacerse a los demandantes con las acciones que tiene la ciudad contra sus deudores.

9. POMPONIUS libro tertio decimo ad Sabinum. Si tibi cum municipibus hereditas communis erit, familiae erciscundae iudicium inter vos redditur. Idemque dicendum est et in finium regundorum et aquae pluviae arcendae iudicio.

9. POMPONIO *en el libro décimo tercero de los comentarios a Sabino.* Si tuvieres una herencia común con los miembros de un municipio, entre ustedes procede el juicio de partición de herencia. Y lo mismo debe decirse respecto de la acción de deslinde, y de encauzamiento de agua llovediza.

10. *PAULUS libro primo manualium. Constitui potest actor etiam ad operis novi nuntiationem et ad stipulationes interponendas, veluti legatorum, damni infecti, iudicatum solvi, quamvis servo potius civitatis caveri debeat: sed et si actori cautum fuerit, utilis actio administratori rerum civitatis dabitur.*

10. PAULO *en el libro primero de los manuales.* También puede nombrarse apoderado para la denuncia de obra nueva y para interponer estipulaciones, por ejemplo, por legados, daño temido y cumplimiento de sentencia, aunque más bien deba darse la caución al esclavo de la ciudad; pero aunque la caución se diese al apoderado, la acción útil se dará al administrador de los bienes de la ciudad.

TITULUS V
DE NEGOTIIS GESTIS

TÍTULO V
DE LOS NEGOCIOS GESTIONADOS

1. *ULPIANUS libro decimo ad edictum. Hoc edictum necessarium est, quoniam magna utilitas absentium versatur, ne indefensi rerum possessionem aut venditionem patiantur vel pignoris distractionem vel poenae committendae actionem, vel iniuria rem suam amittant.*

1. ULPIANO *en el libro décimo de los comentarios al edicto.* Este edicto es necesario porque ofrece gran beneficio a los ausentes, a fin de que, indefensos, no sufran la posesión de sus bienes por parte de otro o su venta, o no pierdan la enajenación de la prenda, o la acción de la pena en que se haya incurrido, o sin razón pierdan algún bien suyo.

2. *GAIUS libro tertio ad edictum provinciale. Si quis absentis negotia gesserit licet ignorantis, tamen quidquid utiliter in rem eius impenderit vel etiam ipse se in rem absentis alicui obligaverit, habet eo nomine actionem: itaque eo casu ultro citroque nascitur actio, quae appellatur negotiorum gestorum. Et sane sicut aequum est ipsum actus sui rationem reddere et eo nomine condemnari, quidquid vel non ut oportuit gessit vel ex his negotiis retinet: ita ex diverso iustum est, si utiliter gessit, praestari ei,*

2. GAYO *en el libro tercero de los comentarios al edicto provincial.* Si alguien gestionase los negocios de un ausente, aunque éste lo ignorase, tendrá por esta razón acción por los gastos útiles, o también si él mismo se obligase a alguien a causa de los bienes del ausente. Y así, en este caso nace de una y de otra parte una acción que se llama de negocios gestionados. Pues así como es justo que el gestor dé cuenta de sus actos y por tanto sea condenado si no

quidquid eo nomine vel abest ei vel afuturum est.

actuó como debía, o si retiene alguna cosa de tales negocios, así por el contrario es justo, si gestionó útilmente, que se le pague lo que pérdió o deba perder por tal motivo.

3. ULPIANUS *libro decimo ad edictum. Ait praetor: 'Si quis negotia alterius, sive quis negotia, quae cuiusque cum is moritur fuerint, gesserit: iudicium eo nomine dabo'.*

3. ULPIANO *en el libro décimo de los comentarios al edicto.* Dice el pretor: 'concederé acción si alguien gestionase negocios de otro o los negocios pendientes de un difunto'.

§1. Haec verba 'si quis' sic sunt accipienda 'sive quae': nam et mulieres negotiorum gestorum agere posse et conveniri non dubitatur.

§1. Las palabras 'si alguien' deben entenderse también 'o si alguna', porque no hay duda de que también las mujeres pueden demandar y ser demandadas por la gestión de negocios.

§2. 'Negotia' sic accipe, sive unum sive plura.

§2. Por 'negocios' puede entenderse uno o muchos.

§3. 'Alterius' inquit: et hoc ad utrumque sexum refertur.

§3. Dice 'de otro'; refiriéndose a ambos sexos.

§4. Pupillus sane si negotia gesserit, post rescriptum divi Pii etiam conveniri potest in id quod factus est locupletior: agendo autem conpensationem eius quod gessit patitur.

§4. A decir verdad, si un pupilo administrase negocios, después de la respuesta escrita del divino Antonino Pío puede ser también demandado por aquello en que se enriqueció; pero demandando él, se compensa lo que obtuvo en la gestión.

§5. Et si furiosi negotia gesserim, competit mihi adversus eum negotiorum gestorum actio. Curatori autem furiosi vel furiosae adversus eum eamve dandam actionem Labeo ait.

§5. Si yo administrase los negocios de un demente, me compete contra él la acción de gestión de negocios. Y Labeón dice que al curador del demente o de la demente se le ha de conceder acción contra aquél o ésta.

§6. Haec verba: 'sive quis negotia, quae cuiusque cum is moritur fuerint, gesserit' significant illud tempus, quo quis post mortem alicuius negotia gessit: de quo fuit necessarium edicere, quoniam neque testatoris iam defuncti neque heredis qui nondum adiit negotium gesisse videtur. Sed si quid accessit post mortem, ut puta partus

§6. Las palabras 'o los negocios pendientes de un difunto', significan el momento en que alguien gestionó los negocios de otro después de su muerte, y sobre lo cual fue necesario que el edicto se pronunciase, porque no se entiende que gestionó los negocios ni del testador ya difunto,

et fetus et fructus, vel si quid servi adquisierint: etsi his verbis non continentur, pro adiecto tamen debent accipi.

ni del heredero que aún no realizó adición de herencia. Pero si después de la muerte la herencia recibió algún aumento, como partos de las esclavas, crías de los animales o frutos, o si los esclavos adquiriesen algo, aunque no está contenido en aquellas palabras, debe entenderse como agregado a la herencia.

§7. Haec autem actio cum ex negotio gesto oriatur, et heredi et in heredem competit.

§7. Mas como esta acción procede de la gestión de negocios, es transmisible al heredero y contra el heredero.

§8. Si exsecutor a praetore in negotio meo datus dolum mihi fecerit, dabitur mihi adversus eum actio.

§8. Si el ejecutor nombrado por el pretor para un negocio mío obrase dolosamente contra mí, se me otorgará acción contra él.

§9. Interdum in negotiorum gestorum actione Labeo scribit dolum solummodo versari: nam si affectione coactus, ne bona mea distrahantur, negotiis te meis optuleris, aequissimum esse dolum dumtaxat te praestare: quae sententia habet aequitatem.

§9. Labeón escribe que a veces en la acción de gestión de negocios solamente se responde por el dolo; porque si movido por el afecto intervenieses en mis negocios para que no sean vendidos mis bienes, es muy justo que tan sólo te obligues por el dolo. Opinión esta que se apega a la equidad.

§10. Hac actione tenetur non solum is qui sponte et nulla necessitate cogente immiscuit se negotiis alienis et ea gessit, verum et is qui aliqua necessitate urguente vel necessitatis suspicione gessit.

§10. A esta acción queda sujeto no sólo quien intervino espontáneamente y sin apremiarle necesidad alguna en negocios ajenos y los gestionó, sino también quien por alguna necesidad urgente los gestionó, o sospechando tal necesidad.

§11. Apud Marcellum libro secundo digestorum quaeritur, si, cum proposuissem negotia Titii gerere, tu mihi mandaveris ut geram, an utraque actione uti possim? Et ego puto utramque locum habere. Quemadmodum ipse Marcellus scribit, si fideiussorem accepero negotia gesturus: nam et hic dicit adversus utrumque esse actionem.

§11. Se pregunta Marcelo en el libro segundo de su Digesto, si proponiéndome gestionar los negocios de Ticio, tú me mandases que los administrara, ¿podré ejercer la acción de gestión de negocios y la acción de mandato? Y opino que una y otra tienen lugar, según escribe el mismo Marcelo, si para gestionar los negocios recibiese yo fiador; porque también dice que en este caso hay acción contra el titular y contra el fiador.

4. IDEM libro quadragensimo quinto ad Sabinum. Sed videamus, an fideiussor hic habere aliquam actionem possit: et verum est negotiorum gestorum eum agere posse, nisi donandi animo fideiussit.

4. EL MISMO *en el libro cuadragésimo quinto de los comentarios a Sabino.* Ahora veamos si en este caso puede tener el fiador alguna acción; y la verdad es que puede ejercer la de gestión de negocios, si no fue fiador con ánimo de hacer donación.

5. IDEM libro decimo ad edictum. Item si, cum putavi a te mihi mandatum, negotia gessi, et hic nascitur negotiorum gestorum actio cessante mandati actione. Idem est etiam, si pro te fideiussero, dum puto mihi a te mandatum esse.

5. EL MISMO *en el libro décimo de los comentarios al edicto.* Del mismo modo, si gestioné tus negocios creyendo que me lo habías mandado, también en este caso nace la acción de gestión de negocios, no la de mandato. Y lo mismo sucede si por ti yo prestase fianza, creyendo que me lo habías mandado.

§1. Sed et si, cum putavi Titii negotia esse cum essent Sempronii, ea gessi, solus Sempronius mihi actione negotiorum gestorum tenetur.

§1. Pero si creyendo que los negocios eran de Ticio los gestioné, siendo en verdad de Sempronio, sólo éste queda obligado por la acción de gestión de negocios.

§2. Iulianus libro tertio digestorum scribit, si pupilli tui negotia gessero non mandatu tuo, sed ne tutelae iudicio tenearis, negotiorum gestorum te habebo obligatum: sed et pupillum, modo si locupletior fuerit factus.

§2. (Equivale a 6 pr. JULIANO en el libro tercero del Digesto). Si yo gestionase los negocios de tu pupilo, no por mandato tuyo, sino para que no quedases obligado por la acción de tutela, te tendré obligado por la de gestión de negocios, e incluso al pupilo si con ello se enriqueciese.

§3 (1). Item si procuratori tuo mutuam pecuniam dedero tui contemplatione, ut creditorem tuum vel pignus tuum liberet, adversus te negotiorum gestorum habebo actionem, adversus eum cum quo contraxi nullam. Quid tamen si a procuratore tuo stipulatus sum? Potest dici superesse mihi adversus te negotiorum gestorum actionem,

§3 (1). Del mismo modo, si en atención a ti yo prestase dinero a tu procurador para que pagase a tu acreedor o liberase una prenda tuya, tendré contra ti la acción de gestión de negocios, y ninguna contra aquel con quien contraté. ¿Y qué pasa si estipulé de tu procurador la

quia ex abundanti hanc stipulationem interposui.

rerstitución? Puede decirse que sigo teniendo contra ti la acción de gestión de negocios porque interpuse dicha estipulación a mayor abundamiento.

§4(2). Si quis pecuniam vel aliam quandam rem ad me perferendam acceperit: quia meum negotium gessit, negotiorum gestorum mihi actio adversus eum competit.

§4 (2). Si alguien recibiese dinero u otra cosa para llevármela, me compete contra él la acción de gestión de negocios, porque gestionó un negocio mío.

§5(3). Sed et si quis negotia mea gesssit non me contemplatione, sed sui lucre causa, Labeo scripsit suum eum potius quam meum negotium gessisse (qui enim depraedandi causa accredit, suo lucro, non meo commodo studet): sed nihilo minus, immo magis et is tenebitur negotiorum gestorum actione. Ipse tamen si circa res meas aliquid impenderit, non in id quod ei abest, quia improbe ad negotia mea accessit, sed in quod ego locupletior factus sum habet contra me actionem.

§5 (3). Pero si alguien gestionó mis negocios no en atención a mí, sino buscando su lucro, Labeón escribió que más bien cuidó del negocio suyo que del mío, pues quien intervino en ellos para aprovecharse busca su lucro, no mi conveniencia. No obstante, también se obligará éste, con tanta más razón, por la acción de gestión de negocios. Sin embargo, si gastase algo por causa de mis negocios, tiene acción contra mí, no por aquello que gastó, porque intervino en mis negocios con mala intención, sino por aquello en que me enriqueció.

§6(4). Si quis ita simpliciter versatus est, ut suum negotium in suis bonis quasi meum gesserit, nulla ex utroque latere nascitur actio, quia nec fides bona hoc patitur. Quod si et suum et meum quasi meum gesserit, in meum tenebitur: nam et si cui mandavero, ut meum negotium gerat, quod mihi tecum erat commune, dicendum esse Labeo ait, si et tuum gessit sciens, negotiorum gestorum eum tibi teneri.

§6 (4). Si alguien procedió tan simplemente que cuidase de un negocio suyo creyendo que era mío, no nace ninguna acción de una ni de otra parte, porque ni siquiera la buena fe lo consiente. Pero si gestionase uno suyo y mío creyendo que era mío, se obligará por el mío; porque también si yo mandase a alguien para que gestionase un negocio mío que yo tenía en común contigo, expresa Labeón que ha de decirse que si a sabiendas cuidó también del tuyo, se obliga contigo por la gestión de negocios.

§7(5). Si quis quasi servus meus negotium meum gesserit, cum esset vel libertus vel

§7 (5). Si alguien gestionase un negocio mío como esclavo mío *ingenuus, dabitur negotiorum gestorum actio.*

siendo en realidad liberto o ingenuo, se dará la acción de gestión de negocios.

§8(6). Sed si ego tui filii negotia gessero vel servi, videamus, an tecum negotiorum gestorum habeam actionem. Et mihi videtur verum, quod Labeo distinguit et Pomponius libro vicensimo sexto probat, ut, si quidem contemplatione tui negotia gessi peculiaria, tu mihi tenearis: quod si amicitia filii tui vel servi, vel eorum contemplatione, adversus patrem vel dominum de peculio dumtaxat dandam actionem. Nam et si servum non necessarium emero filo tuo et tu ratum habueris, nihil agitur ratihabitione eodem loco Pomponius scribit hoc adiecto, quod putat, etsi nihil sit in peculio, quoniam plus patri dominove debetur, et in patrem dandam actionem, in quantum locupletior ex mea administratione factus sit.

§8 (6). Si yo gestionase los negocios de tu hijo o de tu esclavo, veamos si tendré contra ti la acción de gestión de negocios. Y a mí me parece correcto lo que distingue Labeón y aprueba Pomponio en su libro vigésimo sexto de los comentarios al edicto: si realmente gestioné los negocios de los peculios en atención a ti, te obligarás conmigo; pero si lo hice por amistad hacia tu hijo o tu esclavo, o en atención a ellos, tan sólo otorgará acción sobre el peculio contra el padre o el dueño del esclavo. Y lo mismo procede aunque yo creyese que ellos eran autónomos jurídicamente, porque aunque yo comprase para tu hijo un esclavo innecesario, y tú lo ratificases, dice Pomponio que de nada sirve la ratificación. En la misma obra añade Pomponio que aunque nada quede en el peculio porque se debe más al padre o al dueño del esclavo, también se otorgará acción contra el padre en la medida en que se enriqueció debido a mi administración.

§9(7). Sed si hominis liberi qui tibi bona fide serviebat negotia gessero: si quidem putas tuum esse servum gessi, Pomponius scribit earum rerum peculiarum causa, quae te sequi debent, tecum mihi fore negotiorum gestorum actionem, earum vero rerum, quae ipsum sequuntur, non tecum, sed cum ipso. Sed si liberum scivi, earum quidem rerum, quae eum sequuntur, habebo adversus eum actionem, earum vero, quae te sequuntur, adversus te.

§9 (7). Si yo gestionase los negocios de un hombre libre que de buena fe te servía como esclavo, administrándolos creyendo que era tu esclavo, Pomponio escribe que respecto a aquellos bienes del peculio que deben pertenecerte tendré contra ti la acción de gestión de negocios, pero en cuanto a aquéllos que le corresponden tendré la acción no contra ti, sino contra él mismo. Pero si yo sabía que era libre, sin duda tendré contra él la acción respecto a los bienes que le pertenecen, y contra ti en cuanto a los que te corresponden.

§10(8). Si Titii servum putans qui erat Sempronii, dedero pecuniam ne occideretur, ut Pomponius ait, habebo negotiorum gestorum adversus Sempronium actionem.

§10 (8). Si creyendo que era de Ticio el esclavo de Sempronio hubiere yo dado dinero para que no lo matasen, a juicio de Pomponio tendré contra Sempronio la acción de gestión de negocios.

§11(9). Item quaeritur apud Pedium libro septimo, si Titium quasi debitorem tuum extra iudicium admonuero et is mihi solverit, cum debitor non esset, tuque postea cognoveris et ratum habueris: an negotiorum gestorum actione me possis convenire. Et ait dubitari posse, quia nullum negotium tuum gestum est, cum debitor tuus non fuerit. Sed ratihabitio, inquit, fecit tuum negotium: et sicut ei a quo exactum est adversus eum datur repetitio qui ratum habuit, ita et ipsi debebit pos ratihabitionem adversus me competere actio. Sic ratihabitio constituet tuum negotium, quod ab initio tuum non erat, sed tua contemplatione gestum.

§11 (9). También se pregunta Pedio en su libro séptimo de los comentarios al edicto: si yo reclamase extrajudicialmente a Ticio, como si fuera deudor tuyo, él me pagase no siendo deudor, y luego tú lo supieses y ratificases, ¿me podrás demandar con la acción de gestión de negocios? Dice que puede haber duda, porque no se gestionó ningún negocio tuyo, ya que aquel no había sido tu deudor. Pero añade que la ratificación hizo tuyo el negocio, y así como a aquel de quien se cobró se le concede repetir contra quien ratificó, así también éste tendrá acción contra mí tras la ratificación. De este modo la ratificación hará tuyo el negocio que al principio no era tuyo, pero que se gestionó en atención a ti.

§12(10). Idem ait, si Titii debitorem, cui te heredem putabam, cum esset Seius heres, convenero similiter et exegero, mox tu ratum habueris: esse mihi adversus te et tibi mutuam negotium gestum est: sed ratihabitio hoc conciliat: quae res efficit, ut tuum negotium gestum videatur et a te hereditas peti possit.

§12 (10). Dice también el mismo autor que si yo demandase y cobrase a un deudor de Ticio, de quien yo te creía heredero siéndolo en verdad Seyo, y luego tú lo ratificases, tengo contra ti y tú contra mí la acción mutua de gestión de negocios. Porque aunque se gestionó un negocio ajeno, la ratificación no obstante lo subsana, haciendo que parezca haberse gestionado un negocio tuyo, y que de ti pueda

pedirse la herencia para reclamarte lo cobrado.

§13(11). Quid ergo, inquit Pedius, si, cum te heredem putarem, insulam fulsero hereditariam tuque ratum habueris, an sit mihi adversus te actio? Sed non fore ait, cum hoc facto meo alter sit lucupletatus et alterius re ipsa gestum negotium sit, nec possit, quod alii adquisitum est ipso gestu, hoc tuum negotium videri.

§13 (11). Pregunta Pedio: ¿que decir si, creyéndote heredero, yo reparase una casa de la herencia y tú lo ratificases? ¿Tendré acción contra tí? Responde que no, porque con este hecho mío se benefició otro y se gestionó la cosa de otro, sin que pueda considerarse negocio tuyo lo que por la misma gestión se adquirió para otro.

§14(12). Videamus in persona eius, qui negotia administrat, si quaedam gessit quaedam non, contemplatione tamen eius alius ad haec non accessit, et si vir diligens (quod ab eo exigimus) etiam ea gesturus fuit: an dici debeat negotiorum gestorum eum teneri et propter ea quae non gessit? Quod puto verius. Certe si quid a se exigere debuit, procul dubio hoc ei imputabitur. Quamquam enim hoc ei imputari non possit, cur alios debitores non convenerit, quoniam conveniendi eos iudicio facultatem non habuit, qui nullam actionem intendere potuit: tamen a semet ipso cur non exegerit, ei imputabitur: et si forte non fuerit usurarium debitum, incipit esse usurarium, ut divus Pius Flavio Longino rescripsit: nisi forte, inquit, usuras ei remiserat:

§14 (12). Veamos ahora respecto a la persona del gestor, si gestionó unos negocios y otros no, aunque como varón diligente, que es lo que exigimos de él, también los debió haber administrado, y en atención a él tampoco los atendió otro individuo. ¿Deberá decirse que queda obligado por la gestión de negocios, incluso de aquellos negocios que no gestionó? Esto es lo que considero más adecuado. Ciertamente, si debió exigirse alguna cosa a sí mismo no cabe duda que esto se le imputará; pues aunque no pueda imputársele el que no haya demandado a otros deudores, ya que quien no pudo intentar ninguna acción no tuvo facultad para demandarlos en juicio, no obstante ello se le imputará el no haber cobrado de sí mismo; y en caso de que la deuda no fuese con intereses, empieza a devengarlos, según manifestó el divino Antonino Pío en respuesta escrita a Flavio Longino, a no ser, dice, que le condonase los intereses,

***6(7)**. PAULUS libro nono ad edictum. … quia tantundem in bonae fidei iudiciis*

6(7). PAULO *en el libro noveno de los comentarios al edicto.* … porque en los

officium iudicis valet, quantum in stipulatione nominatim eius rei facta interrogatio.

juicios de buena fe vale tanto el arbitrio del juez como el interrogar sobre aquella cosa hecha expresamente en la estipulación.

7(8). ULPIANUS *libro decimo ad edictum. Si autem is fuit qui negotia administravit a quo mandatum non exigebatur, posse ei imputari, cur oblata de rato cautione eum non convenit: si modo facile ei fuerit satisdare. Certe in sua persona indubitatum est: et ideo si ex causa fuit obligatus, quae certo tempore finiebatur, et tempore liberatus est, nihilo minus negotiorum gestorum actione erit obligatus. Idem erit dicendum et in ea causa, ex qua heres non teneretur, ut Marcellus scribit.*

7(8). ULPIANO *en el libro décimo de los comentarios al edicto*. Pero si el gestor fue alguien a quien no se exigía mandato, se le puede imputar el por qué no demandó a un tercero ofreciendo caución de ratificación del titular, si acaso le fue fácil ofrecerla. A decir verdad, esto es indudable respecto a su persona; y por ende, si el deudor estuvo obligado por una causa que caducaba dentro de plazo cierto, y por el transcurso del tiempo se liberó, no obstante ello el gestor que no reclamó contra él quedará obligado por la acción de gestión de negocios. Lo mismo deberá también decirse, según escribe Marcelo en el libro segundo de su Digesto, respecto de aquella deuda que no se transmite al heredero.

§1. Item si fundum tuum vel civitatis per obreptionem petiero negotium tuum vel civitatis gerens et ampliores quam oportuit fructus fuero consecutus, debebo hoc ipsum tibi vel rei publicae praestare, licet petere non potuerim.

§1. Del mismo modo, si gestionando un negocio tuyo o de la ciudad yo reclamase con engaño un fundo tuyo o de la ciudad, y obtuviese la entrega de más frutos de los debidos, debo entregártelos a ti o a la república, aunque yo no pudiese reclamarlos.

§2. Si quocumque modo ratio compensationis habita non est a iudice, potest contrario iudicio agi: quod si post examinationem reprobatae fuerint pensationes, verius est quasi re iudicata amplius agi contrario iudicio non posse, quia exceptio rei iudicatae opponenda est.

§2. Si por alguna razón el juez no tuvo en cuenta la compensación, el gestor puede demandar con la acción contraria. Pero si tras examinar cuidadosamente las compensaciones éstas se desecharon, es más cierto que, al haberse juzgado la cosa, no puede volver a demandar con la acción

contraria, porque se opondrá la excepción de cosa juzgada.

§3. Iulianus libro tertio tractat, si ex duobus sociis alter me prohibuerit administrare, alter non: an adversus eum qui no prohibuit habeam negotiorum gestorum actionem? Movetur eo, quod, si data fuerit adversus eum actio, necesse erit et eum pertingi qui vetuit: sed et illud esse iniquum eum qui non prohibuit alieno facto liberari, cum et si mutuam pecuniam alteri ex sociis prohibente socio dedissem, utique eum obligarem. Et puto secundum Iulianum debere dici superesse contra eum qui non prohibuit negotiorum gestorum actionem, ita tamen ut is qui prohibuit ex nulla parte neque per socium neque per ipsum aliquid damni sentiat.

§3. Juliano analiza el siguiente caso en el libro tercero de su Digesto: si uno de dos socios me prohibiese administrar y el otro no, ¿tendré acaso contra el que no me lo prohibió la acción de gestión de negocios? Él plantea la cuestión porque si se otorgase acción contra aquél será necesario que se extienda también al que lo prohibió. Pero también es injusto que quien no lo prohibió quede libre por un hecho ajeno, cuando, si yo diese dinero prestado a uno de los socios prohibiéndolo el otro, ciertamente que le obligaría. Y opino junto con Juliano que debe decirse que subsiste la acción de gestión de negocios contra quien lo prohibió, siempre que éste no sufra perjuicio por ninguna parte, ni por su socio ni por sí mismo.

***8(9)**. SCAEVOLA libro I quaestionum. Pomponius scribit, si negotium a te, quamvis male gestum, probavero, negotiorum tamen gestorum te mihi non teneri. Videndum ergo, ne in dubio, hoc an ratum habeam, actio negotiorum gestorum pendeat; nam quomodo, quum semel coeperit, nuda voluntate tenetur? Sed superius ita verum se putare, si dolus malus a te absit. Scaevola: imo puto, etsi comprobem, adhuc negotiorum gestorum actionem esse; sed eo dictum, te mihi non teneri, quod reprobare non possim semel probatum, et quemadmodum, quod utiliter gestorum est, necesse est apud iudicem pro rato haberi, ita omne, quod ab ipso probatum est. Ceterum si, ubi probavi, non est negotiorum actio, quid fiet, si a debitore meo exegerit, et probaverim, quemadmodum*

8(9). ESCÉVOLA *en el libro primero de las cuestiones.* Pomponio escribe que si yo aprobase un negocio malamente llevado por ti, no me quedas obligado por la acción de gestión de negocios. Veamos si dicha acción no está pendiente de la duda de si yo ratifico; porque ¿cómo se extinguirá por la sola voluntad una vez que comenzase a existir? Pero opina que es verdad lo antes expresado si en ti no hubiera dolo malo. Escévola añade lo siguiente: es más, creo que, aunque yo apruebe la gestión, subsiste la acción de gestión de negocios; pero se dice que no me quedas obligado porque no puedo reprobar lo ya aprobado,

recipiam? Item si vendiderit? Ipse denique, si quid impendit, quemadmodum recipiet? Nam utique mandatum non est; erit igitur et post ratihabitionem negotiorum gestorum actio.

y así como es necesario que sea ratificada ante el juez la gestión útil, así también lo es todo lo que yo aprobé. Por lo demás, si en el instante que aprobé no hay acción de gestión de negocios, ¿qué se hará si él cobrase de mi deudor y yo lo aprobase? ¿De qué modo lo obtendré? ¿Y si también él vendiese? Por último, si él mismo gastó algo, ¿cómo lo cobrará? Ciertamente no hay mandato; pero habrá, incluso después de la ratificación, la acción de gestión de negocios.

***9(10)**. ULPIANUS libro decimo ad edictum. Sed an ultro mihi tribuitur actio sumptuum quos feci? Et puto competere, nisi specialiter id actum est, ut neuter adversus alterum habeat actionem.*

9(10). ULPIANO *en el libro décimo de los comentarios al edicto*. Por mi parte, ¿se me dará acaso acción por los gastos que realicé? Y juzgo que sí, salvo si se convino que ninguno tuviese acción contra el otro.

§1. Is autem qui negotiorum gestorum agit non solum si effectum habuit negotium quod gessit, actione ista utetur, sed sufficit, si utiliter gessit, etsi effectum non habuit negotium. Et ideo si insulam fulsit vel servum aegrum curavit, etiamsi insula exusta et vel servus obiit, aget negotiorum gestorum: idque et Labeo probat. Sed ut Celsus refert, Proculus apud eum notat non semper debere dari. Qui enim si eam insulam fulsit, quam dominus quasi impar sumptui dereliquerit vel quam sibi necessariam non putavit? Oneravit, inquit, dominum secundum Labeonis sententiam, cum unicuique liceat et damni infecti nomine rem derelinquere. Sed istam sententiam Celsus eleganter deridet: is enim negotiorum gestorum, inquit, habet actionem, qui utiliter negotia gessit: non autem utiliter negotia gerit, qui rem non necessariam vel quae oneratura est patrem familias adgreditur. Iuxta hoc est et, quod Iulianus scribit, eum

§1. El que reclama por la acción de negocios se valdrá de esta acción no sólo si tuvo efecto el negocio gestionado, pues basta que haya gestionado útilmente, aunque no haya tenido efecto el negocio. Por tanto, si reparó una casa o cuidó a un esclavo enfermo, aunque la casa se haya quemado o haya muerto el esclavo, podrá ejercer la acción de gestión de negocios; y esto también lo aprueba Labeón. Pero, según refiere Celso, dice Próculo en sus notas a aquél que no siempre debe darse. ¿Qué decir, pues, si el gestor reparó aquella casa que su dueño abandonó por no tener para costearla, o que no consideró necesaria? Dice que, según el parecer de Labeón, el gestor gravaría al dueño, pues a cualquiera es lícito abandonar una cosa aun por razón

qui insulam fulsit vel servum aegrotum curavit, habere negotiorum gestorum actionem, si utiliter hoc faceret, licet eventus non sit secutus. Ego quaero: quid si putavit se utiliter facere, sed patri familias non expediebat? Dico hunc non habiturum negotiorum gestorum actionem: ut enim eventum non spectamus, debet utiliter esse coeptum.

de daño temido. Pero Celso ridiculiza discretamente dicho parecer, pues dice que quien administró útilmente los negocios tiene la acción de gestión de negocios, pero no lo hace quien emprende una actividad innecesaria, o que ha de ser gravosa al propietario. En armonía con esto escribe Juliano, que quien reparó la casa o cuidó al esclavo enfermo tiene la acción de gestión de negocios simpre que la gestión fuese útil, aunque no resultase satisfactorio. Yo pregunto: ¿y qué pasa si creyó que obraba útilmente, pero no convenía al propietario? Digo que aquél no ha de tener la acción de gestión de negocios, porque para que no atendamos al resultado debe haberse comenzado útilmente.

10(11). POMPONIUS *libro vicensimo primo ad Quintum Mucium. Si negotia absentis et ignorantis geras, et culpam et dolum praestare debes. Sed Proculus interdum etiam casum praestare debere, veluti si novum negotium, quod non sit solitus absens facere, tu nomine eius geras: veluti venales novicios coemendo vel aliquam negotiationem ineundo. Nam si quid damnum ex ea re secutum fuerit, te sequentur, lucrum vero absentem: quod si in quibusdam lucrum factum fuerit, in quibusdam damnum, absens pensare lucrum cum damno debet.*

10(11). POMPONIO *en el libro vigésimo primero de los comentarios a Quinto Mucio.* Si gestionases los negocios de un ausente, y éste lo ignorase, debes responder por culpa y dolo. Pero Próculo dice que en ocasiones debes responder también por el caso fortuito, por ejemplo, si a nombre del ausente hicieses un negocio nuevo que él no acostumbraba hacer, como comprar esaclavos inexpertos o emprender algún negocio. Porque si de esto resultase alguna pérdida, ésta será a tu cargo, aunque la ganancia será para el ausente; mas si en unos negocios se obtuviese ganancia y en otros pérdida, el ausente debe compensar el beneficio con el daño.

11(12). ULPIANUS *libro decimo ad edictum. Successori eius, cuius fuerunt negotia, qui apud hostes decessit, haec actio danda erit.*

11(12). ULPIANO *en el libro décimo de los comentarios al edicto.* Se otorgará esta acción al sucesor de dueño de los negocios que falleció en poder de los enemigos.

§1. Sed si filii familias militis defuncti testamento facto gessi, similiter erit danda actio.

§1. Pero si cuidé de los negocios del hijo de familia militar quie murió dejando testamento, igualmente deberá darse esta acción.

§2. Sicut autem in negotiis vivorum gestis sufficit utiliter negotium gestum, ita et in bonis mortuorum, licet diversus exitus sit secutus.

§2. Así como respecto a la gestión de negocios de los vivos basta que se haya administrado útilmente el negocio, así también basta respecto a los bienes de los fallecidos, aunque el éxito sea adverso.

12(13). PAULUS *libro nono ad edictum. Debitor meus, qui mihi quinquaginta debebat, decessit: huius hereditatis curationem suscepi et impendi decem: deinde redacta ex venditione rei hereditariae centum in arca reposui: haec sine culpa mea perierunt. Quaesitum est, an ab herede, qui quandoque extitisset, vel creditam pecuniam quinquaginta petere possim vel decem quae impendi. Iulianus scribit in eo verti quaestionem, ut animadvertamus, an iustam causam habuerim seponendorum centum: nam si debuerim et mihi et ceteris hereditariis creditoribus solvere, periculum non solum sexaginta, sed et reliquorum quadraginta me praestaturum, decem tamen quae impenderim retenturum, id est sola nonaginta restituenda. Si vero iusta causa fuerit, propter quam integra centum custodirentur, veluti si periculum erat, ne praedia in publicum committerentur, ne poena traiecticiae pecuniae augeretur aut ex compromiso committeretur: non solum decem, quae in hereditaria negotia impenderim, sed etiam quinquaginta quae mihi debita sunt ab herede me consequi posse.*

12(13). PAULO *en el libro noveno de los comentarios al edicto.* Falleció un deudor mío que me debía cincuenta mil sestercios; tomé a mi cargo el cuidado de su herencia, y gasté diez mil de mi patrimonio; luego deposité en caja cien mil sestercios que percibí de la venta de los bienes de la herencia, y esta suma se perdió sin culpa mía. Pregunto: ¿podría acaso pedir al heredero que algún día llegará a serlo, tanto los cincuenta mil que se me debían como los diez mil que gasté? Juliano escribe en el libro tercero de su Digesto que la cuestión radica en ver si tuve justa causa para depositar los cien mil; porque si yo debiese cobrarme y pagar a los demás acreedores de la herencia, responderé no sólo por la pérdida de los sesenta mil, sino también de los otros cuarental mil, pero podré retener por compensación los otros diez mil que gasté, es decir, que sólo deberán restituirse noventa mil. Mas si hubiese justa causa para que se

guardasen íntegros los cien mil, por ejemplo, si convenía disponer del dinero porque había peligro de que los predios fuesen confiscados por falta del pago de la renta, o de que aumentase la suma de intereses de un préstamo marítimo a riesgo en caso de no restituir, o se incurriese en la pena estipulada del compromiso si no se cumplía el laudo arbitral, podré conseguir del heredero no sólo los diez mil que yo gastase en los negocios de la herencia, sino también los cincuenta mil que se me deben.

13(14). ULPIANUS *libro decimo ad edictum. Si filius familias negotia gessisse proponatur, aequissimum erit in patrem quoque actionem dari, sive peculium habet sive in rem patris sui vertit: et si ancilla, simili modo.*

13(14). ULPIANO *en el libro décimo de los comentarios al edicto*. Si se dijera que un hijo de familia gtestionó negocios ajenos, será muy justo que se dé la acción contra el padre, ya si aquél tiene peculio, ya si beneficia a los bienes de su padre; y del mismo modo será si se tratara de una esclava.

14(15). PAULUS *libro nono ad edictum. Pomponius libro vicensimo sexto in negotiis gestis initio cuiusque temporis condicionem spectandam ait. Quid enim, inquit, si pupilli negotia coeperim gerere et inter moras pubes factus sit? Vel servi aut filii familias et interea liber aut pater familias effectus sit? Hoc et ego verius esse didici, nisi si ab initio quasi unum negotium gesturus accessero, deinde alio animo ad alterum accessero eo tempore, quo iam pubes vel liber vel pater familias effectus est: hic enim quasi plura negotia gesta sunt et pro qualitate personarum et actio formatur et condemnatio moderatur.*

14(15). PAULO *en el libro noveno de los comentarios al edicto*. Dice Pomponio en el libro vigésimo sexto de su Digesto que inicialmente ha de considerarse la condición que tenían las personas al empezar la gestión de negocios. Pues ¿qué se dirá, pregunta, si yo comenzase a administrar los negocios de un pupilo, y entre tanto éste se hiciese púbero, o los de un esclavo o de un hijo de familia, y mientras tanto se volviese libre o autónomo jurídicamente? También yo he considerado que es más verdadero lo así expresado, salvo si al principio me encargase de un negocio por

separado, y después con otro ánimo gestionase otro negocio al tiempo en que el titular ya se había hecho púbero, o libre, o autónomo jurídicamente, porque en este caso hay varias gestiones de negocios, y según la calidad de las personas se constituye la acción y se acomoda la condena.

15(16). IDEM *libro septimo ad Plautium. Sed et cum aliquis negotia mea gerat, non multa negotia sunt, sed unus contractus, nisi si ab initio ad unum negotium accessit, ut finito eo discederet: hoc enim casu si nova voluntate aliud quoque adgredi coeperit, alius contractus est.*

15 (16). EL MISMO *en el libro séptimo de los comentarios a Plaucio.* Cuando alguien gestiona mis negocios, no hay muchos contratos sino uno solo, salvo si desde un inicio se aplicó a un solo negocio para apartarse una vez concluido; porque en este caso, si comenzase a acometer también otro negocio con nueva voluntad, hay otro contrato distinto.

16(17). ULPIANUS *libro trigensimo quinto ad edictum. Eum actum, quem quis in servitute egit, manumissus non cogitur reddere. Plane si quid conexum fuit, ut separari ratio eius quod in servitute gestum est ab eo quod in libertate gessit non possit: constat venire in iudicium vel mandati vel negotiorum gestorum et quod in servitute gestum est. Denique si tempore servitutis aream emerit et in ea insulam aedificaverit eaque corruerit, deinde manumissus fundum locaverit: sola locatio fundorum in iudicio negotiorum gestorum deducetur, quia ex superioris temporis administratione nihil amplius in iudicio deduci potest quam id, sine quo ratio libertatis tempore administratorum negotiorum expediri non potest.*

16 (17). ULPIANO *en el libro trigésimo quinto de los comentarios al edicto.* De la gestión que alguien llevó siendo esclavo, no está obligado a rendir cuentas una vez manumitido. Mas si algún negocio estuvo relacionado de modo tal que la suerte de lo hecho durante la esclavitud no pueda separarse de lo que aquel gestionó siendo ya libre, es sabido que entra en la acción de mandato o en la de gestión de negocios lo que se hizo durante la esclavitud. Finalmente, si durante la esclavitud compró un solar y edificó en él una casa, y ésta se arruinó, y luego de manumitido diese en arrendamiento el fundo, solamente se comprenderá en la acción de gestión de negocios el arrendamiento de los fundos; porque de la gestión del tiempo

anterior no puede llevarse a juicio nada más que aquello sin lo cual no puede liquidarse la cuenta de los negocios gestionados durante la libertad.

17(18). PAULUS *libro nono ad edictum. Proculus et Pegasus bonam fidem eum, qui in servitute gerere coepit, praestare debere aiunt: ideoque quantum, si alius eius negotia gessisset, servare potuisset, tantum eum, qui a semet ipso non exegerit, negotiorum gestorum actione praestaturum, si aliquid habuit in peculio, cuius retentione id servari potest. Idem Neratius.*

17(18). PAULO *en el libro noveno de los comentarios al edicto*. Próculo y Pegaso señalan que quien siendo esclavo empezó a administrar negocios ajenos debe responder por lo que exige la buena fe; y por consiguiente quien de sí mismo no cobrase deberá responder por la acción de gestión de negocios de todo lo que otro pudiese cobrar si administrase sus negocios, si tuviera algo en su peculio con cuya retención pueda pagar. Neracio afirma lo mismo.

18(19). IDEM *libro secundo ad Neratium. Adquin natura debitor fuit etiamsi in peculio nihil habuit, et si postea habuit, sibi postea solvere debet in eodem actu perseverans: sicut is, qui temporali actione tenebatur, etiam post tempus exactum negotiorum gestorum actione id praestare cogitur.*

18(19). EL MISMO *en el libro segundo de los comentarios a Neracio*. Pero quien fue deudor por obligación natural, aunque nada haya tenido en su peculio, si lo tuvo después perseverando en la misma administración, debe pagarse a sí mismo, así como el gestor que estaba como deudor obligado por una acción temporal es compelido, por la acción de gestión de negocios, a pagar lo adeudado, aun después de pasado el tiempo.

§1. Scaevola noster ait putare se, quod Sabinus scribit debere a capite rationem reddendum sic intellegi, ut appareat, quid reliquum fuerit tunc, cum primum liber esse coeperit, non ut dolum aut culpam in servitute admissam in obligationem revocet: itaque si inveniatur vel malo more pecunia in servitute erogata, liberabitur.

§1. Dice nuestro maestro Escévola que lo que escribe Sabino, 'se rendirán cuentas desde el principio de la gestión', le parece que debe entenderse de este modo: que se justifique la gestión posterior al momento en que el gestor comenzase a ser libre, no en el que resulte obligado por el dolo o la culpa cometida durante su

esclavitud; y así, aunque se descubriese que gastó dinero de mala manera cuando era esclavo, quedará libre.

§2. Si libero homini, qui bona fide mihi serviebat, mandem, ut aliquid agat, non fore cum eo mandati actionem Labeo ait, quia non libera voluntate exsequitur rem sibi mandatam, sed quasi ex necessitate servili: erit igitur negotiorum gestorum actio, quia et gerendi negotii mei habuerit affectionem et is fuit, quem obligare possem.

§2. Si yo mandase a un hombre libre que me servía de buena fe como esclavo para que haga alguna cosa, dice Labeón que no tendré contra él la acción de mandato, porque no ejecuta por su libre voluntad la cosa encargada, sino como por obligación de esclavo. Procederá la acción de gestión de negocios porque tuvo voluntad de gestionar un negocio mío, y porque fue una persona a quien yo podía obligar.

§3. Cum me absente negotia mea gereres, imprudens rem meam emisti et ignorans usucepisti: mihi negotiorum gestorum ut restituas obligatus non es. Sed si, antequam usucapias, cognoscas rem meam esse, subicere debes aliquem, qui a te petat meo nomine, ut et mihi rem et tibi stipulationem evictionis committat: nec videris dolum malum facere in hac subiectione: ideo enim hoc facere debes, ne actione negotiorum gestorum iudicio praestabimus, vel etiam quas percipere potuimus.

§3. Si estando yo ausente y gestionando tú mis negocios, compraste una cosa mía ignorando que lo era, y sin saberlo la usucapiste, no estás obligado por la acción de gestión de negocios a devolvérmela; pero si antes de usucapirla supiste que la cosa era mía, debes hacer que alguno te la pida en mi nombre, no sólo para que vuelva la cosa a mí, sino para que resulte incumplida la estipulación por evicción del que te la vendió. Y no se entiende que procedes con dolo malo en dicha sustitución, porque debes proceder así para que no quedes obligado conmigo por la acción de gestión de negocios.

§4. Contra quoque usuras, quas praestavimus vel quas ex nostra pecunia percipere potuimus quam in aliena negotia impendimus, servabimus negotiorum gestorum iudicio.

§4. Por la acción de gestión de negocios no sólo responderemos del capital, sino también de los intereses percibidos del dinero ajeno, así como de los que pudimos percibir y no percibimos. Por el contrario, también por la acción de gestión de negocios recobraremos los intereses que pagamos, o que

pudimos percibir del dinero nuestro que gastamos en los negocios ajenos.

§5. Dum apud hostes esset Titius, negotia eius administravi, postea reversus est: negotiorum gestorum mihi actio competit, etiamsi eo tempore quo gerebantur dominum non habuerunt.

§5. Mientras Ticio estaba en poder de los enemigos administré sus negocios, y después volvió; me compete la acción de gestión de negocios, aunque durante el tiempo en que se gestionaban no tuvieran dueño.

19(20). ULPIANUS *libro decimo ad edictum. Sin autem apud hostes constitutus decessit, et successori et adversus successorem eius negotiorum gestorum directa et contraria competit.*

19(20). ULPIANO *en el libro décimo de los comentarios al edicto.* Pero si falleció estando en poder de los enemigos competen, tanto a su sucesor como contra éste, las acciones directa y contraria de la gestión de negocios.

20(21). PAULUS *libro nono ad edictum. Nam et Servius respondit, ut est relatum apud Alfenum libro trigensimo nono digestorum: cum a Lusitanis tres capi essent et unus ea condicione missus, uti pecuniam pro tribus adferret, et nisi redisset, ut duo pro eo quoque pecuniam darent, isque reverti noluisset et ob hanc causam illi pro tertio quoque pecuniam solvissent: Servius respondit aequum esse praetorem in eum reddere iudicium.*

20(21). PAULO *en el libro noveno de los comentarios al edicto.* Porque también Servio respondió, según refiere Alfeno en el libro trigésimo noveno de su Digesto, que habiendo caído tres prisioneros en manos de los lusitanos, y habiendo dejado en libertad a uno con la condición de que trajese el precio del rescate para los tres, bajo la condición de que si no volvía, los otros dos darían la cantidad también por él, como éste no quuiso volver y por esta causa aquellos pagaron también rescate por el tercero, Servio respondió que era justo que el pretor concediese acción contra él.

§1. Qui negotia hereditaria gerit, quodammodo sibi hereditatem seque ei obligat: ideoque nihil refert an etiam pupillus heres existat, quia id aes alienum cum ceteris hereditariis oneribus ad eum transit.

§1. El gestor de negocios de una herencia en cierto modo obliga la herencia a su favor, y él se obliga a favor de ella; y por tanto, nada importa que aún sea pupilo el heredero, porque esta deuda pasa a

él con las demás cargas de la herencia.

§2. Si vivo Titio negotia eius administrare coepi, intermittere mortuo eo non debeo: nova tamen inchoare necesse mihi non est, vetera explicare ac conservare necessarium est. Ut accidit cum alter ex sociis mortuus est: nam quaecumque prioris negotii explicandi causa geruntur, nihilum refert, quo tempore consummentur, sed quo tempore inchoarentur.

§2. Si viviendo Ticio comencé a gestionar sus negocios, no debo cesar al morir él; pero no estoy obligado a iniciar otros nuevos, sino que expanda y conserve los antiguos; como cuando ha fallecido un socio. Porque cualesquiera que sean las gestiones hechas para continuar el negocio anterior, nada importa cuándo se terminen, sino cuándo se iniciaron.

§3. Mandatu tuo negotia mea Lucius Titius gessit: quod is non recte gessit, tu mihi actione negotiorum gestorum teneris non in hoc tantum, ut actiones tuas praestes, sed etiam quod imprudenter eum elegeris, ut quidquid detrimenti neglegentia eius fecit, tu mihi praestes.

§3. Por mandato tuyo Lucio Ticio administró mis negocios; y si éste no administró rectamente, te obligas conmigo por la acción de gestión de negocios no sólo a cederme tus acciones, sino también a pagarme cualquier detrimento que me cause su negligencia por haberlo elegido imprudentemente.

***21(22)**. GAIUS libro tertio ad edictum provinciale. Sive hereditaria negotia sive ea, quae alicuius essent, gerens aliquis necessario rem emerit, licet ea interierit, poterit quod impenderit iudicio negotiorum gestorum consequi: veluti si frumentum aut vinum familiae paraverit idque casu quodam interierit, forte incendio ruina. Sed ita scilicet hoc dici potest, si ipsa ruina vel incendium sine vitio eius acciderit: nam cum propter ipsam ruinam aut incendium damnandus sit, absurdum est eum istarum rerum nomine, quae ita comsumptae sunt, quicquam consequi.*

21(22). GAYO *en el libro tercero de los comentarios al edicto provincial.* Si gestionando alguno o todos los negocios de una herencia, o los que fuesen de cualquiera, alguien comprase por necesidad alguna cosa, aunque ésta pereciese, podrá obtener por la acción de gestión de negocios lo que gastó, por ejemplo, si hiciese provisión de trigo o de vino para los esclavos y aquella se perdiese por algún accidente, sea por incendio o por derrumbe. Pero esto es así sólo si tal derrumbe o incendio ocurriesen sin culpa suya; porque cuando deba ser condenado por causa de derrumbe o incendio, es absurdo que obtenga algo por las cosas que fueron consumidas en el accidente.

22(23). *PAULUS libro vicensimo ad edictum. Si quis negotia aliena gerens indebitum exegerit, restituere cogitur: de eo autem, quod indebitum solvit, magis est ut sibi imputare debeat.*

22(23). PAULO *en el libro vigésimo de los comentarios al edicto.* Si alguien, gestionando negocios ajenos, exigiese lo que no se debe, está obligado a restituitlo; pero respecto a lo que pagó indebidamente, lo más correcto es que debe imputársele a él mismo.

23(24). *IDEM libro vicensimo quarto ad edictum. Si ego hac mente pecuniam procuratori dem, ut ea ipsa creditoris fieret, proprietas quidem per procuratorem non adquiritur, potest tamen creditor etiam invito me ratum habendo pecuniam suam facere, quia procurator in accipiendo creditoris dumtaxat negotium gessit: et ideo creditoris ratihabitione liberor.*

23 (24). EL MISMO *en el libro vigésimo cuarto de los comentarios al edicto.* Si yo diese dinero a un procurador con la intención de que se haga de un acreedor, no se adquiere ciertamente su propiedad por medio del procurador. Mas el acreedor puede hacer suyo el dinero ratificando el negocio aun contra mi voluntad, porque al recibirlo, el procurador realizó un negocio tan sólo del acreedor; y por ende me libero de la deuda con la ratificación del acreedor.

24(25). *IDEM libro vicensimo septimo ad edictum. Si quis negotia aliena gerens plus quam oportet impenderit, reciperaturum eum id, quod praestari debuerit.*

24(25). EL MISMO *en el libro vigésimo séptimo de los comentarios al edicto.* Si un gestor de negocios ajenos gastase más de lo conveniente, sólo recuperará aquello que debía pagar.

25(26). *MODESTINUS libro primo responsorum. Cum alicui civitati per fideicommissum restitui iussa esset hereditas, magistratus actores horum bonorum Tititum et Seium et Gaium idoneos creaverunt: postmodum hi actores inter se diviserunt administrationem bonorum idque egerunt sine auctoritate et sine consensu magistratuum. Post aliquod tempus testamentum, per quod restitui civitati hereditas fideicomissa esset, irritum probatum est pro tribunal atque ita ab*

25(26). MODESTINO *en el libro primero de las respuestas.* Habiéndose mandado por fideicomiso que se restituyese una herencia a alguna ciudad, los magistrados nombraron administradores idóneos de estos bienes a Ticio, Seyo y Cayo; después, estos administradores dividieron entre sí la administración de los bienes sin autorización ni consentimiento de los magistrados; pasado cierto tiempo, el tribunal

intestato Sempronius legitimus heres defuncti extitit: sed ex his actoribus unus non solvendo decessit et nemo heres eius extitit. Quaero, si Sempronius conveniet actores horum bonorum, periculum inopis defuncti ad quos pertinet? Herennius Modestinus respondit, quod ab uno ex actoribus ob ea quae solus gessit negotiorum gestorum actione servari non potest, ad damnun eius cui legitima hereditas quaesita est pertinere.

declaró inválido el testamento por el que se encargó por fideicomiso que la herencia fuese restituida a la ciudad, y de este modo llegó a ser Sempronio, por sucesión legítima, heredero del difunto; pero uno de los administradores murió insolvente, y nadie fue su heredero. Pregunto: si Sempronio demandase a los administradores de estos bienes, ¿a quiénes corresponde indemnizar el perjuicio causado por el difunto insolvente? Herenio Modestino respondió en el libro primero de sus respuestas que lo que por la acción de gestión de negocios no puede recobrarse de uno de los administradores respecto de lo que él sólo gestionó, redunda en perjuicio de aquél que obtuvo la herencia legítima.

26(27). IDEM *libro secundo responsorum. Ex duobus fratribus uno quidem suae aetatis, alio vero minore annis, cum haberent communia praedia rustica, maior frater in saltu communi habenti habitationes paternas ampla aedificia aedificaverat: cumque eundem saltum cum fratre divideret, sumptus sibi quasi re meliore ab eo facta desiderabat fratre minore iam legitimae aetatis constituto. Herennius Modestinus respondit ob sumptus nulla re urguente, sed volupatis causa factos eum de quo quaeritur actionem non habere.*

26(27). EL MISMO *en el libro segundo de las respuestas.* Dos hermanos, uno mayor de edad y otro menor, tenían en copropiedad predios rústicos; el hermano mayor construyó grandes edificios en la heredad común donde se ubicaba la vivienda paterna; y al dividir la misma heredad con su hermano, llegado ya a la edad legal, le reclamaba los gastos por haber mejorado la finca. Herenio Modestino respondió que el hermano mayor no tiene acción por los gastos voluptuarios hechos innecesariamente.

§1. Titium, si pietatis respectu sororis aluit filiam, actionem hoc nomine contra eam non habere respondi.

§1. Respondí que si por razón de afecto familiar Ticio dio alimentos a la hija de su hermano, no tenía por tal motivo acción contra ella.

***27(28)**. IAVOLENUS libro octavo ex Cassio. Si quis mandatu Titii negotia Seii gessit, Titio mandati tenetur lisque aestimari debet, quanto Seii et Titii interest: Titii autem interest quantum is Seio praestare debet, cui vel mandati vel negotiorum gestorum nomine obligatus est. Titio autem actio competit cum eo, cui mandavit aliena negotia gerenda, et antequam ipse quicquam domino praestet, quia id ei abesse videtur in quo obligatus est.*

27(28). JAVOLENO *en el libro octavo dedicado a la obra de Casio.* Si por mandato de Ticio alguien gestionó los negocios de Seyo, se obliga con Ticio por la acción de mandato, y el objeto del litigio debe estimarse por cuanto importa a Seyo y Ticio; mas a Ticio le importa cuánto debe dar a Seyo, con quien quedó obligado por la acción de mandato o por la gestión de negocios. A Ticio compete acción contra aquél a quien encomendó la administración de los negocios ajenos, y antes que él entregue a su dueño alguna cosa, porque se entiende que puede exigir como pérdida aquello que se obligó a dar a Seyo.

***28(29)**. CALLISTRATUS libro tertio edicti monitorii. Cum pater testamento postumo tutorem dederit isque tutelam interim administraverit nec postumus natus fuerit, cum eo non tutelae, sed negotiorum gestorum erit agendum: quod si natus fuerit postumus, tutelae erit actio et in eam utrumque tempus veniet, et quo, antequam nasceretur infans, gessit et quo, posteaquam natus sit.*

28(29). CALISTRATO *en el libro tercero de los comentarios al edicto monitorio.* Cuando un padre designase tutor en su testamento para el hijo póstumo y el tutor administrase entre tanto la tutela, mas el hijo póstumo no naciese, deberá demandársele no con la acción de tutela, sino con la de gestión de negocios. Pero si el póstumo nace, procederá la acción de tutela, y en ella se comprenderán ambos momentos: aquel en que el tutor gestionó antes que naciese el infante y el posterior al nacimiento.

***29 (30)**. IULIANUS libro tertio digestorum. Ex facto quaerebatur, quendam ad siliginem emendam curatorem decreto ordinis constitutum, eidem alium subcuratorem constitutum siliginem miscendo corrupisse, atque ita pretium siliginis, quae in publicum emta erat, curatori afflictum esse; quaque actione*

29(30). JULIANO *en el libro tercero del digesto.* Tras haberse nombrado a cierto individuo encargado para comprar harina buena por decreto del municipio, un subencargado que se le nombró alteró la harina mezclándola con otra de baja calidad; por ello, se condenó al

curator cum subcuratore experiri possit et consequi id, ut ei salvum esset, quod causa eius damnum cepisset? Valerius Severus respondit, adversus contutorem negotiorum gestorum actionem tutori dandam. Idem respondit, ut magistratui adversus magistratum eadem actio detur, ita tamen, si non sit conscius fraudis. Secundum quae etiam in subcuratore idem dicendum est.

encargado a pagar el precio de la harina buena que se había comprado para consumo público y se preguntó: ¿con qué acción podría demandar el encargado al subencargado y lograr que le indemnice del perjuicio que por causa suya sufrió? Valerio Severo respondió que se concederá la acción de gestión de negocios al administrador contra su coadministrador. También respondió que debe otorgarse la misma acción a un magistrado contra otro magistrado, pero sólo si no fue cómplice del fraude. Por tanto, se dirá lo mismo respecto del subencargado.

30(31). *PAPINIANUS libro secundo responsorum. Liberto vel amico mandavit pecuniam accipere mutuam: cuius litteras creditor secutus contraxit et fideiussor intervenit: etiamsi pecunia non sit in rem eius versa, tamen dabitur in eum negotiorum gestorum actio creditori vel fideiussori, scilicet ad exemplum institoriae actionis.*

30(31). PAPINIANO *en el libro segundo de las respuestas.* Una persona mandó a su liberto o a su amigo que tomase un dinero prestado, y el acreedor, ateniéndose a las instrucciones escritas de aquél, realizó el negocio, e intervino fiador. Aunque el dinero no redituase utilidad alguna al mandante, se otorgará contra el acreedor o el fiador la acción de gestión de negocios, es decir, a imitación de la acción institoria.

§1. Inter negotia Sempronii, quae gerebat, ignorans Titii negotium gessit: ob eam quoque speciem Sempronio tenebitur, sed ei cautionem indemnitatis officio iudicis praeberi necesse est adversus Titium, cui datur actio. Idem in tutore iuris est.

§1. Entre los negocios de Sempronio que alguien administraba, se gestionó sin darse cuenta un negocio de Ticio. También se obligará a Sempronio por esta gestión; pero es preciso que por ministerio del juez se le conceda caución de indemnidad contra Ticio, a quien se brinda la acción. El mismo derecho rige en cuanto al tutor.

§2. Litem in iudicium deductam et a reo desertam frustratoris amicus ultro egit, causas absentiae eius allegans iudici: culpam contraxisse non videbitur, quod sententia contra absentem dicta ipse non provocavit. ULPIANUS notat: hoc verum est, quia frustrator condemnatus est: ceterum si amicus, cum absentem defenderet condemnatus, negotiorum gestorum aget, poterit ei imputari, si cum posset non appellasset.

§2. Un amigo del demandado que abandonó el pleito prosiguió por propia voluntad la demanda deducida en juicio, alegando ante el juez las causas de la ausencia de quien abandonó el juicio. No se entenderá que contrajo culpa por no haber apelado él mismo la sentencia pronunciada contra el ausente. Ulpiano anota que esto es verdadero, porque fue condenado quien abandonó el litigio. Pero si el amigo, condenado por defender al ausente, reclamase por la acción de gestión de negocios, se le podrán imputar las consecuencias de no haber apelado, pudiendo hacerlo.

§3. Qui aliena negotia gerit, usuras praestare cogitur eius scilicet pecuniae, quae purgatis necessariis sumptibus superest.

§3. Quien gestionaba negocios ajenos está obligado a pagar intereses del dinero restante tras liquidarse los gastos necesarios.

§4. Libertus certam pecuniam accipere testator ad sumptum monumenti voluit: si quid amplius fuerit erogatum, iudicio negotiorum gestorum ab herede non recte petetur nec iure fideicommissi, cum voluntas finem erogationis fecerit.

§4. Un testador dispuso que sus libertos recibiesen cierta suma para solventar los gastos de su sepulcro; si se gastase algo más, por razón del fideicomiso no se podrá reclamar al heredero por la acción de gestión de negocios, porque la voluntad del testador había puesto límites al gasto.

§5. Tutoris heres impubes filius ob ea, quae tutor eius in rebus pupillae paternae gessit, non tenetur, sed tutor proprio nomine iudicio negotiorum gestorum convenietur.

§5. El hijo impúber heredero de un tutor no se obliga por las gestiones de su propio tutor en los bienes de la pupila de su padre, pero este a tutor se le demandará en su propio nombre con la acción de gestión de negocios.

§6. Quamquam mater filii negotia secundum patris voluntatem pietatis fiducia gerat, tamen ius actoris periculo suo litium causa constituendi non habebit, quia nec ipsa filii nomine recte agit aut res bonorum

§6. Aunque la madre gestiona con afecto maternal los negocios de su hijo según la voluntad del padre, no obstante ello no tendrá derecho a nombrar a su riesgo procurador para litigios; porque ni ella puede ejercer

eius alienat vel debitorem impuberis accipiendo pecuniam liberat.

debidamente una acción en nombre de su hijo, ni puede enajenar cosas de los bienes de éste, ni recibir el dinero para liberar al deudor del impúber.

§7. Uno defendente causam communis aquae sententia praedio datur: sed qui sumptus necesarios ac probabiles in communi lite fecit, negotiorum gestorum actionem habet.

§7. Defendiendo un copropietario una servidumbre de agua, se pronuncia sentencia a favor del predio; pero quien realizó gastos necesarios razonables en el pleito común tiene la acción de gestión de negocios.

31(32). IDEM *libro tertio responsorum. Fideiussor imperitia lapsus alterius quoque contractus, qui personam eius non contingebat, pignora vel hypothecas suscepit et utramque pecuniam creditori solvit, existimans indemnitati suae confusis praediis consuli posse. Ob eas res iudicio mandati frustra convenietur et ipse debitorem frustra conveniet, negotiorum autem gestorum actio utrique necessaria erit: in qua lite culpam aestimari satis est, non etiam casum, quia praedo fideiussor non videtur. Creditor ob id factum ad restituendum iudicio, quod de pignore dato redditur, cum videatur ius suum vendidisse, non tenebitur.*

31(32). EL MISMO *en el libro tercero de las respuestas.* Un fiador recibió erróneamente las prendas o las hipotecas que eran de otro contrato que le era ajeno, y pagó al acreedor una y otra deuda, creyendo que al servir de garantía los mismos predios podía asegurarse su reembolso. Por estos hechos no podrá ser demandado por la acción de mandato ni podrá demandar al deudor, sino que uno y otro necesitarán la acción de gestión de negocios. En este litigio basta que se estime la culpa, no el caso fortuito, porque el fiador no es considerado poseedor de mala fe. El acreedor no quedará obligado por este hecho a la restitución reclamada por la acción que se da para la prenda, porque se considera que vendió su derecho.

§1. Ignorante virgine mater a sponso filiae res donatas suscepit: quia mandati vel depositi cessat actio, negotiorum gestorum agitur.

§1. Ignorándolo una doncella, su madre recibió las cosas donadas por el prometido; como no tiene lugar la acción de mandato o de depósito, se ejercita la de gestión de negocios.

32(33). IDEM *libro decimo responsorum. Heres viri defuncti uxorem, quae res viri tempore nuptiarum in sua potestate habuit,*

32(33). EL MISMO *en el libro décimo de las respuestas.* El heredero del marido difunto no debe pedir a la

compilatae hereditatis postulare non debet. Prudentius itaque faciet, si ad exhibendum et negotiorum gestorum, si negotia quoque viri gessit, cum ea fuerit expertus.

mujer, como hurtadas a la herencia, aquellas cosas del marido que tuvo en su poder durante el matrimonio. Y así, obrará más cuerdamente si ejerce contra ella la acción exhibitoria, y si administró también los negocios del marido, la de gestión de negocios.

33(34). PAULUS *libro primo quaestionum. Nesennius Apollinaris Iulio Paulo salutem. Avia nepotis sui negotia gessit: defunctis utrisque aviae heredes conveniebantur a nepotis heredibus negotiorum gestorum actione: reputabat heredes aviae alimenta praestita nepoti. Respondebatur aviam iure pietatis de suo praestitisse: nec enim aut desiderasse, ut decernerentur alimenta, aut decreta essent. Praeterea constitutum esse dicebatur, ut, si mater aluisset, non posset alimenta, quae pietate cogente de suo praestitisset, repetere. Ex contrario dicebatur tunc hoc recte dici, ut de suo aluisse mater probaretur: at in proposito aviam, quae negotia administrabat, verisimile esse de re ipsius nepotis eum aluisse. Tractatum est, numquid utroque patrimonio erogata videantur. Respondi: haec disceptatio in factum constitit: nam et illud, quod in matre constitutum est, non puto ita perpetuo observandum, quid enim si etiam protestata est se filium ideo alere, ut aut ipsum aut tutores eius conveniret? Pone peregre patrem eius obisse et matrem, dum in patriam revertitur, tam filium quam familiam eius exhibuisse: in qua specie etiam in ipsum pupillum negotiorum gestorum dandam actionem divus Pius Antoninus constituit. Igitur in re facti facilius putabo aviam vel heredes eius audiendos, si reputare velint alimenta, maxime si etiam in ratione impensarum ea rettulisse aviam apparebit.*

33(34). PAULO *en el libro primero de las cuestiones.* Nesenio Apolinar saluda a Julio Paulo. Una abuela gestionó los negocios de su nieto. Fallecidos ambos, los herederos de la abuela fueron demandados por los herederos del nieto con la acción de gestión de negocios, y los herederos de la abuela hicieron valer los alimentos dados al nieto. Se respondió que la abuela los había dado de lo suyo por afecto familiar, porque ni había pedido que se señalasen alimentos, ni se habían señalado éstos; además, se decía que, según lo establecido por los príncipes, si la madre hubiese dado alimentos, no podría reclamar los alimentos que dados de lo suyo, impulsada por su afecto materno. Se respondía que esto era así cuando se probase que la madre había dado los alimentos de lo suyo, pero que en el caso propuesto era verosímil que la abuela, gestora de los negocios, alimentase al nieto con los bienes de él mismo. Se discutió también si tal vez se entendería que los alimentos se habían pagado de uno y de otro patrimonio. Pregunto: ¿qué te parece más justo? Respondí: esta controversia depende del hecho; porque ni siquiera juzgo que deba observarse sin excepción en todos

Illud nequaquam admittendum puto, ut de utroque patrimonio erogata videantur.

los casos lo que se estableció respecto de la madre. Porque ¿qué se dirá si manifestó que daba los alimentos al hijo con la intención de demandar por ellos a él o a sus tutores? Supón que su padre falleció en un viaje y que la madre, mientras aquél volvía a la patria, mantuvo al hijo y a los esclavos; en cuyo caso determinó el divino Antonino Pío que se debía otorgar la acción de gestión de negocios incluso contra el mismo pupilo. Así pues, en el presente caso consideraré como más cierto que se oiga a la abuela o a sus herederos, si quisiesen cobrar los alimentos; con mayor razón si además se prueba que la abuela los hizo constar en la cuenta de gastos. Lo que creo que de ningún modo debe admitirse es que se entiendan gastados de uno y de otro patrimonio.

34(35). SCAEVOLA *libro primo questionum. Divortio facto negotia uxoris gessit maritus: dos non solum dotis actione, verum negotiorum gestorum servari potest. Haec ita, si in negotiis gestis maritus dum gerit facere potuit: alias enim imputari non potest, quod a se non exegerit. Sed et posteaquam patrimonium amiserit, plena erit negotiorum gestorum actio, quamvis si dotis actione maritus conveniatur, absolvendus est. Sed hic quidam modus servandus est, ut ita querella locus sit 'quantum facere potuit, quamvis postea amiserit', si illo tempore ei solvere potuit: non enim e vestigio in officio deliquit, si non protinus res suas distraxit ad pecuniam redigendam: praeterire denique aliquid temporis debebit, quo cessasse videatur. Quod si interea, priusquam officium*

34(35). ESCÉVOLA *en el libro primero de las cuestiones*. Tras el divorcio, el marido gestionó los negocios de la mujer; la dote puede reclamarse no sólo por la acción de dote, sino por la de gestión de negocios. Esto es así si mientras administra el marido pudo reintegrarla en los negocios administrados; porque de otro modo no puede imputársele que no la cobrase de sí mismo. Pero terminada la gestión, y aun después que perdiese su patrimonio, será plena la acción de gestión de negocios, por lo que si al marido se le demandase por la acción de la dote debe ser absuelto. Pero aquí ha de observarse cierta limitante, que la

impleat, res amissa est, perinde negotiorum gestorum non tenetur, ac si numquam facere possit. Sed et si facere possit maritus, actio negotiorum gestorum inducitur, quia forte periculum est, ne facere desinat.

querella tenga lugar en estos términos: 'por cuanto pudo pagar', aunque después perdiese el patrimonio, si en aquel momento pudo pagárselo a ella; porque no faltó a su deber si no vendió inmediatamente sus bienes para conseguir el dinero con que pagar; finalmente, deberá transcurrir algún tiempo para que parezca que dejó de pagar. Pero si se perdió su hacienda antes de que cumpliera su gestión, no se obliga por la gestión de negocios, igualmente que si nunca tuvo con que pagar. Pero también si el marido pudiera pagar, se ejerce la acción de gestión de negocios, porque hay el riesgo de que deje de pagar.

§1. Illum autem non credimus teneri, qui gerit negotia debitoris, ad reddendum pignus, cum pecunia ei debeatur nec fuerit quod sibi possit exsolvere.

§1. Mas no creemos que esté obligado a devolver la prenda quien administra los negocios de su deudor cuando se le deba dinero por su gestión, y no hubiese con que pueda cobrarse.

§2. Sed nec redhibitoriae speciem venire in negotiorum gestorum actionem et per hoc sex mensibus exactis perire, si vel mancipium in rebus non invenit: vel eo invento quod accessionum nomine additum est, vel quod deterior homo factus esset, vel quod per eum esset adquisitum non ex re emptoris, nec invenit nec recepisset: nec esset in ipsis emptoris negotiis quae gerebat, unde sibi in praesenti reddebet.

§2. Pero la acción redhibitoria no concurre con la de gestión de negocios, y por esto se extingue a los seis meses; por ejemplo, si el gestor no tenía al esclavo comprado entre los bienes por él administrados, o si teniéndolo ni tenía ni recibió lo que se había añadido por accesiones, o aquello que disminuyese el valor del esclavo, o lo que adquiriese el esclavo pero no con bienes del comprador, o si no hubiese en los bienes del comprador y que él no administraba nada con que cobrarse en aquel momento.

§3. Ceterum si ex alia causa perpetuae obligationis, cum sit locuples, debeat, non est imputandum, quod non solverit, utique si

§3. Por lo demás, si siendo solvente debiese por otra causa de obligación perpetua, no ha de imputársele que

neque usurarum ratio querellam movet. Diversumque est in tutore debitore, quia ibi interfuit ex priore obligatione solvi, ut deberetur ex tutelae actione.

no haya pagado; esto siempre que la cuenta de los intereses no motive querella. Y diverso es el caso del tutor que es deudor, porque en cuanto a él, interesaba que se extinguiese la primera obligación para reclamar por la acción de tutela.

35(36). PAULUS *libro quarto quaestionum. Si liber homo bona fide mihi serviens mutuam pecuniam sumpserit eamque in rem meam verterit, qua actione id, quod in rem nostram vertit, reddere debeam, videndum est: non enim quasi amici, sed quasi domini negotium gessit. Sed negotiorum gestorum actio danda est: quae desinit competere, si creditori eius soluta sit.*

35(36). PAULO *en el libro cuarto de las cuestiones*. Si un hombre libre que me sirve de buena fe como esclavo pidió prestado dinero y lo invirtió en un negocio mío, deberá verse por cuál acción devolveré lo invertido en nuestro negocio; porque no cuido del negocio de un amigo suyo, sino de quien creía su dueño. Mas se le otorgará la acción de gestión de negocios, que deja de competerle si se pagase la deuda a su acreedor.

36(37). IDEM *libro primo sententiarum. Litis contestatae tempori quaeri solet, an pupillus, cuius sine tutoris auctoritate negotia gesta sunt, locupletior sit ex ea re factus, cuius patitur actionem.*

36(37). EL MISMO *en el libro primero de las sentencias*. Suele investigarse al momento de contestar la demanda si el pupilo, cuyos negocios se gestionaron sin la autorización del tutor, se enriqueció por aquel negocio por cuya acción se reclama.

§1. Si pecuniae quis negotium gerat, usuras quoque praestare cogitur et periculum eorum nominum, quae ipse contraxit: nisi fortuitis casibus debitores ita suas fortunas amiserunt, ut tempore litis ex ea actione contestatae solvendo non essent.

§1. Si alguno gestiona dinero de otro, se obliga también a responder de los intereses y del riesgo de aquellos préstamos que él mismo contrató, salvo que los deudores perdiesen sus fortunas por caso fortuito, de tal suerte que fuesen insolventes al tiempo de contestarse la demanda[84].

§2. Pater si emancipati filii res a se donatas administravit, filio actione negotiorum gestorum tenebitur.

§2. Si el padre administró los bienes del hijo emancipado donados por él

[84] D. 3, 5, 36(37), 1 = PS 1, 4, 3.

mismo, se obliga con el hijo por la acción de gestión de negocios[85].

37(38). TRYPHONINUS *libro secundo disputationum. Qui sine usuris pecuniam debebat, creditoris sui gessit negotia: quaesitum est, an negotiorum gestorum actione summae illius usuras praestare debeat. Dixi, si a semet ipso exigere eum oportuit, debiturum usuras: quod si dies solvendae pecuniae tempore quo negotia gerebat nondum venerat, usuras non debiturum: sed die praeterito si non intulit rationibus creditoris cuius negotia gerebat eam pecuniam a se debitam, merito usuras bonae fidei iudicio praestaturum. Sed quas usuras debebit, videamus: utrum eas, quibus aliis idem creditor faenerasset, an et maximas usuras: quoniam ubi quis eius pecuniam, cuius tutelam negotiave administrat, aut magistratus municipii publicam in usus suos convertit, maximas usuras praestat, ut est constitutum a divis principibus. Sed istius diversa causa est, qui non sibi sumpsit ex administratione nummos, sed ab amico accepit et ante negotiorum administrationem. Nam illi, de quibus constitutum est, cum gratuitam, certe integram et abstinentem omni lucro praestare fidem deberent, licentia, qua videntur abuti, maximis usuris vice cuiusdam poenae subiciuntur: hic bona ratione accepit eb alio mutuum et usuris, quia non solvit, non quia ex negotiis quae gerebat ad se pecuniam transtulit, condemnatus est. multum autem refert, incipiat nunc debitum an ante nomen fuerit debitoris, quod satis est ex non usurario facere usurarium.*

37(38). TRIFONINO *en el libro segundo de las disputas*. El que debía dinero sin intereses gestionaba los negocios de su acreedor: se preguntó si deberá pagar intereses de aquella suma en virtud de la acción de gestión de negocios. Dije que si él debió cobrarse intereses deberá abonarlos; pero si cuando gestionaba los negocios aún no se vencía la deuda que debía pagarse, no deberá los intereses; transcurrido el plazo, si no incluyó la suma debida por él en las cuentas de su acreedor, cuyos negocios gestionaba, con razón pagará intereses por esta acción de buena fe. Ahora veamos qué intereses deberá: si aquellos con los que el mismo acreedor prestase a otros, o si los máximos, porque cuando alguien aplica a sus fines particulares el dinero de aquel cuya tutela o cuyos negocios gestiona, o un magistrado del municipio los fondos públicos, paga los intereses máximos, según lo han establecido los divinos príncipes. Pero es diverso el caso de este gestor que no tomó para sí dinero de la gestión, sino que lo recibió en préstamo de un amigo y antes de gestionar los negocios de éste. Porque aquellos a los que se refieren las constituciones imperiales están obligados a pagar los intereses máximos, a modo de cierta pena, por la licencia de que parecen abusar, cuando debieron

[85] D. 3, 5, 36(37), 2 = PS 1, 4, 7.

prestar sus servicios lealmente, esto es, íntegra y gratuitamente, excluyendo todo lucro. En cambio, este recibió de otro un préstamo de buena forma, y será condenado a pagar los intereses porque no pagó la deuda, no porque aprovechase un dinero procedente de los negocios que gestionaba. Hay mucha diferencia, pues, entre que la deuda comience ahora o que el préstamo del deudor fuese anterior; lo que basta para que de no devengar intereses la deuda pase a devengarlos.

***38(39)**. GAIUS libro tertio de verborum obligationibus. Solvendo quisque pro alio licet invito et ignorante liberat eum: quod autem alicui debetur, alius sine voluntate eius non potest iure exigere. Naturalis enim simul et civilis ratio suasit alienam condicionem meliorem quidem etiam ignorantis et inviti nos facere posse, deteriorem non posse.*

38(39). GAYO *en el libro tercero de las obligaciones verbales*. Pagando uno por otro, aunque sea contra su voluntad e ignorándolo, le libera de la obligación; mas lo que se debe a uno no lo puede reclamar otro en derecho sin consentimiento de aquel. Porque la razón natural y la civil aconsejaron que podemos mejorar la condición de otro, incluso ignorándolo éste y contra su voluntad, pero no podemos empeorarla.

***39(40)**. PAULUS libro decimo ad Sabinum. Si communes aedes tecum habeam et pro tua parte damni infecti vicino cavero, dicendum est quod praestitero negotiorum gestorum actione potius quam communi dividundo iudicio posse me petere, quia potui partem meam ita defendere, ut socii partem defendere non cogerer.*

39(40). PAULO *en el libro décimo de los comentarios a Sabino*. Si tuviese yo contigo un edificio en común, y por tu parte garantizase yo el daño temido al vecino, se dirá que puedo reclamar lo que diese con la acción de gestión de negocios, más bien que en juicio de división de cosa común; porque pude dar caución por mi parte sin tener que obligarme a dar la parte de mi socio.

40(41). *IDEM libro trigensimo ad edictum. Qui servum meum me ignorante vel absente in noxali causa defenderit, negotiorum gestorum in solidum mecum, non de peculio aget.*

40(41). EL MISMO *en el libro trigésimo de los comentarios al edicto.* Quien defendiese a mi esclavo en juicio noxal, ignorándolo yo o estando ausente, ejercerá contra mí por el total la acción de gestión de negocios, no la de peculio.

41(42). *IDEM libro trigensimo secundo ad edictum. Si servi mei rogatu negotia mea susceperis, si dumtaxat admonitus a servo meo id feceris, erit inter nos negotiorum gestorum actio: si vero quasi mandatu servi, etiam de peculio et de in rem verso agere te posse responsum est.*

41(42). EL MISMO *en el libro trigésimo segundo de los comentarios al edicto.* Si tomases a tu cargo mis negocios por petición de mi esclavo, habrá entre nosotros la acción de gestión de negocios, y sólo si hicieses esto requerido por mi esclavo; pero si fue como por mandato del esclavo, se respondió que también podías ejercer la acción de peculio y la de provecho obtenido.

42(43). *LABEO libro sexto posteriorum epitomarum a IAVOLENO. Cum pecuniam eius nomine solveres, qui tibi nihil mandaverat, negotiorum gestorum actio tibi competit, cum ea solutione debitor a creditore liberatus sit: nisi si quid debitoris interfuit eam pecuniam non solvi.*

42(43). LABEÓN *en el libro sexto de las obras póstumas compendiadas por Javoleno.* Cuando pagares dinero en nombre de aquel que nada te había mandado, ya que por aquel pago el deudor quedó libre de su acreedor, te compete la acción de gestión de negocios, salvo si al deudor le interesaba que no se pagase aquel dinero.

43(44). *ULPIANUS libro sexto disputationum. Is, qui amicitia ductus paterna pupillus tutorem petierit vel suspectos tutores postulavit, nullam adversus eos habet actionem secundum divi Severi constitutionem.*

43(44). ULPIANO *en el libro sexto de las disputas.* Quien llevado de su amistad con el padre pidiese tutor para los pupilos hijos de aquél, o acusó de sospechosos a los tutores de los mismos, no tienen contra los pupilos ninguna acción, según la constitución del divino Septimio Severo.

44(45). *IDEM libro quarto opinionum. Quae utiliter in negotia alicuius erogantur, in quibus est etiam sumptus honeste ad honores per gradus pertinentes factus, actione negotiorum gestorum peti possunt.*

44(45). EL MISMO *en el libro cuarto de las opiniones*. Puede reclamarse con la acción de gestión de negocios lo que se gasta útilmente en los negocios de otro, incluyendo también el gasto hecho decorosamente para las consideraciones propias de su clase.

§1. Qui pure testamento libertatem acceperunt, actus, quem viventibus dominis administraverunt, rationem reddere non conpelluntur.

§1. Quienes recibieron la libertad por testamento pura y simplemente no están obligados a dar cuenta del negocio que administraron viviendo sus dueños.

§2. Titius pecuniam creditoribus hereditariis solvit existimans sororem suam defuncto heredem testamento extitisse. Quamvis animo gerendi sororis negotia id fecisset, veritate tamen filiorum defuncti, qui sui heredes patri sublato testamento erant, gessisset: quia aequum est in damno eum non versari, actione negotiorum gestorum id eum petere placuit.

§2. Ticio pagó cierta cantidad a los acreedores de la herencia, creyendo que su hermana había quedado heredera por el testamento del difunto. Aunque hiciese esto con ánimo de gestionar los negocios de su hermana, pero en realidad había cuidado los de los hijos del difunto, que, al anularse el testamento, eran herederos del padre de propio derecho, se resolvió que reclamase lo que pagó por la acción de gestión de negocios, porque es justo que él no resulte perjudicado.

45(46). *AFRICANUS libro septimo quaestionum. Mandasti filio meo, ut tibi fundum emeret: quod cum cognovissem, ipse eum tibi emi. Puto referre, qua mente emerim: nam si propter ea, quae tibi necessaria esse scirem, et te eius voluntatis esse, ut emptum habere velles, agemus inter nos negotiorum gestorum, sicut ageremus, su aut nullum omnino mandatum intercessisset, aut Titio mandasses et ego, quia per me commodius negotium possim conficere, emissem. Si vero propterea emerim, ne filius mandati iudicio teneatur, magis est, ut ex persona eius et ego tecum mandati agere possim et tu mecum actionem habeas de*

45(46). AFRICANO *en el libro séptimo de las cuestiones*. Mandaste a mi hijo que comprase un fundo para ti; habiéndome enterado, yo mismo te lo compré. Opino que debo manifestar con qué intención lo compré, pues si fue porque sabía que te era necesteario y que tenías el propósito de querer ratificar la compra, ejerceremos entre nosotros la acción de gestión de negocios, como la ejerceríamos si no mediase ningún mandato o mandases a Ticio y yo comprase para poder yo realizar más cómodamente el negocio. Pero

peculio, quia et si Titius id mandatum suscepisset et, ne eo nomine teneretur, ego emissem, agerem cum Titio negotiorum gestorum, et ille tecum et tu cum illo mandati. Idem est, et si filio meo mandaveris, ut pro te fideiuberet, et ego pro te fideiusserim.

si compré para que mi hijo no se obligase por la acción de mandato, es más cierto que también yo puedo ejercer contra ti la acción de mandato en su nombre, y que tú tengas contra mí la acción de peculio; porque también si Ticio recibiese este mandato, y yo comprase para que por tal motivo no se obligase, ejercería yo contra Ticio la acción de gestión de negocios, y el a ti o tú a él la de mandato. Lo mismo pasa si mandases a mi hijo que prestase fianza por ti, y yo fuese fiador por ti.

§1. Si proponatur te Titio mandasse, ut pro te fideiuberet, meque, quod is aliqua de causa impediretur quo minus fideiuberet, liberandae fidei eius causa fideiussisse, negotiorum gestorum mihi competit actio.

§1. Si se dijera que mandaste a Ticio para que prestase fianza por ti, y yo, al hallarse impedido de afianzar por alguna causa, otorgué fianza para que su compromiso quedase cumplido, me compete la acción de gestión de negocios.

46(47). PAULUS *libro primo sententiarum. Actio negotiorum gestorum illi datur, cuius interest hoc iudicio experiri.*

46(47). PAULO *en el libro primero de las sentencias.* Se concede la acción de gestión de negocios a aquél a quien le interesa reclamar con esta acción.

§1. Nec refert directa quis an utili actione agat vel conveniatur, quia in extraordinariis iudiciis, ubi conceptio formularum non observatur, haec suptilitas supervacua est, maxime cum utraque actio eiusdem potestatis est eundemque habet effectum.

§1. No importa que cualquiera demande o sea demandado por la acción directa o por la útil; porque en los juicios extraordinarios, donde no se observa la solemnidad de las fórmulas, es inútil esta sutileza, sobre todo cuando ambas acciones poseen la misma fuerza y producen el mismo efecto.

47(48). PAPINIANUS *libro tertio quaestionum. Ignorante quoque sorore si frater negotium eius gerens dotem a viro stipulatus sit, iudicio negotiorum gestorum et virum liberaret iure convenitur.*

47(48). PAPINIANO *en el libro tercero de las cuestiones.* Si el hermano que gestionaba los negocios de la hermana estipuló la dote con el marido sin saberlo ella, puede demandarse justamente al hermano con la acción de gestión de negocios para que libere de su obligación al marido.

***48(49)**. AFRICANUS libro octavo quaestionum. Si rem, quam servus venditus subripuisset a me venditore, emptor vendiderit eaque in rerum natura esse desierit, de pretio negotiorum gestorum actio mihi danda sit, ut dari deberet, si negotium, quod tuum esse existimares, cum esset meum gessisses: sicut ex contrario in me tibi daretur, si, cum hereditatem quae ad me pertinet tuam putares, res tuas proprias legatas solvisses, quandoque de ea solutione liberarer.*

48(49). AFRICANO *en el libro octavo de las cuestiones.* Si el comprador vendiese una cosa que el esclavo vendido por mí me sustrajo y la cosa desapare, se me concederá la acción de gestión de negocios para reclamar el precio, como debería concedérseme si cuidaste de un negocio que creías era tuyo, siendo mío. Así como a la inversa se te daría contra mí si, juzgando tú que era tuya la herencia que me pertenece, entregaste a los legatarios tus propias cosas legadas, siempre que quedase yo libre de este pago.

*TITULUS VI
DE CALUMNATIORIBUS*

TÍTULO VI
DE LOS CALUMNIADORES

1. ULPIANUS libro decimo ad edictum. In eum qui, ut calumniae causa negotium faceret vel non faceret, pecuniam accepisse dicetur, intra annum in quadruplum eius pecuniae, quam accepisse dicetur, post annum simpli in factum action competit.

1. ULPIANO *en el libro décimo de los comentarios al edicto.* Contra aquel a quien se acusa de haber recibido dinero para promover o dejar de promover alguna cuestión con propósito de calumniar a alguien, compete dentro del año acción por el cuádruplo de la cantidad que se dijese había recibido, y después del año acción por el hecho en la cantidad original.

§1. Hoc autem iudicium non solum in pecuniariis causis, sed et ad publica crimina pertinere Pomponius scribit, maxime cum et lege repetundarum teneatur, qui ob negotium faciendum aut non faciendum per calumniam pecuniam accepit.

§1. Pomponio escribe que esta acción procede no sólo en las causas pecuniarias, sino también en los crímenes públicos; en especial cuando el que recibió dinero para promover o dejar de promover alguna cuestión por motivo de calumniar queda obligado a la ley de peculado.

§2. Qui autem accepit pecuniam sive ante iudicium sive post iudicium acceptum, tenetur.

§2. Quien recibió el dinero, antes o después de contestar el juicio, queda obligado por esta acción.

§3. Sed et constitutio imperatoris nostri, quae scripta est ad Cassium Sabinum, prohibuit iudici vel adversario in publicis vel privatis vel fiscalibus causis pecuniam dare, et ex hac causa litem perire iussit. Nam tractari potest, si adversarius non per calumniam transigendi animo accepit, an constitutio cessat? Et puto cessare sicuti hoc quoque iudicium: neque enim transactionibus est interdictum, sed sordidis concussionibus.

§3. Pero también la constitución de nuestro emperador Antonino Caracala dirigida a Casio Sabino[86] prohibió dar dinero al juez o al adversario en las causas públicas, particulares o fiscales, mandando que por tal motivo caduque el juicio. Porque puede preguntarse esto: si el adversario recibió el dinero con ánimo de transigir, no de calumniar, ¿es acaso inaplicable la constitución? Y opino que no aplica ni tampoco procederá la acción; porque no quedan prohibidas las transacciones, sino las concusiones sórdidas.

§4. Pecuniam autem accepisse dicemus etiam si aliquid pro pecunia accepimus.

§4. Decimos que también recibió dinero si recibiese una cosa en lugar de dinero.

2. PAULUS libro decimo ad edictum. Quin etiam si quis obligatione liberatus sit, potest videri cepisse: idemque si gratuita pecunia utenda data sit, aut minoris locata venditave res sit. Nec refert, ipse pecuniam acceperit an alii dari iusserit vel acceptum suo nomine ratum habuerit.

2. PAULO *en el libro décimo de los comentarios al edicto*. Por lo mismo, también puede entenderse que recibió si alguien fue liberado de una obligación. Lo mismo se dirá si se diese para servirse de dinero sin interés, o si arrendase o vendiese una cosa a un precio menor. Y no importa que él mismo recibiese el dinero, o que autorizase dar a otro, o que ratificase lo entregado en su nombre[87].

3. ULPIANUS libro decimo ad edictum. Et generaliter idem erit, si quid domino

3. ULPIANO *en el libro décimo de los comentarios al edicto*. Y en general será

---

[86] Cfr. CJ 7, 49, 1.

[87] D. 3, 6, 2 = D. 50, 17, 115 pr.

compendii sensit propter hoc, sive ab adversario sive ab alio quocumque.

lo mismo, si por esta causa obtuvo algún beneficio, ya provenga del adversario, ya de cualquier otro.

§1. Si igitur accepit ut negotium faceret sive fecit sive non fecit, et qui accepit ne faceret etsi fecit, tenetur.

§1. Así, pues, si recibió para promover alguna causa vejatoria, tanto si llegó a hacerlo como si no, queda obligado por esta acción, como también quien recibió para no promoverla y sin embargo la promovió.

§2. Hoc edicto tenetur etiam is qui depectus est: depectus autem dicitur turpiter pactus.

§2. Se obliga también por este edicto quien se confabula; dícese que se confabula quien pactó por una causa inmoral.

§3. Illud erit notandum, quo qui dedit pecuniam, ut negotium quis pateretur, non habebit ipse repetitionem: turpiter enim fecit: sed ei dabitur petitio, propter quem datum est ut calumnia ei fiat. Quare si quis et a te pecuniam accepit, ut mihi negotium faceret, et a me, me mihi faceret, duobus iudiciis mihi tenebitur.

§3. Debe resaltarse que quien dio dinero para que alguien sufriese alguna vejación no tendrá acción para reclamar, pues obró inmoralmente. Pero se dará la reclamación a aquel en contra del cual se dio dinero para que le calumniase. Por lo que si alguien recibió de ti dinero para que me causase alguna vejación, y de mí para que no me la causase, se obligará conmigo por dos acciones.

4. GAIUS libro quarto ad edictum provinciale. Haec actio heredi quidem non competit, quia sufficere ei debet, quod eam pecuniam quam defunctus dedit repetere potest:

4. GAYO *en el libro cuarto de los comentarios al edicto provincial.* Esta acción no compete ciertamente al heredero, porque debe bastarle el poder reclamar la cantidad que dio el difunto;

5. ULPIANUS libro decimo ad edictum: … in heredem autem competit in id quod ad eum pervenit. Nam est constitutum turpia lucra heredibus quoque extorqueri, licet crimina extinguantur: ut puta ob falsum vel iudici ob gratiosam sententiam datum et heredi extorquebitur et si quid aliud scelere quaesitum.

5. ULPIANO *en el libro décimo de los comentarios al edicto.* … pero sí compete contra el heredero por aquello que llegó a su poder. Porque se ha establecido que se quiten a los herederos las ganancias inmorales, aunque se extingan la responsabilidad del autor del delito por su muerte, por ejemplo, lo dado para declarar una falsedad, o lo entregado al juez para que dicte sentencia favorable se quitará también al heredero, y lo mismo cualquier otra cosa si se adquirió por medios ilícitos.

§1. Sed etiam praeter hanc actionem condictio competit, si sola turpitude accipientis versetur: nam si et dantis, melior causa erit possidentis. Quare si fuerit condictum, utrum tollitur haec actio, an vero in triplum danda sit? An exemplo furis et in quadruplum actionem damus et condictionem? Sed puto sufficere alterutram actionem. Ubi autem condictio competit, ibi non est necesse post annum dare in factum actionem.

§1. Pero también compete la acción ejecutiva, además de esta acción, si sólo quien recibe la cantidad actuó inmoralmente; porque si también lo hace quien da, será mejor la situación del poseedor. Por lo que si se ejerciese la acción ejecutiva, ¿se extingue acaso esta acción o se concederá por el triple? ¿O, como en el caso del ladrón flagrante, damos la acción por el cuádruplo y además la acción ejecutiva? Opino que basta una u otra acción. Mas cuando compete la acción ejecutiva, entonces no es necesario dar después del año la acción por el hecho.

6. GAIUS libro quarto ad edictum provinciale. Annus autem in personam quidem eius, qui dedit pecuniam ne secum ageretur, ex eo tempore cedit, ex quo dedit, si modo potestas ei fieret experiundi. In illius vero personam, cum quo ut agatur alius pecuniam dedit, dubitari potest, utrum ex die datae pecuniae numerari debeat, an potius ex quo cognovit datam esse: quia qui nescit, is videtur experiundi potestatem non habere. Et verius est ex eo annum numerari, ex quo cognovit.

6. GAYO *en el libro cuarto de los comentarios al edicto provincial.* Respecto de quien dio dinero para que no se promoviese vejación contra él, el año corre desde el tiempo en que dio, si tuviere posibilidad de demandar. Mas respecto de la persona que promoviese vejación contra la cual otro dio dinero, puede dudarse si debe contarse desde el día en que se dio el dinero o más bien desde que supo que se había dado; porque quien lo ignora se entiende que no tiene posibilidad de demandar. Y es más verdadero que se cuenta el año desde que lo supo.

7. PAULUS *libro decimo ad edictum. Si quis ab alio acceperit pecuniam ne mihi negotium faciat, si quidem mandatu meo datum est, vel a procuratore meo omnium rerum, vel ab eo qui negotium meum gerere volebat et ratum habui: ego dedisse intellegor. Si autem non mandatu meo alius ei licet misericordiae causa dederit ne fiat neque ratum habui, tunc et ipsum repetere et me in quadruplum agere posse.*

7. PAULO *en el libro décimo de los comentarios al edicto.* Si alguien recibiese de otro dinero para que no me promoviese vejación, si el dinero se dio por mandato mío o por mi procurador general, o por quien deseaba llevar mi negocio y lo ratifiqué, se entiende que yo di la cantidad. Pero si lo diese otro para que no se promoviese en mi contra, no por mi mandato, sino por compasión, y no lo ratifiqué, entonces él puede reclamarlo y puedo yo ejercer la acción por el cuádruplo.

§1. Si ut filio familias negotium fieret acceptum est, et patri actio danda est. Item si filius familias pecuniam acceperit, ut faceret negotium vel non faceret, in ipsum iudicium dabitur: et si alius non meo mandatu ei dederit ne fiat, tunc etiam ipsum repetere et me in quadruplum agere posse.

§1. Si se recibió dinero para que se moviese vejación contra un hijo de familia, también se otorgará acción al padre. También si un hijo de familia recibió dinero para que causara o no alguna vejación, se dará acción contra él; y si otro se lo dio sin autorización mía para que no me la causara, entonces también él puede reclamar el dinero y yo puedo ejercer la acción por el cuádruple.

§2. Cum publicanus mancipia retineret dataque ei pecunia esset quae non deberetur, et ipse ex hac parte edicti in factum actione tenetur.

§2. Cuando el recaudador de impuestos retuviese los esclavos, y se le diese dinero que no se debía para que los dejase, también él queda olbigado con la acción por el hecho, en virtud de esta parte del edicto.

8. ULPIANUS *libro quarto opinionum. Si ab eo, qui innocens fuit, sub specie criminis alicuius, quod in eo probatum non est, pecuniam acceptam is cuius de ea re notio est edoctus fuerit: id quod illicite extortum est secundum edicti formam, quod de his est, qui pecuniam ut negotium facerent aut non facerent accepisse dicerentur, restitui iubeat et*

8. ULPIANO *en el libro cuarto de las opiniones.* Si aquel a quien compete el conocimiento de este asunto se le informase que bajo pretexto de un crimen cualquiera que no se le probó se había recibido dinero de un inocente, dispóngase que se restituya lo que ilícitamente se cobró, según el tenor de este edicto

ei, qui id commisit, pro modo delicit poenam irroget.

que versa sobre quienes son acusados de haber cobrado dinero para que pormoviesen o dejasen de promover alguna cuestión vejatoria, e imponga a quien cometió el delito la pena correspondiente.

9. PAPINIANUS libro secundo de adulteriis. De servo qui accusatur, si postuletur, quaestio habetur: quo absoluto in duplum pretium accusator domino damnatur: sed et citra pretii aestimationem quaeritur de calumnia eius. Separatum est etenim calumniae crimen a damno quod in servo propter quaestionem domino datum est.

9. PAPINIANO *en el libro segundo de los adulterios.* Si respecto del esclavo acusado se pidiese someterlo a tormento, en caso de ser absuelto, el acusador es condenado en favor del dueño por el doble del precio. Pero además de la estimación del precio es responsable de su calumnia. Porque el delito de calumnia es independiente del daño que a través del esclavo se causó al dueño con el tormento.

SOBRE EL AUTOR

Julio César Navarro Villegas (México, 1972) es un destacado y respetado jurista que estudió la Licenciatura en Derecho en la UNAM, graduándose con mención honorífica en 1997. Gracias a una prestigiosa invitación de la Comunidad Europea, realizó entre 2004 y 2006 la Maestría en Sistema Jurídico Romanista: Unificación del Derecho y Derecho de la Integración en la Universidad "Tor Vergata" de Roma, Italia. Posteriormente, cursó la Maestría en Ciencias Jurídicas y el Doctorado en Derecho en la Universidad Panamericana, reafirmando con ello su sólida formación académica.

Como catedrático, ha impartido las materias Derecho Romano I y II en la UNAM, la Universidad Panamericana y la Universidad Internacional de la Rioja, y ha sido profesor titular de Derecho Romano y Derecho Eclesiástico del Estado en la Universidad Pontificia de México. Su experiencia docente, que abarca cursos de especialización en exégesis de las fuentes jurídicas romanas, bases de la argumentación jurídica, oratoria parlamentaria y latín jurídico en diversas instituciones de renombre, lo posiciona como una autoridad de renombre en el campo del Derecho. Además, su participación en numerosos congresos y su rol como conferencista sobre Derecho Romano y humanismo clásico en diversas universidades nacionales subrayan su influencia y prestigio.

Julio César Navarro Villegas ha publicado una variedad de obras en los ámbitos jurídico, humanista, histórico y narrativo, muchas de las cuales han alcanzado los primeros lugares en ventas en Amazon, testimonio de su relevancia y aceptación en la comunidad académica y literaria. Actualmente, está trabajando en la traducción del Digesto de Justiniano al español, inglés, italiano, francés, alemán y portugués, una empresa monumental que consolidará aún más su estatus como un experto de renombre mundial en Derecho Romano.

¿TE HA GUSTADO ESTE LIBRO?

Gracias por acompañarme en este viaje literario. Si la lectura de esta obrita despertó en ti emociones o reflexiones que merecen compartirse, me encantaría saberlo. Tus comentarios positivos en Amazon no solo ayudan a que estas ideas lleguen a nuevos lectores, sino que también mantienen viva la magia del quehacer literario y su capacidad de inspirar, conmover y desafiar. ¡Agradeceré tu buen comentario!

Te invito a seguir mi página de autor en Amazon, donde comparto novedades, proyectos futuros y relatos que, lo deseo sinceramente, encuentren un lugar en tu biblioteca. Si deseas profundizar en las ideas de esta obra o intercambiar impresiones de otras temáticas abordadas, puedes contactarme directamente en suiiuris10@gmail.com. Estaré encantado de leerte y responderte.

¡Gracias por ser parte de esta experiencia y por dar vida a cada palabra con tu lectura y apoyo!

Julio César Navarro Villegas
México, abril de 2017

www.ingramcontent.com/pod-product-compliance
Lightning Source LLC
Chambersburg PA
CBHW070220190526
45169CB00001B/25
9781530584628